Michael Stoffregen-Büller

Himmelfahrten

Die Anfänge der Aeronautik

physik-verlag

Michael Stoffregen-Büller

Himmelfahrten

Die Anfänge der Aeronautik

physik-verlag Weinheim

Michael Stoffregen-Büller
Wolteringstraße 27
D-4400 Münster

Verlagsredaktion: Dr. Gerd Giesler

Dieses Buch enthält 73 Abbildungen

CIP-Kurztitelaufnahme der Deutschen Bibliothek

Stoffregen-Büller, Michael:
Himmelfahrten: d. Anfänge d. Aeronautik /
Michael Stoffregen-Büller. – Weinheim:
Physik-Verlag, 1983.
  ISBN 3-87664-075-X

Einbandgestaltung: Prof. Olaf Leu, D-6000 Frankfurt
Innengestaltung: Dietmar Liste, D-6000 Frankfurt 56
Herstellung: Myriam Nothacker
Herstellungsleitung: Maximilian Montkowski
Satz und Druck: C. H. Beck'sche Buchdruckerei, D-8860 Nördlingen
Bindung: Klambt-Druck GmbH, D-6720 Speyer
Printed in the Federal Republic of Germany

Für Hilke

Inhaltsverzeichnis

Einführung

„Nichts kann dem Vergnügen gleichen, das in dem Augenblik-
ke, da ich die Erde verließ, sich meines ganzen Daseyns bemächtigte; es war nicht bloß Vergnügen, es war Glückseligkeit.
Ich fühlte mich allen Mühseligkeiten der Erde, allen Plagen des
Neids und der Verfolgung entflohen; ich fühlte mich mir selbst
genug, indem ich mich über alles erhob ... Ich hörte mich,
wenn man so sagen darf, leben." Das waren am 1. Dezember
1783 die Empfindungen des französischen Physik-Professors,
César Charles, als er, losgelöst aus der Gemeinschaft und Nähe
der Menschen, in die Einsamkeit eines neuen, unbekannten
Raumes aufstieg. Beim Blick in die Tiefe überkam Charles ein
intensives Glücksgefühl, die Ahnung einer Utopie von Freiheit,
Weltflucht und Überwindung irdischer Fesseln.

Der Freiballon war das erste Gerät der Menschen, mit dem sie
die eigene Erdschwere und Gebundenheit aufheben konnten,
um endlich aus Wolkenhöhe das Gesicht ihres Planeten zu entdecken. Wohl kaum eine Erfindung ist so enthusiastisch gefeiert und verklärt worden, hat so intensive Spuren in der Male-
rei, bildenden Kunst und Literatur hinterlassen wie die Luftmaschinen vor nunmehr zweihundert Jahren. Im Überschwang
der Begeisterung wurden sie wie Kultgegenstände geschmückt,
mit Ornamenten, Girlanden, allegorischen Gemälden, herr-
scherlichen und mythologischen Symbolen, wahre Kunstwer-
ke, die in triumphaler Erhebung das Reich der Vögel, Götter
und Märchenwesen berühren durften. Praktisch Denkende
nannten sie Luftwagen, Droschken, Luftschiffe oder Boote, da
sie glaubten, man habe ein neues Verkehrsmittel entdeckt.
Nach Eroberung der Weltmeere würde nun mit Hilfe von Segeln, Steuerrudern und Windrädern der Luftozean durch-
kreuzt. Aber die aerostatischen Kugeln, die da „leichter als

1

Luft" am Himmel schwammen, entpuppten sich als überaus eigenwillige Instrumente, sie blieben Bestandteil des Windes und damit stets Reisende mit unbekanntem Ziel. Was aber taugten Schiffe, die steuerlos auf dem Meer trieben, Wagen, die niemand in der Fahrspur halten konnte? Als Verkehrsmittel war der Ballon ein Fehlschlag, ein beinah tragischer Irrtum. Denn der zu Recht bejubelte Fortschritt bedeutete in Wirklichkeit Stillstand: Hundert Jahre hielt er die Menschen davon ab, das eigentliche Fliegen weiter zu erforschen, die Nachahmung des Vogelflugs.

Im Eifer des Beglücktseins über den ersten Schritt in die Lüfte merkte das kaum jemand, zu gebannt waren die Menschen von der Schönheit jener Bälle, die wie geheimnisvolle Gestirne über ihren Köpfen standen und den alten Kontinent in eine Art Rauschzustand versetzten, den nur eine Minderheit von Spöttern abfällig Ballomanie nannte. Die Beherrschung der Luft und wirkliche Unterwerfung der dritten Dimension – das richtige Fliegen nach dem Prinzip „schwerer als Luft" – gelang erst einhundertzwanzig Jahre später. In starren, häßlichen Apparaten – motoren- und propellerbewehrt – wurde mit gewalttätigem Lärm und hoher Geschwindigkeit die Luft zerschnitten. „Den Weltuntergang aber datiere ich von der Eröffnung der Luftschiffahrt", schrieb Karl Kraus 1908, und nach dem ersten Weltkrieg: „Der Aufstieg des Luftballs war eine Andacht, der Aufstieg des Luftschiffs ist eine Gefahr für jene, die ihn nicht mitmachen. Weil die Luft ‚erobert' ist, wird die Erde bombardiert. Es ist von allen Schanden dieser Erde die größte, daß jene einzige Erfindung, die die Menschheit den Sternen näher bringt, ausschließlich dazu gedient hat, ihre irdische Erbärmlichkeit, als hätte sie unten nicht genügend Spielraum, noch in den Lüften zu entfalten!"[1] Dem Mißbrauch als Kriegsgerät hat sich der Ballon entzogen. Eindrucksvoll nutzlos und unberechenbar driftete er durch das Luftmeer, von den enttäuschten Generalstäben bald vergessen. In der schwebenden Gondel gab es nur das Abenteuer des Sehens, das Erlebnis der Stille, den Kontakt mit den Gerüchen und fernen Geräuschen der bewohnten Welt. Das ist der zeitlose Zauber der Ballonfahrt bis auf den heutigen Tag. Als Zeichen am Himmel, als ein Bote und überlebendes Fossil aus dem 18. Jahrhundert blieb das Gerät des Beginns unverändert erhalten. Und auch heute noch berühren die tastenden und gleichzeitig verwegenen Versuche der ersten Jahre, verdient die Unverzagtheit und Unbeirrbarkeit jener Männer Bewunderung, die in fragilen Gebilden ihr Leben riskierten, angetrieben von Forschungsdrang, Ruhmsucht oder Abenteuerlust.

Allzu oft beschränken sich Darstellungen der Luftfahrtgeschichte auf die Nennung von Daten, Namen, Konstruktionsmerkmalen, auf Angaben zu erreichten Höhen und Distanzen, und ihre Autoren behandeln dabei das Ballonfahren ohnehin nur als eine Art Vorspiel zum Fliegen. Mit dem Fahren „leichter als Luft" beschäftigen sich wenige deutschsprachige Publikationen und dann fast immer von den Montgolfiers, über Andrées gescheiterte Nordpolfahrt und Piccards Stratosphären-Aufstieg bis zur Atlantiküberquerung im Jahr 1978 – also mit der gesamten 200-jährigen Historie des Ballons. Dieses Buch verfolgt ein anderes Ziel. Es ist keine Geschichte der Ballonfahrt mit Anspruch auf Vollständigkeit von Namen und Ereignissen, sondern ein Versuch, die Anfänge der Aeronautik, die Zeit der Brüder Montgolfier lebendig werden zu lassen und die bisher verschwommenen biographischen Konturen jenes Dutzend handelnder Personen der ersten Stunde nachzuzeichnen, die den Schritt an den Himmel wagten – ihr Ehrgeiz und Mut, ihre Hoffnungen und Eitelkeiten sind das eigentliche Thema. Absichtsvoll ist der Zeitraum auf etwa dreißig Jahre begrenzt, von 1782 bis zum langerwarteten Aufstieg eines Deutschen in Berlin am Anfang des 19. Jahrhunderts. Denn spätestens damit war der Reiz des Neuen verflogen, der staunende Schwung des Aufbruchs erlahmte. Es setzte eine fast fünfzigjährige Pause ein, bevor der Ballon noch einmal als Gerät zur Erforschung der Atmosphäre wiederentdeckt wurde.

Das erste Kapitel der Luftfahrt steht vor dem gesellschaftlichen und politischen Hintergrund einer Zeit der Unruhe und Umwälzungen. Da war die Aufklärung mit dem Glauben an die menschliche Vernunft und den Fortschritt. Da gab es absolutistisches Monarchentum und den amerikanischen Freiheitskrieg, Unterdrückung in Ständegesellschaften und Dampfmaschinen als Vorboten der Industrialisierung. Als die Luftkugel – eine späte, vollendete Blüte des Rokoko – am europäischen Himmel auftauchte, regierte Ludwig XVI. Frankreich, Katharina II. Rußland und Friedrich der Große Preussen, nach Habsburg die zweite deutsche Großmacht. Kant schrieb seine Arbeit über die „Metaphysik", Mozart komponierte „Die Entführung aus dem Serail", und Herschel entdeckte die Eigenbewegung

3

des Sonnensystems. Die Erfindung der Luftkugel gelang am Vorabend der französischen Revolution, in einer naturwissenschaftlich, politisch und kulturell bewegten Epoche, deren Ideen und Forderungen bis in die heutige Zeit wirken.

Der Ballon ist im Rahmen seiner Zeit zu sehen, als ein typisches Produkt des zu Ende gehenden 18. Jahrhunderts und nicht unwichtiger Teil unserer Kulturgeschichte. Sein Erscheinen wird in diesem Buch durch Zeitungsartikel, Briefe, Tagebuchnotizen, amtliche Bekanntmachungen und wissenschaftliche Aufsätze beschrieben. Die Dokumente stammen bis auf einige Ausnahmen aus der Zeit und lagen zum größten Teil als Texte im Original vor. Sie wurden in Archiven, Bibliotheken und Museen in Frankreich, Amerika, Spanien und Deutschland gefunden und aus dem Französischen, Englischen und Spanischen übersetzt. Einiges galt bisher als verschollen, anderes ermöglichte das Aufspüren neuer Tatsachen, Zusammenhänge und Hintergründe. Um die Authentizität dieser Quellen zu bewahren, wird oft und ausführlich zitiert. Schon Julian Turgan, der Autor einer vorzüglichen „Geschichte der Erfindung der Luftballone", bemerkte 1851 in seiner „Vorrede des Verfassers": „Manche Leute erstaunen vielleicht über die Anzahl und den Umfang der Citate, wozu wir uns bemüssigt hielten. Zwei Gründe bewogen uns, diese Urtexte völlig wortgetreu wiederzugeben: einmal, weil man in Betreff der Luftschifferei nicht vorsichtig und genau genug sein kann; … und wir glauben, daß Niemand irgend eine Thatsache so gut erzählen könne, wie der, der selbst sie verrichtet hat, wie die Augenzeugen oder wenigstens die Zeitgenossen."[2]

Die Schreibweise der alten Texte ist auch heute noch erstaunlich lesbar. Sie wurde beibehalten, weil sie einiges von der besonderen Atmosphäre jener gar nicht so fernen Tage vermittelt, als die Menschen begannen, sich zum Himmel zu erheben.

1783 – das entscheidende Jahr

Der Beginn der Luftfahrt in Annonay

Die Stadt am Fuß der Vivaraisberge wirkt unzugänglich, eingeschlossen von ihren sieben Hügeln oberhalb des Rhônetals, nur 10 km vom Fluß entfernt. Seit Jahrhunderten war sie Durchgangsstation für Händler, die mit ihren Waren von Lyon nach Westen in die Auvergne oder in die Gegenrichtung, hinunter nach Andance und Serriére zogen. Gegen Ende des 18. Jahrhunderts lebten etwa 6000 Menschen in Häusern aus Granitbruchsteinen der nahen Felsen in winkligen, zum Teil in Treppen angelegten Gassen, die wie Ränge eines Amphitheaters an die Steigungen gebaut waren. Hoch über der Stadt thronte die Festung, unten standen die Kirchen und Klöster. Annonay war damals Standort eines Regiments, Sitz der Verwaltung des Hoch-Vivarais und durch seine Lage vergleichsweise wohlhabend. In den Tälern konnte Getreide angebaut werden, auf den steinigen Hängen Wein und Edelkastanien, von deren Früchten sich allzu häufig die armen Bauern der Ardèche ernähren mußten. Den bescheidenen Reichtum verdankte die Stadt zwei kleinen Flüssen, der Cance und der Deûme, die hier aufeinandertreffen und deren klares, schnell strömendes Wasser Energie für Getreidemühlen, Gerbereien und vor allem mehrere bedeutende Papiermanufakturen lieferte, die ihre Erzeugnisse ins nahe Lyon, aber auch bis nach Paris, Marseille und Toulouse verkauften und die von zwei großen Familien beherrscht wurden, den Johannots und Montgolfiers.

Über das abgeschiedene Annonay ging die Zeit hinweg, ohne Spuren von größerer oder gar nationaler Bedeutung zu hinterlassen. Es ist kein herausragendes Datum überliefert, bis zu jenem 4. Juni 1783,[1] an dem der Name der kleinen Stadt doch noch in die Geschichte eintreten sollte. An diesem denkwürdigen Montag trafen sich die Stände des Vivarais, eine Art von

5

Rat der Provinz, zu ihrer üblichen Versammlung. Ungewöhnlich war dagegen eine förmliche Einladung, mit der zwei Söhne des bekannten Papierfabrikanten Pierre Montgolfier zur Teilnahme an einem feierlichen Schauspiel baten: der Erhebung eines Körpers in die Lüfte. Bei bedecktem Himmel strömte gegen Mittag eine neugierige und reichlich ungläubige Volksmenge ins Zentrum der Stadt, zum Franziskanerplatz, der auf der einen Seite von Gebäuden und hohen Mauern, auf der anderen von der langgestreckten, dreistöckigen Lederfabrik am Ufer der Deûme begrenzt wurde, überragt von dem mächtigen quadratischen Turm des Klosters und den beiden kleineren Wachttürmen der Bogenbrücke über den Fluß. In der Mitte des Platzes hatten an einer langen, mit Erfrischungen gedeckten Tafel die etwa 25 festlich gekleideten Mitglieder der Landstände und Offiziere der Garnison in weißen Uniformen Platz genommen. Sie blickten zweifelnd auf eine mit Schranken eingefaßte Rundung, in deren Mittelpunkt ein 16 Fuß hoher, korbähnlicher Rahmen stand, über dem ein offener, passend geschnittener weißer Sack hing, dessen verschiedene Teile durch Knöpfe zusammengehalten wurden. In einigem Abstand standen im Kreis acht Helfer, von denen jeder ein Seil festhielt, um das seltsame Ding herum. Ein Signal ertönte. Die Zuschauer auf dem Platz, an den Fenstern und auch die auf Mauervorsprünge des Klosters gekletterten Mönche verstummten, und in dieser Stille trat der jüngere Bruder Montgolfier vor: „Meine Herren Vertreter der Stände, wir werden diesen großen Sack mit einem Dampf füllen, den wir zu bereiten wissen, und Sie werden sehen, wie er sich bis zu den Wolken erhebt."[2]

Was dann in den nächsten Minuten geschah, beschreibt ein Zeitgenosse, der einmal der erste Chronist der Luftfahrt werden sollte, Barthélémy Faujas de Saint-Fond, so: „Bey allem Zutrauen, welches man auf die Einsicht und Klugheit der Herren Montgolfier setzte, schien doch dieser Versuch denen, welche Zeugen desselben seyn wollten, so unglaublich, daß die einsichtsvollsten Personen, selbst diejenigen, welche mit dem günstigsten Vorurtheil dahin gekommen waren, alle Hoffnungen eines guten Erfolgs fast ohne Bedanken aufgaben. Jedoch die Herren Montgolfier legten die Hand ans Werk, und fiengen an, die Dämpfe zu entbinden, welche das Phänomen bewirken sollten. Die Maschine, welche bishieher nichts weiter, als einen Überzug von Leinwand mit Papier gefüttert, einen ungeheuren 35 Schuh hohen luftleeren Sack voller Falten vorgestellt hatte,

4. Juni 1783 in Annonay –
die erste öffentliche Vorführung auf dem Place des Cordeliers

blies sich auf, schwoll zusehends, nahm Festigkeit und eine schöne Form an, spannte sich nach allen Seiten, und strebte in die Höhe zu steigen. Noch ward sie durch starke Männer zurückgehalten; kaum aber war das Signal gegeben, so stieg sie auf, und schwang sich schnell in die Luft."[3]

Das Feuer aus feuchtem Stroh und gekämmter Wolle hatte die erhoffte Wirkung getan: Der zwölf Meter hohe, fast kugelförmige Ball schwebte über den Köpfen der Menschen und ließ die Stadt, das Rund des Talkessels und die Bergrücken unter sich. Da stand er nun in tausend Metern Höhe, als weißes, punktförmiges Zeichen am regnerischen Himmel, der erste Ballon der Menschheit, als Beweis des Sieges über die Schwerkraft und Verwirklichung der Verheißung vom Aufschweben, vom Fliegen. Dieses unvollkommene Gebilde über Annonay, das bereits wieder zu sinken begann, weil durch die Knopflöcher und Nadelstiche die Warmluft entwich, sollte die Gemüter in Europa in Bewegung bringen und einen Taumel von Begeisterung auslösen, der die Phantasie von Wissenschaftlern, Künstlern und Träumern beflügelte. Nach zehn Minuten senkte sich die Kugel, nördlich abtreibend, in drei Kilometer Entfernung „so sanft herab, daß sie an dem Weinberge, auf welchem sie sich niederließ, weder Reben noch Pfähle zerbrach."[4]

Am heftigsten beglückwünschten die ursprünglich mißtrauischsten Ständevertreter Joseph und Etienne Montgolfier zu ihrer unglaublichen Erfindung. Aber sogar die Menge begriff, daß sie Zeuge eines historischen Augenblicks geworden war und geriet gleich auf dem Marktplatz in einen Freudenrausch, auch wenn viele nicht recht glauben konnten, daß ein solches Wunder durch zehn Pfund Stroh und Schafwolle bewirkt sein sollte, und hinter dieser Tarnung ein verborgenes Zaubermittel vermuteten. Trotz aller Zweifel, die sicher auch die Ratsmitglieder bewegten, feierten die Bürger Annonays ausgiebig. Das schönste Fest veranstalteten die beiden Freimaurerlogen der Stadt gemeinsam für ihren Logenbruder Etienne. Zur Begrüßung der Gäste zitierte der Meister vom Stuhl einen frei übersetzten Vers von Horaz: „Nichts ist unüberwindbar für den Menschen, sogar das Luftreich ist nicht mehr vor seinen ehrgeizigen Forschungen sicher."[5]

Die Montgolfiers von Vidalon

Wer waren diese merkwürdigen Brüder, die es offenbar mit ihrer Entdeckung geschafft hatten, den bisher von tragischer Vergeblichkeit gezeichneten Versuchen des Menschenfluges eine neue Richtung zu geben, denen der erste erfolgreiche Schritt an den Himmel gelang? Wann hatten sie die Idee, durch welche Einflüsse und mit welchen Vorkenntnissen? Über diese Fragen ist viel spekuliert worden, denn keiner der beiden hat

Jacques Etienne Montgolfier

wirklich schlüssige Erklärungen schriftlich hinterlassen. Es gibt jedoch einige Stationen, die den Weg zur Verwirklichung markieren und die – das ist der Kern – gemeinsam erreicht wurden, in einer eindrucksvollen Zusammenarbeit von zwei Menschen, zwei Brüdern, die trotz völliger Gegensätzlichkeit harmonierten und mit ihren unterschiedlichen Begabungen eine Einheit bildeten. Michel-Joseph, der ältere, schöpferisch, mit verwegener Einbildungskraft und Forschungsdrang, Etienne-Jaques, der jüngere, nüchtern, logisch denkend und empirisch prüfend – der eine phantastisch und menschenscheu, der andere realistisch und gesellig. Beide Brüder – zum Zeitpunkt des öffentlichen Beweises ihrer Ideen 43 und 38 Jahre alt – wären jedoch nie zum Ziel gekommen ohne die Unterstützung durch eine große, den geistigen Strömungen der Zeit aufgeschlossene Familie, die zu der bereits von Ludwig XIV. geförderten neuen Klasse des sozialen Aufstiegs gehörte und sich durch unternehmerischen Mut und technisches Geschick auszeichnete.

Die Papiermühle der Montgolfiers lag in Vidalon Le Haut, einer Ansammlung von ein paar Häusern, wenige Kilometer von Annonay entfernt in dem felsigen, tief eingeschnittenen schmalen Tal der Deûme. Sie war nur auf einem in Kurven nach unten führenden, von Steilmauern abgestützten Weg von der auf dem Bergrücken verlaufenden Landstraße zu erreichen. Am Wasser steht noch heute das zweistöckige, schlichte Wohnhaus, in dem Joseph am 26. August 1740 und Etienne fünf Jahre später, am 6. Januar, geboren wurden, direkt neben den düsteren feuchten Hallen, in denen an Bottichen, Pressen, Stampfwerken und Sortiertischen Dutzende von Arbeitern erstklassiges Papier herstellten und so den Wohlstand der Montgolfiers vermehren halfen. Vidalon ist die Keimzelle, der Schmelztiegel einer großen, weitverzweigten Papiermacher-Familie, deren Spuren sich im 16. Jahrhundert bis nach Bayern verfolgen lassen und dann über die Auvergne erst zu Beginn des 18. Jahrhunderts durch Einheirat nach Vidalon führen. Bis

Joseph Michel Montgolfier

in die 70er Jahre herrschte dort Pierre Montgolfier, ein Mann von katholisch-moralischer Strenge und überzeugter Monarchist, als unangefochtener Patriarch über die Manufaktur und eine stattliche Nachkommenschaft. Sechzehn Kinder hatte ihm seine Frau, Anne Duret, zur Welt gebracht, elf Söhne und fünf Töchter. Pierre Montgolfier sorgte vor allem bei seinen männlichen Nachkommen dafür, daß sie eine vorzügliche Ausbildung erhielten. Er schickte Joseph auf das Gymnasium in Annonay, den jüngeren Etienne nach Paris auf das Gymnasium Sainte Barbe.

Die Verschiedenheit der Brüder zeigte sich bereits in der Schul- und Studienzeit. Etienne, nicht von ungefähr auch Saint-Etienne genannt, war gehorsam, fleißig, mathematisch begabt und freundlich. Joseph dagegen verträumt, undiszipliniert – ein miserabler Schüler, zeitlebens mit der Orthographie auf Kriegsfuß stehend –, schüchtern und unkonzentriert, aber wißbegierig, wenn es um Maschinen und Erfindungen ging. In seinen schulischen Leistungen fiel Joseph so ab, daß dem unglücklichen Vater nichts anderes übrig blieb, als einen letzten Versuch auf der für strenges, fast militärisches Reglement bekannten Jesuitenschule in Tournon zu machen. Dort sollten die gelehrten Patres dem Träumer die Flausen aus dem Kopf treiben und das Faulenzen abgewöhnen. Für Joseph war Tournon ein Gefängnis, in dem er unter der Enge, der Zucht und den hohen Anforderungen litt. Mit zwölf Jahren floh er aus dem verhaßten Internat, durchschwamm, um nicht entdeckt zu werden, nachts die Flüsse und versteckte sich tagsüber in einsam gelegenen Gehöften. Schließlich landete er am Ziel seiner Sehnsucht, dem Mittelmeer, und ernährte sich, die neugewonnene Freiheit genießend, hauptsächlich von Muscheln. Doch nach einigen Wochen wurde die Angst vor dem Zorn des Vaters übermächtig, und Joseph kehrte kleinlaut hinter die düsteren Mauern des Kollegs in Tournon zurück. Einige Jahre später brach er noch einmal aus, um nicht Theologie studieren zu müssen wie sein älterer Bruder Alexandre-Charles, auf den der Vater so besonders stolz war. Diesmal floh er ins Massif du Pilat, lebte vom Fischen und Hausieren, bis es ihm gelang, sich in der Nähe von Saint-Etienne ein kleines Labor einzurichten. Zum Staunen der Nachbarn hantierte er mit farbigen Flüssigkeiten und schaffte es, trotz fehlender Ausbildung, Preußischblau herzustellen und damit Papier einzufärben. Von dieser Produktion konnte er einigermaßen leben und sogar soviel sparen, daß es für eine Reise nach Paris langte. Dort zog er durch die riesige Stadt, lernte die Freuden gehobener Küche kennen und geriet in Versuchung, Europa Lebewohl zu sagen und in die Kolonien auszuwandern.

Etwa zur selben Zeit studierte sein Bruder Etienne in Paris Architektur bei dem bekannten Professor Soufflet, verbrachte die Abende mit der Lektüre von Büchern über Chemie und Physik, kaufte sich von seinen bescheidenen Mitteln Instrumente und Chemikalien für erste Versuche. Etienne fand zunehmend Gefallen an guter Gesellschaft und gewann durch sein symphatisches Auftreten einflußreiche Freunde, so daß er als verhältnismäßig junger Mann erste Bauaufträge erhielt. Einige Häuser und Kirchen, die nach seinen Plänen errichtet wurden, überzeugten durch Talent und Formgefühl, wie die Kirche von Faremoûtiers und die Papierfabrik für Jean-Baptiste Reveillon in Paris.

Zu Beginn der siebziger Jahre kehrten beide Brüder nach Vidalon zurück. Joseph zeigte Neigung, seßhaft zu werden, und übernahm die in der Nähe liegenden Papierbetriebe von Rives und Voiron. Etienne wurde 1772 nach dem Tod des ältesten Bruders Raymond zurückgerufen, um die Fabrik an der Deûme zu leiten. Er gehorchte damit dem zweiundsiebzigjährigen Vater, obwohl der endgültige Abschied von Paris eine schwere Entscheidung war, die Karriere als Architekt vor Augen und einen interessanten Freundeskreis von Wissenschaftlern und Literaten zurücklassend.

Jetzt trafen sich die Brüder häufiger und tauschten wohl auch erste Gedanken über das Fliegen aus, ein Thema, das in den Salons jener Zeit zum Repertoire gehörte und vor allem Joseph interessierte, der schon als Knabe einen „Flug" unternommen haben soll: Von einer Reise aus Montpellier zurückkommend – so wird berichtet – sei er auf das Dach des großelterlichen Hauses in Annonay geklettert und mit zusammengebundenen Sonnenschirmen in die schmale Gasse hinuntergesprungen. Aber vorerst blieb es bei theoretischen Erörterungen, denn beide hatten Wichtigeres zu tun: sie heirateten, Joseph – 1771 nach heftigem Widerstand der Familie mit einer kirchlichen Sondergenehmigung seine Cousine Thérèse Filhol und Etienne drei Jahre später – 1774 – Adelaide Bron, eine Ursulerinnen-Nonne, die ihr Vater, ein Arzt aus dem nahen Vienne, ins

12

Kloster gezwungen hatte, um den einzigen Sohn als Haupter-
ben einsetzen zu können. Der zum Domherrn aufgestiegene
ältere Bruder Alexandre-Charles Montgolfier reiste vor der
Hochzeit zu Papst Clemens XIV. nach Rom, den er durch die
Schilderung des elterlichen Diktats derart rührte, daß Adelaide
im Kloster von Boulieu von ihren Gelübden entbunden wurde.

Für beide Brüder sollte sich die Überwindung der kirchlichen
und gesellschaftlichen Hürden lohnen. Vor allem Joseph, in
seiner eigenwilligen, unbekümmerten Art fand in Thérèse die
ideale Partnerin mit den zur Erhaltung der später siebenköpfi-
gen Familie lebensnotwendigen Qualitäten: sie allein zog die
Kinder auf, während er seinen Forschungen und Plänen nach-
hing. Wahrscheinlich hat Thérèse unter Josephs Impulsivität
gelitten, seiner Vergnügungssucht und einer geradezu sprich-
wörtlichen Vergeßlichkeit. Es gibt eine Reihe von reichlich
wunderlichen Geschichten, die diese Eigenschaft Josephs belegen:

Als die Montgolfiers einmal in das 75 km entfernte Lyon fuhren und auf etwas mehr als dem halben Weg in Vienne über-
nachteten, stand Joseph am anderen Morgen früh auf und
spazierte gedankenversunken bis nach Lyon. Dort angekommen, wiesen ihn Freunde diskret darauf hin, daß er Annonay
doch mit Thérèse verlassen habe. Überrascht machte er kehrt
und holte seine Frau und die Kutsche aus dem Gasthof. Ein
anderes Mal, zu Pferd unterwegs, erreichte er abends eine Her-
berge, wanderte am nächsten Morgen weiter und war einige
Tage später bei Rückkehr auf demselben Weg erstaunt, als ihm
der Wirt das Pferd vorführte und eine Rechnung für Hafer und
Stallung präsentierte. Auch wenn diese Episoden schon in den
Bereich der Legendenbildung zu gehören scheinen, zeigen sie
einen Mann, der merkwürdig weltfremd und egozentrisch
wirkt. Diese Eigenschaften sollten zu Beginn seiner beruflichen
Laufbahn verheerende Folgen haben. Und noch einmal wird
deutlich, wie sehr sich die Brüder unterschieden. Etienne, alles
andere als verträumt und vergeßlich, sondern aktiv und zupak-
kend, konzentrierte sich mit Energie auf die Leitung der väterlichen Fabrik. Gebäude wurden errichtet, moderne, rohstoff-
sparende holländische Zylinder eingeführt, Kunden geworben,
und mit neuen Techniken gelang es um 1777 zum ersten Mal in
Frankreich, das besonders feine, pergamentartige Velin-Papier
herzustellen. Ein Fortschritt, der Etiennes Können zu verdan-

ken war und der dazu führte, daß er zu einer Präsentation der neuen Papiere vor die „Königliche Wissenschaftliche Akademie" geladen wurde, von allen Papier-Herstellern beneidet, die heimlich versuchten, seine Arbeiter abzuwerben, um in den Besitz der Fertigungsverfahren zu gelangen.

Auch Joseph steckte voller Ideen und erfindungsreicher Pläne. Zusammen mit dem Bruder Augustin gründete er 1774 in Voiron eine neue Papiermanufaktur, der ein Labor für physikalische und chemische Experimente angebaut wurde, in dem er die täglichen Pflichten mit dem Vergnügen des freien Forschens zu verbinden hoffte. Er entwickelte einige beachtliche technische Verbesserungen, die jedoch das Vermögen aufzuzehren begannen, weil sie zu früh oder unvollkommen eingeführt wurden. In theoretische Arbeit vertieft, vernachlässigte Joseph zunehmend die Geschäfte, gab vertrauensselig und freimütig jedermann gute Ratschläge oder sogar die neuesten Erfindungen preis, die seine Konkurrenten unverzüglich ausbeuteten. Gegen Ende der siebziger Jahre geriet er in ernste finanzielle Bedrängnis und wurde in eine unerfreuliche Geldgeschichte verwickelt, die ihn in Gegnerschaft zu mächtigen Widersachern, den Johannots, brachte. Es kam zum Prozeß, der damit endete, daß er im Juli 1782 für kurze Zeit ins Gefängnis mußte. Unschuldig, wie alle Gewährsmänner beteuern, die darauf hinweisen, Joseph habe sich ritterlich und uneigennützig verhalten. Auch wenn seine Redlichkeit allgemein anerkannt wurde, änderte es nichts an der Tatsache, daß der Plan, in der neuen Fabrik eigenen erfinderischen Neigungen nachzugehen, gescheitert war. Joseph Montgolfier hatte in aufsehenerregender Weise Bankrott gemacht.

In dieser schweren Zeit wirtschaftlicher Schwierigkeiten und des sich anbahnenden Unglücks half die Nähe und Gemeinschaft der Familie. Immer häufiger wanderte Joseph nach Vidalon, um mit seinem Bruder Etienne zu sprechen und die kultivierte Atmosphäre im gemeinsamen Geburtshaus am Ufer der Deûme zu genießen, das sich in dem abgeschiedenen und provinziellen Annonay zu einem Treffpunkt der Gebildeten und an wissenschaftlich-literarischen Disputen Interessierten entwickelt hatte. Der Rahmen wirkte auf fast pariserische Weise elegant: ausgesuchte Möbel, Familienporträts und Kupferstiche von Segelschiffen an den Wänden, geschmackvolle Kerzenleuchter, Fayencen und Silbergeschirr. Die Attraktion des

Hauses aber war die Bibliothek – eine Sammlung von mehr als tausend Bänden über Astronomie und Physik, aber auch philosophische Werke und Reisebeschreibungen von Forschungsexpeditionen ans Kap der Guten Hoffnung oder nach Australien. Etienne war Mittelpunkt einer kleinen Gesellschaft, die sich dem Humanismus und der Aufklärung verbunden fühlte. Seine Belesenheit bestach ebenso wie die Tatsache, daß er mit bekannten Schriftstellern korrespondierte und immer über die neuesten Journale und Informationen aus Paris verfügte. Er hatte die alten Verbindungen aus der Studienzeit gepflegt und versuchte, durch erlesene Eleganz seiner Kleidung der ländlichen Umwelt zu demonstrieren, daß in dem beengten Tal neben den gärenden Bottichen und scharf riechenden Laugen eine kleine Oase von Weltläufigkeit existierte. In dieser friedvollen Idylle, in der man häufig bis spät in die Nacht zusammen saß, Karten spielte, Voltaires „Abhandlung über die Toleranz" erörterte oder einfach Adelaide und Etienne zuhörte, die Klavier und Geige spielten, erholte sich Joseph von der Mühsal seiner geschäftlichen Mißerfolge. Am glücklichsten war er, wenn die Familie im kleinen Kreis, nur der Vater, Etienne, die älteren Brüder Jean-Pierre und Alexandre-Charles beisammen saßen, und wenn es gelang, das Gespräch auf ein Feld zu führen, das seine schöpferische Phantasie immer mehr – wie in einer Art Fluchtreaktion auf die alltäglichen Demütigungen – fesselte: das Fliegen.

Bis zu diesem Punkt läßt sich das Zusammenleben der Familie Montgolfier Ende der 70er Jahre des 18. Jahrhunderts dokumentarisch belegen. Es gibt ein genaues Verzeichnis der Bücher, die Etienne in seiner rastlosen Leselust erwarb, Rechnungen über Möbel, Musikinstrumente und eine Liste von Kleidern, die der modebewußte Fabrikherr von Vidalon besaß: sieben exquisite Fräcke, zwölf Westen und vierzig Hemden. Schwieriger wird die Frage, auf welchem Wissen die Gespräche über die Kunst des Fliegens basierten – an denen auch der fast achtzigjährige Vater mit großem Eifer teilgenommen haben soll. Die Brüder selbst geben darauf keine befriedigende Antwort. Sie hüllen sich in ihren Aufzeichnungen weitgehend in Schweigen, wohl aus dem verständlichen Grund, den Glanz ihrer Erfindung nicht durch das Eingeständnis von Vorkenntnissen zu verdunkeln.

Die Vorläufer – Erkenntnisse, Theorien und Träume

Im achten Jahrzehnt des ausgehenden „Jahrhunderts des Lichts" fühlte sich die gebildete Elite Frankreichs vom Glauben an die Macht der Vernunft beflügelt und pochte auf das Recht der eigenen Erfahrung, auch wenn sie damit bestehende Lehrmeinungen erschütterte und Autoritäten vom Sockel stieß. Es war die Zeit, in der unter der Federführung des genialen Diderot die 35bändige Enzyklopädie im Druck erschien, zu deren Autoren Voltaire, Rousseau, Montesquieu und d'Alembert gehörten – ein gewaltiger, aus dem Geist der Aufklärung zu verstehender Versuch, den Stand menschlicher Erkenntnis, das technische, naturwissenschaftliche und philosophische Wissen der Zeit in einem einzigen monumentalen Werk zusammenzufassen. Und Diderot, der universal gebildete Sohn eines Messerschmieds, war es auch, der das starr-mechanistische Weltbild der Aufklärung in ein organisch-dynamisches verwandelte, der die entscheidenden Fragen der Zeit stellte. Das alles drang durch Zeitungen und Korrespondenzen bis in die entferntesten Winkel des Landes, führte zu bewegten, geistig anregenden Auseinandersetzungen und ließ die Gedanken vieler auch um die Frage kreisen: Ist er nicht doch möglich, der Menschenflug?

Leonardo da Vinci, der fast 300 Jahre zuvor den Weg an den Himmel durch Beobachtung des Vogelfluges erahnt und dann konstruktiv exakt in Entwürfe für ein Schwingenflugzeug umgesetzt hatte, hielt seine Entdeckungen aus Furcht vor der Inquisition geheim. Als Festungsbauer und Kriegsingenieur wußte er auch um die Bedeutung der „Feuermaterie", also der Heißluft, zur Erzeugung von Auftrieb für leichte Hohlkörper und ließ zu den Krönungsfeierlichkeiten für Papst Leo X. im Jahre 1513 Heiligenfiguren an Schnüren in die Luft aufsteigen.

Leonardo muß in seiner Genialität erkannt haben, daß aus dieser Form der Erhebung nicht der gesteuerte Menschenflug werden konnte, und konzentrierte sich deshalb auf starr- und schlagflügelartige Flugmaschinen. Seine Zeichnungen und ausgiebigen Berechnungen wurden erst Ende des 19. Jahrhunderts veröffentlicht, sie existierten in der Vorstellungswelt der Montgolfierschen Zeitgenossen nicht. Aber der Gedanke an den Flug lag im wahrsten Wortsinn in der Luft, drängte, verlangte nach Lösung, wurde von einer bereits von der technischen Machbarkeit der Dinge überzeugten Generation als Herausforderung empfunden. Immer wieder erschienen in den Zeitungen Ankündigungen von Flugdemonstrationen und Berichte über ihr Scheitern. In vielen Schuppen bastelten Erfinder an Apparaten, die dann doch nicht fliegen wollten.

Vierzig Jahre zuvor hatte sich theoretisch sogar Jean-Jacques Rousseau mit der Luftschiffahrt auseinandergesetzt. Offenbar angeregt von dem etwas kläglichen Flugversuch des Marquis de Bacqueville, der 1742 mit „Engelsflügeln" aus dem Fenster seiner Pariser Wohnung am Seine-Kai sprang und sich auf einem Kahn den Oberschenkel brach, äußerte Rousseau einige interessante Gedanken zum Fliegen. Warum, so fragte er sich, gehen wir auf dem Erdboden, fahren auf und schwimmen im Wasser, während der Luftweg dem menschlichen Fleiß verschlossen bleibt? „Welches Vorrecht könnten die Vögel haben, uns von ihrem Bereiche auszuschließen, obwohl wir doch in dem der Fische zugelassen sind?" Und Rousseau, überzeugt, daß dem Menschen als Beherrscher der See auch die Eroberung des Luftmeeres gelingen müsse, wägt bereits den gesellschaftlichen Nutzen einer solchen Erfindung ab: „Betrachten wir die Sache in einem anderen Sinne, und setzen wir voraus, daß man das Mittel gefunden habe, die Luftkutschen so weit zu vervollkommnen, daß man sie mit der größten Leichtigkeit lenken, und daß man sogar Waffen und Vorräte darin mitführen könne. Das wäre eine neue Quelle der Vorteile und der Bequemlichkeiten für die menschliche Gesellschaft. Müssen wir das Fliegen untersagen, weil irgendein elender Bandit es sich zunutze machen könnte? Derartige Überlegungen würden uns dazu bringen, alles Vorzügliche auf der Erde abzuschaffen; denn womit treibt man denn nicht Mißbrauch? Keine Pferde mehr, denn sie begünstigen die Flucht der Verbrecher; keine Schifffahrt mehr, denn sie ernährt die Seeräuber; keine Kleider mehr, denn sie erzeugen Luxus! Doch was sage ich: sogar nicht einmal Gesetze mehr und keine Religion, denn sie sind die Quellen der Schikane und des Fanatismus! Diese Antwort ist abgedroschen, weil der Tadel, den man durch die Erwägung ihres Mißbrauches an den besten Dingen übt, eine Spitzfindigkeit ist, die oft bekämpft und oft von neuem ausgesprochen worden ist …"[1]

Vor einem möglichen Mißbrauch mußte die Luftschiffahrt jedoch erst einmal erfunden werden, und Rousseau dachte, bewundernswert und mit feiner Ironie, an beide Möglichkeiten, die des Fliegens und des Schwebens mit einem leichten Körper. Große Flügel, an die Arme geschnallt, sollten den Menschen emporheben. „Zuerst werden wir nur über den Erdboden streichen wie junge Stare; aber bald, durch Gewohnheit und Erfahrung kühn geworden, werden wir uns ungestüm wie ein Adler in die Lüfte erheben, um unter uns den kindlichen Schauplatz der kleinen Menschen zu betrachten, die elendiglich auf der Erde herumkriechen."[2] Dann wendete er sich der zweiten Form des Fliegens zu und stellte fest, daß man nicht auf der Oberfläche der Luft schwimmen, sondern direkt in sie eintauchen müsse. Nach seiner Meinung war das Problem „Luftschiffahrt" zu lösen, wenn man die Frage auf zwei Punkte zurückführe: „Erstens: einen Körper zu finden, der leichter ist als ein entsprechendes Volumen Luft, denn nach einem der ersten Grundsätze der Hydrostatik wird dieser Körper aufsteigen und wird durch ein Übermaß an Leichtigkeit ein Gewicht tragen und trotzdem in der Luft im Gleichgewicht bleiben können. Aber sobald man ihn leicht genug gemacht haben wird, so daß er steigt, wie soll man verhindern, daß er immer weiter steigt? Und wie ihm wieder genug Gewicht geben, so daß er sinkt? Das ist die zweite Schwierigkeit, die durchaus nicht weniger hinderlich ist als die erste. Jedoch es ist auch klar, daß, wer immer diese beiden Fragen lösen könnte, die Lösung des Problem der Luftschiffahrt gefunden haben würde."[3]

Das ist eine erstaunlich treffende Analyse des Prinzips „leichter als Luft". Und der Text beweist, wie weit die Erkenntnisse bereits vierzig Jahre vor den ersten Versuchen der Brüder Montgolfier in Annonay gediehen waren, wie intensiv sich selbst Philosophen mit dem Fliegen beschäftigten. Aber auch die Rousseauschen Gedanken blieben ohne Wirkung auf den Gang der Dinge, da die Schrift erst einige Jahre nach seinem Tode gedruckt wurde.

Welche Autoren und praktischen Experimente kannten denn nun die vier Brüder Montgolfier, als sie mit ihrem Vater in Vidalon vor dem Kamin saßen und über das Fliegen sprachen? Sie hatten Cyrano de Bergerac gelesen, der mit seinem phantastischen zweibändigen Roman über Fahrten zu vernunftbegabten, ohne Erbsünde geborenen Mond- und Sonnenbewohnern die kirchlichen Obrigkeiten erzürnte, und der mit satirisch-burlesken Ideen Swift und Voltaire beeinflußte. Auch 125 Jahre nach dem frühen Tod des Mannes mit der Riesennase, die er in Hunderten von Duellen verteidigen mußte, wirkten seine Weltraum-Utopien nach, eröffneten sie der Luftschiffahrt neue, abenteuerliche Perspektiven – Planeten als Reiseziele, erreichbar mit Maschinen, die auf merkwürdige Weise, aber immerhin nach naturwissenschaftlichen Gesetzen funktionierten. „Hört, wie ich mich in den Himmel aufschwang. Rings um meinen Körper hatte ich eine Menge mit Tau gefüllter Flaschen befestigt. Auf diese wirkten die Sonnenstrahlen so heftig ein, daß die dadurch sich entwickelnde Wärme sie kräftig anzog wie die allergrößten Wolken, und dadurch mich so hoch in die Lüfte erhob, daß ich mich endlich über den mittleren Regionen befand. Da mich aber diese Anziehungskraft allzu rasch aufwärtsschnellte, und statt, wie ich es wünschte, dem Monde mich näher zu bringen, mich immer weiter von diesem zu entfernen schien, so zerbrach ich mehrere meiner Flaschen so lange, bis ich fühlte, daß die Schwere meines Körpers mächtiger geworden als jene Anziehungskraft und daß ich zur Erde herabsank, wo ich auch in der Tat einige Zeit nachher wieder ankam."[4]

Obwohl diese Art der Himmelfahrt Cyranos Zeitgenossen im 17. Jahrhundert nur als skurriler Einfall eines schriftstellernden Spaßvogels erschien, so ist das Grundprinzip, die Verdunstung des zu den Wolken aufsteigenden Taus, richtig beschrieben. Und an anderer Stelle erzählt Cyrano, wie er mit einem rauchgefüllten Gefäß aufflog: „Der Rauch, der sich entwickelte, suchte sie zu erheben und, da er die Wände nicht durchdringen konnte, stieß er die Gefäße nach oben."[5]

Beide Flugarten, der flaschenumgürtete Mann und das Luftfahrzeug, konnten als Holzschnittillustration in dem Roman „Reise in den Mond" betrachtet werden. Vor allem das zweite Bild dürfte Eindruck auf die Montgolfiers gemacht haben. Es zeigt über einer Stadtsilhouette einen senkrecht unter einer Kugel hängenden, mit Fenstern versehenen Kasten, der wie eine Sänfte aussieht, und über dem sich ein Segel bläht. Daß der erträumte Flug in eine bessere Welt, in der sogar Tiere und Pflanzen eine Seele haben, auf der erkennenden Beobachtung eines anderen beruhte, schmälert die Wirkung des Werkes nicht. Cyrano ließ sich von dem Jesuitenpater Laureto Lauro inspirieren, der nur drei Jahre nach ihm – 1658 – starb, und der mit seinem „Eierschalen-Experiment" einen nur auf den ersten Blick lächerlich wirkenden Vorschlag äußert: „Wenn man Schalen von Hühnereiern mit Morgentau füllt, gut verschließt und den Sonnenstrahlen aussetzt, so werden sie wie an

Cyrano de Bergeracs Flugmaschine –
zeitgenössischer Holzschnitt

unsichtbaren Fäden in die Höhe gezogen und schweben einige Zeit. Wenn nun Eier von größeren Schwänen oder aus dünnem Leder zusammengenähte Säcke mit Salpeter, ganz reinem Schwefel, Quecksilber und anderen derartigen Stoffen, welche sich infolge der Wärme verdünnen, gefüllt und äußerlich nach Art einer Taube bekleidet würden, so dürften sie den Eindruck des Fliegens machen. Wenn man eine schwere hölzerne Maschine zum Fliegen bringen will, muß man Feuer verwenden.“[6]

Über Jahrhunderte spielte die Taube eine zentrale Rolle bei allen Flugvorstellungen. Zu sehr waren die Menschen von der hölzernen Taube des Archytas von Tarent fasziniert, die dieser – ein Schüler Pythagoras' und der Lehrer Platos – um 360 vor Chr. erfunden haben soll, eine Taube, „welche allein flog, aber sobald sie einmal auf den Boden herabgekommen war, vermochte sie sich nicht wieder zu erheben ... aufgehangen war sie mittels Gewichten, welche sie im Gleichgewicht hielten, und bewegt wurde sie durch Blasen der verborgenen in ihr eingeschlossenen Luft.“[7] Die Taube des Archytas und ihre geheimnisvolle Mechanik kannten auch die Montgolfiers, weil der ältere Bruder Alexandre-Charles als Priester und allseits verehrter Domherr der Stiftskirche von Annonay Zugang zu kirchlichen Bibliotheken und Archiven hatte und daher einiges über die besondere Rolle der Jesuiten in der Geschichte der Flugversuche wußte. Er kannte die Schriften von Laureto Lauro und seines Zeitgenossen und Ordensbruders Athanasius Kircher, der in einem kleinen Museum im Collegium Romanum eine fliegende künstliche Taube vorführte, die Anlaß zu derart beträchtlicher Unruhe war, daß Urban VIII. sich den sagenumwobenen Apparat in den päpstlichen Gemächern vorführen ließ. Das Geheimnis war schnell gelüftet: Die Taube hing an einem Hanffaden an der Hand einer Statuette des Archytas und konnte durch verborgene Magnete gedreht werden. Ein simpler Trick – trotzdem verbot Urban jede weitere Vorführung, weil er fürchtete, daß Kircher sonst der schwarzen Magie überführt werden könne. Athanasius Kircher war jedoch nur einer der vielen Jesuiten, die sich in der Mitte und zweiten Hälfte des 17. Jahrhunderts mit dem Fliegen auseinandersetzten. Sein Mitarbeiter und für kurze Zeit auch Schüler, Francesco Lana, sollte der Bekannteste von ihnen werden.

Das Flugboot von Ferrara –
Francesco Graf Lana di Terzi

Aus einer Gruppe bemerkenswerter Naturforscher in der Gesellschaft Jesu ragte zu jener Zeit Pater Lana, Professor für
Mathematik in Ferrara, durch außergewöhnliche Begabung
hervor. Um auf dem Gebiet der Naturwissenschaften Bedeu-
tendes zu leisten und um sich selbst vor Fehlern zu schützen,
postulierte Lana eine zeitlose Handlungsanweisung für wissenschaftliches Arbeiten und stellte zusammen, was er für Verir-
rungen hielt: „Übertriebene Wertschätzung eines einzigen Autors; hartnäckiges Festhalten am Alten einerseits und zu weit-
gehende Neuerungssucht andererseits; grobe Täuschung auf
der einen und allzu große Leichtgläubigkeit auf der anderen
Seite; Kleinmut und Verzagtheit, als könne man nichts Neues
mehr finden; Anschluß an die landläufigen Lehrmeinungen aus
Furcht, in einen Irrtum zu verfallen; zu schnelle Übertragung
der Prinzipien auf die Praxis; Vernachlässigung der Experimente, einseitige Durchführung einer Hypothese."[1] Lana beherzigte die selbsterteilten Ratschläge und forschte – trotz häufiger Krankheiten – auf den unterschiedlichsten Gebieten: er
mikroskopierte Pflanzen, sammelte Mineralien, führte Baro-
metermessungen im Gebirge bei Brescia durch, beschäftigte
sich mit Akustik, Magnetismus und Elektrizität. Im Jahre 1769
gründete er eine „Akademie der Freunde neuer Erscheinungen
auf naturwissenschaftlichem Gebiet", deren Präsident er wurde, ein Ordensmann, der mutig die verbreitete Ansicht tadelte,
daß man keine neuen Sachen finden könne, „weil andere so
viele Jahrhunderte lang sie nicht gefunden", und der mahnend
schrieb: „Als ob die Zeit so alt geworden wäre, daß sie unfähig
wäre, Neues zu gebären. Solches Mißtrauen wird schwinden,
wenn wir beobachten, daß vor einer neuen Erfindung jeder ihre
Möglichkeiten für ein Wunder ansieht, während jeder, wenn
sie da ist, staunt, daß man so lange dazu gebraucht hat."[2]

Ein Jahr später überraschte der Professor seine Umwelt mit einer solchen Erfindung, dem Vorschlag zum Bau eines Luftschiffes. In einem der ehrgeizigsten Projekte seiner Zeit plante er eine zusammenfassende Darstellung aller Gebiete der Naturwissenschaften unter dem Titel „Prodomo – Magisterium naturae et artis. Vorläufer – ein Lehrbuch der Natur und Kunst". Im ersten dieses auf zwölf Bände angelegten Werkes – nur zwei erschienen bis zu Lanas Tod – steht im 6. Kapitel die ausführliche Beschreibung eines „Schiffes, welches, von der Luft getragen, mit Rudern und Segeln sich fortbewegt." Obwohl das Buch interessante Abhandlungen über Mikroskope, meteorologische Apparate, Sämaschinen, Düngemittel und Blindenschrift enthält, nur durch das 6. Kapitel erregte es Aufsehen und erreichte in vielen Ländern einige Berühmtheit. Selbstbewußt stellte der Jesuitenpater zur Einführung dieses Kapitels fest: „Niemand aber hat es für möglich gehalten, ein Schiff herzustellen, das durch die Luft dahineilte, wie wenn es vom Wasser getragen würde. Man hat niemals geglaubt, daß man eine Maschine verfertigen könnte, welche leichter als die Luft selbst wäre; das wäre nämlich notwendig um den gewünschten Erfolg zu erzielen. Ich hatte nun immer die Gabe, die schwierigsten Sachen zu erfinden und so glaube ich auch nach langem diesbezüglichen Studium das Gesuchte gefunden zu haben, nämlich eine Maschine herzustellen, welche spezifisch leichter ist als die Luft, so daß sie infolge ihres leichten Eigengewichtes nicht nur selbst in der Luft schweben, sondern auch Menschen oder irgendwelches anderes Gewicht mit sich führen kann. Ich glaube meiner Sache sicher zu sein; denn ich erhärte das Ganze durch zuverlässige Experimente …"[3] Dann entwickelt Lana den Luftschiff-Bauplan, verweist auf das 11. Buch Euklids und zitiert Archimedes mit seinem Gesetz vom Auftrieb, nach dem jeder in Flüssigkeit getauchte Körper einen Auftrieb erhält, der dem Gewicht der vom Körper verdrängten Flüssigkeit entspricht. Es folgen seitenlange komplizierte Berechnungen über das Gewicht der Luft, Oberflächen und Rauminhalte von Kugeln aus Glas oder Kupfer, über ihre Belastbarkeit und den Auftrieb, den sie erreichen würden, wenn man sie luftleer pumpt. Und das ist die zentrale Idee der „Barca Volante", des Flugbootes. Aus der Erkenntnis, daß ein Hohlkörper nur steigt, wenn er ein spezifisch leichteres Gewicht als die ihn umgebende Luft hat, folgert der Pater, daß nur das absolute Nichts die notwendige Hebekraft erzeugen könne, nämlich ein Vakuum-Luftschiff.

Francesco Lanas „Barca Volante" – ein Vakuum-Luftschiff,
das von vier leergepumpten Kupferkugeln getragen werden sollte

Vier luftleere Kugeln aus Kupfer, mit Querhölzern verbunden,
sollten die mit Segeln und Rudern ausgerüstete Barke zum Steigen bringen. Die Anregung zu einer derartigen Konstruktion
kam von drei Ordensbrüdern: Francisco de Mendoça, Hono-
ratus Fabri und Kaspar Schott. Mendoça, bereits 1626 in Lyon
gestorben, hatte zum Beweis für die Möglichkeit der Luftschiffahrt geschrieben: „Ein mit Luft gefülltes ehernes Gefäß,
das sonst untergehen müßte, hält sich auf der Oberfläche des
Wassers, obgleich es viel schwerer ist als dieses; folglich wird
ein Schiff aus Holz oder einer anderen Materie, wenn man es
auf die Oberfläche des Luftmeeres versetzt und mit elementa-
rem Feuer anfüllt, auf der Luft sich halten und nicht eher sinken, als bis die Schwere des Schiffes die Leichtigkeit des Feuers,
womit es angefüllt ist, übertrifft."[4] Fabri empfahl in seiner
1669 erschienenen „Physica", Steigkraft durch komprimierte
Luft in einer großen Röhre zu gewinnen. Schott dagegen
träumte in der 1658 in Würzburg erschienenen Naturlehre von
einer Art „ganz reiner Luft" (defaecatissimus aer), von einem
Äther, mit dem das Fliegen nicht nur in der Höhe, sondern

auch in Erdnähe zu verwirklichen sei: „Wenn durch eine übermenschliche Macht ein hölzernes oder ehernes Gefäß von ganz dünner Wandung mit Äther gefüllt und in unseren Luftkreis versetzt würde, so wird es sich zweifelsohne darin halten, ohne Gefahr zu laufen darin zu versinken oder zu fallen und es könnte geradeso wie unsere Schiffe auf und unter dem Wasser mit Rudern und Segeln da und dorthin getrieben werden.“[5]

Zwölf Jahre nach dieser Veröffentlichung führt Lana die Gedankenspiele in der Luft schwimmender Gefäße mit seinen fliegenden Kupferkugeln weiter. Ihm ist bewußt, daß es schwierig sein dürfte, die Kugeln luftleer zu bekommen, und er schlägt eine Wasserfüllung mit entsprechend angeordneten Ablaß-Hähnen vor. Auch die Gefahr, daß die dünne Wandung durch das Gewicht der Luft zusammengepreßt, wenn nicht gar zertrümmert würde, erkennt er, wendet aber ein, daß die Kugelform den Druck aushalte. Zum Bau gibt Lana ebenfalls genaue Anweisung – zwei Halbkugeln sind mit Zinn zu verlöten –, und er macht sich über die Handhabung des Schiffes, die Steuerung und den Einsatz der Ruder Gedanken: „. . . übrigens wird man die Ruder selten gebrauchen müssen, da wir in der Luft immer etwas Wind haben, der, wenn auch ganz schwach, zur Bewegung genügt.“ Lana erwähnt den „allzu ungestümen Wind, der das Schiff so vor sich hertreiben könnte, daß es in Gefahr käme, an die Berge anzustoßen, welche gleichsam die Klippen des Luftozeans bilden, oder ganz umzukippen“, und er räumt ein, daß „unser Schiff große Gefahr laufen könnte, aber nicht mehr als die Schiffe auf dem Meer“, beruhigt aber eine künftige Mannschaft mit dem Ratschlag, „sich nur an das Holzwerk oder die Stricke anzuklammern, um vor einem Fall sicher zu sein.“

Die Luftschicht schätzt der Pater auf etwa fünfzig Meilen und stellt sich selbst die Frage, was passiert, wenn das Schiff in zu große Höhe aufsteigt und „die Leute nicht mehr atmen könnten“. Antwort: „Je höher man in der Luft emporsteigt, desto dünner und leichter wird sie. Infolgedessen würde das Schiff in einer gewissen Höhe nicht weiter steigen können, weil die höhere Luft leichter und so für dasselbe nicht tragfähig wäre. Es würde vielmehr da, wo es die Luft so dünn findet, daß sie dem Gewicht der Maschine samt der Mannschaft gleich ist, stillestehen. Um eine zu große Höhe zu vermeiden, wird es sich lohnen, das Schiff mehr oder weniger zu belasten, je nach der

Höhe, die man erreichen will. Sollte es trotzdem zu hoch steigen, so kann man dem leicht abhelfen, indem man das Hähnchen an der Kugel ein wenig öffnet und etwas Luft eindringen läßt. Wenn sie so zum Teile ihre Leichtigkeit verliert, wird sie sich mit dem ganzen Schiff senken. Steigt es dagegen nicht bis zur gewünschten Höhe, so könnten wir es höher bringen, indem wir es um jene Gewichte erleichtern, die wir mitgenommen haben. In gleicher Weise wird man, wenn man bis zur Erde herabsteigen will, die Hähnchen der Gefäße öffnen müssen."[6] Nicht nur an das Steigen durch Ballastabgabe und Sinken mit Hilfe von Ventilen hatte der Jesuitenpater in seinem Luftschiff-Entwurf gedacht, sondern auch an die Landung, bei der könne man „sich der Anker bedienen, welche leicht an den Bäumen fassen würden."

Das sind die wesentlichen Elemente der 1670 im 6. Kapitel des „Prodomo" von Lana niedergelegten „Erfindung", die den Entwicklungsstand der Zeit zusammenfaßt und durch eigene, zukunftsweisende Gedanken erweitert. Das Buch erschien in lateinischer Sprache und löste in der kleinen, miteinander in engem Kontakt stehenden europäischen Gelehrtenwelt sofort lebhafte Dispute aus. Die meisten schmetterten Lana ein „unmöglich" entgegen, wie der große deutsche Denker Leibniz, der in einer kleinen Schrift zu Lanas Plan Stellung nahm. Nach eigenen Berechnungen kam er zu der Überzeugung, die Kugeln müßten riesig und die Wandung aus Gewichtsgründen so dünn und zerbrechlich sein, daß ein derartiges Vorhaben zum Scheitern verurteilt sei. Leibniz, nach dessen Ausspruch wir noch in der besten aller möglichen Welten leben, stellte mit einer gewissen Genugtuung fest: „Da hat also Gott den Menschen sozusagen einen Riegel vorgeschoben: und mit Recht. Könnten die Menschen auch noch durch die Luft fahren, so wäre ja ihre Schlechtigkeit rein nicht mehr zu zügeln."[7]

Auch Lana, obwohl überzeugt von der Funktionsfähigkeit seiner „Barca Volante", die er gern vor Veröffentlichung des Buches unter praktischen Beweis gestellt hätte, „wenn die religiöse Armut, der ich mich geweiht habe, mir gestattet hätte, so etwa 100 Dukaten aufzuwenden", sah dieselben Gefahren wie Leibniz und äußerte tiefen und hellsichtigen Zweifel: „Gott wird niemals zugeben, daß eine solche Maschine wirklich zustande kommt, um die vielen Folgen zu verhindern, welche die bürgerliche und politische Ordnung der Menschheit stören würden. Denn wer sieht nicht, daß keine Stadt vor Überfällen sicher wäre, da ja das Schiff zu jeder Stunde über dem Platz derselben erscheinen und die Mannschaft sich herablassen und aussteigen könnte. Dasselbe geschähe in den Höfen bei Privathäusern und bei den Schiffen, welche das Meer durcheilen. Ja, wenn das Schiff nur aus hoher Luft bis zu dem Segelwerk der Meerschiffe herabstiege, könnte es die Taue kappen, und auch ohne herabzusteigen, könnte es mit Eisenstücken, die man aus dem Schiffe nach unten werfen könnte, die Fahrzeuge zum Kentern bringen, die Mannschaft töten und die Schiffe mit künstlichem Feuer, mit Kugeln und Bomben in Brand stecken; und nicht nur Schiffe, sondern auch Häuser, Schlösser und Städte mit völliger Gefahrlosigkeit, für diejenigen, welche aus ungemessener Höhe solche Sachen herabwürfen."

Avignon 1781 – Joseph Montgolfiers Begegnung mit Pater Galien

Als fromme Katholiken nahmen die Montgolfiers die skeptischen Gedanken Lanas über den möglichen Mißbrauch der Erfindung zwar ernst, wirklich beeindruckt waren sie aber nur von der Kühnheit, mit der ein Ordensgeistlicher mehr als hundert Jahre zuvor radikalen Abschied vom mechanischen Flug mit Muskelkraft als Imitation des Vogelfluges genommen und das aerostatische Prinzip „leichter als Luft" vorgeschlagen hatte. Der Plan eines Luftbootes nach dem Vorbild der Meeresschiffe schien der richtige Weg. Aber auch die Montgolfiers wußten, wie undurchführbar ein Aufstieg mit luftleeren Kugeln in Wirklichkeit war.

Es besteht kein Zweifel, daß sie den „Prodomo" gelesen hatten, auch wenn das Werk nur in wenigen Exemplaren existierte. Spätestens das in Vidalon abonnierte „Journal de Paris", das im Jahre 1782 zwei Artikel über das „Luftboot" publizierte, müßte sie auf Lanas Spur gesetzt haben. Ob die Brüder allerdings Einzelheiten über Flugvorführungen am Hof König Johann V. in Lissabon kannten, ist nicht zu beweisen. Dort hatte am 8. August 1709 im Gesandtschaftssaal des Königlichen Palastes oder im Hof des indischen Hauses der Brasilianer Bartholomeu Lourenço de Gusmão, ein aus der Gesellschaft Jesu entlassener „Kleriker mit niederen Weihen", ein kleines Luftschiff – die „Passarola" – vor den Augen des versammelten Hofstaates durch das Entzünden eines Feuers emporsteigen lassen. In einigen Dokumenten wird behauptet, er sei sogar selbst geflogen und habe deshalb den Beinamen „Ovoador", der Flieger, erhalten. Doch die Aussagen widersprechen sich, und zur Zeit der Montgolfiers waren Berichte über dieses Ereignis entweder grob entstellt oder überlagert durch Gerüchte über verbrannte Schriften, Verfolgung durch die Inquisition,

Anklage wegen Zauberei und Flucht des unglücklichen Erfinders nach Spanien.

Cyrano, Kircher, Lauro und vor allem Graf Lana waren die Autoren, von denen die Phantasie der Brüder angeregt wurde, und vielleicht noch Borelli, der 1681 den Nachweis geführt hatte, daß der Flug mit Muskelkraft unmöglich sei und es daher nur einen Weg gebe: einen Körper leichter zu machen als das Medium, in dem er sich bewegt. Nur auf das „wie" wußte auch Borelli keine Antwort. Aber er wie auch die anderen Naturforscher bestätigten die Montgolfiers in ihrer Überzeugung, daß man sich nur wie die Wolken an den Himmel erheben könne. Bei langen Wanderungen im Pilat, auf den Hügeln um Annonay und ins Rhônetal hinunter, hatte Joseph das Entstehen und die Bewegungen häufig gewaltiger Wolkenformationen beobachtet, die in unterschiedlichen Höhen und Geschwindigkeiten dahintrieben. Wie gelangten sie dort hinauf, warum fielen sie nicht auf die Erde, was hielt sie fest?

Auch wenn Joseph bisher nach dem selbstbewußten Grundsatz gehandelt hatte „ich kenne nur eine Art eine Wissenschaft zu erlernen, nämlich sie kreativ zu erfinden", wurden ihm immer schmerzlicher seine erheblichen Bildungslücken bewußt. Nachdem die wirtschaftliche Existenz als Papierfabrikant mit dem Bankrott von Voiron zerbrochen war, sah er darin eine Fügung und beschloß 1780, in Montpellier bürgerliches und Kirchenrecht zu studieren. Nur durch den Einfluß des kirchlichen Würdenträgers Alexandre-Charles gelang es, eine Ausnahmegenehmigung für die Zulassung des bereits 40jährigen Studenten zu erwirken. Ein Jahr später, am 31. Juli 1781, legte Joseph das 1. Staatsexamen ab und wechselte nach Avignon. Auch in der Stadt der Päpste hörte er Vorlesungen bei einigen Professoren, die ihm „bemerkenswerte Intelligenz aber trostlose Halsstarrigkeit" bescheinigten. Neben dem Studium vertrat Joseph die Interessen der väterlichen Papierfabrik in engem Kontakt mit Etienne, arbeitete als Buchhändler in einer Stadt, die als besonders liberal und fortschrittlich galt, und gab sich seiner Leseleidenschaft und dem Interesse für Fahrten durch die Lüfte hin.

In Avignon traf er höchstwahrscheinlich auf den über achtzigjährigen Dominikanerpater Joseph Galien, einen ehemaligen Professor der Philosophie und Theologie, dessen 1755 anonym erschienene Schrift „Die Kunst in den Lüften zu fahren" Joseph Montgolfier nachhaltig beeindruckte, denn der gelehrte Pater hatte sich ausgiebig mit physikalisch-meteorologischen Studien befaßt und eine Theorie aufgestellt, die davon ausging, daß sich schwere Körper wie Hagel und Schnee nur durch magnetische Kräfte in gewissen Höhen halten konnten. In der damals viel gelesenen Abhandlung spielte diese These eine gewichtige Rolle, auch wenn Galien seine Idee nicht als Handlungsanweisung zum Bau eines Luftschiffes verstanden wissen wollte, sondern eher „als eine physikalische und geometrische Belustigung". Er ließ seiner Einbildungskraft denn auch freien Lauf und entwarf ein würfelförmiges Fahrzeug von gigantischen Ausmaßen. „Das Schiff würde länger und breiter seyn, als die Stadt Avignon, und an Höhe würde es einem ziemlich beträchtlichen Berge gleichen." Und listig fügte der Professor hinzu: „dieß ist ein sehr gleichgültiger Umstand, und es kostet darum nichts mehr, da wir es doch nur auf dem Papier erbauen."[1] Der aus doppelter, mit Wachs oder Teer bestrichener und mit Leder bedeckter Leinwand erbaute Riesenwürfel sollte Gondeln tragen, denen „wir ... eine zahlreiche Armee mit aller ihrer Ammunition und Mundprovision bis mitten nach Afrika oder in andere eben so wenig bekannte Länder werden überführen können." An anderer Stelle heißt es unkriegerisch, aber nicht weniger gewaltig, daß „vier Millionen Menschen, jeden zu drey Centnern gerechnet, welches weit mehr ist, als Menschen gewöhnlich wiegen", eingeschifft und in die Höhe gehoben werden können. Die Volumen-, Oberflächen- und Gewichtsberechnungen füllen ganze Seiten des Manuskriptes. Auf die zentrale Frage aber, mit welcher Kraft denn die Erhebung der Millionen zu bewerkstelligen sei, antwortet Galien, von der Vorstellung eines unterschiedlichen Gewichts der Luft in verschiedenen Höhen ausgehend, daß der Körper mit Luft aus der oberen „Hagelschicht" gefüllt werden müsse, da nur diese verdünnte „Höhenluft" das Schiff tragen könne. Ungesagt blieb, wie eine derartige „leichte Luft" auf die Erde zu holen oder mit welchem Antrieb diese Schicht zu erreichen sei. Doch der Pater versetzte sich so intensiv in das Segeln am Himmel, daß er beruhigend schrieb: „Uebrigens würde diese Schiffahrt nicht so gefährlich seyn, als man sich einbilden könnte; sie würde vielleicht weniger Gefahren unterworfen seyn, als die auf dem Meere. Bey dieser ist man verloren, sobald das Schiff zu Grunde sinkt; bey der unsrigen hingegen würde man, wenn sich auch dieser Fall zutrüge, ganz sanft auf die Erde niedersinken,

30

zur großen Zufriedenheit derer, die des Segelns zwischen Himmel und Erde müde wären, und mehr Lust hätten, uns zu erzählen, was sie in dem erhabenen Wolkenreiche gesehen hätten, als ihre Reise weiter fortzusetzen."[2]

Die Begegnung mit Galien und seinem Werk versetzte Joseph in Aufregung; im Gegensatz zu anderen und sogar zum Autor selbst, der die kleine Arbeit eher für ein physikalisches Gedankenspiel hielt, nahm er die Sache ernster. Zu sehr entsprach der maßlose Entwurf den eigenen bizarren Träumen, wirkte er als Bestätigung des Gedankens: Wolken, obere Luftschichten in Leinwandsäcke einschließen, um hochzuschweben. Joseph befürchtete für Galiens Luftschiff allerdings die Katastrophe, wenn der mit dünner Höhenluft gefüllte Würfel sich in niedere Schichten absenken und deren Dichte annehmen würde – dann könne niemand den tödlichen Sturz zur Erde aufhalten.

Im Herbst 1781 zeigte Etienne dem Bruder bei einem ihrer Zusammentreffen das „Journal de Paris" mit der Ankündigung eines Flugversuches in Paris, den ein Mechaniker namens Blanchard unternehmen wollte. Beide waren jedoch überzeugt, daß der Mann kein Glück haben würde – mit Flügeln und Hebeln konnte das nicht gelingen. Einige Zeit später hörten sie, daß alle Bemühungen, mit der Flugmaschine vom Boden abzuheben, mißlungen seien und empfanden es als einen weiteren Beweis für ihre eigenen Überzeugungen. Es mußte einen anderen als den mechanischen Weg an den Himmel geben.

Die Idee, heimliche Versuche, Gerüchte und der Erfolg

Zu Beginn des Jahres 1782 waren die zum Teil über hundert Jahre alten Stichworte zur Erfindung der Luftschiffahrt vorhanden. Es gab die theoretischen Grundlagen und praktischen Vorschläge zu ihrer Verwirklichung: die Lehre von der Hydrostatik, die Begriffe „spezifisch leichter als Luft" und Aeronautik, die Auftriebsmittel Rauch und Feuer, Hüllen aus geteerter Leinwand, Bilder von Ballons und Luftschiffen, Gerüchte über Aufstiege und – seitdem der Engländer Henry Cavendish 1766 „Wasserstoff" als eine besondere Gasart, die etwa 14 mal leichter als Luft ist, isoliert hatte – existierte sogar, wenn auch in anderer Form, jene „ganz reine, leichte Luft", auf die Kaspar Schott gehofft hatte. In London experimentierte im Frühsommer jenes Jahres der aus Italien stammende Physiker Tiberius Cavallo mit Fischblasen und Papierzylindern, nachdem er bereits einige Monate zuvor mit „brennbarer Luft" gefüllte Seifenblasen zum Steigen gebracht hatte. „Da diese aber zu zerbrechlich, und gar zu schwer zu behandeln sind", schrieb er im Juni 1782 in einem Bericht an die Königliche Akademie in London, „so scheinen sie zu physikalischen Versuchen ganz untauglich zu seyn."[1] Doch auch ein Sack „allerfeinsten chinesischen Papiers" erwies sich als unbrauchbar. „Ich vermuthete, daß ein Loch im Sacke die entzündbare Luft heraus ließe; ich untersuchte daher meinen ganzen Apparat sehr aufmerksam …, allein ich konnte zuletzt nichts anderes schließen, als daß die entzündbare Luft durch die Zwischenräume des Papiers dringe, wie Wasser durch ein Sieb dringt."[2] Tiberius Cavallo kam – ohne es zu ahnen – dem Ziel sehr nahe, gab jedoch entmutigt auf. Vier Jahre später berichtete er darüber ohne Selbstmitleid in einer „Geschichte der Aerostatik".

Im Sommer 1782 war das Arsenal der Möglichkeiten also komplett. Nur ein Entdecker, ein Anwender fehlte. Das Schicksal suchte sich dazu einen Mann aus, der zu diesem Zeitpunkt mehr oder weniger unschuldig im Gefängnis saß: Joseph Montgolfier. Sofort nach der Entlassung reiste er nach Avignon zurück, an den Ort der entscheidenden Inspiration. Über diesen Augenblick ist viel gerätselt worden, und es gibt die unterschiedlichsten Darstellungen. Eine galante: Der zum Trocknen aufgehängte Unterrock seiner Frau habe sich über dem Herdfeuer gebläht und sei dann an die Decke gestiegen. Eine romantisch-märchenhafte: Joseph sei als Zwanzigjähriger spazierengegangen und habe ein einsames, weinendes Mädchen mit Namen Séraphine auf einer Wiese getroffen, das Seifenblasen zum Himmel steigen ließ, um ihrer verstorbenen Mutter Grüße ans Firmament zu schicken. Sie soll zu Joseph gesagt haben: „Monsieur, Sie sind, das sehe ich, ein Wissenschaftler aus der Stadt, vielleicht aus Paris. Wenn Sie mir helfen, wenn Sie mich trösten wollen, erfinden Sie für mich ein kleines Schiff, das durch die Wolken fährt, das Flügel hat, um zu fliegen wie die Vögel, wie die Schmetterlinge, wie die Engel. Etwas, das mir erlaubt, jeden Tag in den Himmel zu kommen, um meine Mutter zu sehen und zu küssen."[3] Das sei das Schlüsselerlebnis, der Auslöser für ein mehr als zwanzigjähriges Forschen gewesen, behaupten einige Biographen. Doch der Wahrheit – wenn überhaupt – dürfte die dritte Version[4] näherkommen: Mitte November 1782 saß Joseph Montgolfier in Avignon abends vor dem Kamin seines Zimmers in der Rue Saint-Etienne 12 und las einen Zeitungsbericht über die Belagerung des britischen Stützpunktes Gibraltar durch die vereinigten spanisch-französischen Truppen. Eine Zeichnung illustrierte die Lage der Festung, ihre Uneinnehmbarkeit von der Land- wie der Seeseite. Joseph ärgerte sich über den militärischen Mißerfolg der eigenen Seite und überlegte, ob es nicht doch eine Möglichkeit gäbe, in das Zentrum des verteidigten Gebietes einzudringen. Der einzige nicht versperrte Zugang: die Luft. Und in einer plötzlichen Eingebung, während er in den im offenen Kaminfeuer aufsteigenden Rauch starrte, hatte er sie, die große Idee. Er rief die Zimmerwirtin, erbat Taft, Schere, Nadel und Faden und schnitt vor den Augen der entgeisterten Frau fünf Quadrate zurecht, die er zu einem an einer Seite offenen Würfel zusammennähte. Dann zerknitterte er vor dem Kamin die Zeitung, steckte sie in Brand und hielt den schlaffen Stoffbeutel in sicherem Abstand über das Feuer. Unter seinen Händen begann er sich auszudehnen, nahm die Form des Würfels an und stieg, losgelassen, an die Zimmerdecke. Joseph war überwältigt, und in der Euphorie seines Erfolges setzte er sich an den Schreibtisch und begann einen Brief an Etienne: „Bereite sofort Mengen von Taft und Schnüren vor und Du wirst eine der erstaunlichsten Sachen der Welt erleben."[5]

Ungeduldig, begierig, den Versuch mit Etienne zu wiederholen, reiste Joseph seinem Brief nach Vidalon hinterher. Dort traf er auf einen skeptischen Bruder, den eine schnell improvisierte Probe in seinem Mißtrauen eher bestätigte. Sie hatten einen kleinen Papiersack über eine dampfende Kaffeekanne gestülpt, doch der sank, wasserdunstdurchfeuchtet, in sich zusammen. Die Ursache schien klar: Papier eignete sich nicht als Material, und für die Erhebung war eine Mindestgröße notwendig, um das richtige Verhältnis zwischen Gewicht des Sackes und der Auftriebskraft zu erreichen.

Jetzt begann das Zusammenspiel der Brüder, jene Einheit, ohne die sich kaum ein Ballon auf dem Marktplatz von Annonay erhoben hätte. Joseph drängte, fabulierte, entwarf kühne Bilder – Etienne, mathematisch-naturwissenschaftlich ausgebildet, rechnete: Oberfläche der Hülle, Gewicht, Volumen, und schlug vor, leichten Taft für den Bau eines Würfels von etwa einem Meter Durchmesser zu nehmen.

Anfang Dezember zogen sich die Brüder völlig in das Wohnhaus neben der Fabrik zurück. Sie zertrennten Seide aus Florenz, die zum Füttern von Fräcken bestimmt war und, zum Entsetzen ihrer Frauen, einige der schönsten Kleider, denn es fehlte Zeit, Stoff aus Lyon zu bestellen. Die ganze Familie beteiligte sich am Nähen, und Joseph räumte ein Zimmer aus, damit die Erprobung ohne Zeugen stattfinden konnte. Das geheimnisvolle Treiben im Haus des Fabrikherrn und sein Verschwinden führten zu Kopfschütteln und Klatsch unter der Belegschaft. Doch die Brüder ließen sich davon nicht irritieren, sie entzündeten – zum Unmut des alten Vaters – in dem leeren Zimmer auf einer Eisenplatte ein kleines Feuer, und der Würfel stieg in Gegenwart und zum freudigen Erstaunen der gesamten im rauchigen Zimmer versammelten Familie geräuschlos in die Höhe. Das aus vielen Farben und Stoffarten zusammengeflickte, reichlich schäbig aussehende Gebilde war noch nicht einmal völlig auf die Dielen gesunken, da stand für Joseph und Etienne der Beschluß fest: ein neuer Versuch, diesmal draußen und mit einem größeren Sack.

Obwohl diese Erhebung durch Feuer eine eindrucksvolle Bestätigung des ersten Experiments in Avignon war, versuchte Etienne, den Bruder für ein Gas zu interessieren, dessen Beschreibung er in einem Buch mit dem Titel „Über die verschiedenen Arten von Luft (Gas)" gefunden hatte. Das Werk war erst vor kurzer Zeit in französischer Übersetzung herausgekommen und sein Autor, der Engländer Joseph Priestley, ein Prediger und Naturforscher, beschrieb darin in allgemein verständlicher Form zahlreiche Luftarten, ihre Eigentümlichkeiten und spezifischen Gewichte, so auch die von Cavendish entdeckte „brennbare Luft". Etienne überredete den Bruder zu einem Versuch, weil er überzeugt war, daß ein Ball mit diesem Gas sich in der ihn umgebenden atmosphärischen Luft so weit erheben müßte, bis er von Schichten der gleichen Schwere im Gleichgewicht gehalten würde. Sie machten sich an die Arbeit, ließen – wie angegeben – Vitriolsäure (heute Schwefelsäure genannt) über Eisenfeilspäne laufen, doch es gelang nicht, den feinen Dampf in den porösen Hüllen festzuhalten. Nach mehrtägigen vergeblichen Bemühungen gaben sie schließlich auf, auch weil ihnen zum Bewußtsein kam, wie umständlich und teuer die Herstellung dieser „brennbaren Luft" war.

Der Gedanke, daß die beiden ersten gelungenen Feuerversuche durch besondere Stoffe, vielleicht sogar durch Elektrizität verursacht wurden, beherrschte vor allem Joseph, der glaubte, der Grund für das Schweben von Wolken seien elektrische und magnetische Vorgänge in ihrem Inneren. Wieder war es Etienne, der Systematik in die Versuchsreihen brachte, der Vorstellungen des Bruders präzisierte. Sie kehrten zu Feuer und Rauch zurück, maßen Temperaturen und stellten dabei fest, daß 70 Grad Wärme zum Auftrieb eines Körpers ausreichten. Sie mischten angefeuchtetes Stroh mit zerhackter Schafwolle, einem tierischen Stoff, um so ein – wie Joseph es nannte – „aerostatisches Gas" zu erhalten und glaubten sich damit am Ziel, die ideale Zusammensetzung des Brennmaterials gefunden zu haben. Nach den Anweisungen der Brüder bauten einige Arbeiter aus der Fabrik inzwischen den neuen Flugkörper, diesmal aus besonders dichtem Papier und mit einem Drei-Meter-Durchmesser von stattlichem Umfang. Fünfzig Meter flußabwärts, neben dem fast senkrecht aufragenden Felsen, nicht weit vom einzigen Zufahrtsweg, hatten die Helfer zwei Masten aufgerichtet, an denen dann am 14. Dezember 1782 im ersten neblig-kalten Frühlicht an zwei Seilen der unförmige, unten offene Papiersack aufgehängt wurde. In der Schlucht rührte sich kein Windhauch; andächtig standen der Vater Pierre, die Brüder Jean-Pierre und Alexandre-Charles, die Frauen der Familie und einige mißtrauische Arbeiter um das kräftig qualmende, aber wärmende Feuer herum, das Etienne und Joseph eifrig schürten, damit der Rauch in das offengehaltene Unterteil strömen konnte. Vor den überraschten Zuschauern schwoll das merkwürdige Ding an, wurde prall, riß sich plötzlich los und stieg in den winterlichen Morgenhimmel. In 150 Fuß Höhe schien es einen Augenblick stillzustehen und senkte sich dann, über die schmale Deûme schwebend, am Gegenhang nieder.

Nach diesem Erfolg, der alle Berechnungen bestätigte, waren sich die Brüder über den nächsten Schritt einig. Es mußte sofort eine noch größere Hülle angefertigt werden, vielleicht so groß, daß damit sogar ein Mensch aufsteigen könnte, denn das zerrissene Seil bewies eine Tragkraft von mindestens 30 Pfund. Während sie die vierte Flugmaschine entwarfen, mußten sie erfahren, daß sich trotz der Schweigepflicht, die sie über alle beteiligten Mitarbeiter der Manufaktur verhängt hatten, im nahen Annonay die für Außenstehende mehr als befremdlichen Experimente herumzusprechen begannen. Joseph und Etienne fürchteten weniger die üble Nachrede oder die Gefahr, als Zauberer gebrandmarkt zu werden, sondern vielmehr um die Urheberschaft ihrer Erfindung. Und so beauftragte der umsichtige und praktisch denkende Etienne den Bruder Jean-Pierre am 16. Dezember 1782, einen Brief nach Paris an Nicolas Desmarest zu schreiben, ein Mitglied der „Akademie der Wissenschaften", dem die Familie Montgolfier vertraute.

„Diese Maschine hat trotz unserer Vorsichtsmaßnahmen ein gewisses Aufsehen erregt. Wir sind von Schurken umgeben, die sich, um Ruhm zu erwerben, nicht scheuen, die Frucht der Arbeit anderer anzueignen. Deshalb bitte ich Sie, der Akademie die Konstruktion einer Maschine ankündigen zu wollen, die sich nach einem Versuch mindestens 150 bis 200 Fuss erheben kann und vielleicht sogar zehnmal höher auch ein Gewicht von dreissig Pfund mit wenig Unkosten hochzuheben vermag, was vielleicht nützlich sein könnte, um Signale zur Erde

Die Akademie, ein Befehl des Königs und das Volk von Paris

Im Kreis der Akademie-Mitglieder löste das Protokoll der Ständevertreter ungläubige Überraschung aus. Sollte es tatsächlich einigen wissenschaftlich kaum gebildeten Papiermühlenbesitzern in der Provinz gelungen sein, ein Rätsel zu lösen, an dem sich erlauchtere Köpfe vergeblich versucht hatten? Es fiel der exklusiven Versammlung einer Institution, die seit Beginn des Jahrhunderts unbestritten die Führungsrolle im naturwissenschaftlichen Denken und Forschen Frankreichs einnahm, nicht leicht, sich einer solchen Erkenntnis zu öffnen. Immerhin vertrat in ihren Reihen ein d'Alembert die Mathematik, Laplace die Physik und der berühmte Lavoisier die Chemie. Die Herren zeigten sich ratlos. Unzweifelhaft war der Augenzeugenbericht einer derartig honorigen Gruppe von Würdenträgern ernst zu nehmen, doch es fehlten – abgesehen von der Schilderung des Fluges und Beschreibung der Luftkugel – Details über das Funktionieren des Apparates, genaue Angaben über Gewichte und Beschaffenheit der verwendeten Luftart. So wurde beschlossen, das Ganze erst einmal einer sorgfältigen Prüfung zu unterziehen, gleichzeitig aber dem König, dessen Interesse an einem solchen Phänomen nicht unterschätzt werden durfte, Bericht zu erstatten.

Ludwig XVI., von Gottes Gnaden absoluter Herrscher über 26 Millionen Untertanen – der Reparatur von Kuckucksuhren in seiner vorzüglich eingerichteten Werkstatt zugetan und physikalischen und mechanischen Erfindungen gegenüber aufgeschlossen –, reagierte auf die Nachricht aus Annonay ungewöhnlich schnell und entschieden. Sonst eher zaudernd und zaghaft, erteilte er dem Grafen de Breteuil einen Befehl, der unverzüglich den Akademiemitgliedern überbracht wurde: „... daß es sich nicht nur um überraschende Vorführungen wegen ihrer Neuheit handele, sondern um besonders wissenschaftliche Versuche, die unter der Kontrolle einer Kommission fortgesetzt werden müßten, die diesbezüglich einen Auftrag erhält." Aus mehreren Gründen war das eine denkwürdige und tragweite Weisung. Denkwürdig, weil sie von einem König stammte, dessen geistige Trägheit und Willensschwäche jeder kannte, der aber offenbar die außerordentliche Bedeutung dieses Vorgangs erfaßt hatte. Und tragweit, weil die Erhebungsversuche von jetzt an unter seinem persönlichen Schutz standen, gegen alle Widerstände, woher sie auch kommen mochten: von der Kirche, vom Adel oder vom Volk.

Die „Akademie der Wissenschaften" beeilte sich, dem Gebot des Königs nachzukommen, und ernannte eine fünfköpfige Kommission, deren Vorsitz Antoine Lavoisier übernahm, der als Wissenschaftler – mit seiner Oxidationslehre schuf er die moderne Chemie –, aber auch als geschäftstüchtiger Leiter der Salpeter- und Pulverfabriken ein bedeutender Mann war. In die vertraulichen Vorbereitungen der ersten Sitzungen der neuen Kommission platzte am 26. Juli 1783 die Veröffentlichung eines Leserbriefes aus Annonay im „Mercure de France". Ein anonym bleibender Augenzeuge schilderte ausführlich die Geschehnisse, welche sich sieben Wochen zuvor auf dem Franziskanerplatz abgespielt hatten: „Man hat hier soeben ein sehr merkwürdiges Schauspiel gegeben, mit einer Maschine aus Stoff, gefüttert mit Papier, die die Größe eines Hauses hatte, 36 Fuss lang, 20 breit und ungefähr ebenso hoch. Man hat es mit Hilfe eines Feuers in die Luft steigen lassen, in eine so wunderbare Höhe, das es nicht grösser als eine Trommel erschien." Die Wirkung dieser ersten Sätze war unbeschreiblich: In wenigen Stunden gab es kein einziges Exemplar des „Mercure de France" mehr, wie ein Lauffeuer hatte sich die Sensation in alle Stadtteile verbreitet. In Gruppen standen die Menschen auf den Straßen, einer las vor, die anderen staunten. Bis zum Abend drang die Nachricht auch in die letzten Winkel von Paris, bis in die Hospitäler und Armenhäuser. Am nächsten Morgen zog das „Journal de Paris", seit sechs Jahren die erste Tageszeitung Frankreichs, nach. Die Redaktion hatte sich den Text des Stände-Protokolls verschafft und druckte auf der ersten Seite der Ausgabe 208 die Hauptpassagen ab. Auch das „Journal" war in kurzer Zeit vergriffen, und die Wogen der Erregung schlugen höher: Begeisterung, Zweifel und erste Rufe nach Beweisen. Die Akademie-Mitglieder spürten, wie sie in

Zugzwang gerieten. Um nicht selbst zur Zielscheibe des Spottes zu werden, mußte man das Volk möglichst schnell zufriedenstellen. So dämpften die Herren ihren Unmut, daß Unbekannte den Ruhm einer solchen Entdeckung ernten sollten, und fällten nach eingehender Beratung den Beschluß, die Montgolfiers auf Kosten der Akademie nach Paris einzuladen, damit sie vor der Kommission das Experiment vom 4. Juni wiederholten.

Auf diese Botschaft reagierten die Pariser eher unwillig. Annonay war weit, und am Ende führte das alles nur zu umständlichen Verzögerungen; sie wollten das Wunder mit eigenen Augen sehen, und zwar sofort. In dieser Stimmung von Ungeduld und Aufgeregtheit betrat Barthélémy Faujas de Saint-Fond, ein wenig bekannter Geologe mit dem Spezialgebiet Vulkane, die Luftballonszene mit einer erlösenden Idee: Er regte die Eröffnung der ersten nationalen Subskription zur Finanzierung eines Ballons an und hatte damit überwältigenden Erfolg. In wenigen Tagen kamen über 10000 Livres zusammen, und noch immer drängten sich die Menschen, ihre Namen in die Listen einzutragen und zu spenden. Faujas, der die neue Erfindung in den nächsten Jahren mit Enthusiasmus, aber auch einiger Rechthaberei begleiten sollte, kam noch eine zweite gute Idee. Er beauftragte die Gebrüder Robert, renommierte Hersteller von Präzisionsinstrumenten für die Universität, mit dem Bau des Luftballons und wählte für die Leitung des Unternehmens einen Mann, der wissenschaftlich in hohem Ansehen stand und überaus beliebt war: Jaques-Alexandre César Charles, einen siebenunddreißigjährigen Physik-Professor, über dessen bemerkenswerte und mitreißende Art zu dozieren, folgendes berichtet wird: „Er hielt in einem Saal des Louvre öffentliche Vorlesungen, zu denen ganz Paris zusammenströmte. Er besaß vorzüglich die Kunst, seine Vorträge mit effektvollen Experimenten zu illustrieren, welche die Gemüter seiner Zuhörer ebenso überraschten wie mit Staunen erfüllten. Erklärte er zum Beispiel das Strahlen der Wärme, so entzündete er Körper, die in außerordentlichen Entfernungen von ihm standen. Erläuterte er das Mikroskop, so vergrößerte er die Gegenstände bis zum Ungeheuern, las er über Elektrizität, so ließ er Tiere durch den Blitz erschlagen; wollte er das Vorhandensein der freien Elektrizität in der Luft erklären, so ließ er Regen aus Wolken herabströmen und zog aus seinen Konduktoren Funken von 10 Fuß Länge, die gleich dem Schuß aus einem Feuergewehr knallten. Die Klarheit seiner Demonstrationen, die Schönheit seiner Züge, der sonore Klang seiner Stimme, sogar seine seltsame Tracht, ähnlich der von Franklin, alles dies trug zur Wirkung seiner Vorlesungen bei."[1]

Dieser ungewöhnliche Professor, umschwärmter Liebling der Damen von Stand, Freund Benjamin Franklins, der als Gesandter der neuen amerikanischen Republik in Paris lebte und dessen eigenwilliges Auftreten er ein wenig kopierte, zögerte nicht, den ehrenvollen, aber schwierigen Auftrag anzunehmen. Charles wußte um das Risiko. Ein Mißerfolg konnte die Gunst des wankelmütigen Publikums schnell umschlagen lassen und seine bisher so glänzend verlaufende Karriere in Gefahr bringen. Denn es hatte viel Kraft gekostet, sich aus kleinen Verhältnissen, als ältestes von sechs Kindern eines königlichen Prokuristen, zu einem anerkannten Wissenschaftler emporzuarbeiten.

Jacques Alexandre César Charles – Professor der Physik und Erfinder des Gasballons

Obwohl vorzüglich ausgebildet, literarisch und musisch interessiert, gab es für ihn keine andere Möglichkeit, dem engen Geburtsort an der Loire, nicht weit von Orléans, zu entkommen, als in Paris eine untergeordnete Stellung in der Finanzverwaltung anzunehmen, aus der er auch noch entlassen wurde, als die Geldknappheit der städtischen Kassen zunahm. Doch Charles gab nicht auf. In seinem ärmlichen Zimmer hatte er sich von Ersparnissen ein kleines Laboratorium aufgebaut, um dem erträumten Berufsziel näherzukommen: Physiklehrer. Energie und Begeisterungsfähigkeit übertrugen sich auf erste Schüler, verschafften ihm Anerkennung, die Aufmerksamkeit der Regierung und schließlich die Bestallung zum Professor für Experimentalphysik.

Diese Fähigkeiten – Elan, Organisationstalent, gepaart mit Kreativität – kamen Charles jetzt zugute. Ohne Zeit zu verlieren, machte er sich an die Arbeit und zeichnete einen an den verfügbaren Geldmitteln orientierten Plan eines Ballons von 4 m Durchmesser und einem Rauminhalt von 35 Kubikmetern. Kaum Kopfzerbrechen bereitete ihm die Füllung der Luftkugel. Da sich das vorliegende Protokoll aus Annonay über die Natur des Gases weitgehend ausschwieg und überall nur der allgemein gehaltene Satz zu lesen war: „Die Maschine sei mit einem Dunste oder Gas gefüllt worden, welches nur halb so schwer gewesen, als die äußere atmosphärische Luft", nahm der Professor an, daß die Montgolfiers nur „brennbare Luft" (Wasserstoffgas) genommen haben konnten, und er gab Anweisung, Eisen und Vitriolsäure zu kaufen, ohne zu ahnen, daß ihn dieser Irrtum zum Erfinder eines völlig neuen und überlegeneren Systems machen sollte.

Inzwischen wogte in den Salons, Cafés und Theaterfoyers eine hitzköpfig geführte Luftballon-Debatte, erschienen wichtigtuerische Leserbriefe im „Journal de Paris" mit zum Teil abenteuerlichen Hypothesen, und Melchior Grimm, der aus Regensburg stammende geistreiche und scharfe Beobachter des gesellschaftlichen Lebens, notierte Mitte August in seiner an europäische Höfe und interessierte Zeitgenossen wie Goethe als Geheimberichte versandten „Literarischen Korrespondenz": „Nie hat eine Seifenblase Kinder so ernsthaft beschäftigt wie der „aerostatische Ballon" der Herren Montgolfier Stadt und Hof seit vier Wochen; in allen unseren Zirkeln, bei allen unseren Soupers, an den Toilettentischen unserer hübschen Damen wie in unseren akademischen Schulen spricht man nur noch von Experimenten, atmosphärischer Luft, entzündbarem Gas, fliegenden Wagen und Reisen durch die Lüfte. Würde man alle diese Projekte, Hirngespinste und Überspanntheiten sammeln, die die neue Entdeckung hervorgerufen hat, so ergäbe das ein Buch, toller als von Cyrano de Bergerac. Ich habe unsere Kaffeehauspolitiker mit wahrhaft patriotischem Schmerz schon die Steigerung der Ausgaben errechnen sehen, den der unumgängliche Aufbau einer Luftflotte zweifellos mit sich brächte. Ich habe andere schon bei dem glücklichen Gedanken lächeln sehen, dafür ein recht einträgliches Amt für einen Minister einzurichten, der sich voller Ungeduld, kein anderes zu erhalten, damit vielleicht begnügen würde."[2]

In der Werkstatt der Brüder Robert am Place des Victoires ging die Arbeit trotz aller Störungen durch Neugierige voran. Der Ballon hing am 23. August an einem eigens konstruierten Gestell, bereit zur Füllung. Doch die war äußerst schwierig. Niemand hatte je zuvor eine solche Menge „entzündbarer Luft" gebraucht, und Charles wußte aus eigenen Versuchen um ihre Gefährlichkeit und die Unberechenbarkeiten während der Herstellung. In Zusammenarbeit mit den Brüdern hatte er versucht, ein neues Gerät zu entwickeln, das die Auffüllung beschleunigen sollte, eine Art Schrank mit fünf bleiausgekleideten Schubläden, in denen das Eisen mit Säure übergossen werden sollte. Aus der Mitte der oberen Abdeckung ragte ein gläserner Zylinder, „damit man sehen könnte, wenn die Luft stiege, oder wenn sie aufhörte, sich zu entbinden." Diese theoretisch interessante Konstruktion erwies sich bei ihrem ersten Einsatz als Enttäuschung. Sie war zu umständlich, das Holz quoll von der Hitze und Feuchtigkeit auf, die Schieber an den Schubladenöffnungen klemmten, und das Gas wollte nicht richtig aufsteigen. Kurz entschlossen nahm Charles ein senkrecht gestelltes Faß, in dessen oberen Deckel ein verschließbares Loch zum Einschütten der Vitriolsäure eingeschnitten wurde, daneben ragte ein kupfernes Rohr auf, das in die untere Ballonöffnung führte. Auch dieses Verfahren blieb mühsam und gefahrvoll, denn der mit elastischem Harz überzogene Hüllenstoff erhitzte sich stark und mußte zur Kühlung ständig mit zwei kleinen Feuerspritzen von außen naß gehalten werden. Drei volle Tage und 1000 Pfund Eisen sowie 500 Pfund Schwefelsäure brauchten die Männer, um den Ballon auf zwei Drittel zu füllen. Als sich die Nachricht verbreitete, die aerostatische Kugel schwebe bereits in der Robertschen Werkstatt, drängten sich derart viele Menschen auf dem Siegesplatz, daß vor dem Gebäude Polizeiposten zu Pferd aufziehen mußten. Die Neugierigen wurden für ihr stundenlanges Warten entschädigt: Charles ließ die Maschine im Hof an einem dünnen Seil einige Meter emporsteigen, fürchtete jedoch aufkommenden Wind und brach die Probe zur Enttäuschung der Versammlung nach wenigen Minuten ab. Diese kurze Erhebung genügte, um die Funktionsfähigkeit festzustellen, und den erleichterten Auftraggebern wurde mitgeteilt, der für den nächsten Tag vom Champ de Mars geplante Aufstieg sei durchführbar.

In der Werkstatt der Brüder Robert:
Füllen mit Wasserstoff

Charles schien dem Ziel sehr nah; der in seiner Form vollendet schöne Ballon flog, die Wandung blieb erstaunlich dicht, und die Erzeugung der Tragluft ließ sich beherrschen. Jetzt kam es darauf an, den Erfolg nicht noch durch einen Fehler zu gefährden. Und weil er fürchtete, daß der Transport der gefüllten Kugel über die belebten Straßen des Petits-Champs, über St. Niçaise und den Pont-Royal zu Gedränge, ja vielleicht sogar zu öffentlichem Aufruhr führen könne, entschloß er sich, den „Globe" noch in derselben Nacht auf das Marsfeld bringen zu lassen, was außerdem den Vorteil versprach, bereits in den Morgenstunden damit beginnen zu können, verloren gegangene „brennbare Luft" nachzufüllen. Wegen der einbrechenden Dunkelheit wurde die ursprüngliche Idee, den Ballon vom Hof der Werkstatt an Leinen über den Dachfirst des Wohnhauses auf den Siegesplatz fliegen zu lassen, aufgegeben, und nach einigem Streit, wie man ihn durch das zu kleine Tor schaffen könnte, einigten sich Charles und die Brüder Robert darauf, etwas „brennbare Luft" abzulassen und den Ballon langsam durch die Einfahrt des Hauses zu drücken. Das gelang ohne eine Verletzung der empfindlichen Hülle, und so konnte der „Globe" auf die vorbereitete Tragbahre gebunden werden, und jene seltsame nächtliche Reise durch Paris begann, über die Faujas, der eigentliche Urheber dieses Schauspiels, beeindruckt berichtet: „Nichts kann sonderbarer seyn, als der Anblick dieser so fortgetragenen Kugel, mit brennenden Fackeln voraus, und einer Menge Menschen nebst einer Begleitung von Schaarwache zu Roß und zu Fuß an der Seite. Dieser nächtliche Zug, die Gestalt und Größe des Körpers, den man mit so vielem Pomp und so vorsichtig einhertrug, das tiefe Stillschweigen, die ungewöhnliche Stille der Nacht, alles dies vereinigte sich, um über den ganzen Vorgang etwas so sonderbares und eine so geheimnisvolle Feyerlichkeit zu verbreiten, die in der That für alle, welche nicht um die Sache wußten, höchst täuschend seyn mußte. Auch machte dies auf die Kutscher der schon auf den Straßen fahrenden Fiacres einen so heftigen Eindruck, daß sie beym ersten Anblick ihre Wagen anhielten, und mit dem Hute in der Hand nicht abließen, sich tief zu bücken, bis die Procession bey ihnen vorüber war."[3]

Als der Zug endlich am Ziel, auf dem weiten Marsfeld im Westen der Stadt, nicht weit von der Seine, anlangte, konnte sofort fehlendes Gas mit der bereits aufgestellten Füllapparatur in den etwas schlaff gewordenen Ballon gepumpt werden. Erste Zuschauer fanden sich ein, Soldaten besetzten die Zugänge und regelten die Anfahrt der Kutschen. Gegen Mittag füllte sich der Platz, und an den Fenstern der Kriegsschule und des Invalidenhauses drängten sich die Zuschauer, die versuchten, mit Fernrohren einen besseren Eindruck von den rätselhaften Vorgängen innerhalb der Absperrung zu erhalten. Dort schütteten die Roberts Vitriolsäure nach und prüften die Prallheit der jetzt wieder zur vollen Rundung angewachsenen Hülle. Nur von den in unmittelbarer Nähe Stehenden wurde eine Auseinandersetzung bemerkt, die Faujas und Charles miteinander austrugen. Der Professor verweigerte seinem Auftraggeber den Zutritt zum inneren Ring mit der Begründung, es sei nicht nur gefährlich, sondern auch störend – sehr zum Verdruß von Faujas, der sich gern etwas vor dem Publikum produziert hätte.

Um drei Uhr warteten einige hunderttausend Menschen auf den großen Augenblick, unter ihnen „nicht wenige Ungläubige, und unter diesen auch einige Herren von der fysikalischen Gilde, die mit Schmerzen auf die Verunglückung des Versuchs zu harren schienen, und der Maschine von der Reaktion der brennbaren Luft auf die atmosfärische wenig Gutes weissagten."[4] Als Zeichen für einige Gelehrte, die ihre Teleskope auf einem der Türme Notre-Dames und dem Dach der Kriegsschule aufgestellt hatten, ertönte um fünf Uhr ein Kanonenschuß. Vom beginnenden Regen dunkel glänzend erhob sich der Ballon ganz plötzlich und verschwand in einer Wolke, tauchte wieder auf, „kaum größer als eine Orange", wie Benjamin Franklin bemerkte, und trieb nach Nordwesten auf La Chapelle zu. Faujas, seine persönliche Demütigung vergessend, schreibt über diese Minuten bewegt: „Der starke Regen, der mit dem Augenblicke des Aufsteigens der Kugel anfieng, hinderte sie nicht, mit der äußersten Geschwindigkeit zu steigen; der Versuch hatte den glücklichsten Erfolg, und setzte jedermann in Erstaunen. Der Gedanke, daß ein fester Körper von der Erde aufgestiegen sey, und in dem Himmelsraume schwebe, hatte etwas so Erhabenes und zur Bewunderung hinreissendes, und schien sich so weit von den gewöhnlichen Gesetzen der Natur zu entfernen, daß fast alle Zuschauer von dem lebhaften Eindrucke außer sich gesetzt wurden. Die Bewunderung war so groß, daß die wohlgekleidetsten Damen, indem sie der Kugel mit unverwandten Augen nachsahen, sich durch den stärksten und häufigsten Regenguß nicht stören ließen, und weit mehr mit dem Anblicke eines so außerordentlichen Gegenstandes beschäftigt waren, als mit der Sorge, sich vor dem Platzregen zu schützen."[5]

Inmitten der riesigen Menge, die an diesem 27. August 1783 der entschwindenden, kleiner werdenden Kugel nachstarrte, stand ein Mann, der erst vor gut zwei Wochen in Paris angekommen war: Etienne Montgolfier. Einige Freunde hatten ihn erkannt, sie riefen ihm Glückwünsche zu und sprachen vom Wunder des Montgolfierschen Ballons. Aber Etienne wußte, das hier war etwas Neues, Charles hatte geschafft, was ihm im Dezember in Vidalon versagt blieb: „brennbare Luft" in eine undurchlässige Stoffhülle einzuschließen. Und Etienne wußte auch, daß jetzt der Wettkampf um die Gunst des Publikums, um das Erstgeburtsrecht an der Erfindung begonnen hatte.

Der „Globe" trieb in einiger Höhe weiter, senkte sich aber – weil von den Brüdern Robert gegen den Willen von Charles zu stark gefüllt und etwas aufgerissen – langsam tiefer, schwebte in Sichtweite der Schlösser Dugny und Bonneuil vorbei und landete nach einer Dreiviertelstunde und 20 Kilometern Flug nahe dem Dorf Gonesse, zum Entsetzen einiger Bauern, die auf den Feldern arbeiteten. Sie hielten das merkwürdige, vom Himmel gefallene Ding für ein Gestirn, dann, als es sich bewegte und stinkende Dämpfe entwichen, für den Leibhaftigen. Nachdem sie sich aus ihrer Erstarrung gelöst hatten, rückten sie näher, bewarfen den schrumpfenden Haufen mit Steinen, und als sich nichts mehr rührte, schlug die ausgestandene Furcht in Gewalttätigkeit um; die Bauern fielen mit Heugabeln, Dreschflegeln und Sensen über das fremde Luftungeheuer her. Erst der herbeigerufene Pfarrer konnte dem wütenden Treiben Einhalt gebieten; er untersuchte die zerfetzten Reste und fand einen Zettel, den César Charles vorsorglich hatte annähen lassen, falls der „Globe" ein anderes Land erreichen sollte. Obwohl der Pfarrer die aufklärende Mitteilung vorlas, konnte er nicht verhindern, daß die Bauern die Reste des Ballons an den Schweif eines Pferdes banden und durch ihr Dorf in eine andere Gemarkung schleifen ließen.

In all dem Jubel und Applaus in Paris blieb die Zerstörung des mit so viel Aufwand gebauten Aerostaten der einzige Schatten auf dem glanzvollen Ereignis, das vor allem Professor Charles überschwengliches Lob eintrug, sogar vom König, der noch

27. August 1783 – Zerstörung des Charles'schen Ballons in Gonesse

einmal schnell und entschlossen handelte. Schon am nächsten Tag mußte die Regierung eine amtliche Bekanntmachung erlassen, die in ganz Frankreich an den Mauern anzuschlagen war: „Nachricht für das Volk über das Aufsteigen von Ballonen oder Kugeln. – Man hat eine Erfindung gemacht, worüber nähere Belehrung zu ertheilen die Regierung für nothwendig erachtet, um einem Erschrecken vorzubeugen, welches solche Erscheinungen im Volke verursachen könnten." Nach einer ausgiebigen, in Einzelheiten gehenden Beschreibung der beiden ersten Flüge in Annonay und Paris heißt es zum Schluß: „Man hat sich nun vorgenommen, ähnliche Versuche mit viel größern Kugeln zu machen. Wer also von jetzt an eine solche Kugel am Himmel erblickt, welche einem verfinsterten Monde ähnlich ist, lasse sich dieses gesagt sein, damit er nicht davor als vor einem furchtbaren Phänomen erschrecke. Denn es ist nichts anderes, als eine stets aus Taffet oder leichter Leinwand zusammengesetzte, mit Papier überzogene Maschine, welche kein Übel zufügen kann, und wovon man die Erwartung hegen darf, daß sie eines Tages nützliche Anwendungen für die Bedürfnisse der Menschen finden werde."[6]

Brennbare Luft –
Montgolfiersches Gas
Der Wettlauf zweier Systeme.
September 1783

In Vidalon hatte es einige erregte Dispute gegeben, bevor Etienne Montgolfier einwilligte, nach Paris zu reisen ohne den durch das Feuer stark lädierten Ballon und vor allem ohne Joseph, der sich vor fremden Menschen, Popularität und den wissenschaftlichen Autoritäten der Akademie fürchtete. Aber es blieb keine Wahl, wollten sie nicht den Anspruch auf ihre Erfindung verlieren und den König durch Ungehorsam verärgern. Etienne fühlte sich durch eine doppelte Last beschwert: den Zwang zum Erfolg in Paris und die notwendige Vernachlässigung der Geschäfte in Vidalon, die gerade jetzt ins Stocken gerieten, weil eine Absatzflaute die Umsätze verringerte. Einen Lichtblick gab es jedoch, das noble Angebot des alten Freundes Reveillon, in der Rue de Montreuil in St. Antoine, nicht weit von der Bastille, zu wohnen und die Werkstätten seiner „Königlichen Papiermanufaktur", ebenso wie den großen Garten, zum Bau eines neuen Ballons zu nutzen.

Das Wiedersehen mit Paris nach mehr als zehn Jahren hatte sich Etienne anders vorgestellt. Er hoffte, den alten Kreis im Café Gradot zu treffen, ins „Théatre italien", die „Königliche Akademie der Musik" oder ins „Cabaret du Caveau" zu gehen, in dem er damals Voltaire, d'Alembert und Rivarol, den scharfzüngigen Meister des Aphorismus, erleben durfte. Die Aufgabe ließ derartige Vergnügungen jedoch nicht zu, denn schon wenige Tage nach der Ankunft in St. Antoine forderte die Kommission eine baldige Vorstellung der Maschine, nach Möglichkeit noch vor dem alle Welt in Aufregung versetzenden angekündigten Flug des Ballons der Gebrüder Robert. Es galt also, keine Zeit zu verlieren und sich nicht durch wehmütige Blicke auf die Spalte „Spectacles" im „Journal de Paris" ablenken zu lassen, in der das „Théatre français" Molières „Die gelehrten Frauen" ankündigte, das „Italien" eine neue Komödie „Blaise und Babette" und die Musikakademie eine zweiaktige Ballettpantomime. Etienne mußte sich auf den Ballon konzentrieren, zumal die Nachrichten über die Baufortschritte der Konkurrenten Faujas, Robert und Charles immer beunruhigender klangen. Aus Vidalon schrieb Joseph, der alte Ballon sei nicht mehr zu reparieren, man müsse doch einen völlig neuen anfertigen, und schickte seitenlange Berechnungen und Entwürfe. Etienne geriet zunehmend in Zeitnot und fürchtete, überholt zu werden. Der 27. August mit dem eindrucksvollen Schauspiel auf dem Champ de Mars bestätigte all die Ängste und führte zu tiefer Niedergeschlagenheit. Was würden die Brüder, was der Vater in Vidalon sagen? Ein anderer hatte triumphiert, auch wenn alle den Namen Montgolfier priesen und Gudin de la Brenellerie am Tag danach auf der ersten Seite des „Journal de Paris" in einem zweispaltigen Gedicht ekstatisch ausrief:

„Sagt mir nichts von Unmöglichkeit!
Dem hartnäckigen Fleiss ist nichts unmöglich.
Cook geht im Grunde des Meeres,
Montgolfier fliegt gen Himmel:
öffnet mir die Hölle,
und ich nehm' es auf mich,
ihr Feuer auszulöschen."[1]

Der hochgestimmte Überschwang solcher Verse spiegelt die Stimmung, mit der sich die Pariser Gesellschaft, von der Sommerhitze erholt, in ihrer fieberhaften Suche nach Vergnügungen auf die Luftkugel stürzte. Zu Beginn einer Saison, die ungewöhnlich zu verlaufen versprach, wurde sie von Journalisten, Literaten und Müßiggängern zum Mittelpunkt fast aller Gespräche erhoben. Und im „Café de la Régence" trieben politische und militärische Spekulationen die phantastischsten Blüten. Nur der kluge, kritische Melchior Grimm notierte nach Lektüre des Gedichts im „Journal de Paris" nüchtern: „All die Unruhe, in die der Erfolg einer Erfindung, die die Grenzen der Monarchie wie die des menschlichen Geistes so erweitern kann, Herrn Gudin de la Brenellerie versetzt, rührt daher, daß unser Rivale England sich ihrer bemächtigen könnte, sie vor uns vervollkommnet und bald das Reich der Lüfte an sich reißt, wie es zu lange schon das Reich Neptuns an sich gerissen hat."[2]

Grimm in seiner „Korrespondenz", wie Gudin mit seinen Versen, trafen den Nerv der Nation: das Trauma der Entdeckungsreisen James Cooks, der die Ostküste Australiens erforscht, Neuseeland umsegelt und die alte Vorstellung von einem riesigen Südland endgültig widerlegt hatte. Die Fahrten Cooks – den erst vier Jahre zuvor Eingeborene auf Hawai erschlagen hatten – bestätigten Britanniens uneingeschränkte Macht auf den Meeren und veränderten das Weltbild nachhaltig, so wie jetzt französische Ballone die Entdeckung des Luftmeeres einleiteten und die Wissenschaftler in ersten, schnellen Veröffentlichungen zwangen, den revolutionären Vorgang einzuordnen. Nur fünf Tage nach dem Flug vom Champ de Mars referierte der Sekretär des Pariser Musée, Doktor Würtz, in einem überfüllten Saal vor gebannt lauschenden Zuhörern:

„Die Naturlehrer haben bisher einstimmig geglaubt, daß alle Körper auf unserm Erdball ein allgemeines Bestreben gegen den Mittelpunkt der Erde äußerten; ein Bestreben das allerdings nothwendig war, um sie bey einander vereint zu halten. Kein merklich großer Körper aber war noch bekannt, der uns eine Bewegung darstellte, welche von dem Mittelpunkt nach der Oberfläche zu gehen schien. – Welche neue Erscheinung also für die Naturlehrer, und welche auffallende Ausnahme von der Regel, die alle vorige Jahrhunderte für allgemein angenommen hatten! – So ist es gewiß, daß kein Gesetz in der Natur auf alle Körper paßt; daß die wunderbarsten, ja unseren Grundsätzen entgegengesetztesten Wirkungen oft statt haben können, und daß der Mensch so sehr er sich auch in seinen Kenntnissen erhoben zu seyn glaubt, doch alle Augenblicke neue Ursachen findet, wieder von seinem gelehrten Stolze zurückzukehren! ... Unterdessen hegte man doch immer in der Stille den Wunsch, den Flug der Vögel nachahmen zu können; man sah nicht anders als mit einem innerlichen Misvergnügen, daß diese allein die Herren der unermeßlichen Lufträume seyn sollten, und daß der Mensch, der sich doch immer rühmte, der Beherrscher der Natur zu seyn, darauf auf immer Verzug thun müßte: wir mißgönnten dem fliegenden Volk seine Leichtigkeit, die Geschwindigkeit seiner Reisen, die vortrefflichen und so ergötzend abwechselnden Aussichten, die sich alle Augenblicke ihren Augen darboten, da wir doch gezwungen waren, uns mit Mühe und langsamen Schritten auf unserm Horizont herumzuschleppen. Unsre unermeßliche Begierde alles was da ist zu erkennen, sah sich blos auf die Gegenstände die uns umgeben, und mit uns auf dieser Erde angekettet sind, eingeschränkt; wir erschöpften daher alle unsere Seelenkräfte, um uns von allen diesen unbekannten Schranken zu befreyen, und Mittel zu schaffen, durch die wir noch ein Element mehr zur Erfüllung unsrer Wünsche abzwecken machten. Wie konnten wir aber diese Absicht erreichen, da wir noch keinen Körper kannten, der eigenthümlich leichter wäre als die Luft, in der wir uns doch in die Höhe schwingen wollten? … Es war dann also unserm Jahrhundert und den gelehrten Versuchen neuerer Naturlehrer vorbehalten, über eine Luftfahrt, die unsre Vorfahren zwar schon vermuthet hatten, davon sie aber noch keine vollkommen deutliche Begriffe gehabt, einen neuen Schritt in dem Luftraume zu machen; ein unermeßliches Feld für unsere Entdeckungen zu eröffnen, und uns eine Bahn aufzuschließen, auf welcher das menschliche Genie wieder aufs neue alle seine Kräfte in ihrem ganzen Umfang und Größe entwickeln wird!"[3]

In den ersten Septembertagen begann Etienne, unterstützt von einigen besonders geschickten Arbeitern, die ihm Reveillon großzügigerweise zur Verfügung stellte, mit dem Zusammensetzen der Bahnen aus „roher, starker Leinwand, dergleichen man gebraucht, um Papiertapeten darauf zu ziehen." Wegen der Größe des Ballons – er sollte 70 Fuß (etwa 21 m) hoch werden und einen Durchmesser von 40 Fuß (12 m) erhalten – konnte das nur unter freiem Himmel geschehen, inmitten der äußerst eleganten und gepflegten Gartenanlage direkt neben der Manufaktur. Auf den Wegen, zwischen den Blumenbeeten, lagen vierundzwanzig blütenblattartige Stoffbahnen, die zur Eiform des riesigen Ballons zusammengenäht werden sollten, von beiden Seiten mit Papier beklebt, außen blau grundiert und von Theatermalern mit goldgelben Girlanden und zwei großen ineinanderverschlungenen Initialen des Königs verziert. Im Einverständnis mit Joseph hatte sich Etienne für diese gewaltige Form entschieden, denn nur so konnte Charles übertroffen, der eigene Ruhm gesichert werden. Der Montgolfier-Ballon sollte die Menschen durch seine Ausmaße – fünfmal so groß wie der schlichte Ball vom Champ de Mars – und festliche Schönheit beeindrucken. Zur Überraschung der Zuschauer und Steigerung der Wirkung hatten sich Joseph und Etienne jedoch etwas Besonderes ausgedacht: Sie wollten die ersten sein, die ein Lebewesen in die Luft steigen ließen. Keinen Menschen, das wäre zu riskant und könnte bei einem Unglück nur zu einer schmachvollen Niederlage führen, sondern ein Tier, als Beweis für die Überlegenheit ihrer Erfindung. Etienne hoffte, die Kommission auch noch in drei technischen Punkten zu überzeugen: schnelle Aufrichtung des riesigen Luftkörpers, Tragkraft 1250 Pfund und geringe Kosten für eine Erhebung.

Vom ersten Morgenlicht bis in die Dunkelheit wurde derart verbissen an der Fertigstellung gearbeitet, daß Etienne kaum noch wahrnahm, was um ihn herum geschah. Er lebte nur für den Ballon und empfand alle Besuche, selbst die alter Freunde, als ärgerliche Störung. Boissy d'Anglas wollte ihn wiedersehen, einzelne Mitglieder der Kommission interessierten sich für den Stand der Vorbereitungen, sogar César Charles kam zu einer kurzen, freundlich gemeinten Visite. Nur das Erscheinen eines Gastes wurde als willkommene Auszeichnung empfunden, des bald achtzigjährigen Benjamin Franklin, des hochverehrten und gefeierten Helden der Pariser Gesellschaft, der erst vor wenigen Tagen – am 3. September – den Höhepunkt und krönenden Abschluß seiner Laufbahn als Staatsmann feiern konnte: die Unterzeichnung des „Friedens von Versailles", den er zusammen mit John Adams und John Jay ausgehandelt hatte: die endgültige Anerkennung der Freiheit und Souveränität der 13 Vereinigten Staaten durch die geschlagene Kolonialmacht Großbritannien, ein Sieg für die Menschenrechte und die Republik als neue Regierungsform. Aber es war auch ein persönlicher Erfolg für Franklin, der es – seit 1776 amerikanischer Gesandter in Paris – geschafft hatte, Frankreich zu geheimen Waffenlieferungen an die Aufständischen in seiner Heimat zu überreden und dann ein Bündnis zustande zu bringen, das vor zwei Jahren in der Schlacht bei Yorktown, in einer Waffenbruderschaft von Amerikanern und Franzosen, England zur Kapitulation zwang.

Für Etienne Montgolfier war Franklin aber weniger der Politiker und Philosoph, sondern der bedeutende Naturforscher, den alle Welt als „Vater der Elektrizität" bewunderte, dessen Drachenaufstiege zur Erforschung der Gewitter unvergessen waren, auch wenn sie dreißig Jahre zurücklagen, und der den Blitzableiter erfunden hatte. Franklin erkannte die Bedeutung der Luftballone und schrieb Anfang September an den Präsidenten der „Royal Society", Sir Joseph Banks, dem er seit seiner Tätigkeit in London freundschaftlich verbunden war, nach der Beobachtung des „Globe": „. . . einige vermuten, daß das Fliegen nun erfunden ist, und daß, seit Menschen durch die Luft getragen werden können, nichts gebraucht wird als einige leichte, handliche Instrumente, um die Bewegung zu steuern. Einige meinen, das Fortkommen auf der Erde kann durch sie erreicht werden, und daß ein laufender Fußgänger oder ein Pferd, unter eine solche Kugel gehängt, kaum mehr Gewicht mit seinen Füssen auf die Erde presst, als vielleicht 8 oder 10 Pfund, es könnte mit schönem Wind durch die Länder in einer geraden Linie so schnell wie der Wind laufen, und über Hekken, Gräben und sogar Gewässer. Es wurde sogar phantasiert, daß die Leute in einiger Zeit solche Kugeln in der Luft verankern, um zu ihnen mit Flaschenzügen Wild hinaufzuziehen, um es kühl zu halten und Wasser einzufrieren, wenn Eis gebraucht würde. Und daß, um zu Geld zu kommen, es so eingerichtet wird, den Leuten einen weitreichenden Ausblick auf die Erde zu bieten, in dem man sie in einem Lehnstuhl eine Meile hochzieht für eine Guinea etc. etc. . . ."[4]

Auch wenn in diesem Brief ein spöttischer Unterton mitschwingt, sollte Franklin zu einem engagierten Begleiter der ersten aerostatischen Stationen werden, über die er an die „Royal Society" laufend berichtete.

Die Luftballone hielten in jenen Wochen – so aufregend sie waren – vor allem die Pariser in ihrem Bann, die Masse des französischen Volkes mußte sich um Alltagssorgen kümmern, empörte sich zum Beispiel über den enormen Verbrauch von Perückenpuder, der das Weizenmehl verbrauchte und den Brotpreis in die Höhe trieb, oder über Exaltiertheiten der Pariser Frisurenmode, die so hochgetürmte Gebilde vorschrieb, daß die Damen auf der Fahrt zur Oper in den Kutschen knien mußten. Die armen Tagelöhner und Bauern auf dem Land bekamen derartige Verrücktheiten aber nur selten zu Gesicht. Als abhängige Analphabeten standen sie auf der untersten Stufe einer angeblich gottgewollten Rangordnung, über sich die adlige Herrschaft, die Geistlichkeit und den König. An den Ort gebunden, in Unwissenheit gehalten, der Willkür ihrer Obrigkeit ausgeliefert, lebten die meisten Bauern in fast mittelalterlichen Verhältnissen, bedrückt von ihren Herren, den Grundbesitzern, die sie mit Abgaben und Wegefron an den Rand des Hungers brachten und bei den Hetzjagden die reifen Felder ruinierten. Der Adel – im Besitz eines Viertels des nutzbaren

Bodens, auf Erhalt von Privilegien bedacht – trieb vor allem Kult mit dem Anderssein: vornehme Kleidung, das Wappen auf dem Kutschenschlag, den Degen an der Seite und die eigene, abgesonderte Kirchenbank. Nur Aristokraten hatten Anspruch auf hohe Staatsämter, nur sie stellten ausschließlich die Offiziere der Armee, von der allgemeinen Steuer befreit wie alle Adeligen. Aus dieser Schicht stammten auch fast alle Würdenträger der hohen Geistlichkeit, Fürstbischöfe, Kardinäle, Prälaten und Äbte, die dafür sorgten, daß die alte soziale Stufenleiter unangetastet blieb. Auch die Kirche besaß riesige Ländereien, und sie bestimmte den Lebensrhythmus der Menschen. Allein für die Einwohner von Paris gab es 50 Pfarrkirchen, und ein Viertel der Stadtfläche bedeckten zahlreiche Klöster. Als Trägerin der Staatsreligion beanspruchte die katholische Kirche Frankreichs die Funktion einer Ordnungsmacht, die nicht nur – zur Empörung der Bauern – den „Zehnten" eintrieb, sondern sich auch um Krankenfürsorge in den Spitälern, um Schulen und Armenhäuser kümmerte.

Das war die Klassengesellschaft der drei Stände des „ancien régime", in der die 26 Millionen Franzosen zur Zeit der Luftballon-Erfindung lebten. Oben Kirche und Adel, unten als dritter Stand der Rest der Menschheit, 98 Prozent, durch Geburt vom gesellschaftlichen Aufstieg ausgeschlossen: Bauern, Handwerker, Kaufleute, Beamte, Manufakturbesitzer wie die Montgolfiers und Wissenschaftler. Vor allem in der Schicht des sich langsam formierenden gebildeten Bürgertums begann es Anfang der 80er Jahre zu gären. Die Aufklärung mit ihrem Abgott Voltaire hatte die entscheidenden Stichworte gegeben: Vernunft, Toleranz und Freiheit. Der Traum von einer besseren Welt, ohne Despotismus und Demütigung, wurde immer hörbarer beschworen, und viele der aus dem amerikanischen Unabhängigkeitskrieg zurückgekehrten Soldaten verbreiteten die Ideen der Menschenrechte. Eine wachsende Freimaurerbewegung – allein in Paris gab es 130 Logen – verkündete in geheimen Treffen Gleichheit und Menschenliebe, und in den Clubs sammelten sich Unzufriedene, Neuerer und Liberale, die gegen Ignoranz und Vorurteile zu Felde zogen, gegen Polizeispitzel und Zensur. Es waren Mitglieder der Akademien, Literaten und Journalisten, Advokaten und niedere Kleriker, die in Zirkelbriefen miteinander Kontakt hielten oder in feurigen Pamphleten die bestehenden Zustände anprangerten: die Mißwirtschaft und Verschwendungssucht am Hofe, die den Staat dem Bankrott entgegentrieben. Das ausschweifende Leben Marie Antoinettes, die ihre Nächte mit zwielichtigen Existenzen am Spieltisch verbrachte und sich in Versailles in einem nicht endenden Reigen von Maskenbällen und Feuerwerken vergnügte. Gegen diesen Luxus, gegen Intrigen und Günstlingswirtschaft protestierten die intellektuellen Widerständler, sie forderten Reformen, bürgerliche Rechte, eine Neuordnung der Gesellschaft – nach einem Bild des Menschen, der als vernünftiges Wesen eine moralische Freiheit besitzt. Es war ein erstes spürbares Beben, ein Vorzeichen der sechs Jahre später hereinbrechenden Revolution.

Obwohl Etienne Montgolfier als Freimaurer und Anhänger der Aufklärung zu dieser neuen, bürgerlichen Geisteselite gehörte, hatte er in jenen Septembertagen kein Ohr für solche Dinge, weder für die politischen Auswirkungen des Versailler Friedens, noch für die neuesten Streitschriften, satirischen Reime oder Kabalen der Pariser Gesellschaft. Er kämpfte verbissen mit den Widrigkeiten beim Bau des Aerostaten, schlechtem Material, unsauberen Nähten und gedankenlosen Handwerkern, zusätzlich belastet durch die schmeichelhafte Aufforderung des Königs, ihm und dem gesamten Hofstaat den neuen Apparat in Versailles vorzuführen. Am 11. September schien das Schwerste geschafft, der Ballon konnte mit Feuerluft gefüllt werden, und eine erste Probe verlief glänzend. Der weit über Haus- und Werkstattdächer ragende Aerostat war nur mit Mühe am Boden zu halten. Etienne ließ die Akademie-Kommission benachrichtigen und bat um ihren Besuch gleich am nächsten Morgen um acht Uhr. Pünktlich erschienen die sechs Herren, an der Spitze Lavoisier, gefolgt von Cadet, Abbé Bossuc, Brisson und dem alten Freund Desmarest. Beunruhigenderweise drohten einige dunkelgraue Wolken am Horizont, aber alle hofften, daß es zu keinem Unwetter kommen würde, „die Vorbereitungen waren gemacht, und eine zahlreiche und angesehene Versammlung brannte vor Verlangen, diesen schönen Versuch zu sehen."[5]

50 Pfund Stroh und 10 Pfund gehackte Wolle bewirkten, daß nach zehn Minuten „die Maschine bey aller ihrer Schwere, und ob sie gleich völlig ausgedrückt und zusammengelegt war, nach und nach gleichsam mit einer wellenförmigen Bewegung ausdehnte und aufschwoll."[6] Die eindrucksvoll geschmückte, durch erste Regentropfen an ihrer kegelförmigen Spitze bereits

durchnäßte blaugelbe „Montgolfière" stieg mit einer angehängten Last von 500 Pfund zur Bewunderung der Umstehenden auf und zerrte, als wollte sie vor der heranrückenden Wet-
terwand fliehen, an den Haltetauen.

Selbstverständlich befand sich auch der eifrige Förderer der
Luftkugeln unter den Beeindruckten im Reveillonschen Garten, Faujas de Saint-Fond, der bereits in jenen
Tagen Material über die neue Erfindung sammelte – Briefe, Zeitungsartikel, Akademiebe-
richte und eigene Beobachtungsnotizen – und
noch vor Ende des Jahres das erste, fast dreihun-
dertseitige Buch über die Luftfahrt herausgeben
sollte: „Beschreibung der Versuche mit den aerostatischen Maschinen der Herren von Montgolfier nebst verschiedenen zu dieser Materie gehörigen Abhandlungen". Über den weiteren Ablauf der Ereignisse am 12. September schrieb
Faujas: „Plötzlich aber fieng es an zu regnen,
und der Sturm erhob sich mit dem größten Ungestüm. Hierbey wäre das sicherste Mittel zur
Erhaltung der Maschine dieses gewesen, daß
man sie hätte in die Luft steigen lassen. Da sie
aber zu Versuchen vor dem Könige und der königlichen Familie zu Versailles bestimmt war, so
wollte man sie nicht fahren lassen, und wendete

Barthélémy Faujas
de Saint-Fond –
Naturforscher und
erster Luftfahrtchronist

alle Bestrebungen an, um sie wieder herunterzuziehen. Durch
die Gewalt dieser Bestrebungen, verbunden mit den Stößen des
tobenden Windes und der Befeuchtung durch den Regen, ward
sie an mehreren Orten zerrissen. Da der Sturm immer heftiger
ward, und sehr lange anhielt, so war es schlechterdings unmöglich, sie in diesem Zustande weiter zu behandeln. Sie mußte
daher den Regen vier und zwanzig Stunden aushalten; dadurch
ward das Papier erweicht, trennte sich von der Leinwand und
fiel in Stücken herab, daß also diese schöne und prächtige
Maschine, welche so viel Mühe gekostet hatte, in sehr kurzer
Zeit gänzlich zerstört war."[7]

Etienne fühlte sich nach den Anstrengungen der letzten Wochen dem Zusammenbruch nahe und machte sich heftige Vorwürfe, weil er nicht dem Rat des Freundes Argand gefolgt war,
den Ballon abzuschneiden, um ihn zu retten. Was sollte er
Joseph schreiben, der mit dem Vater und den Brüdern in Vida-

lon gespannt auf Erfolgsmeldungen aus Paris wartete? Was dem König, dem er versprochen hatte, in nur sieben Tagen, am 19. September, die Maschine im Flug zu zeigen? In diesen verzweifelten Stunden bewährte sich die selbstlose Freundschaft und nie erlahmende Hilfsbereitschaft Jean-Baptiste Reveillons, der Etienne Mut machte und ihn zum Durchhalten ansporte. Einen wenn auch schwachen Trost bedeutete es, daß „die Herren Commissarien der Akademie eilten, ihm sogleich ein schriftliches Zeugniß auszustellen, welches ihrer Gerechtigkeit und ihrer Art zu beurtheilen die größte Ehre macht."[8] Mit neuer Kraft ging Etienne ans Werk und entwarf einen nicht ganz so großen, völlig anders geformten Ballon. Ihm blieben zum Bau noch knapp sechs Tage und sieben Nächte.

Zur selben Zeit amüsierten sich die vornehmen Bürger der Hauptstadt mit einer neuen Mode: dem Aufblasen von kleinen Luftballonen. Der Baron de Beaumanoir war der erste, dem das am 11. September um 11 Uhr in seiner Wohnung vor geladenen Gästen mit einer aus präpariertem Ochsendarm gefertigten Kugel gelang. Ihm folgten sofort andere, und das Interesse war so groß, „daß jeder Liebhaber, wie billig, seine eigene zu haben wünschte. Dieses neue Bedürfnis zu befriedigen, machte Blondy, den 14ten September bekannt: daß kleine aerostatische Kugeln, von acht Zoll im Durchmesser das Stück zu einem großen Thaler, bey ihm vorrätig seyen; und da die Liebhaber sehr bedauerten, daß sie sich nicht auch gleich mit brennbarer Luft bey ihm versehen könnten, so avisierte er den 17ten, daß er von nun an auch mit diesem Bedürfnis, von extrafeiner Qualität, und zwar in Blasen, welche man um die Ballons zu laden nur zu drücken brauche, aufwarten könne, und daß eine gefüllte Blase nur zwey Livres kosten würde."[9] Jener geschäftstüchtige Monsieur Blondy, Portier an einem Hof in der Rouengasse, machte trotz seiner stattlichen Preise gute Umsätze, und über den Dächern von Paris schaukelten bald – zum Entzücken aller Kinder – Dutzende von Luftballonen.

Auf dem Boden veranstalteten indessen die Hauptpersonen der neuen Kunst eine Fehde besonderer Art. Im „Journal de Paris" traten am 14. September die Brüder Robert zum ersten Angriff an. Sie reagierten damit auf die von Faujas ausgestreuten Behauptungen, er habe die Vorbereitung und Durchführung des Champ de Mars-Aufstiegs geleitet. Ihre Leserzuschrift stellte klar: „... daß Herr Charles der einzige sey, der alle ihre Operazionen dirigiert habe; daß dem Herrn Faujas kein anderer Antheil an dem im Marsfelde erfochtnen Lorbern gebühre, als daß er sich viele Mühe gegeben Subskribenten zusammen zu bringen, die Liste darüber zu führen und die Einlaßbilliets im Marsfelde auszutheilen; daß er hingegen an dem Bau der Kugel, an den Berechnungen, welche demselben vorgehen müssen, und besonders an dem ersten Gedanken, von dem mit elastischem Harz überzognen Taft Gebrauch zu machen, nicht den geringsten Antheil gehabt, sondern alles das von Herrn Charles und ihnen, Gebrüdern Robert, vorgesehen, kombiniert und ausgerechnet sey ...".[10] Die peinliche Bloßstellung in aller Öffentlichkeit zwang Faujas zur Verteidigung, die am 18. September in der gleichen Zeitung mit der Beteuerung begann: „Seine und seiner sämmtlichen Subskribenten Absicht bey der ganzen Unternehmung sey nicht auf eigne Ehre, sondern bloß

Das Geschäft mit den aerostatischen Kugeln

darauf gegangen, durch die Wiederholung des glänzenden Experiments der Herren Montgolfier die „Gloire" dieser Herren, als der einzigen wahren Urheber desselben, auf eine authentische Art vor den Augen der ganzen Hauptstadt zu befestigen." Danach wurde Faujas konkret. Er beschwerte sich über die Aussperrung am 27. August, gab an, den Taft selbst eingekauft, den Vorschlag zur Füllung mit „brennbarer Luft" gemacht und „bey eigenhändiger Ladung des Globus mehrmahlen seine Person gewagt" zu haben. Faujas warf Professor Charles vor, sich mit fremden Federn zu schmücken, und den Roberts, Schuld am frühen Niederfallen des Ballons in Gonesse zu tragen, „weil sie solchen mit atmosphärischer Luft vollends angefüllt hätten".[11]

Dieser Streit wurde mit sichtlichem Behagen vom neuigkeitshungrigen Publikum aufgenommen, das sich in zwei Parteien – die Montgolfianer und Robertianer – spaltete und nun gegeneinander zu Felde zog. Mitte September bekam die Seite Faujas', der sich jetzt zum Schirmherrn Montgolfiers machte, die Oberhand. Alle hofften in Versailles auf einen großen Sieg.

Der deutsche Schriftsteller Christoph Martin Wieland, der in Weimar zusammen mit Goethe an den Vorgängen in Paris durch Lektüre französischer Zeitungen und Briefe von Freunden teilnahm, schrieb im Oktober 1783 über diese Auseinandersetzung in seiner knapp 40 Seiten starken Schrift „Die Aeropetomanie" über den bedrängten Etienne Montgolfier: „Ein Fremder hatte sich eingeschlichen, und ihm den Ruhm eines so wichtigen Verdienstes, in seiner eigenen Gegenwart, gleichsam vor dem Munde wegfischen wollen. Unglücklicherweise für Herrn Charles war seine Maschine zu Gonesse gefallen; und dieser Umstand, wiewohl man alle Ursache hatte darauf gefaßt zu seyn, war von den Mißvergnügten sogleich benutzt worden, die Meinung im Publikum zu erregen, als ob das Experiment unter seinen Händen verunglückt sey. Charles wurde nun für einen Pfuscher ausgegeben, und man erwartete einen ganz anderen Erfolg, wenn der Meister selbst auftreten und seine Kunststücke machen würde."

Unbeeindruckt von den Querelen und Eitelkeiten seiner Konkurrenten oder Widersacher außerhalb der Gartenmauern hatte Etienne den neuen Ballon in nur fünf Tagen und fünf Nächten, sogar bei Fackelschein, gebaut, in einer bewundernswerten

Anspannung aller Kräfte. Aus Vidalon kam Kurierpost, in der Joseph seine Vorschläge machte: „… für den Fall, daß die Maschine 50 Fuß groß ist, sagen wir, Deine Frau und ich, daß es passender wäre, eine Kuh daranzuhängen als ein Schaf und kein einziges Gegengewicht zu verwenden noch irgendeine andere Last, damit sich das Tier höher erheben kann. Deswegen möchte ich, daß das Tier mit einem Korsett aus grober Leinwand umgurtet wird, nach Mass geschneidert und mit mehreren Zugseilen auf dem Rücken festgeschnallt. Ich möchte, daß die Seile, die die Kuh tragen sollen, mindestens 30 Fuß Länge haben, damit das Tier 30 Fuß unter der Öffnung aufgehängt wird, dergestalt, daß es von jedermann gut gesehen werden kann, ein genaueres Gegengewicht darstellt und weniger eingezwängt ist in seinem Korsett; daß die Maschine schon die erforderliche Geschwindigkeit hat, wenn sie das Korsett hebt, damit man nicht genötigt sein wird, es an der Maschine zu halten wenn man sie hochsteigen läßt. Versuche als Tageszeit den Morgen zu wählen um die Maschine losfliegen zu lassen und wenn es geht, nach dem Regen. Versuche die Kuh dranzubringen, das wird eine einzigartige Wirkung erzielen, anders als die eines Schafes in einem Korb, das niemand sehen würde …“.[12] Doch Etienne folgte dem Rat des Bruders nicht. Er war überzeugt, daß mehrere kleine, vor allem unterschiedliche Tiere den Beweis für die Ungefährlichkeit eines Aufstiegs in höhere Luftschichten überzeugender erbringen könnten und entschied sich für einen Hahn, eine Ente und einen Hammel. Sie sollten in einem Käfig hoch über den Köpfen der Menschen fliegen und die Vollkommenheit der Montgolfierschen Maschine demonstrieren, als erste Lebewesen, die sich ohne eigene Flügel zum Himmel erheben würden. Um kein Risiko einzugehen, mußte er sich von der Flugtauglichkeit und dem Aussehen des Ballons vor dem Aufstieg in Versailles einen Eindruck verschaffen und ordnete deshalb eine Probe an. Darüber berichtete Etienne in einem Brief seiner Adelaide zu Hause in Vidalon:

„Du weißt, daß die Montgolfière, die wir am Samstag um 9 Uhr abends anfingen, am Donnerstag morgen vollendet wurde. Wir glaubten, gewonnen zu haben und wollten sie ausprobieren und trafen die letzten Vorbereitungen. Aber der Himmel wollte es anders. Ein starker Regen, der uns ähnlich wie an jenem Freitag drohte, zwang uns, sie überstürzt abzudecken. Eine Gruppe von Wissenschaftlern kam dazu, und wir gingen traurig zum Abendessen. Das Wetter schien sich zu bessern, trotz Bedenken deckten wir ab, zogen die Hülle hoch und begannen die Operationen. Da kam ein Windstoss, „cric-crac", zerriß die Hülle an mehreren Stellen. Sofort ließen wir das Luftschiff herunter, riefen die Abdichter und hielten Rat über die nötigen Reparaturen: derjenige, der am lautesten schrie, bekam Recht – wie gewohnt. Wir rafften den zerrissenen Teil zusammen und falteten den schadhaften Teil mit einer mehrfach darumgebundenen Schnur. So schien es, daß keine Luft mehr entweichen konnte. Ein Moment der Windstille erlaubte es in 6 Minuten wieder anzufangen. Das Gerät füllte sich mit Luft, stieg auf und schwebte in 12 Fuß Höhe, von starken Seilen festgehalten. Applaus war zu hören, man drängte mich an's äußerste Ende des Gartens, damit ich das Ergebnis besser beurteilen konnte. Obwohl ich schrecklich schlecht gekämmt war und einen Bart hatte, da ich meinem Friseur seit drei Tagen nicht Bescheid gegeben hatte, umarmte mich eine Dame und ich musste die Runde bei den Damen machen. Dank der Vorsichtsmassnahme, allen anderen die Tür zu verweigern, ausser den Mitgliedern der Akademie, befanden sich im Garten nur 200 bis 300 Personen. Man machte Komplimente, diskutierte, währenddessen holten wir den Ballon auf den Boden zurück, falteten ihn und legten ihn hin. Wir warteten auf den Karren, der statt um sechs Uhr erst um halbzehn kam. Bevor wir mit dem Einpacken fertig waren, war es fast elf Uhr. Übermüdet legten wir uns schlafen, zu müde, um am nächsten Morgen um 4 Uhr auf den Beinen zu sein."[13]

Vor den Augen des Königs: Hammel, Hahn und Ente
Versailles.
19. September 1783

Noch in der Dunkelheit, um 5 Uhr früh, setzte sich die Kolonne in Bewegung. An der Spitze ein Leiterwagen, auf dem das umfangreiche Stoffpaket, Seile und der hölzerne Käfig festgebunden waren, dann folgten in Kutschen Etienne Montgolfier, Reveillon, Argand und ein Trupp Arbeiter, die beim Bau des Aerostaten geholfen hatten. Sie rollten an der Seine entlang, über Passy, Auteuil und kreuzten den Fluß nicht weit vom Schloß Bellevue, eine Meile hinter dem Bois de Boulogne. Während der Fahrt öffnete Reveillon ein größeres Papierpaket, um dessen Mitnahme nach Versailles ein Unbekannter vor der Abfahrt aus St. Antoine gebeten hatte, und entdeckte überrascht, daß sie einen Stapel von gereimten Liedertexten mit Harfenbegleitung über die Flugmaschine und das Luftschaf transportierten. Als sie um 8 Uhr vor dem Schloß in Versailles ankamen, wurden sie bereits ungeduldig erwartet. Ein Sekretär führte Etienne zum Herzog von Duras, dem früheren ersten Kammerherrn Ludwigs XV., jetzt Marschall von Frankreich und Aufseher über die Königlichen Theater, der darum bat, in einem kurzen schriftlichen Bericht den König über die Art des Experiments, die erreichbare Höhe, Flugdauer und Entfernung aufzuklären, damit seine Majestät sich ein entsprechendes Bild machen könne und nicht enttäuscht würde. Etienne nahm die Feder, setzte das gewünschte Papier auf und überreichte es Duras, der nach wenigen Minuten mit der Botschaft zurückkehrte, Montgolfier möge die Einzelheiten doch um halbzwölf bei der Zeremonie des Aufstehens dem König persönlich vortragen. Mit dieser Weisung war Etienne entlassen und konnte endlich die Vorbereitungen zum Start selbst überwachen.

Aus allen Himmelsrichtungen strömten inzwischen die Menschen zusammen, weit über hunderttausend kamen zu Fuß, zu

Pferde, in wappengeschmückten Kutschen oder auf Heuwagen. Viele blieben auf der verstopften Straße von Paris stecken und fürchteten, Versailles nicht rechtzeitig zu erreichen. Gegen Mittag hatte sich zwischen dem hohen, goldbemalten Eisenzaun und den beiden hufeisenförmig vorgreifenden Flügeln des Schlosses eine bunte, aufgeregt lärmende Menge versammelt. An den geöffneten Fenstern des Palastes standen die Mitglieder des königlichen Hofstaates – die Kämmerer, Schreiber, Köche und Zimmermädchen. Besonders Waghalsige waren auf die Dächer geklettert und hielten sich an den Schornsteinen fest. Alle blickten gespannt auf eine etwa drei Meter hohe, achteckige, mit breiten Stoffbahnen behängte Tribüne in der Mitte des Platzes, die von einer Doppelreihe Soldaten in großem Kreis gegen die andrängenden Neugierigen abgesperrt wurde. Nur einige Personen von Stand, die Kommissionsmitglieder und Helfer Etiennes hatten Zugang zu diesem ungewöhnlichen Bezirk, den zwei 24 Meter hohe Mastbäume seitlich flankierten. In der Mitte der Tribüne war etwas zu erkennen, das wie ein unordentlich zusammengelegter Teppich aussah, dessen Farben blau und gold zu sein schienen. Etienne Montgolfier stand, den Blicken verborgen, direkt unter dem in den Bühnenboden eingeschnittenen Loch, von dem das kreisrunde untere Ende des Luftballs aus grober Leinwand – gegen Brandgefahr mit Alaun getränkt – wie ein Schornstein direkt über die Kohlenpfanne aus Eisenstäben herunterhing. Im düstern Innern des Podestes bereitete er mit zwei Helfern die Zutaten zur Erzeugung des „Gases" vor: nasses Stroh, gehackte Schafwolle, alte Schuhe, halbverweste Tierkadaver. Über ihren Köpfen gingen Reveillon, Argand und Brisson auf und ab und erörterten die Chancen des Gelingens. Würde der in nur vier Tagen und Nächten gebaute Apparat auch trotz der Reparatur dicht genug sein? Und sie stellten sich die bange Frage, was passieren würde, wenn der Aufstieg scheiterte, wo doch – wie Faujas später berichtete – „der größte, erhabenste und gelehrteste Theil der Nation sich hier gleichsam auf getroffene Abrede versammelt zu haben schien, um den Wissenschaften unter den Augen eines Hofes, der sie aufmuntert und beschützt, ein glänzendes und feyerliches Opfer zu bringen."[1] Ein Mißlingen vor all den Tausenden, die seit Stunden geduldig warteten – diese Möglichkeit beschäftigte einen Meter unter ihnen auch Etienne. Aber hatte er nicht alles sorgfältig geplant, berechnet und überprüft, waren nicht die erfolgreichen Aufstiege ein Beweis für die Zuverlässigkeit des Systems, dessen Vorzug jetzt allen demonstriert werden sollte? Vier Tage hatte César Charles dazu gebraucht, um aus Eisenfeilspänen und verdünnter Schwefelsäure die notwendige Menge Wasserstoffgas für seinen kleinen Ball zu erzeugen, der Montgolfier-Ballon, um ein Mehrfaches größer, würde nach spätestens zehn Minuten gefüllt sein. Aber wie würden die bereits in ihrem Käfig eingesperrten Tiere die Reise überstehen? Niemand wußte bisher, ob flugunfähige Lebewesen ohne Gefährdung für den Körper, für Lungen und Atmung in den oberen Luftraum gelangen konnten.

Pünktlich um halbzwölf stand Etienne vor der Tür des königlichen Schlafgemachs und hatte die Ehre, sofort vorgelassen zu werden, um Ludwig XVI. über die Einzelheiten des bevorstehenden Experiments aufzuklären: Der Ballon könne sich etwa 20 Minuten in der Luft halten und 2000 Toisen weit fliegen, eine Höhenangabe sei aber nur schwer möglich, weil sie stark vom Wind abhänge. Etienne versicherte, alles getan zu haben, damit die Vorführung gelinge, und der König gab sich mit diesen Angaben zufrieden. Er entließ den Erfinder mit einigen aufmunternden Worten zu seinen Freunden, die neben dem Ballongerüst bereits unruhig auf ihn warteten. Eine halbe Stunde später ging Bewegung durch die Menge, Rufe: der König! Ludwig XVI., neben ihm Marie Antoinette, gefolgt vom Grafen Artois, den Polinacs und Vaudreuils, schritt leutselig und ein wenig linkisch auf die mächtige Tribüne zu. Seine Majestät wollte die fremde neue Wissenschaft aus nächster Nähe besichtigen, und die kleine Gruppe verschwand zwischen den herabhängenden Tüchern. Doch der König sah, soweit es ihm seine starke Kurzsichtigkeit erlaubte, nur Stroh, faltige Leinwand und einen kleinen Käfig, aus dem Schnattern und Flattergeräusche drangen. Über diesen großen Augenblick schrieb Etienne an seine Frau: „Monseigneur de Cubières, der mit dem König gekommen war, schrie sich heiser mit Monseigneur Reveillon, um mich zu rufen, da ich sie nicht sah, weil ich mich auf der anderen Seite des Gerüstes befand. Der König, der meinen Bericht in der Hand hielt, nahm Monseigneur de Cubières beim Arm und sagte ihm: ‚Lassen Sie, seien Sie nicht beunruhigt, da ist der kleine Montgolfier, der mir das auf jeden Fall alles erklären wird.'"[2] Der pestilenzartige Gestank des faulenden Fleisches zwang die Gruppe jedoch zum fluchtartigen Rückzug, der sie auf dem Weg zum Hauptportal des Schlosses durch die dichtgedrängten Reihen der Untertanen führte. Endlich waren König und Königin wieder einmal für ihr Volk zu sehen –

von Menschen planvoll erdacht, eine Erfindung, die endlich einlöste, was bisher nur in Märchen, antiken Götterwelten und sehnsuchtsvollen Entwürfen versprochen wurde. Zum ersten Mal Lebewesen in einem Fluggerät hoch über den Dächern, sichtbar bis nach Germain und Paris. In diesem Moment wußten wohl nur Etienne Montgolfier und die versammelte Elite der Naturwissenschaftler um die Bedeutung des Ereignisses, das den Aufstieg von Annonay vor knapp drei Monaten bestätigte und damit das Urheberrecht der Brüder Montgolfier.

Am Freitag, dem 19. September 1783, um 13 Uhr und 14 Minuten, nach dem Augenblick des so glanzvollen Verharrens, begann der Ballon, sich langsam abzusenken, driftete weiter nach Norden und entschwand den Blicken. Das führte, nach dem schweigsamen Staunen, augenblicklich zu einem beängstigenden Durcheinander sich stoßender, laufender Menschen, verkeilter Wagen und Reiter, die alle als erste in der Flugrichtung vorankommen wollten. Durch die beiden Löcher im oberen Teil der Hülle entwich das „Gas" jetzt immer schneller, so daß der Ballon nach nur acht Minuten über einem Wäldchen nördlich von Versailles zu Boden sank.

Etienne Montgolfier verfügte sich nach dem Ende der Darbietung weisungsgemäß noch einmal in den ersten Stock des Schlosses. „Ich stieg sofort in die Wohnräume hoch und fand den König noch damit beschäftigt, das Fluggerät mit seinem Fernrohr zu beobachten. Er zeigte mir den Ort, wo es niedergegangen war, bezeugte mir seine Zufriedenheit und lud mich zu einem Essen mit den Mitgliedern der Akademie ein."[6]

Mit anderen Verfolgern erreichte die gelandete „Maschine" als einer der ersten Faujas de Saint-Fond. „Ich eilte sogleich dem Orte, an dem sie niederfiel, mit dem Abbe d'Espagnac, dem Ritter de Lorimier u.a. zu. Herr Pilatre de Rozier war noch einige Schritte vor uns. Wir sahen den Ballon in den Theilen des Vaucressonischen Gehölzes, der den Namen Carrefour-Marechal führet, wo er über den Rasen ausgebreitet lag. Nur mit einer Seite hieng er an einer jungen Eiche, an der er kaum die Zweige bog. Zween Jäger, welche nur zehn Schritte weit von dem Orte gestanden hatten, wo er niedergefallen war, versicherten uns, er sey äusserst langsam herabgesunken, und habe sich sehr sanft zusammengelegt. Sie sagten uns, einen Augenblick vorher, ehe er die Erde berührt habe, sey er über einen grossen Holzstoss, den sie uns auch zeigten, hinweggegangen. Hier sey der lange Strick an welchem der Kefich hieng, am Holze hängengeblieben und zerrissen, ohne daß jedoch das Schaf und die übrigen Thiere die geringste Beschädigung erlitten hätten. Die Erzählung, daß der Hahn mit zerschlagenem Kopf herabgekommen sey, ist grundfalsch: wir fanden ihn in bestem Zustand, ausser dass sein rechter Flügel an der Spitze gebrochen war. Dieses rührte aber von einem Fußstosse des Schafs her, und war in Gegenwart von mehr als zehn Zeugen, wenigstens eine halbe Stunde vor dem Versuche geschehen."[7] Noch während die Zeugen vor Ort den Zustand der Tiere und des Weidenkorbs begutachteten, wälzte sich die Karawane der Kutschen, Leiterwagen und Reiter nach Paris zurück, gingen die Haushofmeister des Schlosses wieder an die Arbeit, und der König gab Order, sein Jagdpferd zu satteln. Es war erst zwei Uhr.

Gegen Mitternacht dieses denkwürdigen Tages zog Etienne Montgolfier im Haus des Freundes Reveillon Bilanz. Der Aufstieg in Versailles war ein Erfolg, auch wenn der Ballon wegen der Löcher längst nicht so hoch gestiegen und weit geflogen war wie im Juni in Annonay. Aber dieser Preis mußte wohl für den Versuch vom Vortag gezahlt werden, dafür, daß die Reparatur der Risse unzulänglich blieb, und dafür, daß sie nur eine einfache Lage Papier verwendet hatten, um das Geld der Akademie zu sparen. Mit seiner kleinen, klaren Schrift notierte Etienne Zahlen: 80 Pfund Stroh und 5 Pfund Wolle für die Erzeugung des Dampfes, 37500 Cubikschuh für den Inhalt der Kugel, dann die Tragkraft des Gases, das Gesamtgewicht, abzüglich der 900 Pfund für Käfig und Tiere, und er errechnete, daß noch 696 Pfund als zusätzliche Last mit in die Höhe hätten gehoben werden können, allerdings nur ohne die unglückseligen Löcher. Und während die Freunde bereits schliefen, beschrieb er seiner Frau in Vidalon den Ablauf des Tages. Der Brief beginnt scherzhaft im Stil einer Zeitungs-Reportage: „Neuigkeiten aus der Luft. Am 19. September 1783 an Bord des Luftballons. Wir befinden uns wohlauf, landen trotz des Windes glücklich und bekommen dabei Hunger. Das ist alles, was man aus den drei Reisenden herauskriegen konnte, da sie nun einmal nicht schreiben konnten, und man versäumt hatte, ihnen Französisch beizubringen. Einer konnte nur „Quau quau" sagen, der andere „Kikeriki" und der dritte war zweifellos aus der Familie der Lämmer und antwortete auf alle Fragen nur „Bäh"." Dann wird Etienne ernster und schildert seine Begegnung mit dem König, den Flug und den Verlauf des Abends. „… während des Abendessens berichtete man mir über den Zustand, in dem die Flugmaschine niedergegangen war, 1800 Klafter vom Aufstiegsort entfernt, die obere Hälfte zerrissen und daß es den Tieren gut ging: das Schaf weidete bei seinem Käfig. Ich ging, um dies Monseigneur de Duras zu berichten, der bei Mademoiselle d'Affun war. Ich wurde in ein schönes Zimmer unter dem Dachstuhl geführt. In einem zweiten Gemach, von angenehmem Halbdunkel erfüllt, befand sich eine Runde von zwanzig bis dreissig Damen, die Malern hätten Modell stehen können, um die Versammlung der Götter auf dem Olymp darzustellen. Man führte die Wiederholung einer neuen Oper von Saccini auf. Mademoiselle d'Affun sagte mir die schmeichelhaftesten Dinge, liess mich Platz nehmen, um die Musik zu hören. Nachdem ich eine halbe Stunde dageblieben war, ging ich. Man wollte mich zurückhalten, aber ich behauptete, dass Monseigneur de Duras mich um einen Bericht über den Zustand der Flugmaschine gebeten habe, um ihn dem König vorzulegen und dass ich dies tun würde. Man verpflichtete mich zurückzukommen und befahl, dass mir die Tür geöffnet werden sollte. Als ich fortging um meine Leute zu treffen, verirrte ich mich und lief eine dreiviertel Stunde herum, bevor ich völlig erschöpft ankam. Und schnell musste ich ins Schloss zurück, wo mich die Königin verlangte. Ich komme bei Mademoiselle d'Affun an. „Wo kommen Sie her?" fragt der Marschall, „ich habe Sie suchen lassen. Sie lassen die Königin warten, sie ist schon zwei oder drei Mal herausgekommen, um mit Ihnen zu sprechen!" Ich trete ins Zimmer ein, wo mir auch Mlle. d'Affun auf anmutige Weise Vorwürfe macht, weil ich auf ihre Einladung nicht zurückgekommen bin. Die Königin kommt heraus, ich berichte ihr über die Maschine und lese ihr den Bericht, den ich für den König gemacht habe, vor, teile ihr unsere künftigen Pläne bezüglich dieser Flugmaschine mit. Sie hört mir gütig zu, Monseigneur le M. fragte mich, als er mich die Königin verlassen sah, ob ich mit dem Empfang bei ihr zufrieden war. Du kannst Dir meine Antwort vorstellen. Wir suchten unsere Leute auf und fühlten uns todmüde. Ich muss trotz der Philosophie, die es erlaubt die Dinge nach ihrem wahren Wert einzuschätzen, zugeben, dass ich gegenüber den Annehmlichkeiten, die dieser Tag bot, nicht unempfindlich war und dass ich die Arbeit, Mühe und Aufregung, die es mich kostete, vergessen habe."[8]

Zur selben Zeit wurde in den Pariser Salons und Clubs, aber auch im Tabaksqualm von Spelunken das Ereignis des Tages mit Leidenschaft debattiert. An der Frage: ist die Verletzung des Hahns nicht doch ungünstigen Einflüssen der höheren Regionen zuzuschreiben und damit der sichtbare Beweis, daß bei einem Aufstieg Gefahr für Leib und Leben besteht, schieden sich die Geister. Die Dispute all der wissenschaftlich Interessierten, der Abenteurer und Besserwisser, der Zeitungsschreiber und Literaten kreisten vor allem um den zentralen Punkt: Wann wagen es Menschen, aufzufahren gen Himmel? Für die Ängstlichen eine strafwürdige Verwegenheit, für die Frommen ein Frevel, eine Herausforderung Gottes, für die Schüler Voltaires aber ein folgerichtiger nächster Schritt, die eigentliche Bewährung und Forderung der Stunde.

Am Vorabend
des Menschenfluges.
Oktober 1783

Nach der Luftreise von Versailles wurden über die Blessur des Hahnes die widersprüchlichsten Erklärungen verbreitet, wobei viele übersahen, daß die beiden anderen Tiere den Aufstieg völlig unversehrt überstanden hatten. Der Hammel konnte inzwischen sogar als „Mont au Ciel" – Himmelsfahrer – im königlichen Tiergarten bewundert werden. Doch davon unbeeindruckt ging die Auseinandersetzung um die Gefahren der oberen Luftschichten, um „rätselhafte Einwirkungen" und „geheimnisvolle Sphären" auch in den Zeitungen weiter, so daß Faujas grimmig und mit zeitloser Gültigkeit feststellte: „Es ist höchst unangenehm, wenn öffentliche Blätter dergleichen Begebenheiten ohne allen Beweis und Gewährleistung ankündigen! Solche Nachrichten sollten allezeit mit Namen derer unterzeichnet seyn, die sie einsenden und für ihre Wahrheit stehen."[1]

Die Debatte erhielt eine neue Richtung, als Charles und Robert, die offenbar erst einmal den Auftritt Etienne Montgolfiers abwarten wollten, auf die Anwürfe und Behauptungen Faujas de Saint-Fonds reagierten. Am 28. September legten sie eine Quittung vor, die bewies, daß der Ballonstoff an den älteren der Robert-Brüder verkauft worden war, und der Händler beschwor außerdem, Herrn Faujas überhaupt nicht zu kennen. Gleichzeitig versicherten die Brüder Robert im „Journal de Paris", wie ein Zeitgenosse nach Lektüre zusammenfaßt: „Es sey ihnen nie eingefallen, das Experiment von Annonay zu wiederholen; und es habe also nie ihre Absicht sein können, den Herren Montgolfier etwas von ihrem Ruhm zu entwenden. Ihre aerostatische Maschine habe mit der Mongolfierschen weder in der Theorie noch in der Ausführung das Mindeste gemein. Man habe zwar bisher affektiert, mit einer für die Künste sehr abschreckenden Parteylichkeit beide miteinander zu vermengen; allein sie würden sich dadurch nicht irre machen lassen, sondern gedächten mit Thaten zu streiten, um das Publikum auf eine bessere Meinung zurück zu bringen. Eine neue und viel beträchtlichere Unterzeichnung ihrer Bekannten und Freunde werde sie in den Stand setzen, mit mehr Ruhe neue Versuche zu machen; und sie hofften in kurzem der Nazion weit kostbarere und interessantere Erfahrungen vorweisen zu können."[2] Diese zur Rechtfertigung und Klärung veröffentlichte Stellungnahme heizte den Streit erst richtig an. Die Gräben zwischen beiden Lagern – den Montgolfianern und Robertianern – vertieften sich, und ihre selbsternannten Anführer schlugen in wilder Polemik aufeinander ein, von der zur Erregung nur zu bereiten Menge mit genußvoller Anteilnahme beobachtet.

Der Schriftsteller Antoine Rivarol, ein geistreicher und gefürchteter Spötter, schaltete sich in den Meinungsstreit mit einer scharfzüngigen Betrachtung ein, um „den Hirngespinsten der Freunde von Faujas de Saint-Fond und der Montgolfiers ein Ende zu setzen". Rivarol nahm Partei für César Charles: „Sie haben uns die Prinzipien erklärt und sie nicht zur Anwendung gebracht, während der Provinzler Ihnen die Ehre gestohlen hat … Es war eine Freude, eine Überraschung, dann Bewunderung, Verblüffung und schließlich Angst. Endlich war es also gefunden, dieses erstaunliche Geheimnis, schrien die einen, dieses Geheimnis, über das alle Jahrhunderte geseufzt hatten; der Mensch wird also fliegen und in sich die Fülle des Tierreichs vereinigen. Herr der Erde, der Wasser und der Luft. Es blieb nur noch das Feuer als unbewohnbar für ihn; und die Leute beglückwünschten sich, in der Epoche einer so großen Revolution zu leben. Die anderen, und das sind nicht die wenigsten, haben sich weniger fröhlich gezeigt. Alles schien ihnen aus den Fugen zu geraten in der bürgerlichen, politischen und moralischen Welt. Sie sehen schon Armeen, die sich in den Lüften niedermetzeln, und Blut auf die Erde niederregnen. Die Liebenden und die Diebe klettern bereits durch Schornsteine herunter und schleppen unsere Schätze und Töchter in andere Klimazonen. Man muß, schreien sie, die Polizei in Ballons steigen lassen – Schmuggel ist unvermeidlich, die Post unnütz, der Staat, die Religion, alles ist verloren und sie weinen. Das Volk bildet sich schon ein, eine Reise auf den Mond zu machen … Ich könnte noch die Begeisterung der Öffentlichkeit für den

Versuch von Annonay wegen der Sensation, die er erregt hat, rechtfertigen. Herr von Montgolfier scheint dieses unerbittliche Gesetz der Schwerkraft für die Luft durchbrochen zu haben, indem er wirkliche Lasten in die Luft hebt, dieses Gesetz der Schwerkraft, das ihn fortwährend auf die Oberfläche der Erde zurückholt, ihn zwingt dort zu kriechen, das ihm den Lebensweg so beschwerlich macht, ihn immer in die Abgründe zieht, das Müdigkeit und Stürze bewirkt, das ihn schließlich zu einem Landtier macht. Durch die Erfindung der Ballons kann sich dieses schwache und unglückliche Wesen rühmen, ein verlorenes Vaterland wiederzuerlangen, das der Luft und des Himmels, das ihm fehlt und für das er sich geschaffen fühlt. Wenn Herr von Montgolfier nur einen Augenblick lang diese angenehme Illusion dem traurigen Menschengeschlecht gewährt hätte, hätte er sich mehr als man denkt verdient gemacht."[3]

Die Kritik Rivarols, der, selbst ein Gastwirtssohn und Graf von eigenen Gnaden, auch Etienne mit feiner Ironie in den Adelsstand erhob, war wenigstens originell und von einigem Niveau – die Masse machte es sich einfacher. Die „Montgolfière" wurde als „Erdballon" bezeichnet, deren klägliche Flohsprünge kaum der Beachtung wert seien, während die „Charlière" den Namen „Himmelsballon" erhielt. Im Gegenzug warfen die Angegriffenen dem Ballon der Roberts vor, daß eine Füllung acht- bis zehntausend Livres koste und acht bis zehn Tage Arbeit beanspruche, während das System aus Annonay mit einer Handvoll „nassen Strohs und einer gewissen Quantität Wolle" für 40 Sous in zehn Minuten funktioniere und außerdem nicht explodieren könne.

So entwickelte sich ein mit Hingabe geführter „aerostatischer Bürgerkrieg", den das Bewußtsein würzte, daß beide Seiten schon bald mit neuen, verbesserten Luftmaschinen aufeinandertreffen würden. C. M. Wieland beschreibt die Situation: „In der That hätte die seltsamste Dichtungskraft kein so wundersames Schauspiel ersinnen können, als zwey Armeen von Naturforschern, die in freier Luft und auf den Wolken des Himmels Zelte gegeneinander aufschlagen, sich mit 1200 pfündigen Luftkugeln herumschießen und einander mit immer größern und unerhörten Experimenten aus dem Felde zu schlagen … suchen."[4] Auch die Pariser Theater nahmen sich des alles beherrschenden Themas an und brachten noch im September eine vom „königlichen Ballett" getanzte Pantomime heraus, die den Titel trug „Der Schiffbruch des Harlekin-Piloten im fliegenden Boot", und Anfang Oktober annoncierten sie, bereits zum 14. Mal, das Stück „Guillot Physicien – oder der Absturz der fliegenden Kugel".

Neben diesen Persiflagen und Possenspielen kursierten Witze und Satiren, deren Ziel es war, die neue Erfindung der Lächerlichkeit preiszugeben. Wie zum Beispiel die plumpe Geschichte eines den aerostatischen Kugeln verfallenen Oheims, dessen Neffe ihm bei einer Kolik aus Versehen eine mit brennbarer Luft gefüllte Klistierspritze verabreichte, „aber kaum war sie halb leer, so entwischte ihnen der arme Onkel, dessen Bauch zusehends aufschwoll, unter den Händen, erhob sich bis an die

Mit Karikaturen gegen eine Modetorheit:
der „arme Onkel" als Opfer der Aerostatik

Decke, machte ein paar Touren im Zimmer und flog endlich wie ein Vogel zu einem unglücklicher Weise offenen Fenster hinaus …".[5] Ein geschäftstüchtiger Kupferstecher bemächtigte sich des Sujets in deftiger Darstellung und verkaufte im Handumdrehen einige tausend Blätter.

Scheinbar unberührt vom Verlauf und Lärm der aerostatischen Fehde, ihren Wendungen, Wirkungen und kleinkarierten Ungerechtigkeiten arbeitete Etienne Montgolfier in der Abgeschlossenheit der Reveillonschen Papierfabrik an einem neuen, festeren Luftballon. Die Kosten mußten nun aus eigener Tasche bezahlt werden, da sich die Akademie mit den Vorführungen im Garten und in Versailles zufrieden gab. Diese fünfte „Montgolfière", darin war sich Etienne mit dem Bruder in Vidalon einig, sollte nicht nur die größte und schönste werden, mit ihr mußten sie jetzt ohne Verzögerung das eigentliche Ziel ansteuern: den Flug eines Menschen. Für das gleiche ehrgeizige Vorhaben sammelten Professor Charles und die Gebrüder Robert bereits überall Geld, und es bestand die Gefahr, von ihnen überholt zu werden.

Anfang Oktober war der neue Ballon fertig: 22 Meter hoch, mit einem Durchmesser von 15 Metern, Inhalt „60000 Cubikschuh", etwa 2000 Kubikmeter. Die Form entsprach fast einer Kugel, oben etwas spitz zulaufend und am unteren, offenen Ende in einen kreisrunden Umgang aus Weidengeflecht übergehend, auf dem die Passagiere stehen sollten. An dieser mit dunkelroten Tüchern kunstvoll drapierten Galerie hing an Ketten und Stangen eine aus starkem Eisendraht gefertigte Glutpfanne, im Vergleich zum Versailler Experiment die einzige, aber entscheidende technische Neuerung. Durch Mitnahme des Feuers sollte die Flugzeit erheblich verlängert werden. Die Luftfahrer konnten das Abbrennen des Strohs durch zwei in den unteren Hüllenrand eingeschnittene rechteckige Fenster beobachten und das Feuer mit dem in greifbarer Nähe auf der einen Meter breiten Galerie gelagerten Vorrat schüren.

Der Ballon war aus Leinen gefertigt, mit Papier beklebt und mit Wasserfarben gestrichen, weil man glaubte, dadurch die beim Zusammennähen der einzelnen Bahnen entstandenen Löcher zu verstopfen und das Ganze feuerfest zu machen. Die neue Maschine, der Etienne aus Dankbarkeit gegenüber dem zuverlässigen und großzügigen Freund den Namen „Le Reveil-

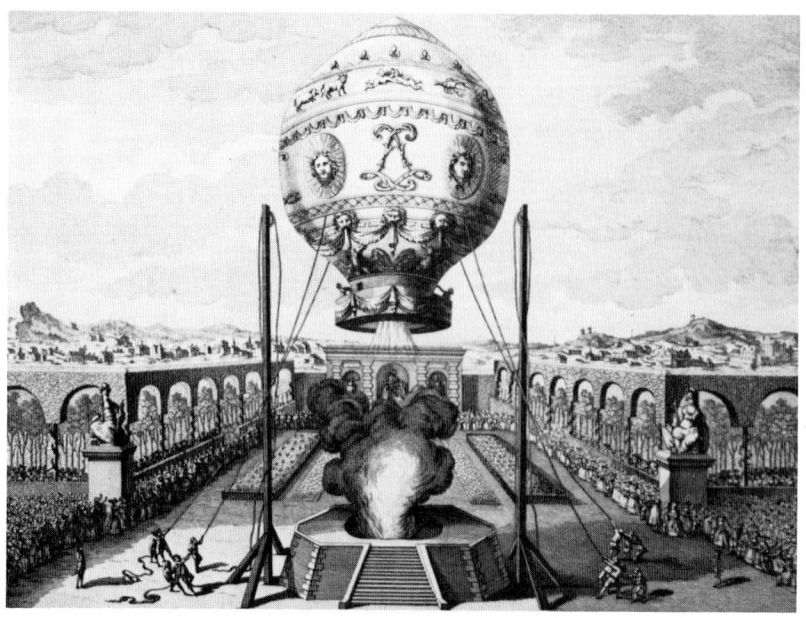

Oktober 1783: Testaufstiege im Reveillonschen Garten

lon" gab, machte auf alle Beteiligten einen geradezu überwältigenden Eindruck, wenn sie sich zur vollen Mächtigkeit aufrichtete und die Schönheit der Bemalung zur Wirkung kam: über der Galerie vier Adler mit ausgebreiteten Schwingen, deren Rücken ein geflochtener Strang aus Lorbeerblättern zierte, darüber ein Kreis von Löwenköpfen und in der Mitte, unübersehbar groß auf blauem Grund, abwechselnd vier goldene Sonnen und viermal der erste Buchstabe des königlichen Namens. Gekrönt wurde das Bild durch einen Kranz von Tierkreiszeichen und Bourbonenlilien. Derartiges hatte zuvor noch nie ein Mensch gesehen, und Etienne war überzeugt, daß es seine Wirkung auf das Publikum nicht verfehlen dürfte. Seine Zufriedenheit und Zuversicht steigerten sich noch, als er einen Brief des Bruders Alexandre-Charles aus Annonay öffnete und las: „Die letzte Zeitung aus Paris hat wieder den Gesprächsgegenstand aller Unterhaltungen der Stadt veröffentlicht: Die einen wollen, daß Dir eine Rente gewährt wird, die anderen wünschen Dir das Band des Heiligen Michael, andere – was weiß ich, aber ich sehe, eine große Zahl würde es vorziehen, daß Du nichts bekommst. Ich wette, sie hassen Dich, denn ihre Eigenliebe ist gedemütigt, niemand ist Prophet in seinem eigenen Land."[6]

Pilâtre de Rozier, François-Laurent d'Arlandes – die ersten Luftfahrer

Einige Tage vor dem ersten öffentlichen Auftritt in Versailles war im Manufakturgarten ein Mann mit einer Empfehlung Lavoisiers erschienen, der Etienne seine Dienste und sein Leben anbot: Jean-François Pilâtre de Rozier, ein neunundzwanzigjähriger Physiker, der davon träumte, als erster Mensch mit einem Ballon aufzusteigen. Seit dem Wolkenflug des „Globe" über dem Marsfeld ließ ihn diese Idee nicht mehr los, und er hatte sich zu seiner Leidenschaft bereits neun Tage später – am 5. September – in einer anonymen Zuschrift an das „Journal de Paris" bekannt. „Meine Herren! Alle Physiker müssen, denke ich, gegenwärtig an die Möglichkeit der Luftfahrt glauben. Das Schwierigste ist geschafft; es handelt sich nur noch darum, die Mittel zum Lenken, Aufsteigenlassen und Niedergehenlassen des Ballons zu finden. Ein Steuer, Segel und die Möglichkeit, den horizontalen Durchmesser des Ballons vergrößern oder verkleinern zu können, würden die letzten Schwierigkeiten besiegen. Ich bin so überzeugt von den Mitteln der Physik und der Mechanik, die gesammelt und diesbezüglich geschickt angewandt werden sollten, daß, wenn man eine Gesellschaft von Wissenschaftlern und Amateuren fände, die für die Unkosten der Versuche zur Konstruktion eines Ballons aufkäme, eines Ballons, der so hergestellt ist, daß er mehrere Meilen durch die Luft reisen kann – ich würde ihn besteigen und lenken. Die Belohnung meiner Kühnheit wird die Ehre sein, der erste Luftnavigator gewesen zu sein. Man würde sich täuschen, wenn man annähme, daß dieser Vorschlag der eines verrückten Enthusiasten oder eines Mannes ohne gesellschaftlichen Stand ist. Ich schreibe dies mit Bedacht, und mein Stand ist gesichert und ehrenhaft."[1] Niemand äußerte sich, bis auf den schon unrühmlich bekannten Jean-Pièrre Blanchard, der im Vorjahr die Pariser mit einem angeblich „Fliegenden Schiff" genarrt hatte und nun wieder Aufmerksamkeit erregen wollte, indem er am 10. September im „Journal de Paris" verkündete: „Sie sind, mein Herr, nicht der einzige, der von der Möglichkeit der Luftfahrt überzeugt ist; erlauben Sie, daß ich mit Ihnen in die Schranken trete, um Ihnen die Ehre des ersten Luftnavigators streitig zu machen. In wenigen Tagen werde ich in der Lage sein, eine flugtüchtige Maschine zu zeigen, die steigen, niedergehen und nach Wunsch eine horizontale Richtung fliegen wird. Ich werde selbst darin sein, und ich werde genug Vertrauen in meine Erfindung haben, um nicht das Schicksal eines Ikarus befürchten zu müssen. Ich genieße im voraus das Vergnügen, mit Ihnen die Ehre des ersten Luftnavigators teilen zu können."[2] Von Blanchard sollten die Pariser nach dieser vollmundigen Ankündigung erst in sechs Monaten wieder etwas hören, während Pilâtre zu einer zentralen Figur der nächsten bewegten Wochen wurde. Vergeblich hatte er Etienne Montgolfier in Versailles gebeten, ihm den Platz des Schafes zu überlassen, und mit einigem Grimm mit ansehen müssen, wie eine lächerliche Tiergruppe den Weg in die Lüfte eröffnen durfte. Auch der kleine Erfolg, als erster den gelandeten Käfig zu erreichen, vermochte nicht, ihn zu trösten. Doch jetzt war er entschlossen, Etienne nicht von der Seite zu weichen, und quartierte sich nach dessen zögernder Zustimmung gleich neben den Reveillonschen Werkstätten ein.

Lavoisier hatte Rozier als Draufgänger, als einen jungen Wissenschaftler von außergewöhnlichem Mut beschrieben, der sicher geeignet sei, waghalsigste Prüfungen zu bestehen. Wer war dieser Mann, der seinen Willen durchsetzen und der Menschheit erster Pilot werden sollte? Pilâtre de Rozier war eine schillernde, fast etwas zwielichtige, aber für seine Zeit nicht untypische Erscheinung. Am 30. März 1754 in Metz geboren, ursprünglich Desrosier heißend, von Benediktinern im königlichen Gymnasium erzogen, die ihn nicht gerade schmeichelhaft charakterisierten: „leichtssinnig, zerstreut, vergnügungssüchtig und lernunlustig."[3] Nach der nicht sehr erfolgreichen Schulzeit versuchte sich Pilâtre als Chirurgieschüler in einem Militärkrankenhaus, dem er aber schon bald aus Ekel vor den Sezierübungen entfloh. Auch eine dreijährige Apothekerlehre mußte wegen schlechter Führung abgebrochen werden, und so tauchte er mit 22 Jahren in Paris auf und hörte dort Naturwissenschaften, während er gleichzeitig als Makler für Phosphor und Salze etwas Geld verdiente. 1780 ging er

Jean-François Pilâtre de Rozier – der erste Luftnavigator

nach Reims, hielt dreimal in der Woche Chemie- und Physikvorlesungen und beschäftigte sich nebenbei mit dem Färben von Stoffen. Im selben Jahr gab Pilâtre seinem Leben eine gewagte Wende: Er änderte den Namen in Rozier und setzte kurzerhand einen Adelstitel davor, nannte sich Professor der „Gesellschaft für Wettbewerb der Stadt Reims", Doktor der Universität Nancy und Apotheker des Prinzen von Limbourg. Die Titel waren allesamt falsch, und auch ein Fürstentum Limbourg existierte nicht, denn der Prinz entpuppte sich als ein deutscher Soldat, der Ämter und Auszeichnungen verkaufte und wegen Hochstapelei verurteilt wurde. Doch Pilâtre hatte Glück, in Paris kaufte ihm eine begüterte ältere Dame, die sich bereits als künftige Schwiegermutter sah, das frei gewordene Amt eines ordentlichen Kammerherrn von Madame, der Gräfin von Provence und Schwägerin Ludwig XVI. Zu dieser Tätigkeit gehörten, ein einfacher Adelstitel, das Recht, einen Säbel zu tragen, und die Befreiung von Steuern. Offenbar bewährte sich der neue Kammerherr und Stallmeister, da ihn Madame zum Attaché und schließlich sogar zum Sekretär beförderte. Der gesellschaftlichen Stellung und großzügigen Protektion der Gräfin und ihres Mannes verdankte es Pilâtre, daß er am 11. Dezember 1781 sein ehrgeizigstes Projekt verwirklichen konnte, die Gründung des „Museums" in der Sainte-Avorie-Straße. Dort waren Hörsäle, chemische Labors, eine Bibliothek und ein Raum mit physikalischen Geräten und neuesten Erfindungen eingerichtet, und man hoffte auf den Zustrom wissenschaftlich interessierter Laien, die für eine geringe Gebühr – an Sonn- und Feiertagen völlig umsonst – Vorlesungen über Mathematik, Astronomie, Anatomie hören wollten. Es standen sogar Italienisch-Kurse auf dem Vorlesungsplan, und Pilâtre selbst unterrichtete Physik, angewandte Chemie und zeigte Verfahren, Stoffe zu färben. Seine Stunden waren attraktiv, denn er galt als amüsant, redegewandt, und eine ausgesprochene Schwäche für Wasserstoff-Experimente machten die praktischen Demonstrationen äußerst spannend. Pilâtre pflegte „brennbare Luft" einzuatmen, die er dann beim Ausatmen anzündete, um seine Zuschauer mit dem Flammenstrahl zu erschrecken. Bei einem der Versuche vermischte er das reine Gas mit einem Neuntel atmosphärischer Luft – die

Explosion war so gewaltig, daß alle fürchteten, der eigenwillige Professor habe sämtliche Zähne verloren.

Neben einigen wertlosen Forschungen und wissenschaftlichen Irrtümern erscheint eine Erfindung besonders geeignet, Pilâtres soziales Engagement und seine Unerschrockenheit zu belegen: die Konstruktion der Atemmaske. Immer wieder hörte er von Erstickungsfällen, die bei Arbeiten in Weinfässern oder in Senk- und Abortgruben passierten, und beschloß deshalb, diesen Vorgang wissenschaftlich zu untersuchen. „Pilâtre de Rozier, den wir immer da finden, wo Gefahr droht, ließ sich mit Seilen an den Achseln festbinden und in die gashaltige Luft eines in Gärung befindlichen Bierbottichs hinabgleiten; kaum war er drinnen, zwang ihn ein leichtes Prickeln die Augen zu schließen; eine heftige Erstickung hinderte ihn zu atmen; er empfand eine Betäubung, begleitet von diesem Brummen, das den Schlaganfall charakterisiert, und als man ihn herausgezogen hatte, blieb seine Sehkraft für einige Minuten trüb, das Blut hatte die Adern verstopft, das Gesicht war purpurrot geworden; er hörte kaum und sprach stockend; alle diese Symptome verschwanden allmählich!"[4] Nach diesem riskanten Selbstversuch baute er eine Maske, die das ganze Gesicht bedeckte, mit zwei Glaslöchern in Höhe der Augen, Fellrändern zum luftdichten Abschluß und einem gummierten Taftrohr, das von der Nase zu einem Behälter aus Weißblech führte, der, auf dem Rücken getragen, mit der Außenluft durch einen Schlauch in Verbindung stand. Offenbar funktionierte der Apparat, denn Pilâtre erwähnte ihn stets mit besonderem Stolz.

Das war der Mann, den Etienne zum „Navigator" der „Reveillon" machen wollte, ein selbstbewußter junger Physiker, der energisch auftrat und wenig Verständnis dafür hatte, daß Etienne all die ehrenvollen Einladungen zu Diners in den vornehmsten Häusern nur als lästige Unterbrechung der Arbeit empfand. Ihre Zusammenarbeit bekam schon bald einen ersten Riß, als sich Pilâtre über die Vergeßlichkeit Etiennes beklagte und ihn hinter seinem Rücken spöttisch „den Admiral" nannte. Erschöpft durch die wochenlange Anspannung, zusätzlich von Geldsorgen bedrückt, ärgerte sich Etienne weidlich über das undankbare Verhalten. So war es ihm nicht unangenehm, als ein alter Bekannter aus dem Vivarais erschien und darum bat, mit dem Ballon aufsteigen zu dürfen, der Chevalier François-Laurent d'Arlandes, ein Schulfreund Josephs aus dem Je-

François-Laurent d'Arlandes –
der erste Luft(fahrt)passagier

suitenkolleg in Tournon. D'Arlandes, fast zwölf Jahre älter als Rozier, hatte 1780 aus vordergründig gesundheitlichen Gründen den Dienst als Infanterie-Major quittiert, in Wirklichkeit aber, weil ihn die militärische Routine in der Provinz langweilte und er in Paris auf Zugang zum Hof und gesellschaftlichen Aufstieg hoffte. Mit einer Rente von 1000 Livres lebte er vornehmlich in den Caféhäusern um das Palais Royal und hatte das Glück, Lavoisier und Franklin kennenzulernen, die ihm die Welt der Wissenschaften öffneten. Astronomie und Physik begannen ihn zu interessieren, aber sein Hauptaugenmerk richtete er immer noch auf die trotz Pensionierung in Aussicht gestellte Beförderung zum Oberstleutnant, für die er Fürsprecher wie den Herzog von Orléans zu gewinnen suchte, bisher allerdings ohne sichtbaren Erfolg. Die ganz Paris in Aufregung versetzende Erfindung seiner Freunde Montgolfier erschien d'Arlandes deshalb als Geschenk des Himmels, als eine Chance, sich auf unübersehbare Weise in Szene zu setzen. Etienne begrüßte die Unterstützung durch einen Adligen, der sicher manche verschlossene Tür würde öffnen können, auch wenn d'Arlandes den Namenszusatz „Marquis" nur als Höflichkeitstitel führte, gewissermaßen als selbst ausgestelltes Entréebillet bei Hofe, wo man schließlich nicht nur üppig gekleidet, sondern auch würdig dekoriert auftreten mußte.

Probeflüge im Reveillonschen Garten – Rozier, Montgolfier und zwei Passagiere

Um keinen der Bewerber um die Ehre des ersten Aufstiegs leichtfertig in Gefahr zu bringen, mußte die Flugfähigkeit der „Reveillon" erst einmal sorgfältig erprobt werden; sie hatte sich bereits einige Male, mit Gewichten beschwert, ein paar Fuß erhoben und so reagiert, wie es alle erwarteten. Nun konnte der nächste Schritt folgen: ein Mensch auf der Galerie. Etienne brannte darauf, selbst der erste zu sein, doch sein Vater hatte aus Angst um das Leben des Sohnes in einem der letzten Briefe inständig darum gebeten, von einem solchen Vorhaben abzulassen, und Etienne – obwohl fast vierzig Jahre – gehorchte, wohl auch mit Rücksicht auf die ständig wiederkehrenden eigenen Herzbeschwerden.

Am 10. Oktober ließen sie den gefesselten Ballon noch etwas höher als bisher, und zwei Tage später, am Sonntag, dem 12. Oktober 1783, durfte Pilâtre, trotz der kleinen persönlichen Verstimmung, an Bord klettern. Auf der Gegenseite sorgten Ballastgewichte dafür, daß der Ballon nicht aus dem Gleichgewicht geriet. Von Seilen festgehalten hob sich die Maschine mit dem überglücklichen Pilâtre einige Fuß über den Erdboden empor. Was ihm allerdings bei diesem kurzen Schweben widerfuhr, ist nicht überliefert.

Etienne schweigt, Faujas, der eifrige Chronist, war offenbar nicht dabei, denn er verzeichnet fälschlich den 15. Oktober als ersten bemannten Aufstieg. Jene kurze Erhebung muß wohl ein ziemlicher Fehlschlag gewesen sein, denn der sonst so begeisterte Pilâtre berichtete einen Tag später, am 13. Oktober 1783, der „Akademie der Wissenschaften": „Ich bin gestern mit der Maschine von Herrn von Montgolfier aufgestiegen, mit der man verschiedene Versuche gemacht hat, nach denen ich nicht zögere, diese Entdeckung mit der von Herrn Vera (Anm.: der im Jahre 1781 eine Maschine zum Heben von Wasser erfand) zu vergleichen, das heißt, nachdem sie Bewunderung erregt hat, wird sie nur noch eine Sehenswürdigkeit sein. Der hohe Preis des entzündbaren Gases und die große Schwierigkeit, eine ausreichende Menge davon mit Hilfe von Brennmaterial herzustellen, die Unmöglichkeit, diesen umfangreichen Apparat zu lenken, endlich die geringe Dichte oder Schwere der atmosphärischen Luft machen diese Maschine absolut unbrauchbar. Dieses Eingeständnis kostet mich wegen meiner Liebe für den Fortschritt unserer Wissenschaft viel, aber ich muß als erster der Wahrheit die Ehre geben, obwohl ich der einzige unter den eifrigen Amateuren bin, die sich mit dem Ballon beschäftigen. Der Versuch, den wir heute machen werden, wird beweisen, was ich behaupte, ich rufe es Ihnen ins Gedächtnis, Sie werden bald, mein Herr, die Ruhe bei denen wiederhergestellt sehen, die von den Ballons in eine Art Wahn versetzt wurden. Übrigens bin ich überzeugt, daß für die Wissenschaften eine Wohltat daraus folgt, weil unsere Damen und kleinen Herren dadurch gedemütigt wurden, daß sie die Gase nicht kannten."[1]

Pilâtres tiefe Niedergeschlagenheit und Bitterkeit ist schwer zu erklären. Niemand weiß, welche Panne oder Ungeschicklichkeit die Ursache für den Mißerfolg war, vielleicht spielte auch die physische Erschöpfung eine Rolle, in der sich alle befanden, die seit Wochen Tag und Nacht ohne Unterbrechung gearbeitet hatten. Trotz dieses vernichtenden Urteils über die Zukunft der Ballone machte die Mannschaft im Reveillonschen Garten weiter. Zwei Tage später, am 14. Oktober, stieg Etienne gegen die ausdrückliche Weisung des Vaters – offenbar in einer Art Flucht nach vorn, vielleicht auch als Zurechtweisung Pilâtres gedacht – selbst in die Gondel. Der vorsichtige und systematische Etienne muß seiner Sache ziemlich sicher gewesen sein, denn er nahm an diesem Tag gleich zwei Passagiere mit: beim ersten Fesselstart den Herzog von Chartres und dann den hochwürdigen Herrn Dillon, Bischof von Narbonne, der begeistert aus dem Weidenkorb kletterte. Von beiden Herren, dem einflußreichen Aristokraten und dem Würdenträger der Kirche, erhoffte Etienne Fürsprache bei Hofe, denn er brauchte dringend Hilfe. Die Unkosten wuchsen ihm über den Kopf, und er bekannte seiner Frau in einem der vielen Briefe, die er spät in der Nacht schrieb: „Wenn ich zufrieden wäre mit

Ruhm und Komplimenten, bliebe nichts zu wünschen übrig. Aber obwohl man anfängt, in der Luft zu reisen, lebt man nicht von Luft."[2] Und Adelaide sagte er auch, wie sehr ihn die ständigen Störungen durch Neugierige belasteten. „Man spricht mich nur auf die Maschine an, ich beantworte nur Fragen zur Maschine, ich bin nur mit der Maschine beschäftigt. Um Gottes Willen – ich brauche noch fünfzehn Tage! Ich habe keinen Augenblick für mich. Würde ich zu einem Händler gehen, würde ich auch dort noch von einer gemachten oder noch zu machenden Maschine reden."[3]

Um die Belästigungen durch Besucherscharen zu verringern, hatten sie am 11. Oktober im „Journal de Paris" eine Bekanntmachung veröffentlicht, „daß die bevorstehenden Versuche ganz eigentlich die Wissenschaften beträfen, und daher zwar höchst wichtig für die Naturlehre, aber keineswegs belustigend und unterhaltend für die Zuschauer seyn würden, welche die bloße Neugier anlocke."[4] Über das Ergebnis dieses gutgemeinten Hinweises berichtet Faujas: „Dennoch konnte dieser kluge Vorsatz nur bis auf einen gewissen Grad ausgeführt werden. In einer Stadt wie Paris giebt es mancherley Umstände, welche nicht allezeit verstatten, dasjenige auszuführen, was man beschlossen hat. So bald man von den Versuchen hörte, lief alles zu; und da man im ersten Anfange einigen Personen von hohem Range, welche dahin kamen, den Zutritt nicht versagen konnte, so machten sich andere dieß zu Nutze und gebrauchten allerhand Mittel, um zugelassen zu werden; und endlich wurden aus den Proben, die man nur vor einer geringen Anzahl ausgewählter Freunde hatte anstellen wollen, feyerliche Versuche vor den Augen des ganzen Publikums."[5]

Durch Etiennes Erfolg und Beispiel erholte sich Pilâtre von seiner Mutlosigkeit und führte in den folgenden vier Oktober-Tagen mit Geschick und Kaltblütigkeit eine Reihe sich im Schwierigkeitsgrad steigernde Versuche durch. Am Mittwoch, dem 15., erfolgte die bisher höchste Erhebung auf etwa 25 Meter. Weiter reichten die Seile nicht, und die „Reveillon" stand in dieser Höhe unbeweglich 4 Minuten und 25 Sekunden, „ohne daß Herr Pilâtre de Rozier die geringste Unbequemlichkeit empfunden hätte. Das wichtigste bey diesem Versuche war, daß er uns über einen Umstand beruhigte, der sonst jedermann in Besorgniß gesetzt hatte, nämlich über die Art des Herabfallens der Maschine bey geschwächtem oder vermindertem Gas. Man sahe nunmehr deutlich, daß sie nicht fiel, sondern langsam herabsank, dabey immer gespannt blieb, auch, nachdem sie die Erde berührt hatte, und durch das Absteigen des Herrn Pilâtre de Rozier erleichtert worden war, sich von neuem wieder auf eine gewisse Höhe erhob."[6] Zwei Tage später, am 17. Oktober, wiederholte Pilâtre das Ganze bei ungünstigem Wind und stieg wieder bis ans Ende der Leinen, „doch die Maschine, durch den Wind und den Widerstand der Seile, die sie zurückhielten, angegriffen, hielt sich nicht so gut und that keine so schöne Wirkung, als beym vorigen Versuche."[7]

Der 19. Oktober, ein Sonntag, sollte zum Höhepunkt der Erprobungsserie werden. In der weitläufigen Gartenanlage drängten sich zweitausend Zuschauer und zertrampelten zu Reveillons Ärger die gepflegten Blumenrabatten. Nachmittags, gegen fünf Uhr, wurde der Ballon in wenigen Minuten mit Rauch gefüllt, und Pilâtre de Rozier, durch Ballast von 100 Pfund auf der Gegenseite aufgewogen, stieg ohne Feuer in der Glutpfanne mit verlängerten Seilen auf knapp 80 Meter. Bei einem zweiten Versuch, mit brennendem Stroh in der Pfanne, hielt sich das herrliche Luftgefährt zur Überraschung der Menge 8½ Minuten auf derselben Höhe, geriet aber beim Herabziehen durch den Ostwind in einige hohe Bäume eines benachbarten Gartens. Der Luftnavigator reagierte schnell und richtig: Er heizte das Feuer kräftig an, so daß sich der Apparat „unter dem allgemeinen Zuruf der Zuschauer majestätisch in die Luft erhob." „Dieser zweite Versuch war sehr lehrreich", schreibt Faujas, „man hatte unter anderem gesagt, wenn einmal eine solche Maschine auf einen Wald fallen sollte, so würde sie zu Grunde gehen, und die auf ihr befindlichen Personen in die größte Gefahr setzen; dieses Beyspiel aber bewies, daß die Maschine nicht fällt, sondern sinket, daß sie nicht umschlägt, daß sie an den Bäumen nicht zerreißt, und die auf ihr befindlichen Personen nicht beschädigt."[8]

Pilâtre ließ die „Reveillon" nach diesem Zwischenfall noch einmal auf 60 Meter steigen und fing den leichten Landestoß durch erneutes Heizen elegant ab. Ein dritter Versuch folgte. Zu Pilâtre stieg Giroud de Vilette, ein Mitarbeiter der Manufaktur, der in den vergangenen Wochen großes Interesse an den Baufortschritten gezeigt hatte und dem sich Etienne verpflichtet fühlte. Neun Minuten schwebte „der Ballon, der in seiner Form und Größe dem Invalidendom glich", wie der Herzog von Lauzun begeistert feststellte, mit abermals verlängerten Leinen zu einer Höhe von fast 100 Metern auf. „Die Maschine that in dieser Stellung einer erhabne und vortreffliche Wirkung; sie stand über Paris, und konnte von allen umliegenden Gegenden her gesehen werden; ihre Größe schien den Zuschauern in dem Garten, wo der Versuch angestellt ward, nicht vermindert, aber die Menschen waren kaum mehr zu erkennen. Nur durch Fernröhre entdeckte man Herrn Rozier, der mit eben so viel Einsicht als Eifer beschäftigt war, neues Gas zu entbinden"[9], schildert Faujas die Situation als Augenzeuge auf der Erde. Während Giroud de Vilette, das „lebende Gegengewicht", seine Eindrücke an die Herausgeber des „Journal de Paris" – ganz auf öffentliche Wirkung bedacht – so zusammenfaßt: „Mein erstes Geschäft war, den einsichtsvollen Physiker zu bewundern, den ich zu begleiten die Ehre hatte, und welchen ich durch eine 4 Zoll breite Öffnung sehen konnte; sein Mut, seine Behendigkeit und sein Talent, die Maschine zu behandeln und das Feuer zu regieren, bezauberten mich. Als ich mich umkehrte, sahe ich die Boulevards vom Thore St. Antoine bis zum Thore St. Martin ganz mit Menschen bedeckt, welche mir wie ein langer Streif von bunten Blumen vorkamen; eben dieses Schauspiel zeigten mir die Straße St. Antoine und die umliegenden Gärten. Nunmehr wollte ich mich mit dem Gegenstande beschäftigen, um dessen Willen ich diese Reise angestellt hatte, und warf also einen Blick in die Ferne. Hier sahe ich den Hügel Montmartre, der mir um die Hälfte niedriger schien als unser Horizont. ... Ich ward sogleich überzeugt, daß diese so bequeme und gar nicht kostbare Maschine im Kriege sehr dienlich seyn könnte, um die Stellung des Feindes, seine Bewegungen, Märsche und Dispositionen zu entdecken, und der diesseitigen Armee durch Signale Nachricht davon zu geben."[10]

Als der von allen als wichtigtuerisch eingeschätzte Giroud gelandet war und lebhaft bedauerte, sein Fernrohr vergessen zu haben, mußte Rozier zum vierten Mal an diesem Tag starten, damit auch der bereits unmutig werdende Chevalier d'Arlandes seinen Auftritt vor der erlesenen Zuschauerschaft genießen konnte. Auch dieser letzte Fesselflug verlief glücklich; „hätte man die Maschine nicht zurückgehalten, so würde sie eine Höhe von wenigstens 1200 Toisen erreichen." Etienne Montgolfier, Rozier, Reveillon, d'Arlandes und die Gruppe der unermüdlichen Helfer, sie alle fühlten sich überglücklich. Die großartigen Vorführungen dieses Tages würden endlich die Verleumder und Neider verstummen lassen.

In der folgenden Oktoberwoche muß auch Etienne – unter Ausschluß der Öffentlichkeit – noch einmal einen Aufstieg gewagt haben, denn er schildert Joseph die ereignisreichen Tage in einem Brief, der so beginnt: „An Bord des Ballons ‚Le Reveillon' in 300 Fuß Höhe über der Erde. Lieber Bruder, ich habe meine Versuche am Freitag und Sonntag fortgesetzt. Am ersten Tag bin ich vom Wind behindert worden, was verschiedene kleinere Unfälle zur Folge hatte, die ein wenig dem Glanz des Versuchs geschadet haben, der dennoch die Möglichkeit, Menschen in die Luft emporzuheben, bewiesen hat. Ich wollte mir ein bißchen mehr Verlust des Gleichgewichts verschaffen und die Galerie um 200 Pfund erleichtern, dann habe ich zwei Personen mit der Maschine, die von 300 Fuß langen Seilen gehalten wurde, aufsteigen lassen. Die Flugmaschine ist bis ans Ende der Seile aufgestiegen und ist eine Viertelstunde gehalten worden; diejenigen, die in der Galerie waren, haben sie niedergehen und wieder aufsteigen lassen, um fast den Boden zu berühren und sich dann wieder aufzurichten, ohne ihn wirklich berührt zu haben in einem Augenblick, als der Wind sie aus der senkrechten Stellung über dem Garten getragen hatte. Sie sind im benachbarten Garten auf einem Baum, in dem sich der Ballon verfangen hatte, ausgestiegen. Aber dieser Unfall hat nur bewiesen, daß man sich dem aussetzen konnte ohne viele Gefahren, und daß es möglich war, mit der Maschine zurechtzukommen, ohne daß sie auf die Erde fiel. So ist nun die Maschine bis zu dem Grad der Vollkommenheit weiterentwickelt worden, den wir mit unseren Mitteln erhoffen konnten."[11]

Nach diesen für alle Welt so sichtbaren Erfolgen drängte Pilâtre noch energischer, nun endlich den freien Flug zu wagen, zumal aus dem gegnerischen Lager beunruhigende Kunde kam. Die Gebrüder Robert bauten unter Anleitung Professor Charles' eine große Luftkugel mit einem darangehängten Schiff, das zwei Männer emporheben sollte. Zuträger, die ihre Informationen von beteiligten Arbeitern erhalten hatten, behaupteten, die Vorbereitungen seien in spätestens drei Wochen abgeschlossen. Für einen bemannten Flug ohne fesselnde Leinen fehlte der Mannschaft Montgolfiers jedoch nur noch die Einwilligung des Königs, der immer noch zögerte, zu einem derart gefährlichen Vorhaben seine Zustimmung zu geben.

Auch Etienne blieb nachdenklich und unentschlossen; zu unwägbar schien das Risiko. Die papierverkleidete Hülle konnte Feuer fangen, das auf die Strohvorräte der Galerie übergriff und dann den ganzen Ballon wie eine Fackel zu Boden stürzen ließ. Das bedeutete Tod für den Navigator an Bord, aber auch höchste Gefahr für ganze Stadtviertel, für Häuser, Paläste, Kirchen und über freiem Land für Getreidefelder und Scheunen. Trotzdem, Etienne hatte keine Wahl. Durch derartige Zweifel durfte der letzte krönende Abschluß all der mühevollen und kostspieligen Arbeiten nicht aufs Spiel gesetzt werden. Er bat deshalb d'Arlandes, seine Versprechungen einzulösen und die Beziehungen bei Hofe zu nutzen, um den König umzustimmen. Der Marquis eröffnete die schwierige Partie mit einem klugen Schachzug, indem er das Anliegen erst einmal der Herzogin von Polignac vortrug, die als engste Vertraute Marie Antoinettes und Erzieherin der königlichen Kinder über so bedeutenden Einfluß verfügte, daß alle munkelten: „Über den Herrscher herrscht die Königin und über die Königin die Polignac."

Aber selbst diese umstrittene und beneidete Schlüsselfigur des Hofes konnte zusammen mit der Königin nur einen Teilerfolg erringen. Ludwig XVI., ehrlich und auf gutmütige Art besorgt, das Leben Unschuldiger zu opfern, fand sich nach längerer Gegenwehr schließlich bereit, einen Aufstieg außerhalb von Paris, im Park von „La Muette", nur unter der Bedingung zuzulassen, daß sich auf der Galerie zwei zum Tode Verurteilte befänden, die man nach geglücktem Flug zur Belohnung begnadigen könne. Nun empörte sich Pilâtre: Gemeinen Verbrechern sollte die Ehre und der unsterbliche Ruhm des ersten Fluges in der Geschichte der Menschheit zuteil werden? Niemals! Er war entschlossen, alles in Bewegung zu setzen, um diese Barbarei zu verhindern. Er suchte Marschall Duras in Fontainebleau auf und antichambrierte beim einflußreichen Herzog von Chartres. Über diese Bemühungen berichtete Pilâtre in einem Schreiben an Etienne: „Mein lieber Kapitän, ich habe Herrn Maréchal de Duras getroffen, der, wie es mir schien, das lebhafteste Interesse an Ihrer großartigen Erfindung hat. Ihre letzten Experimente haben hier die größte Sensation hervorgerufen. Man hört nur noch von Ballons reden, bis in die Vorzimmer von Seiner Durchlaucht, dem Herzog von Chartres, der sehr bedauert, nicht das Vergnügen zu haben, Sie bei der Arbeit zu sehen und mich eindringlich gebeten hat, ihn über den Tag in Kenntnis zu setzen, den Sie festlegen sollten für den letzten

Aufstieg." Obwohl noch nicht einmal der erste freie Flug durchgeführt werden durfte, teilte der rührige Pilâtre in diesem Brief mit, daß ein gewisser Augeard bereit sei, 300 Louisd'or für ein Fluggerät auszugeben, das die Strecke Calais-Dover – also die Überquerung des Kanals – versuchen wollte, und er schreibt weiter: „Ich habe in Anwesenheit aller Offiziere und der Königin, bei der man mir diesen Vorschlag machte, darauf hingewiesen, daß man zuerst die Verdienste belohnen müsse, um hoffen zu können, den Anstoß zu einem Wettbewerb zu geben. Jeder ist erstaunt, daß man noch nicht im Namen der Nation bezeugt habe, wieviel man Ihren Kenntnissen und Ihrer Bescheidenheit verdankt."[12]

Die aufmunternden Komplimente halfen zwar, Etiennes Stimmung zu verbessern, aber sonst geschah nichts. Auch Duras, obwohl ein engagierter Fürsprecher beim König, hatte wenig Glück. Pilâtre und d'Arlandes gaben jedoch nicht auf, sie stachelten ihre adligen Standesgenossen auf, die Schmach fliegender Verbrecher nicht hinzunehmen. Das traf endlich den richtigen Nerv. Am 17. November durfte d'Arlandes zur Audienz beim König erscheinen und konnte das Argument persönlich vortragen: Unter den aufmerksamen Blicken Europas sei es unehrenhaft, Nichtadligen die Auffahrt zu gestatten. Ludwig XVI. wurde nachdenklich. Und als ihm der Marquis eröffnete, er selbst wolle an Bord der Maschine gehen, um den Ruhm Frankreichs zu mehren, erteilte der König die Erlaubnis. So solle es denn sein – am 20. November in den Gärten von „La Muette". Endlich war der Weg frei.

Der erste Menschenflug – Rozier und d'Arlandes über Paris. 21. November 1783

Das Wetter verschlechterte sich. Am 19. November regnete es von morgens bis in die späten Abendstunden. Auch der nächste Tag blieb düster, mit heftigen Schauern und Wind aus Südosten. Etienne Montgolfier sah sich gezwungen, die Vorführung noch einmal zu verschieben. Er hatte ohnehin erst vier Tage zuvor erfahren, daß der umstrittene Aufstieg, die Premiere des bemannten Fluges, nun doch stattfinden sollte, und zwar in den Gärten von „La Muette". Es war ihnen ein Platz direkt vor dem kleinen Jagdschlößchen im Bois de Boulogne angewiesen worden, in dem einst Madame de Pompadour, die Favoritin Ludwigs XV., und ihre zwanzig Jahre jüngere Nachfolgerin, die Dubarry, Hof gehalten hatten. Die Wahl dieses Schauplatzes mußte als Auszeichnung gewertet werden, denn in „La Muette" hatten Marie-Antoinette und der König als junges Paar gleich nach der Hochzeit ihre glücklichsten Tage verlebt, bei Spaziergängen durch den Park von begeisterten Hochrufen der Untertanen begleitet.

Der Aufschub durch das widrige Herbstwetter des Jahres 1783 war Etienne nur recht, denn er gewann dadurch das, was er am dringendsten benötigte: Zeit. „Nichts war vorbereitet; Herr d'Arlandes bot sich an, bei den Vorbereitungen zu helfen und in die Maschine zu steigen. Ich ließ zu seinen Gunsten von dem Plan, den ich gehabt hatte, Herrn Rozier zu begleiten, ab und ging, diesem sofort anzukündigen, daß der Versuch stattfände und daß ich immer noch auf seine Intelligenz und seinen Eifer beim Lenken der Maschine zählte. Wir machten einen Termin aus für den nächsten Tag, um vorbereitende Versuche mit der Verbrennung von Öl zu machen, das mein Bruder mit großem Vorteil verwendet hatte. Währenddessen hatte Herr d'Arlandes die Güte, nach „La Muette" zu fahren, um den Bau des

Die Beschreibung des ersten bemannten Fluges ist aus der Sicht eines der beiden Beteiligten überliefert. Mit etwas ungeübter Feder hat der Major die Reise vom Bois de Boulogne nach Südosten über die Seine und einen Teil von Paris beschrieben, ein Dokument, das einen authentischen, wenn auch etwas selbstgefälligen Eindruck von dieser Pionierleistung vermittelt:

„Wir giengen am 21sten Nov. um 1 Uhr 54 Min. von la Muette ab. Die Stellung der Maschine war so, daß Hr. Pilatre de Rozier gegen Westen, und ich gegen Osten stand. Der Wind kam ohngefähr aus Nordwest. Die Maschine soll sich, wie die Zuschauer sagen, sehr majestätisch erhoben haben; vielleicht aber haben nur wenige bemerkt, daß sie sich, eben da sie über die Hecke im Garten gieng, halb umdrehte. Durch diese Wendung kam Herr Pilatre nach der Richtung, die die Maschine nahm, vorwärts, und ich also hinterwärts zu stehen. Von diesem Augenblicke an haben wir, bis wir wieder herabkamen, immer eben dieselbe Stellung gegen den Weg der Maschine behalten. Mich befremdete das Stillschweigen und die unbewegliche Ruhe, welche nach unsrer Abreise unter den Zuschauern herrschte; ich glaubte, sie möchten über die Neuheit des Schauspiels erstaunt und vielleicht bestürzt seyn, so daß sie einiger Beruhigung bedürften. Ich grüßte sie also mit ausgebreiteten Armen, jedoch ohne Erfolg: als ich aber mein Schnupftuch gegen sie schwang, bemerkte ich sogleich eine starke Bewegung im Garten von la Muette. Alle in demselben hin und wieder zerstreute Zuschauer schienen sich in eine einzige Masse zu vereinigen, die sich mit einer ganz unwillkürlichen Bewegung, um uns zu folgen, nach der Gartenmauer hinzog, welche sie als das einzige Hinderniß, das uns trennte, anzusehen schien. In diesem Augenblicke sagte Herr Pilatre zu mir: ‚Sie thun nichts, und wir steigen fast gar nicht‘ – ‚Verzeihen Sie‘, antwortete ich ihm, ‚ich mußte doch die armen Sterblichen beruhigen, die wir da unten in einer bey weitem nicht so angenehmen Lage, als die unsrige ist, zurücklassen.‘ Ich warf nun etwas Stroh auf, störte ein wenig im Feuer, und kehrte mich sogleich wieder um, konnte aber schon la Muette nicht wieder finden. Voll Erstaunen hierüber warf ich einen Blick auf den Lauf des Flusses, folgte ihm mit den Augen, und erblickte endlich den Ort, wo er die Oise aufnimmt. Ich nannte mir nun Conflans, und die übrigen Hauptkrümmungen des Flusses nach den Namen der daran gelegenen Orte, nämlich:

Poissy, St. Germain, St. Denis, Seve; also sind wir noch über Passy oder Chaillot. Ich sah durch das Innere der Maschine, und ward in der That das Zollhaus von Chaillot gewahr. In diesem Augenblicke sagte Herr Pilatre: ‚Hier ist der Fluß, und wir sinken. – Verstärken Sie das Feuer, mein Freund.' Wir arbeiteten nunmehr, aber anstatt über den Fluß zu kommen, wie es doch unserer Richtung nach, die auf das Invalidenhaus zu gieng, hätte geschehen sollen, trieben wir längst der Schwaneninsel hin, kamen über das Hauptbett des Flusses zurück, und wurden längst demselben weit hinaus getrieben. Ich rief meinem braven Gefährten zu: ‚Es ist sehr schwer über den Fluß zu kommen' – ‚Das glaube ich wohl', antwortete er mir, ‚Sie thun nichts' – ‚Das macht, ich bin nicht so stark, als Sie, und wir befinden uns hier wohl.' Ich störte die Kohlen, nahm mit meiner Gabel ein Büschel Stroh,

Die „Reveillon" über der Seine

das ohne Zweifel zu dicht beysammen war, und nicht gleich Feuer fieng. Ich hob es auf, und schüttelte es mitten in die Flamme. Einen Augenblick darauf kam es mir vor, als ob ich von jemand unter den Armen in die Höhe gehoben würde. ‚Für dießmal steigen wir‘, sagte ich zu meinem Gefährten. ‚Allerdings steigen wir‘, antwortete er, als er aus dem Innern hervorkam, wo er ohne Zweifel etwas hatte beobachten wollen. Sogleich hörte ich ein Geräusch im obern Theile der Maschine, welches mich fürchten ließ, sie möchte zerplatzt seyn. Ich sahe mich um, konnte aber nichts bemerken. So, wie ich noch die Augen fest auf den obern Theil der Maschine gerichtet hatte, fühlte ich einen Stoß, dieß ist aber auch der einzige gewesen, den ich empfunden habe. Die Richtung desselben gieng von oben nach unten; ich sage daher: ‚Was machen Sie, tanzen Sie?‘ – ‚Ich rühre mich nicht.‘ – ‚Desto besser; es ist also ein neuer Luftstrom, der uns hoffentlich vom Flusse wegbringen wird.‘ Wirklich kehrte ich mich um, zu sehen, wo wir wären, und fand mich zwischen der Ecole Militaire und dem Invalidenhause, über welches wir schon auf 400 Toisen weit hinaus waren. Zugleich sagte mir Herr Pilatre: ‚Wir haben Feld gewonnen‘ – ‚O ja‘, antwortete ich, ‚wir rücken fort.‘ – ‚Arbeiten Sie nur‘, rief er, ‚arbeiten Sie.‘ Ich hörte von neuem ein Geräusch in der Maschine, und glaubte, es sey ein Seil gerissen. Diese neue Warnung bewog mich, das Innere unserer Wohnung aufmerksam zu untersuchen. Hier fand ich den gegen Süden gekehrten Theil voll runder Löcher, deren einige von beträchtlicher Größe waren. Ich rief meinem braven Gefährten zu: ‚Wir müssen herab.‘ – ‚Warum?‘ – ‚Sehen Sie dieß hier.‘ Dieß sagte ich, nahm zugleich meinen Schwamm, und löschte das wenige Feuer, welches durch einige Löcher die ich erreichen konnte, um sich griff, mit leichter Mühe aus; da ich aber bemerkte, daß der untere Theil der Leinwand an dem Ringe, der um ihn gelegt war, wenn ich mich dagegen stemmte, nicht mehr fest hielt, sondern sich sehr leicht davon abtrennte, so wiederholte ich meinem Gefährten, daß wir herab müßten. Er sahe herunter, und sagte: ‚Wir sind über Paris.‘ – ‚Das hat nichts zu sagen‘, antwortete ich, ‚aber lassen Sie uns sehen: ist bey Ihnen keine Gefahr, halten Sie Sich wohl.‘ – ‚Ja.‘ – Ich untersuchte nochmals auf meiner Seite, und fand noch nichts zu fürchten. Noch mehr, ich schlug mit dem Schwamm gegen die vorzüglichsten Seile, die ich erreichen konnte. Alle waren fest, und nur zwey Schnüre rissen. Ich rief hierauf: ‚Wir können noch über Paris gehen.' Während dieser Zeit waren wir den Dächern merklich näher gekommen. Wir machten Feuer, und hoben uns wieder in der größten Leichtigkeit. Ich sahe herunter, und erblickte die Missionsgebäude. Es schien, als gienge unser Weg auf die Thürme der Kirche St. Sulpice, die ich durch die innere Öffnung der Maschine sahe. Als wir uns wieder hoben, brachte uns ein Windstoß von dieser Richtung ab, und weiter gegen Süden. Ich sahe zur Linken ein kleines Gehölz, das ich für Luxenburg hielt; wir giengen über den Boulevard, ‚und nun', rief ich, ‚wollen wir zur Erde.' Wir hörten auf, zu feuern; der unerschrockene Pilatre, der nie die Gegenwart des Geistes verliert und auf der Vorderseite unseres Weges stand, urtheilte, daß wir auf die Mühlen zwischen Klein-Gentilly und dem Boulevard zu kämen, und warnte mich. Ich warf etwas Stroh auf, schüttelte es, um das Feuer zu verstärken, wir hoben uns wieder, und ein neuer Windstoß trieb uns ein wenig zur Linken. Mein Gefährte schrie mir noch immer zu: ‚Weichen sie den Mühlen aus!' Allein das Visiren durch den Durchmesser der Oeffnung setzte mich in Stand, unsere Richtung sicherer zu beurtheilen, ich sahe, daß wir die Mühlen nicht treffen konnten, und rief ihm zu: ‚Wir landen.' Gleich darauf fühlte ich mich über Wasser, und glaubte, es sey noch der Fluß; als ich aber auf die Erde kam, fand ich, daß es der Teich gewesen sey, der die Maschinen der Fabrik der Herren Brenier und Comp. treibt. Wir ließen uns an dem Wachtelberge zwischen der Mühle des Merveilles und der alten Mühle, ohngefähr 50 Toisen weit von jeder, nieder. Sobald wir an der Erde waren, hob ich mich auf die Gallerie, und stemmte mich auf dieselbe mit beyden Händen; ich fühlte, daß der obere Theil der Maschine sanft gegen meinen Kopf drückte; allein ich stieß ihn zurück und sprang über die Gallerie. Als ich mich gegen die Maschine kehrte, glaubte ich sie voll zu finden; aber wie groß war mein Erstaunen, als ich sie ganz leer und völlig zusammengefallen sahe!"[8]

So endete fünfundzwanzig Minuten nach dem Start die erste Luftreise. Zwei Menschen hatten sich mit einem Rauchfeuer über die Köpfe der Zeitgenossen erhoben und waren durch den Himmel gefahren, über Baumkronen, Häuser, Kirchturmspitzen, Straßen und Felder hinweg, und sie hatten sich wieder zu ihresgleichen herabgesenkt, ohne Schaden an Leib und Seele.

Landung bei der Mühle von Croulebarbe

Aber weder Rozier noch d'Arlandes konnten diesen phantastischen Augenblick, das köstliche Gefühl des Gelingens genießen, sie mußten sich sofort, nachdem es Pilâtre gelang, unter der über ihn gebreiteten Hülle hervorzukriechen, um das noch brennende Stroh in der Feuerpfanne kümmern, das auf den unten liegenden Korbteil zu fallen drohte. Erst mit Hilfe herbeieilender Bauern und Soldaten gelang es, die „Reveillon" vor der Vernichtung zu bewahren. Nach dieser Rettungsaktion standen alle im Kreis um Rozier und d'Arlandes herum und starrten sie andächtig an. Einige berührten scheu Arme und Brust der Luftfahrer, um sich zu überzeugen, daß sie aus Fleisch und Blut seien. Als jemand die abgelegte Jacke Pilâtres entdeckte, entstand Tumult, in wenigen Minuten wurde sie mit Geschrei in Fetzen gerissen, jeder wollte ein Stück des vom Himmel herabgesunkenen Stoffes besitzen, um es als kostbare Reliquie aufzubewahren. Inzwischen kamen auch die ersten Verfolger am Landeort an. Posten zu Pferde, die der umsichtige Etienne am Ivalidenhaus und am neuen Boulevard in der voraussichtlichen Flugrichtung der „Reveillon" aufgestellt hatte, damit sie „ihr, wie bey der Falkenjagd überall folgen, und im Fall eines Unglücks gleich bey der Hand seyn sollten ... Der Herzog von Chartres selbst, der sich für diese Unternehmung besonders interessiert, folgte dem Flug der Maschine zu Pferde, ließ sich auf einer Fähre über die Seine setzen und eilte so schnell nach dem Orte, wo sie sich niedersenkte, daß er der erste war, der den beyden Abentheurern, beym Aussteigen von ihrem Luftwagen, zu der glücklich abgelaufenen Fahrt gratulierte."[9] Der Aufforderung des Herzogs, sofort nach „La Muette" zu reiten, um sich dort der noch wartenden Menge unversehrt zu zeigen, kam nur d'Arlandes nach, Rozier weigerte sich, einer solchen Versammlung im geliehenen Rock gegenüberzutreten.

Später trafen alle Beteiligten noch einmal im Schloß zusammen, und neun Persönlichkeiten signierten als Augenzeugen die inzwischen aufgesetzte Urkunde, unter ihnen der Herzog von Polignac, Faujas, Leroy als Mitglieder der „Akademie der Wissenschaften" und Benjamin Franklin. Franklin schrieb am selben Abend in einem langen, an den Präsidenten der Royal Society in London gerichteten Brief die Vorgänge des Tages nieder, nachdem „einer dieser mutigen Wissenschaftler, der Marquis d'Arlandes, mir die Ehre erwies, mich am Abend nach dem Experiment mit Mr. Montgolfier, dem sehr scharfsinnigen Erfinder zu besuchen. Ich war glücklich, ihn wohlbehalten zu sehen. Er unterrichtete mich, daß sie sanft herunterkamen ohne den geringsten Stoß, und daß der Ballon sehr wenig beschädigt war." – Von Montgolfier und dem Marquis allein gelassen, berichtete Franklin Sir Joseph Banks: „Diese Methode, den Ballon mit heißer Luft zu füllen ist billig und schnell, und man nimmt an, daß er für bestimmte Zwecke tauglich ist, so einen Pionier-Ingenieur emporzuheben, um einen Blick auf feindliche Armeen zu werfen, auf Festungen etc., Nachrichten zu übertragen, oder aus einer belagerten Stadt, um Signale zu entfernten Plätzen abzugeben."[10]

Nach dieser kriegerischen Perspektive des Ballons schildert Franklin den Stand der Vorbereitungen im Lager der Gebrüder Robert und César Charles', die er offenbar in ihrer Werkstatt besucht haben muß, denn er gibt sich entzückt von „der schönen Erscheinung" der aus weißer und roter Seide angefertigten Hülle und bemerkt staunend: „Da ist Platz in der Gondel für einen kleinen Tisch, der zwischen ihnen aufgestellt ist, auf dem sie schreiben und ihr Tagebuch führen können, um Anmerkungen über alle Dinge zu machen, die sie beobachten." Zum Schluß dieses langen Briefes, der das Datum 21. November 1783 trägt, schreibt Franklin: „Einige Monate zuvor wäre die Vorstellung von Hexen, die auf einem Besenstiel durch die Luft reiten und von Wissenschaftlern auf einem Sack mit Rauch gleichermaßen unmöglich und lächerlich erschienen. Die Luftmaschinen müssen immer den Winden unterworfen sein. Vielleicht mag die Kunst der Mechanik leicht Mittel finden, ihnen fortschreitende Bewegung in einer Windstille zu geben und sich dem Wind auch ein wenig zuzuneigen. Es tut mir leid, daß dieses Experiment in England, wo die technische Begabung so stark ist, völlig vernachlässigt wird. Ich wünschte, ich könnte denselben Eifer zwischen zwei Nationen feststellen, wie ich ihn hier zwischen den beiden Parteien sehe. Ihre Wissenschaft scheint zu schamhaft zu sein. In diesem Land fürchten wir nicht so schnell ausgelacht zu werden. Wenn wir eine verrückte Sache machen, sind wir die ersten, die über uns selbst lachen und sind fast so erfreut über ein „Bon Mot" oder ein gutes „Chanson", das die Enttäuschung über ein Projekt gut verspottet, als wir es vielleicht mit dem Erfolg gewesen wären. Es scheint mir kein guter Grund zu sein, die Verfolgung eines neuen Experiments abzulehnen, welches offensichtlich die Macht des Menschen über die Materie vergrößert, bis wir feststellen, zu welchem Nutzen diese Macht angewendet werden kann. Wenn wir gelernt haben, mit ihr umzugehen, können wir in einiger Zeit hoffen, Verwendung für sie zu finden, so wie die Menschen es mit dem Magnetismus und der Elektrizität getan haben, deren erste Versuche bloß eine Sache der Unterhaltung waren. Diese Erfahrung ist auf keinen Fall unwichtig. Sie mag von bedeutenden Folgen begleitet sein, die niemand voraussehen kann. Wir sollten keinen Stolz dulden, der unseren wissenschaftlichen Fortschritt verhindert. Personen von Stand und Charakter, uns weit überlegen, haben es nicht verachtet, sich mit dem Anfertigen und Aufsteigenlassen von Ballons zu amüsieren, sonst würden wir uns niemals am Licht jener herrlichen Körper, die unseren Tag und Nacht regieren, erfreuen, noch hätten wir das Vergnügen, selbst um die Sonne zu fahren, auf dem Ballon, den wir jetzt bewohnen."[11] Mit diesen Worten endet Franklins Brief an den Freund in London, eine eindringliche Lektion wider wissenschaftlichen Stillstand und Dünkel, ein würdiger Abschluß für den 21. November 1783.

Die Luftreise der beiden ungleichen Männer beherrschte Paris. Wohin sie auch kamen, man bestaunte und bejubelte sie als Helden des Tages. Eine wahre Flut von Kupferstichen überschwemmte die Stadt, Theaterstücke und Lieder wurden zum Ruhm des Luftballons und seines Erfinders Montgolfier geschrieben, Medaillen geprägt, und die Zeitungskorrespondenten aus den wichtigsten europäischen Ländern sandten ihre Beiträge mit Kurierpost in die Heimatredaktionen. In Preußen konnten die Abonnenten der „Berlinischen Nachrichten" in der Samstag-Ausgabe vom 13. 12. 1783 die wörtliche Übersetzung des Aufstiegsprotokolls lesen und einen dreiseitigen, zweispaltig gesetzten Artikel, in dem der Berichterstatter überschwenglich feststellte: „Ein sehr glücklicher Zufall ist es, daß, vermittelst der Direction des Windes, ganz Paris von diesem Versuch Zeuge seyn, und daß solchergestalt eine der größten Unternehmungen, die je gewagt worden sind, im Angesicht einer der größten Städte des Erdbodens ausgeführt werden konnte. Der Muth, welchen die Herren d'Arlandes und du Rosier bey Besteigung der Maschine, die Beurtheilungskraft und Gegenwart des Geistes, welche sie bey Dirigirung derselben bewiesen haben, werden immer Bewunderung und Dank verdienen. Daß zwey junge Männer, aus Liebe zu den Wissenschaften sich einen so mißlichen Fuhrwerke als eine ausgespannte Leinwand ist, anvertrauen, und auf diesem, dreytausend Fuß hoch in der Luft, neben einem glühenden Ofen, schweben, von welchem sie nur durch eine dünne Leinewand, abgesondert, auf einer kaum recht befestigten schmalen Gallerie eingeschlossen sind, die zu Vergrößerung ihrer Gefahr voller feuerfangenden Sachen gepackt ist – das ist in der That ein Gedanke, der bey der bloßen Vorstellung Schaudern erweckt, und der den beiden kühnen Männern, die ihn mit Gefahr ihres Lebens ausführten, nicht anders als durch allgemeinen Beyfall und durch den Nachruhm vergolten werden kann."

Die Reaktionen in den Hauptstädten Europas, der Applaus, die neidvolle Bewunderung, aber auch das Mißtrauen kümmerten die Pariser wenig. Sie waren viel zu sehr damit beschäftigt, nach St. Antoine zu pilgern, um dort zu erleben, wie das himmlische Gefährt Tag für Tag immer wieder aus dem Reveillonschen Garten auftauchte und als leuchtendes Zeichen einer neuen Epoche über der Stadt stand. An Bord illustre Passagiere, die den Vorzug hatten, bei diesen Fesselstarts vom 1. Luftnavigator höchstpersönlich begleitet zu werden. Besonders eifrig und geradezu unermüdlich gaben sich die Damen der höheren Stände, die „eine Art fanatischer Lust ergriff, den Himmel aus der Nähe zu betrachten und mittelst der Luftfahrten über alle Gewöhnlichkeiten dieses Lebens für einige Stunden sich zu erheben."[12] Die Marquise de Montalembert, die Gräfin de Podenas und ein Fräulein de la Garde taten sich dabei durch besondere Verwegenheit hervor.

„Pilâtre genoß die Ehre, mit den schönsten, geistreichsten und muthigsten Frauen Frankreichs auf der schmalen Gallerie seines Ballons wiederholt in den Lüften zu schweben", und er bemerkte selbst über das Erlebnis im galanten Stil der Zeit: „Die Zufriedenheit und die Freude dieser Damen gestatteten mir ein mehrmaliges beliebiges Aufsteigen und Herabfahren mit ihnen. Die Ruhe, welche sie während dieser ganzen mehr als einstündigen Spazierfahrt durch die Lüfte zeigten, machte es mir sehr schmerzlich, ihren unaufhörlich wiederholten Bitten um Freimachung des Ballons und Überlassung desselben an die Willkür der Winde unmöglich entsprechen zu dürfen. Uebrigens bedurfte das liebenswürdige Geschlecht wahrlich nicht des neuen Mittels eines so kühnen Unternehmens, um jedermann zu überzeugen, daß es unsere Theilnahme und Verehrung in gleich hohem Grade wegen seines Muthes, wie wegen seiner Anmuth und Reize verdient!"[13] Für Pilâtre waren jene Tage von St. Antoine die glücklichsten seines Lebens, und die Freude am frischen Ruhm und Staunen der Menschen konnte nicht einmal durch die Nachricht überschattet werden, daß sich Professor Charles anschickte, den Vorhang zum nächsten Akt des Luftballonspektakels aufzuziehen.

Von den Tuilerien nach Norden – Professor Charles' Luftreise am 1. Dezember 1783

Unbeeindruckt von der allgemeinen Aufregung über die Ankündigung und Durchführung des bemannten „Feuerballon-Fluges" hatte César Charles mit Jean und Noël Robert in der Werkstatt am Place de Victoire an der Fertigstellung eines großen „Gasballons" weitergearbeitet. Trotz des Wettkampfes mit Montgolfier, zu dem alle Welt aufstachelte, nahmen sie sich Zeit und bereiteten den nächsten Auftritt sorgfältig vor. Auch bei dem zweiten gemeinsamen Projekt blieb Charles unbestritten der Kopf des Unternehmens, obwohl die Brüder durch Erfahrung, handwerkliche Geschicklichkeit und Umsicht durchaus ebenbürtige Partner waren. Glücklicherweise hatte die beträchtliche Anhängerschar schon nach dem ersten Aufruf so bereitwillig gespendet, daß die erforderlichen 10000 Livres nach wenigen Tagen zusammenkamen und sich die kleine Mannschaft mit nur wenigen Handlangern ausschließlich dem Bau des neuen Gerätes zuwenden konnte.

Und noch einmal wurde deutlich, daß Charles nicht nur ein prominenter und hochbegabter Physiker war, der sein Auditorium durch wirkungsvolle praktische Demonstrationen zu faszinieren verstand, sondern auch ein vorzüglicher Theoretiker mit Kombinationstalent und eigenen schöpferischen Ideen. Zur gründlichen Vorbereitung hatte er die verfügbare Literatur über Luftfahrtvorstellungen der Vergangenheit gelesen, zum Beispiel Lana, bei dem sehr genaue Anweisungen für das Steigen und Sinken eines Flugbootes zu finden waren, und Galien. Aber die praktische Anwendung der Fluggedanken und Vorschläge mußte ohne Beweise für ihre Richtigkeit durch eigene Versuche herausgefunden werden. Während Montgolfier seine Aufstiegstechnik durch das Mitführen des Feuers verbesserte und in St. Antoine planmäßige Testaufstiege am Seil durchführte, um so Sicherheit in Fragen des Gewichts und der vertikalen Lenkung zu bekommen, gelang Charles ein bewunderswerter Wurf: die Konstruktion der nach ihm benannten „Charlière". In wenigen Wochen zeichnete und baute der Professor eine völlig neue Flugmaschine: die seidene Kugel mit Kautschuk abgedichtet – ein darüber gespanntes Netz, an dem die bootsartige Gondel hing –, am Pol der Kugel eine Klappe mit einem durch das Innere geführten Seilzug zum Ablassen des Gases, um nach Belieben sinken zu können. Und um ebenso willkürlich zu steigen, sollten an Bord des kleinen Schiffes Sandsäcke mitgenommen werden. Die Höhe würde die fallende oder kletternde Quecksilbersäule eines mitgeführten Barometers anzeigen. Mit einem Schlag hatte Charles den Gasballon erfunden, der – bis auf eine Ergänzung, die etwa neun Jahrzehnte später hinzugekommene Reißbahn – über zwei Jahrhunderte unverändert blieb: gefirnißtes Gewebe, Netz, Korb, Ventil, Ballast, Höhenmesser – und zur Füllung Wasserstoffgas –, das sind die zeitlosen Zutaten der Aeronautik.

So gerüstet zog die Mannschaft nach Erlaubnis von höchster Stelle mit allen Geräten in die Gärten der Tuilerien mitten auf den großen Platz vor dem Schloß und errichtete dort am 26. November ein wahres Heerlager. Mehrere Zelte dienten Charles und den Roberts als Quartier, damit sie Tag und Nacht alle Arbeiten überwachen konnten. Holzvorräte wurden herangeschafft, 25 Fässer aufgestellt und bleierne Röhren, die das Gas in die Ballonhülle leiten sollten. An den Zugängen standen bewaffnete Wachen, um allzu Ungeduldige abzudrängen. Das Anfüllen des Balls dauerte zur Genugtuung der Montgolfianer erheblich länger als vorgesehen. Die für den 29. November angekündigte Auffahrt mußte deshalb um zwei Tage verschoben werden, „und überdies war die Nacht bald zuvor einer seiner Gehilfen einer mit brennbarer Luft angefüllten Tonne, mit einer Lampe zu nahe gekommen, die Luft hatte Feuer gefangen, das Faß auseinandergesprengt, und den Unvorsichtigen beschädigt."[1] Nur die Geistesgegenwart eines anderen, der blitzschnell den Hahn des zum Ballon führenden Hauptrohres zudrehte, verhinderte die Katastrophe. Die nächtliche Explosion war eine nachdrückliche Warnung für alle, die vergessen hatten, wie gefährlich der Umgang mit dem unbekannten Gas sein konnte.

Im frühen Morgenlicht zeigte sich der 1. Dezember neblig-verhangen. Für diesen Montag hatte Professor Charles den Aufstieg versprochen, und so konnten alle nur inständig hoffen, daß es gegen Mittag aufklaren würde. Zwischen zwei Bäumen aufgehängt, zeigte sich die aus senkrechten, abwechselnd rot- und gelben Stoffbahnen zusammengesetzte Kugel prall aufgeblasen, und durch den langen, am untersten Punkt angebrachten offenen Seidenschlauch strömte hörbar zischend Gas aus. Daneben stand der kleine, aus Weiden geflochtene „Wolkenwagen", 2,50 Meter lang, 1,10 Meter breit, mit hochgezogenem Bug und Heck wie ein Schiff geformt, an den Seiten mit einem tieferen Einstieg von 70 cm Höhe. Das mit vier Spanten verstärkte Korbgeflecht war meisterhaft gearbeitet, vorn und hinten befanden sich zwei hochklappbare Sitze, unter denen Ballast oder Proviant verstaut werden konnte. Von außen hatte man das leichte Gefährt mit 20 cm breiten, doppelt vernähten blauen Leinwandbahnen bespannt, die Seiten zierten goldene Bänder, das Heck zwei Initialen des Königs – wie auf der „Reveillon" – und den Bug drei Bourbonenlilien mit gekrönten Adlerschwingen. Aus dem Bordrand ragten zweiundzwanzig Schlaufen, an denen die Leinen festgemacht werden sollten, die zu dem großen, um den Äquator der Hülle gelegten Holzring führten.

Zur allgemeinen Freude besserte sich das Wetter, die Temperatur stieg auf 4 Grad an, und so eilten die Zuschauer aus allen Stadtteilen zu den Tuilerien, dem ehemaligen Schloß der französischen Könige am rechten Seineufer, und bevölkerten Gärten, Quais und den Pont Royal, den Platz Ludwig XV. Dort, direkt neben der Statue des Königs, saß mit einem Taschenfernrohr ausgerüstet Benjamin Franklin in seiner Kutsche, der am selben Abend notierte: „Fühlte mich ein wenig unwohl, und wegen der kalten Luft und Bodenfeuchtigkeit vermied ich es, in den Tuilerien-Garten zu gehen, wo sich der Ballon befand, weil ich nicht wußte, wie lange ich genötigt sein würde, dort zu warten, bis er zur Abfahrt bereit war."[2]

Inzwischen erschienen auch die Mitglieder der „Akademie der Wissenschaften" und Unterzeichner der Subskription, denen im abgesperrten Bereich in unmittelbarer Nähe des startbereiten Ballons Plätze für vier Louisd'or angewiesen wurden, während sich alle übrigen, die nur drei Livres gezahlt hatten, über den Garten verteilten. Alles schien dank der klugen Organisation programmgemäß abzulaufen. Die letzten Ballastsäcke wurden in den zwei Fuß über dem Erdboden pendelnden Korb geladen. Der Professor und Noël, der jüngere Bruder Robert, machten sich gerade bereit, in ihr kleines Schiff einzusteigen, da kam es unvermutet zu einer dramatischen, fast bühnenreifen Szene, über die ein Augen- und Ohrenzeuge in einem „Privatschreiben" berichtet: „Schon um 11 Uhr vormittags waren in dem Königl. Schloßgarten alle Plätze besetzt, der große Luftball, der zum Hauptversuch dienen sollte, im gleichen ein kleinerer von grünem Taft, den man zur Probe voranschicken wollte, waren beyde mit Luft angefüllt, zum Aufsteigen bereit, und jedermann wartete mit Ungeduld auf den Augenblick, da die Stricke losgeschnitten werden würden, als um 12 Uhr statt der Königin, die unpäßlich und bettlägerich geworden war, ein Courier aus Versailles mit dem Befehl ankam – die beyden Herren Charles und Robert, sollten das Luftschiff nicht besteigen, sondern es allein fliegen lassen. ‚Der König kenne und schätze ihre Kenntnisse und könne es nicht zugeben, daß sie ihr Leben ohne Noth aufs Spiel setzten'. Nun können Sie denken, wie den beyden Abentheurern und wie der ganzen Versammlung zu Muthe ward! Indeß nahm sich Hr. Charles bey dieser Sache sehr gut. ‚Ich kenne', sagte er zum Herzog von Chartres, dem einzigen Prinzen von Geblüte, der zugegen war, ‚die gnädige Vorsorge des Königs, mit Dank, allein Sie begreifen wohl was nun aus meiner Reputation als Gelehrter und als Entrepreneur (Unternehmer) dieses öffentlichen Schauspiels werden würde? Ich wäre meiner Sache nicht sicher gewesen, würde es heißen, ich hätte das Publicum ums Geld bringen wollen, und, um dies zu beschönigen, jene Order erschlichen – also darf ich nicht wählen, entweder dem Befehl des Königs ungehorsam werden, mein Wort halten, und durch die Luft schiffen, oder – mich vor den Kopf schiessen."[3]

Die entschlossen-männliche Haltung des Professors und die unübersehbar riesige Menge von fast 300000 Menschen taten ihre Wirkung. Dem angesprochenen Herzog, der zusammen mit Etienne Montgolfier und dem Herzog von Cumberland, einem Bruder des englischen Königs, auf dem etwas erhöhten Gerüst in der Mitte einer im Durchmesser zwanzig Meter breiten Arena stand, blieb nichts anderes übrig, als eine Entscheidung zu fällen. Ohne zu zögern gab er den Start frei und reagierte damit zwar eigenmächtig, doch sicher richtig. Dem König gegenüber, so versprach er dem erleichterten Charles, wolle

In den Tuilerien: der Aufstieg des ersten Gasballons
am 1. Dezember 1783

er alle Verantwortung auf sich nehmen. Als Vetter Ludwigs
XVI. und mit sechsunddreißig Jahren einer der mächtigsten
und reichsten Männer Frankreichs konnte sich das der ballon-
begeisterte Louis-Philippe-Joseph, Herzog von Orléans und
Chartres, durchaus leisten – und die Versammlung dankte es
ihm mit befreitem Jubel.

Auch die dann folgende Szene könnte von einem Theaterdich-
ter kaum wirkungsvoller erfunden sein: „Herr Charles trat
vor, umarmte, zum Zeichen, daß Wissenschaften und Künste
Eifersucht und Neid niedrigern Handwerkern überlassen müssen, Hrn. Montgolfier vor den Augen der ganzen Versammlung; überreichte ihm darauf ein Messer, und bat ihn, dem als
Erfinder dieser Kunst die Ehre zukam, die Stricke des kleinen
Probeballs zu durchschneiden.“[4] Nach einer anderen Quelle
soll Charles dabei gesagt haben: „Ihnen, mein Herr gebührt es,
uns den Weg in den Himmel zu eröffnen.“[5] Das Publikum
begriff die noble Geste und brach in einen regelrechten Begei-
sterungssturm aus. Der kleine Ballon trieb nach Nordosten.
Eine Kanone gab den zweiten Signalschuß ab, und so bestiegen
Charles und Robert endlich ihr Luftschiff. Soldaten präsentierten das Gewehr, Offiziere senkten salutierend die Degen, und
der Herzog und einige vornehme Personen schnitten die Seile

durch. Sanft und lautlos stieg der Ballon mit den beiden Männern vor der imposanten Kulisse aus dem Kreis der Zuschauer über die allegorischen Statuen und Alleebäume zum Himmel empor.

Den Verlauf der zweiten Luftreise hat Professor Charles seinen Studenten in einem „Cursus der Physik" wenige Tage nach dem Ereignis geschildert. Das Manuskript wurde im „Journal de Paris" am 13. und am 14. Dezember 1783 in einer Fortsetzung im vollen Wortlaut abgedruckt. Im Unterschied zum eher trocken – selbstgefälligen Bericht des Marquis d'Arlandes besticht Charles' Text durch Eleganz des Stils, Empfindsamkeit, Beobachtungsgabe und offenbart einen Mann von bemerkenswerten Eigenschaften.

„Wir brannten vor Ungeduld, die Erde zu verlassen. Noch rührte der mit der Kugel im Gleichgewicht stehende Wagen an den Boden, und es war drey Viertel auf zwey Uhr. Wir warfen 19 Pfund Ballast von uns, und erhoben uns unter einem tiefen, von Rührung und Erstaunen verursachten Stillschweigen der Zuschauer. Nichts kann dem Vergnügen gleichen, das in dem Augenblicke, da ich die Erde verließ, sich meines ganzen Daseyns bemächtigte; es war nicht bloß Vergnügen, es war Glückseligkeit. Ich fühlte mich allen Mühseligkeiten der Erde, allen Plagen des Neids und der Verfolgung entflohen; ich fühlte mich mir selbst genug, indem ich mich über alles erhob. Mit dieser moralischen Empfindung mischte sich ein noch lebhafteres physisches Gefühl, der Anblick des majestätischen Schauspiels, das sich uns darstellte. Unter uns sagen wir, wohin wir nur unsere Blicke wendeten, Kopf an Kopf, und aller Augen auf uns gerichtet; über uns den heitersten Himmel, in der Ferne die reizendsten Aussichten. O! mein Freund, sagte ich hier zu Herrn Robert, wie groß ist unser Glück! Ich weiß nicht, in welchem Zustande wir die Erde zurücklassen, aber wie günstig scheint uns der Himmel! welche Heiterkeit, welche bezaubernde Scene! Warum kann ich nicht einen unserer Gegner hieher rufen, und ihm sagen: Siehe, Unglücklicher, wieviel man verliert, wenn man den Fortgang der Wissenschaften hindert!

Indem wir uns so mit beschleunigter Bewegung immer weiter hoben, vergaßen wir nicht, die mitgenommenen kleinen

Flaggen zum Zeichen der Freude in der Luft zu schwingen, um diejenigen, die an unserm Schicksale Antheil nahmen, zu beruhigen. Unterdessen beobachtete ich unausgesetzt das Barometer; Herr Robert hingegen musterte unsere Reichthümer. Alle unsere Freunde hatten den Wagen, wie für die längste Reise, mit Champagner, Decken, Pelzwerk u. dgl. belastet. Gut! sagte ich, so haben wir etwas herabzuwerfen. Er warf also zum Anfange eine wollene Decke durch die Luft; sie breitete sich majestätisch aus, und fiel bey dem Dome der Kirche de l'Assomption herab. Nunmehr fiel das

Der erste Gasballon – 1. Dezember 1783

Barometer auf ohngefähr 26 Zoll, wir stiegen nicht weiter und befanden uns in einer Höhe von etwa 300 Toisen. In dieser Höhe sollte ich meinem Versprechen nach die Kugel erhalten, daher haben wir von diesem Augenblicke an, bis wir aus den Augen der angestellten Beobachter verschwunden sind, unsere Reise ziemlich in horizontaler Richtung, immer zwischen 26 Zoll und 26 Zoll 8 Linien Quecksilberhöhe fortgesetzt; womit auch die Pariser Beobachtungen übereinstimmen. So oft wir durch unvermerkten Verlust der entzündbaren Luft herabsanken, warfen wir etwas Ballast von uns, und stiegen dadurch ziemlich wieder auf eben dieselbe Höhe. Hätten es die Umstände erlaubt, den weggeworfenen Ballast genauer abzuwiegen, so hätten wir unsern Weg nach Gefallen fast vollkommen horizontal nehmen können.

Als wir über Mousseaux kamen, welches uns etwa zur Linken blieb, stand die Kugel ein wenig still. Unser Wagen drehte sich um, und nun giengen wir ganz nach dem Winde. Wir kamen bald über die Seine zwischen St. Quen und Asnieres, ließen Colombe zur Linken, giengen fast gerade über Gennevilliers, passirten den Fluß zum zweytenmale, ließen Argenteuil zur Linken, giengen ferner über Sanois, Franconville, Eaubonne, Sant-Leu-Taverey, Villiers, über l'Isle-Adam und Nesle, wo wir uns herabließen. Dieß ohngefähr sind die Orte, über welche wir fast senkrecht hinweggegangen sind. Diese aerographische Reise beträgt von Paris aus ohngefähr neun Stunden; wir haben sie aber in 2 Stunden zurückgelegt, obgleich die Bewegung der Luft kaum merklich war. Während dieser ganzen so angenehmen Reise ist es uns nicht eingefallen, im geringsten für unser und unserer Maschine Schicksal besorgt zu seyn. Die Kugel hatte nichts weiter zu leiden, als die abwechselnde Ausdehnung und Zusammendrückung, durch welche wir uns nach Gefallen hoben und senkten. Das Thermometer stand länger als eine Stunde zwischen 10 und 12 Grad über dem Eispunkte, welches daher kam, weil das Innere unsers Wagens von den Sonnenstrahlen erwärmt ward. Die Sonne erwärmte auch bald die Kugel selbst, dehnte die entzündbare Luft in derselben aus, und verursachte dadurch, daß wir uns immer in eben derselben Höhe halten konnten, ohne etwas von unserm Ballast wegwerfen zu dürfen. Aber wir verloren dadurch etwas, das uns weit kostbarer war, nämlich die entzündbare Luft selbst, welche von der Sonnenwärme ausgedehnt wurde, und durch den an der Kugel hängenden Schlauch herausgieng, welchen wir in der Hand hielten, und nach Erfordern der Umstände bisweilen ein wenig öffneten, um der allzusehr ausgedehnten Luft den Ausgang zu verstatten. Durch dieses sehr einfache Mittel vermieden wir die allzustarke Ausdehnung und das Aufplatzen der Kugel, welches viele der Sache unkundige Personen so sehr für uns besorgt machte. Die entzündbare Luft konnte ihre Hülle nicht durchbrechen, weil ihr der Ausweg jederzeit offen stand; die atmosphärische Luft aber konnte nicht in die Kugel dringen, weil der angehangene Schlauch so eingerichtet war, daß der Druck der Luft selbst ihn in eine Klappe verwandelte, welche ihr den Eingang verschloß.

Sechs und fünfzig Minuten nach unserm Abgange hörten wir den Canonenschuß, der das Signal war, daß wir den Beobachtern in Paris aus den Augen verschwunden wären. Wir freuten uns, ihnen entgangen zu seyn. Da wir nun nicht mehr verbunden waren, unsern Weg, wie bisher, horizontal fortzusetzen, so überließen wir uns weit freyer den mannichfaltigen Aussichten auf die unermeßlichen Ländereyen, über die wir hinweggiengen; von nun an unterhielten wir uns unabläßig mit den Einwohnern derselben, welche wir von allen Seiten auf uns zu laufen sahen; wir hörten ihr Freudengeschrey, die Wünsche, ihre Besorgnisse, kurz, alle Aeußerungen ihres Erstaunens und ihrer Bewunderung. Wir riefen: Es lebe der König! und von allen Feldern antwortete man uns wieder. Wir hörten sehr vernehmlich die Worte: Lieben Freunde, fürchten Sie Sich nicht? Sind Sie wohl? Gott! wie schön! Gott beschütze Sie! Adieu, lieben Freunde! Ich war von der unverstellten und lebhaften Theilnehmung, welche die Neuheit dieses Schauspiels einflößte, bis zu Tränen gerührt. Wir schwangen von Zeit zu Zeit unsere Fahnen, und bemerkten, daß sich die Zeichen der Freude und der Beruhigung verdoppelten. Einigemal ließen wir uns so tief herab, daß man uns verstehen konnte; man fragte, woher wir kämen, und um welche Stunde wir abgereiset wären; dann nahmen wir Abschied und stiegen wieder höher. Wir warfen von Zeit zu Zeit, nach Erfordern der Umstände, Redingots, Müffe, Kleider herab. Als wir über l'Isle-Adam fuhren, und diesen reizenden Landsitz eine Zeit lang bewundert hatten, grüßten wir mit unseren Fahnen, und erkundigten uns nach J. D. dem Prinzen von Conti: man antwortete uns durch ein Sprachrohr, er sey in Paris und werde es sehr bedauren. Ungern verloren wir eine so gute Gelegenheit, Ihm aufzuwarten, denn wir hätten uns in der That mitten in seinen Gärten niederlassen können, wenn wir gewollt hätten. Wir entschlossen uns aber, unsere Reise fortzusetzen, hoben uns wieder und kamen endlich an die Plänen bey Nesle. Es war schon über halb vier Uhr, und ich war willens, noch eine zweyte Reise zu machen, und dabey die Vortheile der einmal gemachten Zubereitung und die noch übrige Zeit des Tages zu nützen. Ich schlug also Herrn Robert vor, herabzusteigen. Wir sahen in der Ferne Gruppen von Landleuten, die uns über die Felder entgegen eilten. Lassen Sie uns niedersteigen, sagte ich; und wir sanken auf eine große mit Gesträuch und Bäumen umschlossene Wiese. Unser Wagen gieng majestätisch, wie auf einer sehr flachen schiefen Ebne nieder. Da wir nahe an die Bäume kamen, so fürchtete ich, er möchte an den Zweigen hängen bleiben. Ich warf zwey Pfund Ballast von mir, und der Wagen hob sich über die Aeste, wie ein Pferd über eine Hecke setzt. Wir giengen noch auf 20 Toisen weit, einen bis zwey Schuh noch über der Erde fort, als ob wir auf dem Schlitten führen. Die Bauern liefen uns nach, ohne uns erreichen zu können, wie Kinder, die auf einer Wiese nach Schmetterlingen laufen. Endlich stießen wir auf den Boden. Man umringte uns, und nichts läßt sich mit der ländlichen und sanften Naivetät vergleichen, mit welcher alle diese Landleute ihre Bewunderung und Freude äußerten.

Ich fragte sogleich nach den Geistlichen und Gerichtspersonen; sie kamen von mehrern Orten herbey; es war ein Fest an dem Orte. Sogleich setzte ich eine kurze Urkunde auf, die sie unterzeichneten. Nunmehr kam auch ein Trupp zu Pferde in vollem Gallop an: dieß war der Herzog von Chartres, der Herzog von Fitz-James, und Herr Farrer, ein Engländer von Stande, die uns von Paris aus gefolgt waren. Durch einen sonderbaren Zufall hatte es sich gefügt, daß wir gerade bey dem Jagdhause des letztern abgestiegen waren. Er sprang vom Pferde, schwang sich in unsern Wagen, und umarmte mich mit den Worten: Herr Charles, ich nehme Sie in Beschlag. Der Prinz überhäufte uns mit Liebkosungen, umarmte uns beyde im Wagen, und hatte die Güte unsere Urkunde zu unterzeichnen; eben das that auch der Herzog von Fitz-James. Herr Farrer unterzeichnete dreymal nach

einander; man hat aber seine Unterschrift im Abdrucke weg-
gelassen, weil man sie nicht hat lesen könnten: er war vor
Vergnügen so außer sich, daß er nicht schreiben konnte.
Von mehr als hundert Personen, die uns von Paris aus nach-
gesetzt hatten, und die wir von unserm Wagen herab kaum
mehr hatten sehen können, waren dieß die einzigen, die uns
nachkamen. Unter den übrigen waren die Pferde gefallen,
oder sie hatten es aufgegeben, uns weiter zu folgen. Ich erzählte dem Herzog von Chartres kürzlich einige Umstände
unserer Reise. Dieß ist noch nicht alles, Monseigneur, setzte
ich lächelnd hinzu, ich will wieder abreisen – Wie? wieder
abreisen? – Sie sollen es sehen, Monseigneur. Noch mehr!
Wenn befehlen Sie, daß ich wieder zurückkommen soll? – In
einer halben Stunde – Wohl, Monseigneur, in einer halben
Stunde bin ich zu ihren Befehlen. Herr Robert stieg also vom
Wagen, wie wir es noch unterwegs verabredet hatten. Drey-
ßig Bauern, die sich um den Wagen drängten, und sich fast
mit halbem Leibe hineinlegten, hinderten ihn aufzusteigen.
Ich forderte Erde, um mir Ballast zu machen; denn ich hatte
nur noch drey bis vier Pfund übrig. Man schickte nach einem Grabscheit, aber es kam nicht. Ich verlangte Steine,
aber auf der Wiese waren keine zu finden. Darüber verstrich
die Zeit, und die Sonne gieng unter. Ich überrechnete schnell
die mögliche Höhe, auf welche mich der Ueberschuß einer
Leichtigkeit von 130 Pfund, den ich durch Herrn Roberts
Absteigen erhalten hatte, führen könnte, und sagte hierauf
zum Duc de Chartres: Monseigneur, ich reise ab. Die Bauern wies ich an, sich, alle auf einmal, auf das erste Zeichen,
das ich geben würde, vom Wagen zu entfernen. Ich schlug
mit der Hand auf, sie traten zurück, und ich stieg schneller,
als ein Vogel, in die Höhe. Binnen zehn Minuten war ich
über 1500 Toisen weit aufgestiegen, und sahe keine irdischen Gegenstände mehr, sondern nur die größern Massen
der Natur. Von dem Augenblicke meiner Abreise an hatte
ich die nöthigen Maaßregeln ergriffen, um alle Gefahr des
Zerplatzens der Kugel zu verhüten, und mich zu den Beobachtungen, die ich zu machen hoffte, anzuschicken. Um also
das am Ende des Wagens angebrachte Barometer und Thermometer beobachten zu können, ohne doch den Schwer-
punkt des Ganzen zu verrücken, kniete ich mitten im Wagen
nieder, streckte den einen Fuß und den Körper vorwärts,
hielt meine Uhr und ein Papier in der Linken, meine Feder
und die Schnur der Klappe in der rechten Hand. Ich erwarte-

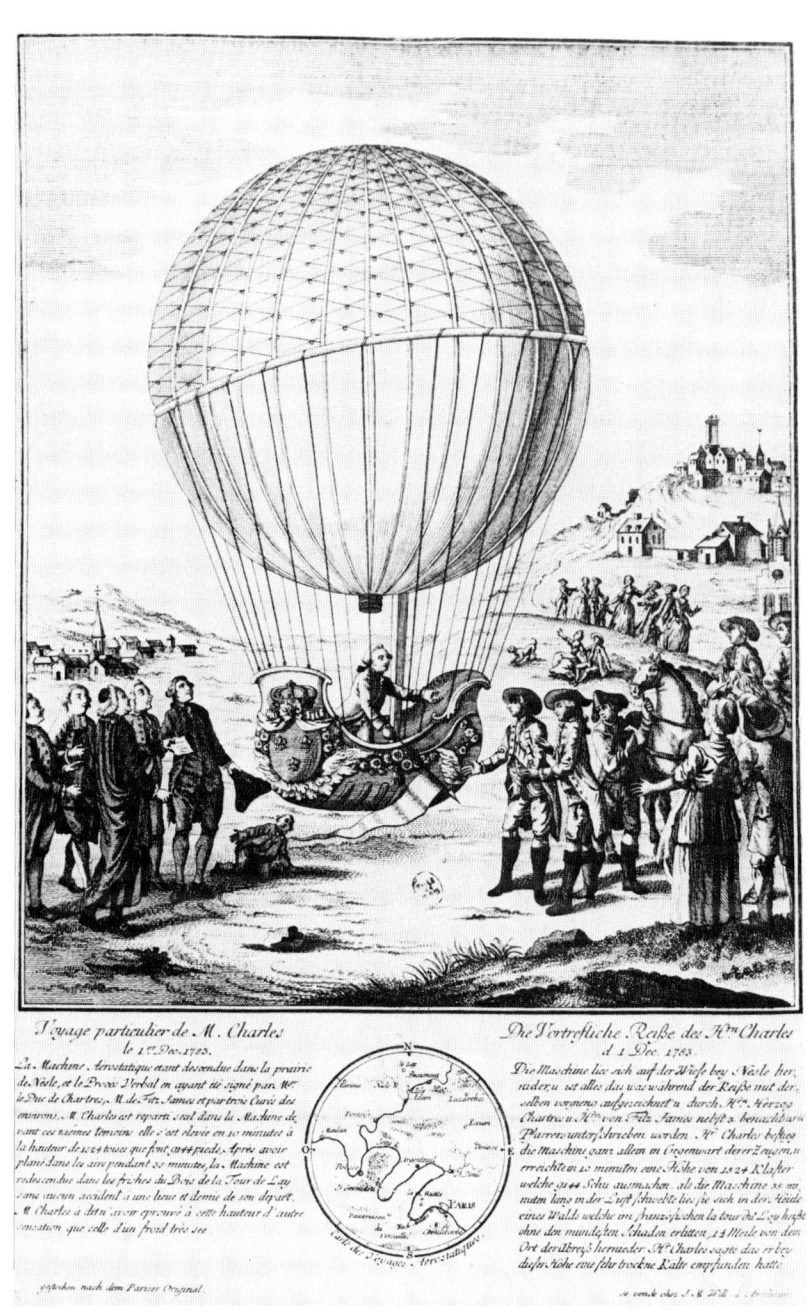

Voyage particulier de M. Charles
le 1.er Dec. 1783.

La Machine Aerostatique etant descendue dans la prairie de Nesle, et le Procez Verbal en ayant eté signé par Mrs. le Duc de Chartres, M. de Fitz James et par trois Curés des environs, M. Charles est reparti c'est dans la Machine devant ces mesmes temoins: elle s'est elevée en 10 minutes à la hauteur de 1524 toises que font 3144 pieds. Après avoir plané dans les airs pendant 35 minutes, la Machine est redescendue dans les friches du Bois de la Tour de Lay sans aucun accident à une lieue et demie de son depart. M. Charles a dit avoir eprouvé à cette hauteur d'autre sensation que celle d'un froid très sec.

gestochen nach dem Pariser Original.

Die Vortreffliche Reße des Hrn Charles
d 1 Dec. 1783.

Die Maschine ließ sich auf der Wiese bey Nesle hernider, u ist alles das was während der Reße mit derselben vorgieng aufgezeichnet u. durch Hrn. Herzog Chartres u. Hrn. von Fitz James nebst 3 benachbarten Pfarrern unterschrieben worden. Hr Charles bestieg die Maschine ganz allein in Gegenwart derer Zeugen, u. erreichte in 10 minuten eine Höhe von 1524 Klafter welche 3144 Schu ausmachen, als die Maschine 35 minuten lang in der Luft schwebte ließ sie sich in der Heide eines Walds welche im französischen la tour du Lay heißt ohne den mindesten Schaden erlitten, 1½ Meile von dem Ort der Abreyß hernieder. Hr Charles sagte daß er bey dieser Höhe eine sehr trockne Kälte empfunden hätte.

se vends oder I. M. Will z Amsterdam

Nach der Zwischenlandung bei Nesle –
Professor Charles' Start zur Alleinfahrt auf 3000 Meter Höhe

te nun, was geschehen würde. Die Kugel, welche bey meiner Abreise ziemlich schlapp gewesen war, blies sich nach und nach auf, und bald gieng die entzündbare Luft stromweise durch den anhängenden Schlauch heraus. Ich zog nunmehr von Zeit zu Zeit die Klappe auf, um ihr zween Ausgänge zugleich zu öffnen, und stieg so immer höher, ob ich gleich Luft verlor. Die Luft gieng mit Zischen heraus, und ward sichtbar, wie warmer Dampf, wenn er in kältere Luft kommt. Die Ursache dieses Phänomens ist leicht einzusehen. Auf der Erde hatte das Thermometer 7 Grad über dem Eispunkte gestanden; nachdem ich 10 Minuten gestiegen war, stand es bey mir 7 Grad unter demselben. Man sieht leicht, daß die in der Kugel verschlossene entzündbare Luft noch nicht Zeit gehabt hatte, diese weit kältere Temperatur anzunehmen. Da sich also das Gleichgewicht der Elasticität weit schneller wiederherzustellen suchte, als das Gleichgewicht der Temperatur, so mußte viel mehr herausgehen, als wegen der äußern Verdünnung der Luft allein würde herausgegangen seyn. Ich selbst hingegen war der freyen Luft ausgesetzt, und gieng also in zehn Minuten aus der Temperatur des Frühlings in die des Winters über. Die Kälte war heftig und trocken, aber gar nicht unerträglich. Ich machte mich jetzt aufmerksam auf alle meine Empfindungen; ich hörte mich, wenn man so sagen darf, leben; und ich kann versichern, daß ich im ersten Augenblicke bey diesem plötzlichen Uebergange in dünnere und kältere Luft nichts Unangenehmes empfunden habe. Als das Barometer aufhörte zu fallen, bemerkte ich seinen Stand sehr genau auf 18 Zoll 10 Lin. Diese Beobachtung ist mit der größten Schärfe gemacht. Das Quecksilber stand sehr ruhig, ohne irgend eine merkliche Oscillation. Ich habe aus diesem Barometerstande meine Höhe auf 1524 Toisen berechnet, welches für das ungefähre Resultat anzunehmen ist, bis ich die Rechnung schärfer ausführen kann. Nach einigen Minuten erstarrten mir die Finger so, daß ich kaum die Feder mehr halten konnte. Ich hatte sie aber auch nicht mehr nöthig, weil ich völlig still stand, und nur mit einer horizontalen Bewegung fortgetrieben ward. Ich hob mich nunmehr mitten im Wagen auf, und überließ mich dem großen Anblicke des unermeßlichen Horizonts. Bey meinem Abgange von der Wiese war die Sonne den Bewohnern der Plänen bereits untergegangen: bald aber gieng sie für mich allein wieder auf, und färbte die Kugel und den Wagen mit ihren Strahlen. Ich war der einzige erleuchtete Körper am Horizonte, und sahe die ganze übrige Natur in Schatten versenkt. Bald verschwand auch mir die Sonne wieder, und ich hatte das Vergnügen, sie zweymal in einem Tage untergehen zu sehen. Nunmehr betrachtete ich eine Zeit lang den weiten Luftraum, und die Dünste, welche aus dem Schooße der Thäler und Flüsse aufstiegen. Die Wolken schienen aus der Erde hervorzukommen, und sich ohne Veränderung ihrer gewöhnlichen Gestalt über einander zu häufen. Nur war ihre Farbe grau und einförmig – eine natürliche Wirkung des schwachen Lichts, welches noch in der Atmosphäre zerstreut war. Bloß der Mond erleuchtete sie. Durch die Stellung des Mondes konnte ich bemerken, daß ich zweymal von der geraden Richtung abgelenkt wurde, und ich fühlte wirklich einige Luftströme, die mich wieder gegen die vorige Stelle zurückführten. So machte ich einige sehr merkliche Ausweichungen vom geraden Wege. Ich bemerkte die Wirkung des Windes mit Verwunderung, und sahe die Flaggen meiner Fahne wehen und sich erheben, welches Phänomen wir bey unserer ersten Reise nicht hatten bemerken können. Ich gab genau Acht auf die Umstände dieser Erscheinung, und fand, daß es nicht eine Wirkung des Aufsteigens oder Herabsinkens war; denn ich gieng damals in einer beynahe horizontalen Richtung fort. Von diesem Augenblicke an schöpfte ich, vielleicht noch zu früh, die Hoffnung, daß man diese Maschinen werde lenken können. Freylich wird diese Hoffnung nicht anders, als durch oft wiederholte Versuche und Erfahrungen, erfüllt werden.

Mitten in diesem unbeschreiblichen Vergnügen und in dieser speculativen Entzückung, störte mich ein sehr heftiger Schmerz im Innern des rechten Ohrs und in den Kinnbakkendrüsen. Ich schrieb diesen Schmerz theils der Ausdehnung der Luft in dem zellenförmigen Gewebe dieser Theile, theils auch oder Kälte der äußern Luft zu. Denn ich war in der Weste und mit bloßem Kopfe. Ich zog also eine wollene Mütze um den Kopf, die zu meinen Füßen lag; allein der Schmerz verlor sich nicht eher, als bis ich weiter gegen die Erde herabkam. Schon seit 7–8 Minuten stieg ich nicht mehr, vielmehr fing ich an zu sinken, weil sich die entzündbare Luft in der Kugel durch die Kälte verdichtete. Ich erinnerte mich meines dem Herzog von Chartres gethanen Versprechens, nach einer halben Stunde wieder herabzukommen. Ich beschleunigte also nunmehr mein Herabsteigen dadurch, daß ich von Zeit zu Zeit die obere Klappe aufzog. Bald war die Kugel fast bis zur Hälfte ausgeleeret, und hatte nur noch die Gestalt einer Halbkugel. Ich ward ein sehr schönes und großes Brachfeld bey dem Gehölze von Tour du Lay gewahr, und beschleunigte also den Fall der Maschine noch mehr. Als ich etwa noch 20–30 Toisen über der Erde war, warf ich schnell die 2–3 Pfund Ballast, die mir noch übrig waren, und die ich sorgfältig aufgehoben hatte, von mir; ich blieb dadurch einen Augenblick still stehen, und sank hierauf sanft auf das Brachfeld nieder, das ich, so zu sagen, selbst gewählt hatte. Ich war um mehr als eine Stunde von dem Orte meiner Abreise entfernt. Die vielen Ausweichungen und Rückgänge, die ich gemacht habe, lassen mich vermuthen, daß ich auf meiner Luftreise einen Weg von drey Stunden zurückgelegt habe. Ich war 35 Minuten unterwegs gewesen. Die Berechnungen meiner aerostatischen Maschine sind so zuverläßig, daß ich die 130 Pfund hebende Kraft, die ich durch Herrn Roberts Absteigen gewonnen hatte, nach Gefallen wieder vernichten und aufheben konnte. Ich kann auch bestimmen, daß sie mich wenigstens 24 Stunden länger in der Luft hätten erhalten können, wenn ich sie beybehalten hätte, welches ganz von meiner Willkühr abhieng. Als die Herzöge von Chartres und von Fitz-James mich von weitem mit so richtiger Genauigkeit herabkommen sahen, waren sie über mein Schicksal völlig beruhiget, und überließen es Herrn Robert und der übrigen zahlreichen Gesellschaft, mir durch die Gebüsche, Fußsteige und Thäler, über welche ihre ermüdeten Pferde nicht hätten fortkommen können, entgegen zu gehen. Sie ritten nach Paris zurück, und der wohlwollende Prinz eilte in eigner Person, jedermann von uns Nachricht zu geben, und die allgemeine Unruhe über unsere Verschwindung zu stillen."[6]

Erst am nächsten Tag kehrten Charles und Robert nach Paris zurück, von der Bevölkerung mit überwältigendem Beifall empfangen. Hunderte warteten stundenlang geduldig vor dem Haus des Professors, und als er dann endlich am späten Nachmittag eintraf, krönten ihn die berühmten Fischhändlerinnen, „diese erste Körperschaft des Volkes", mit einem Lorbeerkranz. Eine Stunde später fuhr ihn der Marquis de Lafayette in seiner Equipage höchstpersönlich zum Palais Royal, dem Wohnsitz des Herzogs von Chartres, dem Charles für die mutige und großzügige Unterstützung danken wollte. Als er nach

Im Triumphzug durch Paris:
der Rücktransport des halbgefüllten Ballons am 2. Dezember 1783

dem Besuch aus dem Portal trat, ließ ihn die wartende Menge begeistert hochleben, und einige trugen ihn auf den Schultern zur Kutsche. Zur selben Zeit begleiteten Tausende den Wagen mit dem zusammengefalteten Ballon und der blaugoldenen Gondel in einer feierlichen, fackelbeleuchteten Prozession bis vor das Werkstattor der Roberts am Place de Victoire.

An diesem Tag war der Triumph der „Robertianer" vollkommen. Himmelhoch hatte sich ihr Ballon dem Montgolfierschen überlegen gezeigt: Die Reise dauerte mehr als viermal so lange, war fast fünfmal so weit, und die erreichte Höhe von beinah 3000 Metern schien allen unvorstellbar. Nur zehn Tage nach dem Beginn des Menschenfluges setzte die zweite Luftreise bereits neue Maßstäbe. Zum ersten Mal war ein kleiner Pilotballon aufgestiegen, um die voraussichtliche Flugrichtung zu bestimmen, zum ersten Mal erbrachte ein Aufstieg wissenschaftliche Meßergebnisse.

Doch ebenso wichtig für die Annalen der Luftfahrtgeschichte: César Charles führte die erste Zwischenlandung und den ersten Alleinflug durch und hatte als erster Mensch das Vergnügen, die Sonne „zweymal in einem Tag untergehen zu sehen."

Streit um die Ehre –
Früchte des Ruhms

Die Begeisterung über die phantastischen Flugleistungen des mit „brennbarer Luft" gefüllten Ballons und den Mut seiner Besatzung hatte für einige Tage einen schwelenden Konflikt zugedeckt, der bereits am 28. November mit der Veröffentlichung des Berichts von Francois d'Arlandes im „Journal de Paris" begann und jetzt mit schrillen Mißtönen ausbrach. Was der Marquis in der Zeitung nur hatte durchblicken lassen, verkündete er in der Pariser Gesellschaft immer lautstärker und ungenierter: nicht Pilâtre sei der Kapitän an Bord gewesen, sondern er selbst, von Montgolfier ausdrücklich beauftragt, habe den Ballon am 21. November allein dirigiert. Der Grund für derartige Prahlereien dürfte vor allem d'Arlandes Hoffnung auf eine Steigerung des Anteils am Lohn gewesen sein, denn als ihn der König nach der glücklichen Landung befragte, warum er es nicht anderen überlassen habe, ihr Leben zu riskieren, antwortete er: „Sire, man hat mir von der Luft so viel versprochen, daß ich geglaubt habe, meine Beförderung hinge von dieser Reise ab."

Daß der Marquis sein ehrgeiziges Ziel mit solchen Mitteln erreichen wollte, empörte Pilâtre, der in aller Öffentlichkeit eine Klärung verlangte und nun seinerseits gegen d'Arlandes polemisierte, wie der Abt Cerutti berichtet, der ihn im Salon der Herzogin de Brancas erlebte: „Er erzählte uns über den Streit, den er hoch oben in der Luft mit Herrn d'Arlandes gehabt hat. Dieser sah sich kaum über Paris, als er seinem Begleiter zurief niederzusteigen. Herr Pilâtre verspottete ihn und seine Angst. Herr d'Arlandes fing an, wie ein Dämon zu fluchen. Pilâtre hörte ihm nicht mehr zu und wollte bis nach Choisy fliegen. Unglücklicherweise zerbrach die Heugabel, mit der er die Strohbündel auf das Feuerbecken warf. Da bat er seinen Reisebegleiter so freundlich zu sein und mit seiner Gabel einige Strohbündel aufs Feuer zu werfen. Herr d'Arlandes wollte dies nicht tun. Der Ballon war im Begriff, auf die Häuser der Rue de Seve niederzugehen und Herr Pilâtre sah sich gezwungen, mit der Hand ein Strohbündel zu werfen, was die Heugabel nicht ersetzte, weil man das Strohbündel in der Luft halten mußte, um Rauch zu vermeiden und nur Flammen zu erzeugen. Mit dieser Hilfe gelang es ihm, den Ballon aufs offene Feld zu führen und dann ließ er ihn mit Tränen in den Augen niedergehen. Sie waren nur zu zweit in den Wolken, aber die Zwietracht herrschte zwischen ihnen."[1] In diesem Streit stand Aussage gegen Aussage – niemand war Zeuge der Vorgänge in der Luft, und über die Frage der Rangfolge und Fähigkeiten konnte nur einer sachkundig Auskunft geben: Etienne Montgolfier, der zur Schlichtung am 6. Dezember 1783 an den Marquis G. schrieb: „Herr Marquis! Man könnte gewiß nicht ohne Ungerechtigkeit dem Herrn Pilâtre de Rozier den Titel des ersten Luftfahrers verweigern: niemand kennt besser den ganzen Eifer, die Bemühung und Intelligenz, die er darauf verwendet hat und ich habe nie aufgehört, schriftlich und in meinen Reden bekannt zu geben, was diesbezüglich geschehen ist. Als Herr de Rozier erfuhr, daß die Akademie den Versuch von Annonay wiederholt haben wollte, begab er sich in diese Versammlung und bat sie, zu erlauben, daß er mit dieser Maschine beim ersten Versuch, der stattfinden würde, aufsteigen dürfte. Obwohl die Versammlung seinen Eifer lobte, glaubte sie nicht, daß es schicklich sei, dieses Unterfangen zu gestatten. Diejenigen, die die Maschine wenig kannten, betrachteten seinen Vorschlag damals als Wahnsinn, doch Herr de Rozier hatte den Mut, jene Art Lächerlichkeit zu ertragen, die mit der Neuheit verknüpft war, was nicht gering eingeschätzt werden darf. Dann nahm er sich vor, selbst eine neue Maschine zu entwerfen, deren Meister er sein könnte, um den Versuch vorzuführen, den er angekündigt hatte und nahm erst Abstand von seinem Projekt auf das Versprechen hin, das ich ihm gab, daß bei den Versuchen, die ich vorhätte, er der Meister wäre, der die mit Seilen zurückgehaltene Maschine begleiten und das beste Verfahren studieren dürfte, um die nach Wunsch aufsteigen und niedergehen zu lassen. Der Erfolg stellte sich bei seinen Bemühungen und seiner Intelligenz ein und bei den verschiedenen Versuchen, die bei M. Reveillon gemacht wurden, gelang es ihm, sich zum Meister der Ballonfahrt zu entwickeln. Er erhob sich in eine Höhe von 324 Fuß und glitt dann mit einer Leichtigkeit, die man wünschen konnte, wieder nieder. Dieser Erfolg zog Rivalen an: die Herren Giroud de Vilette und Marquis d'Arlandes wechselten sich nacheinander als Gegengewicht ab, die der Mangel an Helfern uns nötigte, in die Maschine zu bringen. Ich betrachtete dann alle späteren Versuche mit dieser freien Maschine als unnütz: die Seile, die sie niederhielten, waren eher ein Hindernis als eine Hilfe. Aber Herr Pilâtre de Rozier wünschte einen neuen Versuch und bat mich eindringlich, der Maschine die Freiheit zu geben."[2]

Der Empfänger des Briefes gab ihn offenbar an die Redaktion des „Journal de Paris" weiter, denn dort wurde er am 10. Dezember abgedruckt und zeigte sofort Wirkung: Die hämisch geführten Dispute um die Herrschaft auf der Galerie verstummten mit einem Schlag. Pilâtre hatte glänzende Genugtuung erhalten, der Marquis zog sich beschämt zurück. Viele fühlten sich von Etiennes Gerechtigkeitssinn beeindruckt und der Bescheidenheit, mit der einem anderen wesentliche Verdienste zugestanden wurden, obwohl auch Etienne, von finanziellen Sorgen schwer belastet, sehnsüchtig auf Anerkennung wartete, die sich vielleicht geschäftlich nutzen ließ. Am selben Tag, dem 6. Dezember, hatte er dem Bruder Alexandre-Charles in Annonay seine bedrückende Lage gestanden: „Sagen Sie meiner Frau, daß ich keine Zeit habe zu schreiben. Ich weiß nicht mehr, wem ich zuhören soll. Meine Gedanken sind ständig in der Luft. Ich sehe alle, von denen man sagt, daß sie irgendeinen Einfluß haben können. Alle Leute gratulieren mir und finden es seltsam, daß man für uns nichts tut. Monsieur de Castries hat es sogar dem König gesagt, der hat dem zugestimmt. Aber nichts geschieht."[3]

Etienne täuschte sich. Der Dezember 1783 wurde doch noch zu einem Monat, in dem üppige Ehrungen auf die Luftfahrertruppen aus beiden Lagern niedergingen. Der König machte den Anfang und gab den Auftrag, zum Gedenken an den 21. November und 1. Dezember eine Medaille zu prägen, auf der beide Maschinen, „Montgolfière" und „Charlière", abgebildet sein sollten. Dann wurde die leere Staatskasse bemüht: César Charles und der jüngere Robert erhielten eine lebenslange Pension von 2000 Livres, Joseph Montgolfier und Pilâtre de Rozier je 1000 Livres und Etienne das Doppelte, was zur Verstimmung des Bruders in Annonay und einem Protest

Pilâtres führte. Der weigerte sich, nur die Hälfte anzunehmen, und verlangte die gleiche Summe wie der Erfinder. Diese anmaßende Forderung lehnte der Hof eisig ab. Und als Pilâtre hartnäckig darauf bestand, wurde kurzerhand Josephs Pension um den Betrag erhöht, und der überraschte erste Luftfahrer ging leer aus. Auch der Marquis d'Arlandes nahm nach dem ärgerlichen Zwist mit Pilâtre offiziell nicht am königlichen Geldsegen teil, doch man vermutet, daß er etwas später Zuwendungen aus dem Geheimfonds des Hofes erhalten hat.

Den materiellen Zeichen höchster Huld folgten die dekorativen Ehren. In einer feierlichen Sitzung der Pariser „Akademie der Wissenschaften" wurden beide Brüder Montgolfier, Charles, Robert, Pilâtre de Rozier und d'Arlandes zu außerordentlichen Mitgliedern ernannt. Zuvor hatte die Akademie in Lyon Joseph zu einem der ihren gekürt, und die Stadt machte ihn zum Ehrenbürger. Zu Weihnachten verlieh Ludwig XVI. Etienne den begehrten Orden des Heiligen Michael, sehr zum Verdruß Josephs, der bitter bemerkte, daß der König nur den ehre, den er gesehen, nicht aber den, der alles ermöglicht habe. Nach überwundenem Ärger gratulierte Joseph dem Bruder mit der Bemerkung: „Du wirst daraus den größeren Nutzen ziehen als ich …".

Die höchste Auszeichnung sollte jedoch noch folgen. Mit einer diplomatischen und eleganten Geste adelte der König den dreiundachtzigjährigen Pierre Montgolfier für die Verdienste seiner Söhne und die Fortschritte in der Kunst der Papierherstellung. Im Text des Adelsdiploms heißt es: „Die aerostatischen Maschinen, die von den beiden Brüdern erfunden wurden, Etienne-Jaques und Joseph-Michel Montgolfier, sind berühmt geworden. Der Versuch, der am 19. September des laufenden Jahres vor uns von dem genannten Etienne-Jaques Montgolfier durchgeführt wurde und die, die darauf folgten, haben einen solchen Erfolg gehabt, daß wir nicht daran zweifeln, daß diese Erfindung ein denkwürdiges Datum in der Geschichte der Physik darstellen wird. Wir hoffen sogar, daß sie neue Mittel liefern wird, um die Fähigkeiten des Menschen zu vermehren oder wenigstens sein Wissen zu erweitern. Wir sind davon überzeugt, daß es eine unserer Hauptpflichten ist, Personen, die sich der Wissenschaft widmen, zu ermutigen und denen, denen es gelingt, sie mit glücklichen Erfindungen zu bereichern, den Segen unseres Wohlwollens zukommen zu lassen.

Diese Erfindung sollte unsere Aufmerksamkeit ganz besonders auf die zwei erleuchteten Physiker lenken, die den Ruhm teilen, ihre Urheber zu sein. Wir haben erfahren, daß Herr Pièrre Montgolfier, ihr Vater, einer alten und ehrenhaften Familie entstammt, und daß er von seinen Eltern eine Papierfabrik, die sich in Annonay im Vivarais befindet, geerbt hat, und daß er sie durch Fleiß und Intelligenz zu einer der angesehensten des Königreiches gemacht hat ... Diese persönlichen Umstände bezüglich des Herrn Pièrre Montgolfier würden genügen, ihn in die Klasse derjenigen Besitzer von großen Manufakturen aufrücken zu lassen, die durch ihren Eifer, ihre Regsamkeit und ihre Talente hoffen können, die schmeichelhafteste und vornehmste Auszeichnung zu erhalten, die wir gewähren können, diejenige, in die Rechte und Privilegien des Adelsstandes erhoben zu werden. Aber was uns besonders veranlaßt, sie dem genannten Pièrre Montgolfier schnell zukommen zu lassen, ist, daß diese gleichzeitig auf würdige Weise sowohl die Arbeiten des Vaters wie die schöne Erfindung der Fluggeräte, die einzig und allein den Kenntnissen und Forschungen seiner beiden Söhne zu verdanken sind, belohnen wird ...".[4]

Das von Ludwig XVI. gewählte Wappen zeigt ein silbernes Schild mit drei in der linken Hälfte spitzaufragenden grünen Bergen, zu deren Füßen sich azurblaues Meer ausbreitet. Eine sehr direkte Übersetzung des Namens: Mont – Berg und Golf für eine Meeresbucht. Über allem schwebt ein rotgeflügelter Ballon, und die Devise ist der Vergilschen „Äneis" entlehnt, wo es heißt: „Wohl Dir Knabe, mit neuem Mut, so fliegt man zu den Sternen" – „Sic itur ad astra". Der Wappenspruch blieb der einzige kleine Schatten, der sich auf die beglückte Familie in Annonay legte. Sie hatten sich nämlich für einen

Wappen der Familie Montgolfier

anderen, in ihren Augen bescheideneren Satz entschieden und etwas voreilig bereits Siegelringe gravieren lassen: „Frei warte ich auf eine Fessel".

Das Geburtsjahr der Luftfahrt endete in Zufriedenheit und Eintracht. Der entscheidende, so ungeduldig erhoffte Schritt an den Himmel war in einem unvergleichlichen Wettlauf zweier Systeme im Abstand von nur zehn Tagen zweimal ohne Schaden für die Menschen gelungen, eine phantastische, zu Recht überschwenglich gefeierte Leistung, die Zweifel und Neid vorerst verblassen ließen. Jetzt zählte nur eins: Endlich war er gefunden, der Weg zu den Sternen. Sein Entdecker rüstete bereits zum Jahreswechsel 1784 zu einer neuen Runde. Seit Wochen verfolgte Joseph de Montgolfier einen kühnen Plan, eine Luftreise im Riesenballon von Lyon direkt nach Paris, an die Stätten des Ruhmes seiner Erfindung.

Von Lyon nach Paris –
Joseph de Montgolfier und
sein Ballon „Le Flesselles".
Januar 1784

Fünf Monate waren vergangen, seitdem Etienne Montgolfier Vidalon verlassen hatte, um in Paris das große Abenteuer zu bestehen, die Luftkugel des Bruders vor den Augen des skeptischen Hauptstadtpublikums zu den Wolken emporfliegen zu lassen. Fünf Monate wartete Joseph ungeduldig auf jede neue Nachricht aus St. Antoine über Fortschritte, Rückschläge und Erfahrungen. Nach der Triumphmeldung vom 19. September aus Versailles dürfte es Joseph schwergefallen sein, die Eifersucht auf den Bruder zu zügeln, der nun allein im Rampenlicht stand, während er, der eigentliche Schöpfer des wundersamen Gegenstandes, in der Provinz hockte und kaum sichtbaren Anteil daran hatte. Vielleicht bereute Joseph in jenen Stunden den Entschluß, zu Hause in Vidalon zu bleiben, denn wer wußte schon, welche Rolle er wirklich spielte, wer kannte seine zahllosen Berechnungen und Vorschläge, die täglich mit der Post nach Paris gingen und die Etienne dann so geschickt ausführte.

Um an der von aller Welt mit Anteilnahme verfolgten Entwicklung erkennbarer teilzuhaben, hatte Joseph einen Aufsatz über die Luftmaschine geschrieben und dabei speziell die Möglichkeiten einer Steuerung bedacht: „Zur willkürlichen Bewegung der Flugmaschine kann man sich mit großem Erfolg des Feuers bedienen: Man muß den Ballon, so wie er durch das verstärkte oder verminderte Feuer steigt oder fällt, in schiefer Richtung der Luft entgegenhalten. Dazu müßte man bewegliche Steuerflächen am Ballon anbringen, die den Ballon beim Aufsteigen oder Fallen gleichzeitig in horizontaler Richtung über die Erde gleiten lassen."[1] Joseph überreichte diese kleine Schrift der Akademie in Lyon, die erwartungsgemäß zum Vortrag einlud und ihn am 25. November 1783, vier Tage nach dem Sieg des Bruders in Paris, zum Mitglied ernannte. Aber das war die akademische, die theoretische Seite der Aerostatik, die Einwohner Lyons verlangten eindeutigere Beweise der neuen Kunst, sie wollten sehen, was ihr Landsmann aus Annonay ersonnen hatte. Und so kam Joseph auf die Idee, in kleinerem Maßstab zu experimentieren und dabei vielleicht Erkenntnisse zu gewinnen, die Etienne von Nutzen sein konnten. Er konstruierte „eine aerostatische Maschine von starkem ungeleimten Pappier", eine spitze Pyramide, ungefähr 7 Meter hoch und an der Unterkante 4 Meter breit, von hölzernen Stäben ausgesteift und mit leinenen Bändern zusammengehalten. Unter der Öffnung hing die eiserne Kohlenpfanne „mit Pappierspänen ganz dicht vollgepackt, und letztere mit Oehl und Fett überall begossen".[2] Um die Wirkung des Aufstiegs zu erhöhen, entschied sich Joseph für einen Nachtstart. Er beklebte die untere Öffnung mit durchsichtigem roten Papier und hängte vier Raketen an den Rahmen. Das Unternehmen wurde ein richtiges Spektakel. Der rot leuchtende Ballon stand wie ein fremder Stern in der Dunkelheit. Die Raketen platzten, von unterschiedlich langen Lunten gezündet, äußerst wirkungsvoll und blendeten eine angestrengt nach oben gaffende Menge, die einhellig befand: „Dieser Effect war unbeschreiblich schön." Die dritte und vierte Rakete, deren Lunten zwei Minuten länger brennen sollten, kamen nicht mehr zur Geltung, da der Ballon bereits in einer nächtlichen Wolke verschwunden war.

Das Volk, aber auch die Honoratioren fühlten sich vorzüglich unterhalten und geizten nicht mit Lob, doch alle fanden, das könne nur ein Vorspiel gewesen sein, jetzt müsse ein richtiger Flug mit einem großen Ballon folgen, Lyon dürfe nicht länger hinter Paris zurückstehen; ein Wunsch, der sich verstärkte, als Berichte von der Luftreise César Charles' eintrafen. Allen voran drängte der Intendant von Lyon, Jaques de Flesselles, Joseph zum Bau eines Ballons, weil er hoffte, seine Stadt könne die erste sein, von deren Boden ein Pferd oder andere große Tiere hochfliegen würden. Nach in Paris bewährtem Muster eröffnete der Provinzstatthalter deshalb eine Subskription und stiftete gemeinsam mit dem Marquis de Saint-Vicent einen Preis für denjenigen, dem es gelingen würde, die sicherste, wirksamste und preiswerteste Art zu finden, um aerostatische Maschinen nach Wunsch zu lenken. Joseph nahm die Herausforderung an. Es reizte ihn, eigene Vorstellungen zu verwirklichen und Etienne in Paris seine Überlegenheit zu zeigen. Außerdem hatte er bereits einen Plan: Die Maschine sollte eine höhere Steigfähigkeit erhalten und dem Wind weniger Widerstand bieten. Zu verwirklichen war das nur mit der Form eines Fisches, und Joseph machte sich daran, das neuartige Gerät zu zeichnen. Doch die adligen Herrschaften in Lyon, angeführt von de Flesselles, dem Prinzen von Ligne und dem Grafen Laurencin, wollten das Vergnügen einer Luftreise möglichst bald genießen und drängten Joseph, der auf ihre Unterstützung und Kredite angewiesen war, das große Ereignis möglichst schnell stattfinden zu lassen. Und so änderte Joseph das Konzept, verwarf den zukunftsweisenden Einfall der Fischform und baute einen klassischen, fast kugelrunden Ballon, allerdings von derart gewaltigen Ausmaßen, daß die Größe erst 95 Jahre später von Henri Giffards „Le Captif" übertroffen wurde. Joseph de Montgolfiers Flugmaschine, an der zum Jahreswechsel 1783/84 einige Dutzend Näherinnen arbeiteten, sollte, mit Rauchgas gefüllt, bei einem Durchmesser von 30 Metern fast 40 Meter hoch aufragen. Eine gewagte Konstruktion, in Wirklichkeit ein unverständlich sperriges Monstrum. Sollten der Jubel in Paris und die Auszeichnungen für Etienne die Triebfeder für eine unübersehbar gigantische Tat sein, die den Bruder endlich auf den zweiten Platz verwies? Eine denkbare Erklärung, da sonst kein einsichtiger Grund für eine derart absichtsvolle Steigerung des Risikogrades erkennbar ist.

Kurz vor Weihnachten ließ sich Etienne in Paris von dem tatendurstigen Pilâtre überreden, ihn als erfahrenen Helfer und Steuermann nach Lyon zu schicken. Und so reisten Pilâtre und sein Freund, der Graf de Dampierre, ein Offizier der Garde, inkognito nach Süden, der erste Luftfahrer unter dem Pseudonym Monsieur Roland und der Graf als bürgerlich-schlichter Monsieur Henri. Die Ankunft des Aeronautik-Experten am 26. Dezember brachte einiges durcheinander: Pilâtre inspizierte die Hülle aus drei Schichten Papier, die zwischen zwei Lagen Leinwand eingenäht waren, das Holzgeflecht der Galerie, die Seile und Schnüre zur Befestigung und bemängelte das Ganze als zu plump und unzweckmäßig. Mit der ganzen Autorität des gefeierten Pariser Luftfahrers setzte er seine Forderungen durch. Der obere Teil des Ballons mußte aus leichterer Baumwolle angefertigt und nach Vorbild der Charlière mit einem Netz zur Aufhängung der Galerie überzogen werden. Joseph und sein Bruder Alexandre-Charles, der seine Gemeinde in Annonay für einige Wochen im Stich gelassen hatte, stöhnten unter dem besserwisserischen Pilâtre, der jetzt energisch und selbstbewußt das Kommando führte.

Etiennes brieflicher Ratschlag – am 25. 12. 1783 in Paris geschrieben – erreichte Lyon einige Tage zu spät: „Übrigens sei vorsichtig und weise; mache es wie Du es für richtig hälst. Du kannst Rozier und andere fragen, wenn noch Zeit da ist. Aber gründe eine Monarchie und keine Republik, wo jeder seine Meinung sagen kann. Denke daran, daß ein Schiffskapitän an Bord der Chef ist."[3] Gleichzeitig warnte Etienne vor Giroud de Vilette, der sich offenbar auch nach neuen Luft-Lorbeeren sehnte, und teilte dem Bruder mit, daß Reveillon ihm zu Dank verpflichtet sei, wenn er Giroud nicht als Passagier zuließe. Das scheint gelungen, nicht aber die Rückeroberung der Kapitänsgewalt. Pilâtre bestimmte, daß der fertige Ballon am 7. Januar 1784 zum Startplatz gebracht wurde, einem Feld vor den Toren der Stadt, das man Les Brotteaux nannte. Dort hatten sie eine Estrade errichtet, auf der die einzelnen Teile zusammengesetzt werden sollten, eine Arbeit, die drei mühevolle Tage dauerte. Am 10. Januar erhob sich die Riesenkugel nach siebenundzwanzig Minuten Aufheizen zum ersten Mal zur vollen Größe, und die Menschen standen stumm und überwältigt vor der turmhohen grauen Masse, die bis auf zwei Medaillons, die den „Ruhm" und die „Geschichte" darstellten, eindrucksvoll schmucklos war. Trotz der geglückten Probe bestand Pilâtre auf weiteren Änderungen und befahl, die Galerie zur Sicherheit mit 100 Seilen zu befestigen. Zwei Tage später waren jedoch erst vier an den Halteschlaufen verknotet, und es kam zu erheblichen Spannungen, bei denen auch das Wetter eine ungute Rolle spielte; Schnee und Regen durchnäßten die Hülle, versteiften die Leinen und führten zu einem ziemlichen Chaos. Nach notwendigen Reparaturen waren sie schließlich am 15. Januar 1784 mit den Vorbereitungen fertig. Joseph und Pilâtre gaben nachmittags um halbdrei den Befehl, das Feuer anzuzünden, und der zu Ehren des geldgebenden Schutzpatrons „Le Flesselles" getaufte Ballon richtete sich in nur 17 Minuten auf. Eine Stunde dauerte es, das Gewirr der Leinen zu ordnen, und dann beluden Helfer die Galerie mit einer umfangreichen wissenschaftlichen Ausrüstung: neun Thermometer, drei Barometer, zwei Hygrometer, Sprachrohre und Ferngläser. Gegen vier Uhr bestiegen sechs Personen die Galerie und verstauten noch 32 Zentner Ballast. Trotzdem konnten die Männer an den Halteseilen die ungeheure Maschine nur mit

Mühe am Boden halten. Wegen der hereinbrechenden Dunkelheit kam jedoch der Befehl, die Abfahrt auf den nächsten Tag zu verschieben, und die Aeronauten sprangen erleichtert auf den sicheren Erdboden zurück. Auch diese Entscheidung erfolgte offenbar wieder durch Pilâtre, denn ein Lyoner Kritiker stellte fest: „Die ersten Versuche von Herrn Joseph Montgolfier dem Älteren waren am 29. Dezember beendet und vielleicht wären die Dinge unter seiner Leitung besser gewesen. Aber dann kam ein junger Physiker aus Paris, der alles verdorben hat."[4]

Der Beschluß, den Start zu verschieben, erwies sich tatsächlich als falsch, denn in der Nacht vom 15. zum 16. Januar verschlechterte sich das Wetter, es regnete, hagelte, eisiger Wind fegte über die zusammengelegte, mit Steinen beschwerte Hülle, die am nächsten Morgen vollkommen durchnäßt und an einigen Stellen bretthart gefroren war. Um das Eis aufzutauen, entfachten Arbeiter ein mächtiges Feuer, das zum Entsetzen der Anwesenden das Oberteil des Ballons in Brand setzte. Obwohl die Flammen mit den bereitgehaltenen Spritzen schnell gelöscht waren – an einen baldigen Aufstieg wagte niemand mehr zu denken. Sie mußten erst einmal die gesamte weiße Kuppel austauschen. Joseph dachte verzweifelt an die eigenen finanziellen Verluste, die drängenden Geldgeber, und Pilâtre fürchtete die Schande, erfolglos nach Paris zurückzukehren. Und was würde dem Grafen Dampierre geschehen, der sein Regiment ohne Erlaubnis der Vorgesetzten verlassen hatte. Doch für Mutlosigkeit fehlte die Zeit, und in der Unwirtlichkeit der allen Winden ausgesetzten Freifläche machten sie mit zusammengebissenen Zähnen weiter und versuchten, die aufkommende Mißstimmung und ersten Spottverse zu überhören. Als erneut Schnee fiel, kursierte zum Vergnügen der Lyoner Gesellschaft folgender Text: „Kühne Stürmer des Aufenthaltes des Donners, beschwichtigt eure Wuth! Seht ihr denn nicht, daß Jupiter durch Aushängung seiner weißen Fahne um Frieden bittet?" Für Joseph antwortete der Graf Laurencin, „daß er und seine Gefährten bereit wären, den Friedensvertrag selbst bei Jupiter in Empfang zu nehmen."[5] Am 17. Januar waren die Ausbesserungen beendet, am Tag darauf schneite es, und die Nacht brachte bitteren Frost. Erst am Montag, dem 19. Januar, konnte ein neuer Anlauf gewagt werden. In aller Frühe zündete man unter dem Podest ein mäßiges Feuer an, um den Ballon langsam aufzutauen und zu trocknen. Während dieser zwei Stunden versammelte sich eine unübersehbare Zuschauermenge. Die Vornehmsten unter ihnen hatten das Privileg erkauft, ganz vorn in Tuchfühlung mit den kühnen Aeronauten zu stehen, und sie konnten daher ziemlich deutlich sehen, wie marode die Hülle nach all den Umbauten und Flickschustereien war, an zahllosen Stellen von Löchern durchbohrt, als hätte man auf den Ballon mit Schrot geschossen. Eigentlich taugte die Maschine allenfalls zum Tragen von Tieren oder leblosen Lasten, zumals das komplizierte System von 100 Leinen inzwischen auf nur 16 verringert war. Joseph und Pilâtre erkannten die Gefahr. Sie sahen angesichts der riesigen Versammlung und ihrer Versprechen jedoch keine Wahl – die „Flesselles" mußte sich mit Menschen erheben, wollten sie nicht Empörung und Verachtung riskieren.

Auf der Passagierliste standen Joseph Montgolfier, der offenbar kein Verbot des Vaters übertreten mußte, Pilâtre de Rozier, Charles Prinz de Ligne, Graf de la Porte d'Anglefort, Graf Laurencin als Mitglied der Lyoner Akademie und Graf de Dampierre. Nach einer kurzen Beratung wurde beschlossen, daß zur Entlastung nur drei Personen mitfliegen dürften, über die das Los entscheiden sollte. Entrüstet weigerte sich der Prinz de Ligne, der für den Bau des Aerostaten das meiste Geld gegeben hatte, eine solche Form der Auswahl anzuerkennen, und es entstand ein kleiner Tumult, den Intendant de Flesselles unter Aufbietung aller Amtsautorität zu schlichten suchte. Schließlich einigte sich die erregte Runde auf einen Kompromiß: Nur zwei, Joseph und Pilâtre sollten die Ehre des Fluges genießen. Beide sprangen sofort auf die Galerie, aber im selben Augenblick nutzte der junge Fontaine, ein Mitarbeiter der Montgolfierschen Papierfabrik, die Chance und kletterte behend an Bord. Als die zurückgesetzten adligen Herren das sahen, gab es kein Halten mehr. Sekunden später standen sieben Mann in der schwankenden Maschine und bekämpften sich mit scharfen Wortwechseln, Weigerungen und Drohungen – es war nichts mehr zu machen, resigniert gab de Flesselles das Zeichen zum Durchhauen der Seile, und das völlig überladene Mammutgefährt erhob sich mit seiner verrückten Fracht langsam über die Köpfe der Lyoner, wobei es zwei Pfeiler der äußeren Umzäunung umrannte. „Ein kolossaler, wie im Triumph feierlich in die Lüfte aufsteigender Ballon mit der edlen Bemannung, nahe an 100 000 Zuschauer, welche theils unaufhörlich klatschten, teils die Hände zum Himmel emporstreckten, als wollten sie nachfliegen, in Ohnmacht sinkende Frauen, andere, die in Thränen des Entzückens und der Angst zerflossen, Männer, welche ihre Taschentücher schwenkten oder unter Freudengejauchze ihre Hüte emporwarfen."[6]

Die gigantische Kugel stand wegen des geringen Windes fast unbeweglich über den außer Fassung geratenen Publikumsmassen, die auf der Hülle neben den beiden kreisrunden Bildern noch ein Schild erkennen konnten, auf dem in goldener Schrift stand: „Ein unermeßlicher Raum trennte uns von den Himmeln; aber Dank den Montgolfier, welche das Genie begeistert, der Adler Jupiters hat seine Herrschaft verloren und der schwache Sterbliche kann sich nun den Göttern nahen."[7] Eine derartige Annäherung wollte den sieben Männern unter dem mächtigen Ball aber nicht recht gelingen, sie trieben in beschämenden 30 Metern Höhe sacht in Richtung Rhône. Erst

Lyon, 19. Januar 1784 – die dritte Luftfahrt:
Joseph Montgolfier, Pilâtre de Rozier und
fünf Passagiere an Bord der „Flesselles"

als Joseph das Feuer kräftig anfachte, schwang sich die Maschine beflügelt auf etwa 1000 Meter empor, worauf die Mannschaft eher mit gemischten Gefühlen reagierte, obwohl alle lautstark ihr Wohlbefinden beteuerten und einige der Hoffnung Ausdruck gaben, die Reise bis in die Nacht fortsetzen zu können, auch wenn der südwestliche Kurs sie nicht gerade nach Paris führte. In diesem Augenblick gestärkter Zuversicht elektrisierte die Herren auf der Galerie ein unverwechselbares Geräusch: das Reißen von Stoff im oberen Bereich des Ballons. In dieser mürben Region hatte sich, offenbar als Folge des schnellen Steigens, ein langer Riß gebildet, der das kostbare Gas entweichen und die Maschine nach drei Minuten zu Boden sinken ließ. Sie kam auf einer sumpfigen Wiese in Charpennes mäßig hart auf, nur Joseph de Montgolfier erlitt eine leichte Prellung, die anderen blieben unverletzt. Zwölf Minuten hatte sie gedauert, die groß angekündigte Luftfahrt nach Paris und war schon nach wenigen hundert Metern auf unfreiwillige, eher komische Art zu Ende. Die herbeieilenden Zuschauer stellten erleichtert fest, daß alle lebten, und anstatt die kümmerliche Darbietung zu verurteilen, steigerten sie sich an Ort und Stelle in einen wahren Begeisterungsrausch, um wenigstens darin nicht hinter den Parisern zurückzustehen. Im Triumphzug führte das Volk die Helden der Luft in die Stadt zurück, und Jaques de Flesselles entschied, daß sie sich abends alle im Theater versammeln sollten, um der Oper „Iphigenie in Aulis" beizuwohnen, einem der schönsten Werke Glucks, das vor neun Jahren mit sensationellem Erfolg in Paris uraufgeführt worden war.

Als die Luftfahrer dann ihre Logen betraten – Montgolfier in Begleitung seiner Frau Thérèse –, empfing sie das ganze Haus mit donnerndem Applaus. Die Vorstellung mußte unterbrochen werden, und der Vorhang fiel. Unter sich steigerndem Jubel erschien der Darsteller des Agamemnon mit sieben Lorbeerkronen und überreichte sie der Patin des Aufstiegs, Madame de Flesselles. Ihr Mann setzte die erste Pilâtre auf, der sie jedoch abnahm und Joseph damit krönte, galant tat der Prinz des Ligne das gleiche und schmückte Thérèse de Montgolfier. Eine schöne Geste, die das Haus zu neuen Beifallsstürmen hinriß, und ein würdiger Abschluß des denkwürdigen Tages.

Alle Ehrungen und Komplimente konnten jedoch nicht darüber hinwegtäuschen, daß die dritte Luftfahrt der Geschichte

ein Mißerfolg war. Die bisher größte Maschine hatte die klein-
ste Leistung erbracht, und von ihrem Ziel – Paris – blieb sie
grotesk weit entfernt. Joseph de Montgolfier verlor bei dem
Unternehmen 12 000 Livres, den jährlichen Lohn für 60 seiner
Arbeiter. Aus Paris urteilte Etienne verbittert, daß mit dieser
Tat Geld verschwendet, Zeit vertan und die Manufaktur rui-
niert würde. Er äußerte sich deshalb so ungehalten über das
unnütze Lyoner Abenteuer, weil er völlig erfolglos versuchte,
die Regierung für den Bau von Aerostaten zu interessieren, um
wenigstens einen Teil des Vermögens zu retten und etwas Geld
mit der Erfindung zu verdienen. Doch die Verantwortlichen
winkten mit Hinweis auf die leeren Staatskassen ab. An den
jüngeren Bruder Jean-Pierre schrieb Etienne aus Paris: „Die
Umstände sind hier übrigens jeden Moment anders, und was
man heute sagen oder machen kann, ist am nächsten Tag überholt. Für meinen Geschmack ist dies hier ein Hundeland. Unglücklich sei derjenige, der hier die Leute bitten muß und leben
soll."[8] Und in einem anderen Brief, am 5. 2. 1784, erwähnte
er: „An Empfängen mangelt es hier nicht, nur sehe ich keinen
Nutzen." Beide Brüder waren über die Regierung und ein Land
enttäuscht, das den Fortschritt hinnahm, ohne dafür zu bezahlen.

Im März 1784 veranstaltete Joseph eine Ballon-Konferenz in
Montpellier, während Etienne – nach etwas unsicheren Quellen – eine Reise nach London unternommen haben soll, um
dort im Auftrag König Georg III. einen Luftballon zu wissenschaftlichen Zwecken zu bauen. Aber der Abstecher über den
Kanal, zum großen Rivalen des eigenen Landes, scheint nicht
sehr erfolgreich gewesen zu sein. Im Frühjahr tat auch Etienne
das, worum er seine Brüder so inständig in vielen Briefen bat:
nach Vidalon zurückzugehen, um wieder da weiterzumachen,
wo sie vor einem knappen Jahr aufgehört hatten: in den Pa-
pierfabriken.

Am 15. April 1784 erhielten die Montgolfiers neben den Pen-
sionen, dem Adelsdiplom und St. Michaels-Orden noch eine
letzte Anerkennung aus Versailles: Der Betrieb an der Deûme
durfte sich mit der Bezeichnung „Königliche Papiermanufaktur" schmücken. Etwa zur selben Zeit wurde ihnen ein Abguß
des berühmten Reliefs von Houdon nach Vidalon les Annonay
gesandt, das sie nebeneinander im Profil zeigt, mit der Inschrift: „Als Dank für die Erschliessung der Luft". Weder Jo-

seph noch Etienne de Montgolfier bauten je wieder einen Ballon oder beschäftigten sich mit der Entwicklung des Fliegens. Etienne sagte in jenen Tagen resigniert über die aerostatische Maschine: „Das ist eine schöne Frucht, aber sie ist nicht reif, und wir werden tot sein, bevor die Sonne der Praxis und Erfahrung sie gereift hat. Das ist ein Baum, der für unsere Enkel gepflanzt ist."[9]

Ihr Zeitgenosse und Freund, Boissy d'Anglas, charakterisierte die Eigenarten der Brüder und ihren Anteil an der Erfindung mit Scharfblick und Einfühlungsvermögen: „Joseph war ein

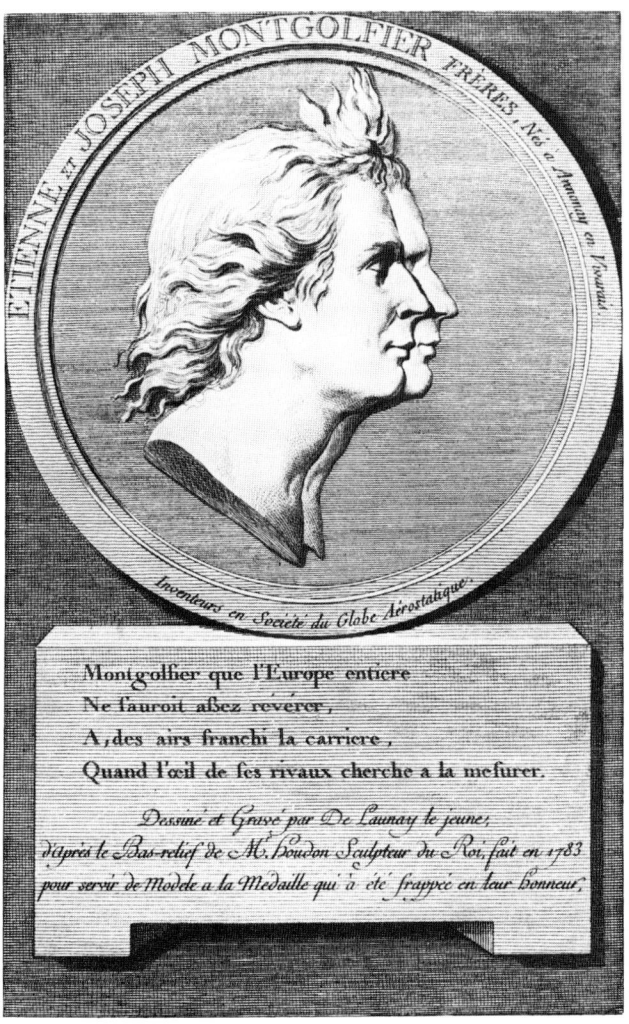

Etienne und Joseph Montgolfier
Kupferstich von 1783

überragender Mensch, aber er war ein wenig bizarr in seinen Vorstellungen und gesellschaftlichen Gewohnheiten; er hatte weniger Wissen und weniger Ausbildung als sein Bruder, aber er hatte vielleicht mehr als der andere das Genie, das zu einem gewissen Grad ohne die Wissenschaft auskommt und das erfindet, was es nicht weiß. Dennoch brauchten seine Ideen die Berichtigung durch einen methodischen und durch das Studium aufgeklärten Geist wie Etienne. Man kann sagen, daß sie sich zu zweit zu einem einzigen Menschen ergänzten und daß der eine immer die ergänzende Hälfte des anderen war. Dies erklärt, daß die Entdeckung, die sie berühmt gemacht hat, wirklich beiden gehört."[10]

Das Echo in Europa –
Aufstiege in Frankreich

Spätestens im Frühjahr 1784, nach dem unzulänglichen Flug der „Flesselles" in Lyon, verbreitete sich von Frankreich aus eine Epidemie, deren Virus dank der Tüchtigkeit der Zeitungsredaktionen mit erstaunlicher Geschwindigkeit selbst die entferntesten Winkel Europas erreichte: das Ballon-Fieber, oder wie Christoph-Martin Wieland es spöttisch nannte: die Aeropetomanie. Nachdem sich die Menschen von ihrer ersten Überraschung und Ungläubigkeit erholt hatten, gerieten sie in Verzückung. Endlich öffneten sich die Weiten des Himmels, ein technisches Instrument schien die Welt zu verändern, den Wert und die Sicht der Dinge. Aus einer anderen Perspektive, aus Wolkenhöhe und Adlerregion, konnte die Erde nun betrachtet und neu bewertet werden. Ein schwer nachvollziehbarer Freudentaumel erfaßte vor allem Gebildete und politisch Denkende, die auf den schlichten Ball die gewagtesten Hoffnungen projizierten: Freiheit und Grenzüberschreitungen, ungehindertes Reisen ohne Schlagbäume und Polizeibüttel der Fürsten, wissenschaftliche Entdeckungen, die den Horizont der Menschheit nachhaltig verändern würden.

In Paris, dem eigentlichen Geburtsort dieses gloriosen Gerätes, machte sich der Schriftsteller Louis Sebastièn Mercier, der erst drei Jahre zuvor in einem gewagten Buch den skandalösen Luxus der Reichen und die Unfähigkeit der Regierenden gegeißelt hatte, zum Sprecher all der Überwältigten, indem er ekstatisch ausrief: „O Physik! O Chemie! Ihr Könige schützt diese Wissenschaften! Der Ballon Montgolfiers, er ist die Planke, die man in den Ozean warf; er ist der zum Kanu ausgehöhlte Baumstamm. Planke und Kanu haben sich in die Schiffe verwandelt, die den Menschen über wogende Abgründe tragen, ihn, den friedlichen Eroberer der Stürme und Orkane. Wenn ich jetzt die Augen zum Firmament erhebe, gleicht mir der Mond einem aerostatischen Ball. Dieser Satellit schwimmt zweifellos nach denselben Gesetzen wie der Ballon Montgolfiers. Die Planeten sind hohle, mit einem besonderen Gas gefüllte Kugeln. Dieses aber ist vielleicht sechzigmal leichter als die Luft. Solch ein Gas müßten wir finden! Dann erst würden wir stark und schnell sein! Die Erde, ich wiederhole es, ist ein Ballon à la Montgolfier. Das ist das endlich entdeckte wahre Weltsystem, und ich bin versucht, wie Archimedes auszurufen: ich habe es gefunden!"[1]

Die Jubelrufe der Dichter und Wissenschaftler wurden jedoch erst einmal mit einem wahren Sturzbach von Kupferstichen zugedeckt, der sich in die Schaufenster und Regale der Buchhandlungen ergoß. Bilder aus allen Blickwinkeln von den Aufstiegen in Versailles, im Bois de Boulogne oder vor den Tuilerien, riesige Menschenansammlungen, die den entschwebenden Kugeln zuwinkten, Porträts der Lufthelden, Abbildungen von Medaillen und geplanten Denkmälern. Geschäftstüchtige Handwerker entdeckten die Gunst der Stunde und boten fast über Nacht eine phantastische Palette an: Tabatièren, Uhren, Pillendosen, Schuhschnallen, Spazierstöcke, Degenknäufe,

Satirische Darstellung von Auswüchsen der Ballonmode

mit 6 bis 15 Meter Steigen in der Sekunde in eine jener unförmigen Haufen- oder Gewitterwolken reißen konnten, in denen sie vor Kälte erstarrt, an Sauerstoffmangel erstickt oder von der Gewalt der Turbulenzen aus den Gondeln geschleudert worden wären. Eigentlich verdankten sie es nur der kalten Jahreszeit, in der die Luftmassen weniger in vertikaler Bewegung sind, daß alle heil zum Erdboden zurückkehrten. Die Unkenntnis verführte zu reichlich naiven Hoffnungen. Viele sahen in der neuen Erfindung bereits den Schlüssel, das Wettergeschehen beeinflussen zu können. „Man mutmaßte, daß Herr Montgolfier mit Beihilfe seines Luftballons die Wolken werde verteilen können, die oft unseren Ländereien so großen Schaden tun. In diesem Fall würden sie eben das für Felder und Äcker werden, was gegenwärtig die Blitzableiter für die Häuser sind.“[2]

Während die Mehrheit der Menschen auf praktische Ergebnisse wartete und sich den Äußerlichkeiten der Aerostatik hingab, den bunten Bildern und Reimen, den modischen Torheiten und Gerüchten, versuchte die kleine europäische Gelehrtenwelt, die Kunde vom Gelingen der ersten Flüge auf ihre Art zu verarbeiten. Viele waren verblüfft, daß die Lösung des Rätsels so einfach sein sollte. Andere mußten ihre Enttäuschung verwinden, weil sie das Geheimnis schon in den Händen gehalten hatten. Wie Joseph Black, ein Chemie-Professor in Glasgow, der schon siebzehn Jahre zuvor die Empfehlung gab, wasserstoffgefüllte Tierblasen aufsteigen zu lassen, und Tiberio Cavallo, der italienische Physiker in London, dem diese Versuche mißlangen. Mehr Glück hatte ein Physik-Professor an der Universität in Göttingen. Als sich 1782 einige Wasserstoff-Schweinsblasen zur Decke des Hörsaals erhoben, rief er seinen Studenten zu: „Die Welt muß noch nicht sehr alt sein, weil die Menschen noch nicht fliegen können. Wer will sagen, wie weit die Perfektibilität des Menschen geht? Wer will behaupten, daß die Menschen nie werden fliegen können?“[3] Zwei Jahre später saß Georg Christoph Lichtenberg, der große Physiker und Meister des Aphorismus, deprimiert am Schreibtisch und notierte in sein Tagebuch: „So wie es schon schmerzt, manche Entdeckung nicht gemacht zu haben, sobald man sie gemacht sieht, obgleich noch ein Sprung nötig war, so schmerzt es unendlich mehr.“ Und er setzte hinzu: „Aufschieben war mein größter Fehler von jeher!“[4] Doch auch Lichtenberg blieb nichts anderes übrig, als sich über die versäumten Möglichkeiten hinwegzutrösten, und einige Zeit später schrieb er dem Freund Amelung: „Die Montgolfiersche Erfindung hat die Physik in Deutschland doch wirklich etwas in Gang gebracht. Ich habe soeben den 8ten Purschen abgewiesen, weil mein Auditorium nur hundert hält, die ich schon in voriger Woche voll hatte.“[5] Nicht nur Lichtenberg in Göttingen stöhnte über den Zulauf neuer Studenten, in Paris stauten sich die Kutschen der Adeligen und der bürgerlichen Intelligenz vor den Pforten der Universität, um Ballons, wenn nicht am Himmel, so doch wenigstens im Hörsaal zu erleben. „Alle unsere Professoren der Physik lesen jetzt über nichts anderes als über Gas, über brennbare Luft, über den aerostatischen Ball und über die Mittel, solchen in die Luft zu dirigieren.“[6]

Natürlich war die neuentdeckte Aerostatik nicht nur auf den Kathedern der Universitäten und Akademien Gegenstand gelehrter Betrachtungen, sie erreichte auch jene zahllosen privaten wissenschaftlichen Zirkel und physikalischen Kabinette, in denen sich Laien – häufig Frauen – vor allem der Elektrizitätskunde hingaben, eine Modewissenschaft des Zeitalters. Wo bisher mit geheimnisvollen Apparaten künstliche kleine Blitze erzeugt oder das vor vier Jahren zum ersten Mal durchgeführte Froschschenkelexperiment von Galvani zum wundergläubigen Schaudern der Anwesenden wiederholt wurden, debattierte man jetzt über die Feuermaterie. „Montgolfiersches Gas“ sollte die neue Luftart heißen, hatte Faujas gefordert und festgestellt, daß sie „eine Mischung von wässerichten Theilen, alkalischer Luft (wenn nämlich Wolle dazukommt) und brennbarem Wesen seye.“ Das Rätsel um die Zutaten der geheimnisvollen Auftriebskraft wurde schon bald durch eine prosaische Demonstration des Naturforschers Horace Bénédict de Saussure gelüftet. Ein weißglühendes Eisen, unter einen Papierballon gehalten, zeigte Wirkung: „Sogleich dehnte sich der kleine Ballon augenfällig aus, entschlüpfte der Hand des Herrn von Saussure und stieg bis an die Decke des Saals empor. Hierdurch war wohl auch für Halbkundige zur Genüge bewiesen, daß die Verdünnung der Luft durch die Hitze die einzige Ursache des Aufsteigens gewesen.“[7] Diese Enthüllung beeinträchtigte die Begeisterung nicht. Mit Leidenschaft erprobten die Menschen in allen Teilen Europas das Davonfliegenlassen kleiner wasserstoffgefüllter Kugeln. Professoren, gelehrte Abbés, Offiziere, Adlige und Kanzleibeamte nutzten die Chance, Landesherren und Obrigkeiten durch Beweise ihrer aerostatischen Kunstfertigkeit gnädig zu stimmen und Mitbürger zu beeindrucken. Allein in den drei Monaten nach dem Start César Charles' aus den Tuilerien sind dreiundsechzig solcher Vorführungen registriert, ob vor König Georg III. in Windsor Castle oder Fürstlichkeiten in Rom, Berlin, Turin, Lille, Wien oder Barcelona – die schwebenden Bälle gehörten schnell zum standesgemäßen Amüsement der europäischen Höfe. Und wer etwas auf sich hielt, ließ es nicht beim simplen Emporsteigen bewenden, sondern hängte Kaninchen, Katzen, Ziegen, Gänse oder Meerschweinchen unter die explosive Blase. Andere bedienten sich der neuen Kunst auf besonders einfallsreiche Weise: „Jüngst ließ der Herzog von Chartres bei einem Nachtessen eine große Schüssel bedeckt auf den Tisch setzen. Eine Dame riß den Deckel mit Gewalt ab, da waren es Würste mit brennbarer Luft gefüllt, welche eine gute Weile zum allgemeinen Gelächter in dem Saal herumflogen und bey Punsch und Sorbet zu allerhand Einfällen Anlaß gaben."[8]

Doch es blieb nicht bei derartigen wirkungsvollen Salonscherzen und tastenden Erprobungen im kleinen Maßstab. Kaum hatte sich die Kunde des Fluges der sieben Männer von Lyon verbreitet, da wurde überall fieberhaft an Montgolfièren und Charlièren gebaut, oft in völliger Unkenntnis der Technik und Materialien, aber mit umso mehr Ehrgeiz und Mut. Im Februar startete in Mailand Paolo Andreani mit Agostino und Carlo Gerli in einer Montgolfière – im März Blanchard in Paris und der Graf de l'Hopital in Chambéry unter einer wasserstoffgefüllten Kugel. Einen Monat später erhoben sich Guyton de Morveau und der Abbé Bertrand mit einem merkwürdigen Ruderapparat vor der Kommission der Akademie von Dijon. Im Mai nahm die Zahl der verwegenen Unternehmungen dann derart zu, daß es den Zeitungen schwerfiel, ihre Leser in allen Einzelheiten aufzuklären, und niemand konnte sich all die Namen der kühnen Herausforderer des Schicksals merken. Einige krachten denn auch unsanft zu Boden, brachen durch Hausdächer oder mußten wie Bouche in Aranjuez aus der brennenden Montgolfière springen. Besonders tragisch verliefen zwei Ballondarbietungen in Bordeaux. Am 14. Mai meldeten die Berichterstatter: „Das Luftballspielen hat zu Bordeaux zweyen Unglücklichen das Leben gekostet. Als man am 3ten einen Luftball aufsteigen lassen wollte, so gieng der Versuch nicht von Statten, und es entstand unter den Zuschauern ein Lärm, der bis zum Aufruhr gieng, während welchem auf die Wache

In Gegenwart des Königs von Schweden:
Aufstieg der Montgolfiere „La Gustave" am 4. Juni 1784 in Lyon

mit Steinen geworfen wurde. Man ergrif daher 2 Anführer der Tumultanten und hieng sie auf. Einer derselben war der einzige Sohn eines Beckers, für dessen Leben der Vater 200 000 Livres, aber vergebens, geboten hatte."[9] Die beiden Unglücklichen wurden zu ersten Opfern der Luftfahrt, obwohl sie nichts weiter getan hatten, als ihrer Ungeduld auf allzu handgreifliche Weise Ausdruck zu geben. Zwölf Tage später probierte man es, trotz der schrecklichen Erfahrung, ein zweites Mal. „Von Bordeaux meldet man, daß der Versuch mit der aerostatischen Maschine den 15. dieses abermals verunglückt sey. Dieß brachte die Zuschauer auf; der Magistrat befahl, daß die Maschine aufs Rathaus in Verwahrung gebracht würde, u. den Hrn. Luftballonverfertigern wurde bey schwerer Strafe untersagt, künftig ehrliche Leute zu äffen, und um ihr Geld zu bringen, die ohnehin schon aufgebracht seyen, weil man zwey Menschen dieser Kinderey wegen habe aufhängen müssen."[10]

Die Rache des Publikums –
Abbé Miolans vergeblicher Versuch am 11. Juli 1784 in Jardin du Luxembourg

An anderen Orten wurde die „Kinderey" mit mehr Glück be-
trieben. In Lyon erhob sich am 4. Juni in Anwesenheit König
Gustav III. von Schweden, der unter dem bescheidenen Namen
Graf d'Haga Frankreich bereiste, eine aufwendig drapierte
Montgolfière, die den Namen „La Gustave" trug, mit einer
ersten Luftfahrerin. Die Sängerin Elisabeth Tible, begleitet von
dem Kunstmaler Fleurant, hatte sich als Minerva verkleidet,
hielt ein Bild des Königs in der Hand und schmetterte zur
Freude des festlichen Publikums unverzagt eine Arie in die
Sommerlüfte, während sie das Feuer auf das Glutpfanne bediente. Obwohl die Galerie einen Riß erhielt, kamen sie sicher
nieder und wurden in der Oper ausgiebig gefeiert. Einige Wochen später – am 23. Juni –, beim siebten und letzten bemannten Start dieses Monats, trat Pilâtre de Rozier auf Befehl und
Kosten Ludwigs XVI. in Aktion. Gustav III. sollte nach dem
gelungenen Auftakt in Lyon ein zweites Mal von französischer
Überlegenheit mit Hilfe eines Ballonaufstiegs überzeugt werden. Die Fahrt der „Marie Antoinette", die Pilâtre gemeinsam
mit dem Chemiker Proust durchführte, beeindruckte beide Könige und die Namenspatronin durch für eine Montgolfière

stattliche Flugleistungen: 3600 Meter Höhe und eine Strecke von „12 Stunden Wegs".

Weniger glücklich erging es Mitte Juli dem Marquis d'Arlandes und Herzog von Chartres. Der eine hatte sich mit einem gewissen Abbé Miolan zusammengetan, der mit einer komplizierten, angeblich steuerungsfähigen Montgolfière ausgerechnet am Sonntag zur Zeit des Kirchgangs starten wollte. Die Strafe konnte natürlich nicht ausbleiben: Der Ballon verbrannte noch am Boden, und das wütende Publikum warf mit wahrer Lust Stühle und Bretter in das lodernde Feuer. Abbé und Marquis kamen mit dem Schrecken davon. So erging es auch dem Herzog von Chartres, der mit den Brüdern Robert in einem von ihnen neu konstruierten walzenförmigen Ballon aufgestiegen war, in Wolken und heftige Turbulenzen geriet und keinen anderen Ausweg sah, als die Hülle des immer noch steigenden Zylinders mit der Spitze des Flaggenstocks aufzustechen. Sie kamen nach einigen Minuten ganz glimpflich zu Boden, so daß „von 6 vollen Flaschen nur eine zerbrochen war", aber der wenig beliebte Herzog mußte den Schimpf angeblicher oder tatsächlicher Feigheit ertragen.

Achtunddreißig fliegende Menschen sind in der verständlicherweise etwas ungenauen Chronik der frühen Tage der Aerostatik bis zum Juli erwähnt, nicht mitgezählt jene, die ohne Augenzeugen verunglückten oder deren Gerät sich kaum vom Boden erhob. Es wirkt wie ein Wunder, daß bis auf unbedeutende Blessuren niemand zu Schaden kam. Im Sommer 1784 war Frankreich noch einmal Hauptschauplatz der Luftexperimente, durchgeführt von leicht verrückten Enthusiasten, die ihr Leben und letztes Geld riskierten. Aber die neun Monate alte Luftfahrt schien endgültig reif, die Grenzen Frankreichs zu überschreiten, und sie sollte jetzt einen neuen Typus hervorbringen: den Luftschiffer, der hoffte, unter dem Leinwandball Ruhm und Geld zu erwerben.

Aeronauten –
der unaufhaltsame Aufstieg
des Jean-Pièrre Blanchard

Im Spätherbst des Jahres 1784 verlagerte sich das Zentrum der Aeronautik von Paris nach London. Dort trafen sich unter der Schirmherrschaft der Herzogin von Devonshire Lord Foley, Horace Walpole, ein bekannter Anatomieprofessor und ein amerikanischer Arzt regelmäßig mit einigen jungen Luftfahrern und bildeten so den ersten „Ballon-Club" der Welt. Zwei von ihnen waren Italiener: Vincenzo Lunardi, seit seinem ersten Aufstieg in London umschwärmter Held der Gesellschaft, und Graf Francesco Zambeccari, der im November des Vorjahres die erste übermannshohe Wasserstoffblase in England hatte aufsteigen lassen. Dann ein 29jähriger Franzose, Jean-Pièrre Blanchard, mit drei Luftreisen ein bereits erfolgreicher Praktiker, und der berühmte Pilâtre de Rozier, den seine Liebe zu einer Engländerin nach London führte. Ebenso zu Besuch und in den Kreis aufgenommen: Faujas de Saint-Fond, auf dem Weg zu einer geologischen Exkursion nach Schottland, begleitet von Chevalier Paolo Andreani, der sich als erster Italiener im Februar vom Grundstück seiner Villa in Moncucco in der Nähe von Mailand mit einer Montgolfière in die Luft erhoben hatte, zum ersten freien bemannten Flug außerhalb Frankreichs.

Es war eine internationale bunte Schar, wie auf Verabredung zusammengekommen, die im Bewußtsein ihrer Auserwähltheit, das neidvoll-neugierige Geraune der vornehmen Londoner Gesellschaft genießend, miteinander dinierte und über die für Außenstehende vollends rätselhafte Kunst des Vorstoßes in die dritte Dimension disputierte. Bezeichnenderweise bis auf die Gastgeber ein Zirkel von Ausländern. Auch wenn London Mitte der achtziger Jahre als fortschrittlichste Stadt Europas galt – und das nicht nur wegen der neuen Gehsteige und Stra-

ßenbeleuchtung – und die Aerostation Engländern wie Cavendish und Priestley Entscheidendes verdankte, der Erfindung
des Menschenfluges begegnete man auf der Insel mit einiger
Skepsis. Unmittelbar nach Bekanntwerden der Montgolfierschen und Charles'schen Erfolge hatte der „Morning Herald",
ob aus Ignoranz oder Eifersucht, empfohlen: „Alle Menschen
sollten über diesen neuen Unsinn lachen, der ohne jede praktische Bedeutung ist."[1] Trotzdem, eine winzige Minderheit von
Wissenschaftlern hielt sich von Anbeginn der ersten Experimente auf dem laufenden, wie der Präsident der Royal Society,
Sir Joseph Banks, dem Benjamin Franklin seine vorzüglichen,
detailreichen Augenzeugenberichte übersandte, oder die Mitglieder der liberalen „Lunar Society" in Birmingham, die so
illustre Mitglieder wie Boulton, Priestley und Watt in ihren
Reihen zählte. Sie alle beobachteten die Fortschritte auf dem
Kontinent mit neidlosem Interesse. Seit Juni dieses Jahres wurden Zweifler und Gleichgültige jedoch auch in England durch
Augenschein bekehrt, wie Horace Walpole, der Ballonfahren
bisher für genauso albern gehalten hatte wie das Steigenlassen
von Kinder-Drachen. Als er eine Kugel über den Gärten seines
Hauses sah, wurde aus dem nicht unbekannten Schriftsteller –
mit seinem Roman „Das Schloß von Otranto" und der Greuel-
tragödie „Die mysteriöse Mutter" ein Wegbereiter der gerade
aufkommenden Schauerliteratur – einer der rührigsten Mento-
ren des „Ballon-Clubs". Den eigenen inneren Konflikt, der ihn
offenbar bewegte, beschreibt er plastisch: „Die Nachwelt wird
so oder so über uns lachen. Wenn sich ein halbes Dutzend das
Genick brechen und die Ballons in Verruf geraten, werden wir
alle für Dummköpfe gehalten, weil wir glauben, das könne zu
etwas Nützlichem taugen. Und wenn es sich zu einem Erfolg
entwickelt, verspottet man uns, weil wir daran zweifeln
konnten."[2]

Auf seinem Landsitz „Strawberry Hill", den er nach äußerst
eigenwilligen Plänen zu einer vielbestaunten mittelalterlichen
Burg hatte umbauen lassen und damit unbeabsichtigt die europäische Neugotik einleitete, kamen die „Ausländer" mit ihren
englischen Freunden zusammen, um bei abendlichem Kamin-
und Kerzenschein auch über Finanzierungsmöglichkeiten
künftiger Aufstiege zu beratschlagen.

Vier der Luftfahrer, und das ist zweifellos ein bemerkenswertes
Zusammentreffen: beide Italiener und beide Franzosen sollten

in der Frühgeschichte der Luftfahrt bedeutende Rollen spielen, zwar nicht als konstruktive Entwickler des Ballons, sondern als seine ersten Anwender. Unerschrockene, geradezu besessene Pioniere, die sich in das Unbekannte vorwagten und so mit der Entdeckung des Himmels und der Erde begannen.

Der erfolgreichste Aeronaut und nach Rozier wohl auch berühmteste wurde jedoch Jean-Pièrre Blanchard, der den neuen Typus des Berufsluftschiffers eindrucksvoll prägte: gefeiert, umworben, aber auch angefeindet und umstritten. Im Herbst 1784 stand er erst am Anfang seiner beispiellosen Karriere, die ihn zwanzig Jahre lang zu Ruhmesgipfeln, aber auch in tiefe Demütigung führen sollte. Weil sich in der Figur Blanchards die Aeronautik der frühen Jahre am vollkommensten widerspiegelt, soll sein Leben ausführlich nachgezeichnet werden.

Am 4. Juli 1753 in Les Andelys, einem kleinen Ort nahe der kräftigen Seineschleife etwa 80 km stromabwärts von Paris, in ärmlichen Verhältnissen geboren, soll er – nach wenig sicheren Quellen – von seinen Eltern auf das Kollegium von St. Niçaise

Jean-Pièrre Blanchard – der erste Berufsluftschiffer und „Botschafter der Aeronautik" in Europa und Amerika

im nahen Rouen geschickt worden sein, um die Priesterweihe zu empfangen. Ob nun sein unruhiger Geist, mangelnde Neigung oder auch Unvermögen die Ursache für eine nächtliche Flucht sein mochten, Blanchard brach aus der vorgezeichneten Bahn aus, landete für kurze Zeit bei der Armee, um ernüchtert zu Hause um Versöhnung zu bitten. Offenbar verzieh der Vater dem reuigen Sohn, er sorgte für etwas Solides und gab ihn für zwei Jahre bei einem Schlosser in die Lehre. Mit Erfolg, denn der junge Blanchard zeigte überraschenderweise eine ausgeprägte Begabung für Handwerkliches und verblüffte die Umwelt mit großer Geschicklichkeit, die er nach Ablauf der Ausbildung auf einigen Studienreisen und bei einem bekannten Mechaniker verfeinerte. In einer Broschüre aus der Zeit berichtet ein anonymer Schreiber von erstaunlichen frühen Erfindungen: hölzernen Hängeuhren, Weberstühlen, hydraulischen Maschinen, mit denen „Wasser in Zeit von zwei Minuten zu einer Höhe von 305 Fuß" getrieben werden konnte, und – 1779 – von einer „Kutsche, welche ohne Pferde fortrollte", eine Vorläufer-Erfindung des Fahrrades, die Aufsehen erregte: „Die Königin und Mesdames von Frankreich wünschten, sowohl Blanchard als auch seinen ohne Pferde rollenden Wagen zu sehen. Dieses mechanische Werk ward vor dem ganzen Hofe eben so sehr bewundert, als es in Paris und Rouen Aufsehen gemacht hatte; und Mesdames von Frankreich geruheten, beinah zwei Stunden lang in diesem sonderbaren Fuhrwerke auf der Terrasse des Schlosses spazieren zu fahren. Darauf hatte Herr Blanchard noch am nämlichen Tage die Ehre, dem König vorgestellt zu werden, der ihm eine Summe von 500 Louisd'or zustellen lies."[3]

Für den inzwischen 26jährigen war die Begegnung mit Marie Antoinette und Ludwig XVI. eine hochwillkommene Protektion, die ihn dem erträumten Ziel, sich in Paris als „Mechaniscus" niederzulassen, einen entscheidenden Schritt näherbrachte. Gefördert wurde dieser Plan von zwei Geistlichen, dem Abbé Deviennay, der ihm anbot, in seinem Haus zu wohnen, und von einem Mönch des Benediktinerklosters St. Martin des Champs, Abbé Dom Pech, den Blanchard aus Kollegiumstagen in Rouen kannte und der sein geistliches Amt geschickt mit eifrigen physikalischen und mechanischen Studien zu verbinden wußte. Der Sprung in die Hauptstadt gelang. Blanchard erhielt Aufträge, begann, Unterricht in Mechanik zu geben, den er mit effektvollen Demonstrationen würzte, und verheiratete sich zum ersten Mal. Wann er und sein Freund Dom Pech damit anfingen, über die Kunst des Fliegens nachzudenken, wer wen beeinflußte und welche genauen Kenntnisse der veröffentlichten Ideen und Theorien beide besaßen, ist nicht festzustellen.

Sicher hat der Abbé die zwei Versuche seines Amtsbruders, des Kanonikus bei der Heiligkreuzkirche von Etampes, Desforges, gekannt, der acht Jahre zuvor – 1772 – ankündigte, mit einem „fliegenden Wagen", der aus weidengeflochtenem Korb, Sonnenschirm und zwei großen, mit Federn besetzten Rudern bestand, von Etampes nach Paris zu fliegen. Dort wollte er fünf- oder sechsmal um die Tuilerien kreisen, um dann in seiner fünfzig Kilometer südlich gelegenen Heimatgemeinde zu landen. Aber beide Male blieb der hochwürdige Kanonikus, obwohl heiter und recht siegessicher, vor einem großen Auditorium schmählich auf dem Boden sitzen. Desforges hatte sich jedoch schon 14 Jahre vorher, zumindest in den Augen der kirchlichen Obrigkeit, als Psychopath entlarvt, als er ein zweibändiges Werk schrieb mit dem provokanten Titel „Vorteile der Ehe – und wie es den Geistlichen und Bischöfen von heutzutage nützlich und heilsam ist, ein christliches Mädchen zu heiraten."

Blanchard und Pech trieb brennender Ehrgeiz an, sich auf dem Gebiet des Fluges durch eine bedeutende Erfindung hervorzutun. Und so bastelten sie in ihrer Werkstatt, einige Male vom Herzog von Chartres besucht und finanziell unterstützt, an einem voluminösen Gerät, das sie „Vaisseau-volant" – fliegendes Schiff – nannten. Bereits 1780, also zwei Jahre vor den unbemannten Versuchen der Gebrüder Montgolfier, begannen sie mit den Vorbereitungen zum Bau, und am 28. 8. 1781 veröffentlichte Blanchard im „Journal de Paris" einen ausführlichen Bericht über sein „fliegendes Schiff", das ein halbes Jahr später, in einer ersten Version fertiggestellt, im Hause des Abbé Deviennay zu besichtigen war. Dort stand dann ein wahrhaft abenteuerliches Gebilde: etwa 2,50 m hoch, fast ebenso lang, wie ein Schiffsrumpf geformt, allerdings mit einem zeltartig spitz zulaufenden Dach, in das Fenster und eine Tür eingeschnitten waren, und an dessen Ende ein stattliches Ruderblatt zur Steuerung prangte. Das Ganze krönten sechs gewaltige, grünbemalte ovale Drehflügel, die der im Apparat sitzende „Pilot" mit Händen und Füßen über Hebel, Pedale und komplizierte Gestänge in Bewegung bringen sollte. Kein Wunder, daß dieses fremdartig aussehende Ungetüm die Phantasie des Pariser Publikums erregte und heftige Kontroversen darüber auslöste, ob ein solches angeblich auch noch unsinkbares „Luftboot" jemals fliegen könne. Lalande, einer der prominentesten Gelehrten jener Jahre, schrieb mit der Autorität seines wissenschaftlichen Rufes einen erbosten Leserbrief an die Redaktion des „Journal de Paris", der am 28. Mai 1782 abgedruckt wurde. „Sie sprechen seit langem so viel von Flugmaschinen und Wünschelruten, daß man am Ende auf den Gedanken kommen könnte, Sie glaubten an alle diese Torheiten. Es ist mit mathematischer Schärfe bewiesen, daß es dem Menschen ganz unmöglich ist, sich in die Lüfte zu erheben. Nur ein unwissender Narr kann auf die Verwirklichung so phantastischer Ideen hoffen."[4]

Es galt deshalb, endlich den Gegenbeweis zu erbringen. Eine öffentliche Vorführung des „Vaisseau volant" wurde mit einigem Spektakel anberaumt. Aber am Tag des fieberhaft erwarteten Ereignisses verdunkelte sich der Himmel, es regnete, und Blanchard blieb nichts anderes übrig, als das Publikum zu vertrösten und ein Papier zu verlesen, in dem es hieß, daß er sich mit diesem „Flugschiff" von jedem Platz, zu jeder Zeit erheben und mit einer Geschwindigkeit von 75 Meilen in der Stunde fortbewegen könne. Der so offensichtliche Widerspruch zwischen dem am Boden klebenden Apparat und den großmäuligen Behauptungen seines Erbauers führte zu heftigen und zum Teil boshaften Reaktionen. Blanchard wurde in Karikaturen und sogar in einem Theaterstück mit dem beziehungsreichen Titel „Cassandre mécanicien" verhöhnt.

In all die turbulenten Dispute, Angriffe und Verdächtigungen platzte im Juni 1783 die Nachricht von der Erhebung der Luftkugel in Annonay und beendete mit einem Schlag die fruchtlose Auseinandersetzung um das untaugliche Schwingenflugzeug. Blanchard hatte sich mit seinen großspurigen uneingelösten Versprechungen weidlich lächerlich gemacht, und es wurde für einige Monate still um ihn, zu eindrucksvoll überstrahlte der frische Ruhm der Montgolfiers, Roziers und César Charles' den französischen Himmel. Erst im Frühjahr 1784 betrat er die neuerrichtete und inzwischen festlich illuminierte Bühne der Aeronautik, ohne sie bis zu seinem Tod auch nur für einen Augenblick wieder zu verlassen. Vor dem ersten wirklichen Auftritt, während er noch wartend in der Kulisse steht, ein Blick auf das Äußere und den Charakter dieses Mannes. „Sein Gesicht ist nicht übel, die Augen feurig, seine Frisur auffallend", beschreibt ihn ein Zeitgenosse, und ein anderer bemerkt, daß seine Statur ziemlich klein, von zartem, jedoch regelmäßigem Gliederbau sei und er wohl nicht mehr als 95 Pfund wiege. In diesem grazilen Körper, hinter der hohen Stirn und den großen, ausdrucksvollen Augen verbargen sich widersprüchliche Fähigkeiten: Energie, Einfallsreichtum – obwohl, wie seine Kritiker feststellen, „von bescheidener Originalität" –, Unerschrockenheit und Zähigkeit, aber auch Ruhmsucht, Unaufrichtigkeit und ein zweifelhaftes Talent zur Selbstdarstellung. All diese Eigenschaften sollten in ihrer Bündelung das Geheimnis eines überragenden Erfolges werden. Dieser Blanchard ließ sich vor allem nicht entmutigen, weder durch die erlittene Niederlage, noch durch die Tatsache, daß sich die Menschen nun mit der Montgolfierschen Erfindung vom Erdboden erheben konnten und durch die Wolken reisten. Anfang Februar 1784, gut zwei Wochen nach der Fahrt der „Le Flesselles" in Lyon, war im „Journal d'un Observateur" folgende Ankündigung zu lesen:

„Herr Blanchard kehrt auf den öffentlichen Schauplatz zurück, indem er ankündigt, daß er mit Hilfe eines Ballons, ähnlich dem der Herren Charles und Robert, endlich in seinem fliegenden Schiff aufzusteigen gedenke. Seine Flügel und sein ganzer Bewegungsapparat sind fertig, geprüft und erprobt befunden. Eine schwache Bewegungskraft bringt ihn nach allen Richtungen in Bewegung, vorwärts, rückwärts, rechts oder links. Er kann sich dadurch in beliebiger Höhe erhalten oder nach Belieben herablassen, und zwar ohne allen Verlust an brennbarer Luft. Nachdem er durch mancherlei Evolutionen nach allen Richtungen die Vortrefflichkeit seiner Methode bewiesen haben wird, wird er die Luftreise nach einem zuvor schon als das Ziel seiner Fahrt genannten Schloß antreten, wo eine Person von Stand ihm ein Fest zu geben sich vorgenommen hat."[5]

Offenbar war es Blanchard und Dom Pech gelungen, das Rätsel der Steuerung im Luftmeer zu lösen. Doch der Redakteur des „Journal" blieb mißtrauisch: „Da dieser Mechanicus bereits eine Menge von Dingen versprochen hat, welche er nicht halten konnte, so hat man bis jetzt nicht viel Vertrauen zu ihm fassen können", und einige Zeilen weiter heißt es über Blanchards frommen Begleiter: „Nach allgemeinem Gerede soll dieser wackere Mönch viel Mühe gehabt haben, um dazu die Erlaubnis seiner Oberen zu erlangen, und im allgemeinen betrachtet die Kirche mit Besorgnis die Teilnahme eines ihrer Diener an einem so satanischen Werk, weil dadurch die außerordentlichsten Wunder, wie zum Beispiel das der Himmelfahrt, abermals in Frage gestellt werden könnten."[6] Trotz dieser kirchlichen Bedenken erlaubte die weltliche Obrigkeit den beiden, für das Unternehmen zu werben und Unterschriftenlisten auszulegen, in die sich Interessierte gegen eine Gebühr von drei Livres eintragen konnten.

Am Dienstag, dem 2. März 1784, erschienen Blanchard und Pech zur angekündigten Stunde mit ihren Geräten auf dem Marsfeld, lautstark begrüßt von einer bereits ansehnlichen Menschenmenge. Noch während des Aufbaus kam es zu einem ersten Zwischenfall: Ein Polizeiagent verhaftete Dom Pech und brachte ihn ins Kloster zurück. Sein Prior hatte erfahren, daß er trotz des inzwischen ergangenen ausdrücklichen Verbots der Ordensoberen an der Auffahrt teilnehmen wollte. Aber Pech, von unziemlicher Leidenschaft zur Aeronautik beseelt, gelang es, seinen Bewachern zu entkommen, und so erschien er unter dem Beifall des Publikums wieder auf dem Marsfeld, gerade rechtzeitig, um in das zur Abfahrt bereite Luftfahrzeug zu klettern. In diesem Moment wurde es dramatisch. Mit gezogenem Degen stürzte ein Kadett der Kriegsschule vor und verlangte mit bebender Stimme einen Platz in der Gondel. Als sich Blanchard und Pech weigerten, schlug der enttäuschte Jungmilitär in unbeherrschter Wut mit seiner Waffe auf den Luftwagen ein und verletzte Blanchard an der Hand. Bevor größerer Tumult entstehen konnte, überwältigten Soldaten den Rasenden und brachten ihn ins Gefängnis. Glücklicherweise wurde sein Name in die Polizeiakten eingetragen – Dupont de Chambon –, denn nach der Revolution sollte sich hartnäckig das Gerücht halten, der Mann, der mit dem Säbel in der Hand eine Himmelfahrt hatte erzwingen wollen, sei niemand anderes gewesen als der junge Leutnant Napoleon Bonaparte.

EXPERIENCE DU VAISSEAU VOLANT DE MON.ˢ BLANCHARD
Enlevé au Champ de Mars près Paris le 2 Mars 1784 entre Midi et 2 Heures

Blanchards Aufstieg vom Pariser Marsfeld
am 2. März 1784

Nach diesem zweiten Zwischenfall befanden sich die beiden Luftfahrer mit ihrer lädierten Maschine in einer mißlichen Lage, weil das zerschlagene Steuergerät kaum noch brauchbar war, die Menge aber unüberhörbar eine Erhebung verlangte. Schweren Herzens entschied sich Dom Pech, da er physikalische Experimente nun für undurchführbar und eine Teilnahme deshalb für sinnlos hielt, am Boden zu bleiben. Blanchard ließ kurzentschlossen die Halteseile kappen und erhob sich trotz der Verletzung zu seiner ersten Luftreise. Was da nun über dem Marsfeld in die Höhe stieg, hatte mit dem „Vaisseau-volant" des Vorjahres nicht die geringste Ähnlichkeit. Es war nichts anderes als ein Charles'scher Wasserstoffballon, allerdings mit zwei für Blanchard typischen Zutaten: Zwischen Gondel und Ball befand sich ein großer, mit zahllosen Leinen befestigter Schirm „zur Sicherung gegen ein allzu schnelles Herabfallen" oder „wenn der Ballon in der Luft bersten sollte." Und an der Gondel selbst waren vier löffelartige Schlagflügel, einzige Erinnerung an das Flugboot, angebracht, um den Ballon durch die Wolken zu dirigieren. Blanchard hatte sich des aerostatischen Prinzips auf seine Art bemächtigt und, ohne es zu wissen, seine eigentliche Bestimmung gefunden.

Die dritte Luftreise über Paris verlief für die auf dem Erdboden Zurückgebliebenen völig undramatisch, sie sahen den Ballon mit leichtem Südost-Wind in Richtung Versailles davonschweben, wobei er einige Male über der Seine die Richtung zu wechseln schien, und dann nach einer Stunde und fünfzehn Minuten in der Ebene von Billancourt in der Nähe der Porzellanfabrik von Sèvres niederkommen.

Kaum war Blanchard nach einem kurzen Empfang im Schloß von Billancourt in die Stadt zurückgekehrt, rühmte er sich, um Tausende von Fuß höher gestiegen zu sein als je ein Mensch vor ihm, und außerdem sei es gelungen, trotz der beschädigten Steuermechanik das Schiff gegen den Wind zu lenken. Diesen Angaben widersprachen schon am nächsten Tag mehrere Wissenschaftler, die das Unternehmen von verschiedenen Punkten der Stadt durch ihre Teleskope beobachtet und vermessen hatten. Ihr Urteil: Die geringfügigen Wechsel der Fahrtrichtungen seien allein durch verschiedene Luftströmungen verursacht worden. So brandete erneut eine scharf geführte Auseinandersetzung um den „Mechanicus" auf, als deren Wortführer sich Faujas de Saint-Fond hervortat, der Blanchard schon mehrfach mit Zuschriften im „Journal de Paris" angegriffen und als Hochstapler bezeichnet hatte. Faujas forderte Beweise, und so entstand Blanchards erste Fahrtbeschreibung als öffentlicher Rechenschaftsbericht, in dem er, wie in dem für die „Akademie der Wissenschaften" angefertigten Protokoll, einräumt, „daß ich nicht bestimmt weiß, ob ich meine Evolutionen meinem Steuer und meinen Zuthaten zu danken habe."[7] Trotzdem glaubte Blanchard offenbar fest daran, den Kurs absichtlich und erkennbar geändert zu haben. Doch nicht die Steuerungsversuche machten die Reise dramatischer als es all die staunenden oder skeptischen Beobachter ahnen konnten, sondern die Tatsache, daß der Ballon aus Unkenntnis überfüllt war.

„Da jedoch während dieser Fahrten", schreibt Blanchard und meint damit das wiederholte Kreuzen der Seine, „die Sonnenhitze die brennbare Luft im Ballon sehr erwärmt und verdünnt hatte, vergaß ich bald mein Steuer und jeden Gedanken an Lenkung, um mich lediglich mit der Abwendung der mir drohenden furchtbaren Gefahr zu beschäftigen. Mein Ballon hatte sich wieder gebläht und flatterte nicht mehr wie ein Segel, er war meiner Hand entronnen, und die Falten, welche er bei der Abfahrt noch gehabt, spannten sich nun mit solcher Heftigkeit aus, daß er überall knisterte und krachte. Mein Schiffchen, worin ich umherging, um meinen Ballon und das Seilwerk zu untersuchen, machte es ebenso, weil es bei der Abfahrt sehr mißhandelt worden war. Ihnen selbst, mein Herr, überlasse ich es zu beurtheilen, in welchem Zustande ich mich damals befinden mußte. Um die gräßliche Alternative auf das Höchste zu steigern, ließ sich eine dumpfe Regung unter meinen Füßen empfinden; ich fühlte an der Lebhaftigkeit dieser Erschütterung, daß ich sehr heftig emporgerissen wurde; außerdem bestätigte es mir die leichte Draperie rings um mein Schiffchen, indem dieß der einzige Punkt war, der mich stets vom Aufsteigen oder Sinken benachrichtigte; ich bemerkte nämlich, daß sich die ganze Draperie bei'm Aufsteigen ringsum dicht an das Schiffchen anlegte, aber bei'm Sinken in die Höhe und mich hindernd um meinen Kopf flatterte. Ich tröstete mich nun über das Geräusch unter meinen Füßen und glaubte, es wäre ein Kanonenschuß gewesen. Endlich war ich über meinem Abfahrtspunkt, dem Champ de Mars, in so beträchtlicher Höhe angelangt, daß die Erde mir nur noch wie eine grauliche Landkarte erschien. Alles zeigte sich flach in einem

Niveau, ich konnte nichts mehr unterscheiden, sogar nicht die Berge.

Obgleich ich auf derselben Stelle schwebend zu bleiben schien, so stieg ich doch immer senkrecht empor, weil ich mich abermals in völliger Luftruhe befand, was meine Draperie mir anzeigte. Überdieß flohen einige kleine Wölkchen, durch welche ich gekommen, bald tief unter meinen Füßen und alle Wolken, welche ich in der Ferne erblickte, erschienen mir wie ein vollkommen ruhiges Meer, über welchem ich in großer Höhe schwebte. In dieser Ruhe erfuhr ich viele Widerwärtigkeiten: plötzlich wurde mein Ballon schlaff, blähte sich dann sogleich wieder auf und drohte zu platzen. Nun erst ließ ich die brennbare Luft durch die Klappe abströmen, und diese Öffnung genügte kaum, obschon sie sechs Zoll im Durchmesser hatte: die brennbare Luft schien sich noch immer stark auszudehnen. Endlich mein Herr, verwandelte mein Ballon während der 15 Minuten meiner Fahrt viermal seine Gestalt. Ich schrieb diese Wirkung kleinen Wolken zu, durch welche ich fuhr, denn meine Hände wurden kalt und feucht. Wenn mein Ballon sich ausdehnte, fühlte ich stets eine übermäßige Trockenheit und Hitze. An meiner Boussole (Kompaß) bemerkte ich, daß ich binnen weniger als einer Minute mich viermal um mich selbst gedreht hatte. Ich bekenne, daß dieses Wirbeln einigen Eindruck auf mich machte; ...

Noch immer stieg ich senkrecht empor; die Kälte wurde übermäßig. Ich fühlte Hunger; ich aß ein Stückchen Pastete; ich wollte trinken, aber ich fand am Boden meines Schiffchens nicht mehr als Glasscherben von Flaschen und Bechern; der junge Soldat hatte mir bei seinem Kampf im Augenblicke der Abfahrt alles zertrümmert. Seinen Hut fand ich unter meinem Sitz, ich bedeckte mich damit. In einem Zustand von Ruhe, worin ich nichts sehen und hören konnte, weil rings um mich her ein grauenhaftes Schweigen herrschte, schien der Schlaf über mich Meister werden zu wollen; aber diese Gefahr jagte mir solchen Schrecken ein, daß ich aufsprang. Ich wollte eine Prise Tabak nehmen, aber ich hatte meine Dose nicht; ich wechselte mehrere Male mit dem Sitze, ging vom Vordertheil nach dem Hintertheil. Da ich der schneidenden Kälte nicht mehr widerstehen konnte, so war mir die Bemerkung gar nicht so unlieb, daß mein

Ballon sich etwas senkte, und um noch schneller abwärts zu kommen, wollte ich meine Klappe aufziehen, allein sie widerstand. Endlich gelang es mir doch, sie zu öffnen, und ich senkte mich rasch über dem Fluß, der mir zuerst nur wie ein weißer Faden, dann wie ein bläuliches Band und endlich wie ein Streifen blauweißes Tuch erschien. Ich warf ein vierpfündiges Brod, welches ein Arbeiter in mein Schiffchen gelegt hatte, in's Wasser, und weil ich immer der Länge nach über den Fluß hinflog und befürchtete, endlich gerade in's Wasser herabzukommen, so setzte ich mein Steuer tüchtig in Bewegung. Diesem Manöver glaube ich es zuschreiben zu müssen, daß der Ballon sich nun quer über den Fluß hinzog.

Als ich mich auf der Ebene von Billancourt sah, erkannte ich die Brücke von Sèvres und die Straße nach Versailles; ich schwebte nur ungefähr in gleicher Höhe wie die Thürme von Notre Dame über der Ebene. Ganz deutlich hörte ich das Freudengeschrei und das Beifallsgeklatsche der Reisenden unter mir; alle verließen ihre Fuhrwerke und riefen mir zu, ich konnte kaum genug Antworten ertheilen. Ich war damit beschäftigt, mich von manchen Resten meines vor der Auffahrt zertrümmerten Mechanismus zu befreien, um ganz sanft auf den Boden hinabzukommen. Außerdem bemerkte ich auch, daß mein lautes Zurufen: keine Angst mehr, ich habe den Fluß verlassen! kaum verstanden wurde. Endlich schwebte ich ungefähr 200 Fuß weit, den Boden streifend, über diese Ebene hin. Leute kamen herbei und hielten auf meine Bitten mein Schiffchen fest."[8]

Auch wenn diese direkt an Faujas de Saint-Fond adressierte Rechtfertigung in einigen Punkten sicher der Wirkung wegen etwas überzeichnet, so wird doch glaubwürdig dargelegt, daß die erreichte Höhe beträchtlich gewesen sein mußte. Der Blick auf die Wolkendecke, die Beschreibung der verschwimmenden, fast konturlosen Landschaft und die drohende Ohnmacht durch Sauerstoffmangel sind ausreichende Beweise für Blanchards Behauptung, höher als César Charles gestiegen zu sein. Blanchard geriet während seines ersten Fluges, den er, wie alle Aeronauten des Beginns, ohne die geringsten Vorkenntnisse antrat, in ernste Gefahr, der Ballon hätte platzen, er selbst ersticken können. Es spricht für erheblichen Mut und gute Nerven, daß er, noch unter der Aufregung des Kampfes mit dem Kadetten stehend und verwundet, die Fahrt sogar mit einer weichen Landung sicher beenden konnte.

Aber trotz dieses Erfolges bescherte der Flug vom Champ de Mars am 2. März ihm und Dom Pech äußerst unerfreuliche Nachwehen. Im „Journal d'un Observateur" heißt es über den Abbé: „Sein Feuereifer für die aerostatischen Maschinen ist inzwischen mit Verbannung bestraft worden. Dom Pech ist durch den versammelten Klosterrat der Mönche zur Verbannung in das abgelegenste Kloster des Ordens und zu 1 Jahr und 1 Tag der Einkerkerung daselbst verurteilt worden, hat jedoch seine Strafe noch nicht angetreten. Man äußert große Teilnahme für ihn bei dem Herrn Kardinal von La Rochefoucauld, seinem General-Superior, dem er sein Vorhaben mitgeteilt hatte, und man hofft, daß er mit der Angst davonkommen werde."[9] Dom Pech wurde tatsächlich begnadigt, aber wohl nur unter der Bedingung, endgültig der Luftfahrt abzuschwören. Weniger glimpflich kam Blanchard davon. Ob aus obrigkeitlichem Ärger über die großspurigen, nicht bewiesenen Steuerungsbehauptungen oder, wie andere meinen, weil er seinen Ballon mit dem Wappenspruch der Montgolfiers „sic itur ad astra" geschmückt hatte, oder auch durch Einflußnahme der Kirche – Blanchard mußte den Marsfeldaufstieg mit Verbannung aus Paris büßen. So packte er das Fluggerät zusammen und zog nach Hause, die Seine abwärts. Und schon am 23. Mai stieg er wieder in Rouen auf, bei der Landung von erschreckten Bauern, die den Luftballon für ein fremdes Ungeheuer hielten, mit Schrot beschossen. Zwei Monate später, am 18. Juli, startete er zusammen mit einem ersten zahlenden Gast, Herrn Boby, ebenfalls von Rouen aus zur dritten Fahrt. Über diese mehr als dreistündige nachmittägliche Reise verfaßte Blanchard erneut einen schriftlichen Bericht, der hier in einem längeren Auszug zitiert sei, weil er einiges von der Betroffenheit der Menschen spürbar werden läßt, die zum Himmel aufblickten und zum ersten Mal das völlig Unvertraute, das für sie Bedrohliche wahrnahmen.

„Nachdem wir eine leichte Wolke durchfahren hatten, erblickten wir das Meer. Es erstrahlte vor uns in der Ferne gleich einem Spiegel. Ich entdeckte darauf einen kleinen schwarzen Punkt, sagte aber meinem Gefährten nichts davon, ruderte mit allen Kräften immer abwärts, um möglichst schnell vorwärts zu kommen. Dieser kleine schwarze Punkt wurde mit jedem Augenblick größer, und ich erkannte in ihm nun ein Seeschiff. Mein Gefährte, der sich mit Betrachtung der Vielgestaltigkeit und Vielfarbigkeit der Wolken beschäftigte, sagte zu mir: ‚Ich höre das dumpfe Getöse von einem Sturm, entsteht dieses aus einem Kampf unter den Wolken oder aus irgendeiner anderen Ursache auf der Erde?

‚Es ist nichts!' antwortete ich ihm.

Aber etwas weiterhin, als ich immer tiefer und tiefer hinab ruderte, sagte er: ‚Jenes Getöse wird stärker und ähnelt dem der Meereswogen.'

‚Sie täuschen sich auch nicht, mein lieber Reisegefährte. Drehen Sie sich nur um, und Sie werden die prachtvollste Aussicht genießen.'

Der Anblick der See entzückte, bezauberte ihn, und er unterschied auch sogleich das Schiff. Ich sprach zu ihm: ‚Nun gilt die Frage, ob wir diese Überfahrt unternehmen.'

‚Ich will es wohl', antwortete er mir mit der größten Zuversicht. ‚Sie allein haben darüber zu bestimmen, denn sie haben sich wohl während der ganzen Fahrt sattsam überzeugt, welches Vertrauen ich Ihren Manövern schenke. Ich überlasse mich ganz ihrem Willen, was Sie beschließen werden, soll auch mein Beschluß sein.'

Aber bevor ich zu einer solchen Überfahrt mich entschloß, stellte ich in Betrachtung, daß hier noch andere Vorsicht anzuwenden wäre als über dem Lande. Vor allem die vorgerückte Stunde flößte mir die Besorgnis ein, daß das Unternehmen nur eine Tollkühnheit wäre, und daher hielt ich es nach einiger Überlegung für das Angemessenste, die Niederfahrt anzutreten. Herr Boby fügte sich bereitwillig in jeden meiner Wünsche. Dies war das einzige Mal, wo ich mich der Klappe bediente, um uns hinabzulassen. Sie leistete auch ihre Dienste vollkommen. Herrn Boby, der das Barometer untersuchte, sagte zu mir: ‚Mein Herr, wir sinken sehr schnell!' ‚Das müssen wir auch', antwortete ich ihm, ‚wir sind dem Meer zu nahe, um ein allzu schiefes Niederfahren wagen zu dürfen, indem wir sonst ins Wasser geraten könnten.'

Wir hörten von allen Seiten Geschrei und sahen aus verschiedenen Richtungen Haufen von Landleuten herbeiren-

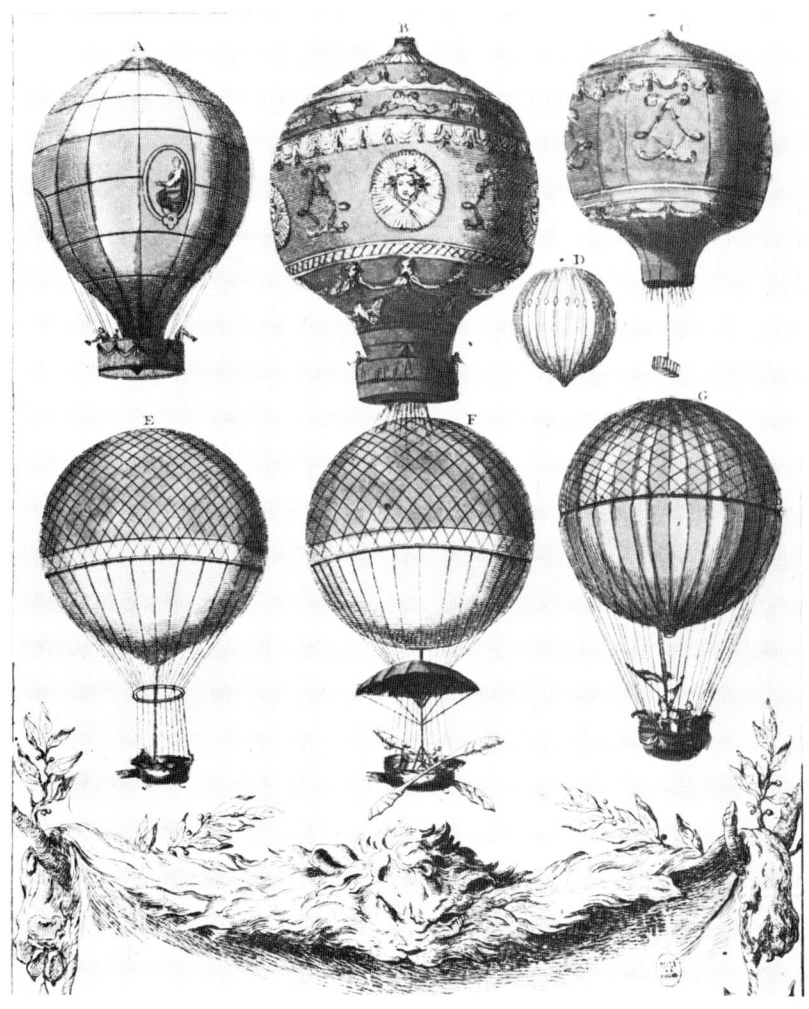

Ballonsysteme und Formen von 1783 bis 1784
(Kupferstich von 1784)

nen. Ich bezeichnete hierauf meinem Freund die Gegend der
Ebene, wo wir uns niederlassen wollten, und ruderte aus
allen Kräften darauf los. Wir ließen uns ganz leicht auf einem Kleestück nieder. ‚Ach, mein Herr, welch majestätische
Niederfahrt!‘ rief Herr Boby aus. Als er aber eine Schar von
Bauern herbeieilen sah, fuhr er fort: ‚Fliegen wir doch wieder auf, wer weiß, was die Leute vorhaben!‘ Und augenblicklich erhoben wir uns wieder in eine Höhe von 1200
Fuß. Meine Flügel allein brachten diese Wirkung hervor,
und zwar um so leichter, weil wir mit der Atmosphäre im
Gleichgewicht standen; die Luft war ganz ruhig und die
leichteste Bewegung mit den Rudern trieb uns auf- oder

abwärts. Das Geschrei der Bauern lud uns ein, zu ihnen hinabzukommen. Ich manövrierte demgemäß. Aus einer Höhe von ungefähr 100 Fuß redeten wir sie an – einige von diesen Leuten standen ganz in Andacht versunken mit gefalteten Händen, andere lagen auf den Knien; die Kühnsten betrachteten uns staunend und riefen:

,Seid Ihr Menschen oder Götter? Wer seid Ihr? Gebt Euch zu erkennen!

Wir erwiderten:

,Wir sind Menschen wie Ihr und da habt Ihr den Beweis!'

Wir zogen unsere Oberkleider aus und warfen sie ihnen hinab. Sie rafften sie begierig zusammen, und wir stiegen wieder höher, während wir gewärtig waren, daß die Leute in ihrer ungeheueren Neugier unsere Kleider in Stücke reißen würden, da solche jeder zuerst sehen und betasten wollte. Dieses Schauspiel belustigte uns sehr. Als wir sie endlich von unserm Menschsein vollkommen überzeugt zu haben glaubten, als sie immer dringender uns zu sich einluden und sich zu allen möglichen Diensten erboten, beschlossen wir, uns zu ihnen hinabzulassen. Die guten Leute streckten uns die Arme entgegen schrieen, jauchzten, weinten und lachten bunt durcheinander vor Freude. Wir kamen so sanft über ein Getreidestück herab, daß uns die Ähren trugen. In dieser Lage fuhren wir eine Strecke weit fort, und es war in der Tat ein majestätischer Anblick, uns so über ihren Häuptern dahingleiten zu sehen. Endlich landeten wir gänzlich und sahen uns augenblicklich von einer zahllosen Menschenmenge umdrängt, die meisten vor Staunen noch unfähig, ein Wort hervorzubringen. In ihrer Gegenwart schrieben wir in unserm Schiffchen das Protokoll des Reiseberichts."[10]

Vier Monate nach dieser Fahrt, im Herbst des Jahres 1784, saß Jean-Pièrre Blanchard in der Herrenrunde des „Ballon-Clubs" im verwunschenen Twickenhamer Schloß Horace Walpoles. Er hatte Frankreich, des Spottes und der Anfeindungen überdrüssig, verlassen und hoffte nun, wenigstens in einem Land, das in der Ballonfahrt Nachzügler war, auf die ersehnte Anerkennung, vor allem aber auf die notwendige finanzielle Unterstützung. In diesem zweiten Punkt konzentrierten sich Blanchards werbende Bemühungen auf zwei Gentlemen des Clubs, die geeignet schienen, dem aus Rouen mitgebrachten Ballon in die Höhe zu helfen. Beides Ärzte, deren wissenschaftliches Interesse sie in diesen Kreis geführt hatte. Der beleibtere, Dr. John Sheldon, Mitglied der „Royal Society" und anerkannter Anatom, galt als exzentrisch, zumal er irritierten Gästen gern eine umfangreiche anatomische Sammlung zeigte, zu der auch der einbalsamierte Körper seiner verschiedenen Gattin gehörte. Neben ihm ein gerade 40jähriger Arzt aus Boston, Dr. John Jeffries, der nach dem Examen in Schottland einige Zeit als Wundarzt in der Königlich-britischen Marine in seiner Heimat gedient hatte und, als überzeugter Monarchist, nach dem Unabhängigkeitskrieg wieder nach London zurückgekehrt war. Jeffries arbeitete mit dem berühmten Chirurgen Hunter zusammen, besaß einen untadeligen Ruf, lebte komfortabel am Cavendish Square und widmete sämtliche freie Zeit dem Studium der Meteorologie. Mit beiden sollte Blanchard Erfolg haben.

Als erster durfte Sheldon den Mäzen spielen und die Kosten für Gasfüllung und Mitfahrt übernehmen. Am 16. Oktober 1784 wurde der oben grün, unten gelb gefärbte Ballon aus Seidenstoff auf dem Platz vor Lochees Militär-Akademie in Gegenwart eines stattlichen Publikums in Rekordzeit von eineinhalb Stunden gefüllt, so daß Blanchard und Sheldon bereits kurz vor Mittag das Zeichen zur Abreise geben konnten. Mit an Bord: ein Taubenkäfig und das Schoßhündchen des Luftschiffers. Es gibt über diese Fahrt zwei berichtenswerte Vorkommnisse. Zum ersten Mal benutzte Blanchard während des Fluges nicht nur seine Ruder, sondern auch etwas, das er „Moulinet" nannte, einen rotierenden Fächer – Vorläufer der späteren Luftschraube –, der, von Hand gedreht, den Ballon vorwärts treiben sollte. „Während der Reise", schreibt Blanchard, „wirkte die ‚Fliege' auf die Luft wie eine Schraube. Es erschien mir als die einfachste und wirkungsvollste Form wie der Aeronaut bei Windstille vorwärts kommen kann."[11] Der zweite Punkt betrifft Blanchards Charakter und spricht nicht zu seinen Gunsten. Offenbar verärgert, bei der England-Premiere die Gondel und damit die Ehre mit jemandem teilen zu müssen, reagierte er sich auf reichlich rüde Weise ab. Als der schwerbeladene Ballon zu langsam stieg und Gefahr einer Kollision mit nahen Bäumen und einem Gebäude entstand, warf der beleidigte Franzose kurzerhand die kostbaren wissenschaftlichen Instrumente seines zahlenden Fahrgastes über Bord. Ob sich die beiden in der Gondel anbrüllten, ist schriftlich nicht belegt. Fest steht nur, daß Blanchard in Sunbury zwischenlandete und Sheldon aussteigen ließ, der dann das zweifelhafte Vergnügen hatte, dem davonschwebenden Ballon auf einem geliehenen Pferd zu folgen. Für ihn sollte das die erste und letzte Luftfahrt seines Lebens bleiben.

Der nächste, der das Privileg erhielt, für einen Flug mit dem reizbaren Luftschiffer 100 Pfund zu bezahlen, war Dr. Jeffries, der zuversichtlich hoffte, daß die Erfindung der Luftfahrt endlich zu etwas Nützlichem führen würde, nämlich „die Natur und die Eigenschaften der Atmosphäre, die uns umgibt, zu erforschen." Von dieser Idee fasziniert, erkannte Jeffries immer deutlicher, daß sich für die Wissenschaft, wie er in seinem schriftlichen Bericht ausführt, „ein neues gewaltiges Tätigkeitsfeld auftat, auf dem viele in einer gemeinsamen Anstrengung ohne Gefahr gegenseitiger Störung arbeiten könnten." Und er bekennt: „Ich bekam den Ehrgeiz, einer von ihnen zu werden; mir war bewußt, daß bei einem so neuen Gegenstand uns nichts so sehr befähigen würde, richtige Urteile zu fällen und der Wahrheit näher zu kommen wie eine Vielfalt von Experimenten; und auch solche, die scheitern, verdienen Nachsicht, obwohl sie keinen Anteil am Verdienst haben, so doch wegen der Bedeutung ihrer Motive."[12] Weil Jeffries Gründe für eine Luftfahrt rein wissenschaftlicher Natur waren, kritisierte er Aufstiege, die sich nur auf das Flugtechnische, auf die Sicherheit des Apparates und das Vergnügen der Passagiere beschränkten. Vor Antritt seiner ersten Luftreise mit Blanchard stellte er deshalb einen Katalog mit vier Punkten auf, denen er seine Aufmerksamkeit widmen wollte.

„Erstens: die Kräfte des Auf- und Abstiegs, während des Schwebens und Treibens in der Luft. Zweitens: die Wirkung der Ruder oder Flügel auf die Steuerung und den Kurs des Ballons. Drittens: den Zustand der Temperatur der Atmosphäre in verschiedenen Höhen. Viertens: die Beobachtung der unterschiedlichen Bahnen und Strömungen der Luft oder Winde in bestimmten Schichten, um auf die allgemeine Theorie der Winde neues Licht zu werfen."[13] Jeffries fühlte sich, wie er absichtsvoll bescheiden in seinem Bericht erwähnt, „ängstlich, zu diesen bedeutenden Entdeckungen sein Scherflein beitragen zu wollen",[14] doch er begann, nach Blanchards Zusage, hoffnungsvoll und zielstrebig mit den Vorbereitungen. Das war nicht ganz einfach, weil in London inzwischen bei zwei mißlungenen Versuchen einiger Schaden auf zahlreichen Grundstücken entstanden war, so daß sich jeder, der geeignetes Gelände in der Stadt oder ihrer Nähe besaß, weigerte, es für einen solchen Zweck zur Verfügung zu stellen. Was Blanchard und Jeffries schließlich händeringend suchten, war offenes Gelände, ein Platz wie der Hyde-Park oder Kensington-Garden, damit sich die Operation der Ballonführung ohne Störung durch Zuschauer abwickeln ließ und der Start nicht mit viel Ballastabgabe senkrecht erfolgen mußte, um eine Kollision mit Hindernissen zu vermeiden. Aber all diese Vorteile blieben den beiden versagt, sie fanden den wohl ungeeignetsten Fleck in London, Mackenzies' Rhedarium, einen Hof, der von hochaufragenden Gebäuden geradezu umstellt war. Und das auch noch, so klagte Jeffries, nachdem sie den Termin festgelegt hatten, „an einem der kürzesten Tage des Jahres, inmitten des Nebels und der Wolken des November."

Doch am 30. November 1784 stiegen sie in Mayfair vom Rhedarium zwischen der Park Lane und Parkstreet auf, in Gegenwart des Prinzen von Wales und der ballonbegeisterten Herzogin von Devonshire, die bis kurz vor dem Abheben eine der Leinen festhielt. Der Start zwischen den Häusern und zahllosen Schornsteinen geriet äußerst schwierig, aber Blanchard beeindruckte die illustre Menge durch geschicktes Manövrieren, so daß ihn alle als den größten Aeronauten priesen, zum Verdruß Vincenzo Lunardis, der immer eifersüchtiger beobachtete, wie der Neuankömmling vom Kontinent ihm die Gunst des Publikums streitig zu machen begann.

Offenbar verstand es der Amerikaner Jeffries besser als sein unglücklicher Kollege Sheldon, mit dem heiklen, temperamentvollen Franzosen umzugehen. Er beschränkte sich auf die selbstgestellten Aufgaben und führte, ohne sich dessen bewußt zu sein, die ersten wissenschaftlichen Untersuchungen in der Luftfahrtgeschichte durch. Unmittelbar nach dem Aufstieg, 38 Minuten nach zwei Uhr, trug er bereits erste Beobachtungen in eine vorbereitete Tabelle ein: Stunde, Minute, Temperatur, Stand des Barometers, Hygrometers und Electrometers. Das Barometer hatte er sich extra von Jones in Holborn teuer anfertigen lassen, während das Thermometer nur Taschenformat besaß, allerdings mit zwei Skalen, „Farenheit's und Reaumur's". Außerdem führte er mit „ein schmales Fläschchen, zu zwei Dritteln mit normalem Wasser gefüllt und sechs andere, die, mit Glaskorken verschlossen, destilliertes Wasser enthielten, numeriert waren und in verschiedenen Höhen entleert und dann wieder verschlossen werden sollten, um Proben der Luftschichten zu sammeln",[15] die später von Dr. Blagden, dem Sekretär der „Royal Society", analysiert werden sollten. Kein geringerer als Henry Cavendish, dessen Forschungen auf dem Gebiet der Gase als bahnbrechend galten, hatte ihm die Flaschen mitgegeben. Ergänzt wurde die wissenschaftliche Ausrüstung durch einen Marine-Kompaß, ein „sehr gutes Telescope" und einige Meter sehr dünnen, farbigen Seidenbandes, das, in kleine Stücke geschnitten, die Bewegungen des Ballons und der Luft anzeigen sollte. Zum Zerschneiden befand sich in Jeffries Manteltasche nicht nur eine Schere, sondern zur Sicherheit auch noch ein besonders scharfes Messer, und weil er normalen Federhaltern mißtraute, führte er einen aus Silber mit, der hervorragend funktionierte. Umsichtig vorplanend hatte er auch so viele Landkarten an Bord, daß sie in jede nur mögliche Richtung im weiten Umkreis von London getrieben werden konnten. Blanchards Ausrüstung war schlichter: warme Kleidung, die britische Fahne und eine mit dem Wappen der Familie Devonshire, dazu ein Paket mit Werbebroschüren und am Boden der Gondel ein kleiner Hund.

Mit wenig Wind trieb der Ballon langsam nach Osten. Und nachdem sie die Flaggen ausreichend geschwenkt und Freunde gegrüßt hatten, begann Blanchard, seine Ruder einzusetzen, „die, obwohl unzulänglich, den Ballon zu regieren", bemerkt Jeffries, „mir doch sehr wesentlich den Kurs zu beeinflussen schienen, den Aufstieg und das Vorwärtskommen des Ballons; und mit welchen wir, bei Einsatz eines Ruder oder Flügels, stets Gondel und Ballon drehen konnten, entweder ganz oder teilweise; diese Umstände erhöhten das Vergnügen und die Abwechslung der herrlichen Aussicht unter uns. Meine Gefühle sind nicht leicht zu beschreiben: Freude und Frohlocken, daß zuletzt jedes Hindernis gekommen wurde, frei in einem grenzenlosen Raum; und frei von der Angst einiger und dem Beifall anderer, von der ungeheuren Menge von Leuten unter uns."[16] Vergeblich versuchte Jeffries, sich nur auf die Skalen seiner Geräte und Aufzeichnungen zu konzentrieren, die Großartigkeit der Szenerie lenkte ihn immer wieder ab. Auf den Plätzen und Straßen starrten Passanten staunend nach oben, die ihnen „allmählich aus unserer Sicht bloß wie Pygmäen" vorkamen und dann von ersten Nebelschwaden verdeckt wurden. Einige

Minuten später tauchte die Kuppel der St. Pauls Kathedrale zwischen den sich verschiebenden Wolken auf und erschien den beiden Männern wie eine in der Luft aufgehängte Glocke, da das riesige Gebäude keine Verbindung mit dem Erdboden zu haben schien. Sie warfen eine Handvoll Broschüren in die Tiefe und sahen sie in verschiedene Richtungen davonflattern. Zwölf Minuten nach dem Start kreuzten sie zweimal die Themse und entdeckten über sich erste lichte Flecke azurblauen Himmels. Für seinen Freund Thayer, der dem Ballon zu folgen versuchte, warf Jeffries als Zeichen ein Taschentuch über Bord, das einige Zeit in Sicht blieb und hinter ihnen herzufliegen schien. Dann öffnete er kurz die Flasche Nr. 6, verschloß sie sorgfältig und trug in die Tabelle ein: „drei Uhr drei Minuten, Thermometer 35 Grad, Barometer 25 Inches, Hygrometer 3 Grad, trocken" – nur das Electrometer rührte sich nicht.

Für Augenblicke erschien ihnen die von Sonnenflecken gesprenkelte Erde „wie eine wunderschön bemalte Karte oder ein Teppich", die Themse wie ein schmales Bachbett, auf dem kleine Kanus fahren. Durch das langsame Kreisen des Ballons um die eigene Achse erhöhte sich der Reiz des Ausblicks auf die ständig wechselnde Landschaft, auf „die größte und reichste Stadt der Welt", wie Jeffries berichtet, „mit ihren Tausenden von Schiffen (beinah den Themsefluß bedeckend), den großen Quellen ihres Reichtums und ihrer Bedeutung, und die fruchtbaren Ufer des Flusses, mit den volkreichen Dörfern und prächtigen Landhäusern in ihrer Nachbarschaft. Sie würden, wie man so sagt, aus der Vogelschau vor uns gelegen haben, wenn nicht der Dunst der Atmosphäre uns häufig des Anblicks dieser ungeheuren Szene beraubt hätte."[17]

Durch das angestrengte Schauen, das Ablesen der Meßwerte und Hantieren mit den Phiolen war Jeffries so beschäftigt, daß er sich über seine außergewöhnliche Lage zwischen Himmel und Erde keine Gedanken machte. Er fühlte sich völlig sicher und beobachtete Blanchard, der nur ein unverständliches Murmeln von sich gab und mit großer Hingabe an seinen Steuerflügeln arbeitete. Diese Anstrengungen bewertete Jeffries nach der Fahrt positiv, er glaubte fest an eine gewisse Wirkung, vor allem beim Aufstieg, und hoffte, daß künftige Verbesserungen an dem merkwürdigen Ruderapparat dazu führen könnten, den Ballon vor allem bei schwachem Wind zuverlässig zu steuern.

Die beiden Luftfahrer setzten ihren Aufstieg fort, verloren Sonne und Erde außer Sicht und schwebten an gewaltig geformten und dunkelgrau bis weiß gefärbten Wolkensäulen nach oben. Beißend machte sich die Kälte bemerkbar. Der Hund begann zu zittern und seine Augen tränten. Blanchard setzte sich eine gefütterte Mütze auf, und Jeffries spürte plötzlich ein singendes Geräusch in den Ohren. Er folgte dem Beispiel Blanchards und holte seine warme Pelzkappe hervor. Noch einmal flogen Broschüren und verschiedene andere kleine Schriften über den Gondelrand. Obwohl sich die Ballonhülle, beim Start nur unzulänglich gefüllt, mehr und mehr ausdehnte, drängte Jeffries seinen Führer, das Steigen so lange fortzusetzen, wie keine Gefahr für die Sicherheit bestand, weil er noch weitere Flaschen füllen wollte. 23 Minuten nach drei stellten sie mit ausgeworfenen Stoffstreifen fest, daß sie immer noch Höhe gewannen. Tief unter ihnen trieben die Wolken, und gelegentlich konnten sie ein Stück Erde erkennen. Ihre Füße schmerzten vor Kälte. Um halbvier hatten sie den Eindruck, daß der Ballon seine größtmögliche Prallheit erreicht haben mußte. Jeffries beschriftete die Flasche Nr. 3, dann leiteten sie den Abstieg ein, indem sie beide Schläuche, durch die der Ballon gefüllt worden war, öffneten und zusätzlich das Ventil zogen. Der Medway-Fluß kam in Sicht, und sie fielen schneller als erwartet, so daß sich die Gegenstände unter ihnen rasch vergrößerten. Deshalb banden sie die nach außen gehängten Schläuche zu und zogen sie in die Gondel. Wälder und Gehöfte waren jetzt zu unterscheiden. Um sich vor der Landung noch durch einen Imbiß zu erfrischen, tranken sie einige Gläser Wein, stießen auf das Wohl der Freunde unter ihnen an und aßen kalte Hühnchen. Nach einigem Suchen auf der mit Kursmarkierungen übersäten Karte stellte Jeffries fest, daß sie sich zwischen Dartford und Creyford in der Grafschaft Kent befanden.

Das Glücksgefühl, der Erde wieder näherzukommen, wurde durch die Erkenntnis getrübt, daß der Ballon zu viel Gas verloren hatte und zu wenig Ballast übrig war, dies auszugleichen. So warfen sie alles Entbehrliche über Bord und sahen sich mit zunehmender Geschwindigkeit auf das Flußufer zutreiben. Kurz vor vier Uhr fiel der erste Anker, zwei Minuten später der zweite, der mit Leinen von 50 Metern Länge am Ballonnetz befestigt war. Die Anker schlugen auf, hielten aber nicht, so daß sie weiterschleiften, durch die Wipfel einiger Bäume brachen, ein Flügel und das Moulinet wurden weggerissen. Vergeblich versuchte Jeffries, einen der Äste zu ergreifen. Immer wieder stieß der Korb hart auf den Boden und schleuderte empor. Ein Mann rannte hinter ihnen her, faßte eine der Ankerleinen, war aber nicht in der Lage, die Fahrt zu stoppen. Mit weit offenem Ventil wurde der Ballon schwerer, und schließlich gelang es heranlaufenden Bauern, die Gondel zum Stillstand zu bringen. Eine Stunde und 21 Minuten nach dem Aufstieg vom Rhedarium war die Fahrt beendet. Aus der Umgebung strömten die Menschen in Scharen zusammen, und als einige auf dem Boden der Gondel Reste der Hühnchen und ein paar Bissen Brot entdeckten, blieb Jeffries nichts anderes übrig: „Auf ihr dringendes Bitten teilte ich alles fast in Atome, und jeder war begierig, einiges von dieser Nahrung zu bekommen, welche sie buchstäblich hatten aus den Wolken fallen sehen.“[18]

Mit dem wissenschaftlichen Ergebnis der Fahrt war Jeffries zufrieden, auch wenn er betont, daß „von weniger als einundhalb Stunden an einem Winternachmittag nur wenig erwartet werden kann, und daß, um Experimente dieser Art nützlich zu machen, der längste Sommertag das Beste wäre. Der Ballon sollte um sechs oder sieben Uhr morgens losgelassen werden, und mit einer solchen Menge von Gas und Ballast ausgerüstet sein, daß jene, die mit ihm aufsteigen, nicht unter den Zwang geraten, vor Einbruch der Nacht zu landen.“[19] Allen besorgten Zeitgenossen, die befürchtet hatten, daß in der späten Jahreszeit eine Berührung der Wolken gefährlich werden könnte, weil sie stark mit elektrischer Flüssigkeit aufgeladen seien, hielt Jeffries entgegen, daß sein Electrometer während der ganzen Fahrt keine Ausschläge gezeigt habe – aber ein einzelnes Experiment ließe keine Schlußfolgerungen zu, und so stellte er vorsichtig fest: „Wie weit diese Gefahr tatsächlich existiert, wage ich nicht zu entscheiden.“[20]

Aus wissenschaftlicher Sicht muß dieses allererste tastende Forschen am Himmel als ein wichtiger Schritt gewertet werden, aber auch luftfahrerisch war die Reise ein Erfolg, und Jeffries versäumte es nicht, in seinem Bericht die gute und sorgfältige Führung durch den Aeronauten Blanchard lobend zu erwähnen. Offenbar verstanden sich die beiden trotz ihrer Gegensätzlichkeit, und so überraschte es nicht, daß sie wenige Wochen später mit einem Plan an die Öffentlichkeit traten, von dem Jeffries behauptete, „den ich mir gänzlich allein vorgenommen hatte." Heute läßt sich nicht mehr eindeutig klären, wessen Einfall es wirklich war – ob im „Ballon-Club" Rozier, der in Paris an einem völlig neuen Apparat arbeitete, zuerst die Sprache darauf brachte, oder Lunardi oder einer der reichen englischen Adligen – jedenfalls unmittelbar nach dieser Fahrt von London nach Kent beschlossen Jeffries und Blanchard, sich gemeinsam auf ein Unternehmen einzulassen, das eine waghalsige Herausforderung der Gefahr und ein großes geschichtliches Abenteuer werden sollte.

Das Duell um den Kanal – 1785

Jean-Pièrre Blanchard – John Jeffries – James Sadler – Pilâtre de Rozier

Noch nie hatte es ein Aeronaut gewagt, sich bei einer Luftreise über eine größere Wasserfläche treiben zu lassen. Im Juli 1784 stand Blanchards Ballon bei der zweiten Fahrt von Rouen nach Passieren Neufchâtels auf der Höhe vor Dieppe am englischen Kanal. Pilot und Passagier waren zwar vom Anblick der See „entzückt und bezaubert", entschieden sich aber doch, da sie das Unternehmen einer Überquerung an dieser Stelle – Eastbourne und Brighton sind mehr als hundert Kilometer entfernt – für eine Tollkühnheit hielten, rechtzeitig zur Landung.

Jetzt – im Dezember – sollte ein neues Kapitel der Luftfahrt beginnen. Blanchard und Jeffries verkündeten in London ihre Entscheidung, den Kanal an seiner schmalsten, nur 32 Kilometer breiten Stelle von Dover nach Calais zu überqueren. Die Veröffentlichung wirkte wie ein Paukenschlag, der auf beiden Seiten der Wasserstraße heftige Reaktionen auslöste: Tadel für die selbstmörderische Tat, aber auch Ermutigung und Beifall. In England blühte sofort die Wettleidenschaft: auf Gelingen oder Scheitern wurden mehr als 100 000 Pfund Sterling gesetzt. Die beiden Männer beschleunigten ihre Vorbereitungen, als durchsickerte, daß es zwei weitere Konkurrenten gab, die denselben Plan zur selben Zeit verfolgten: Pilâtre de Rozier und James Sadler, ein Pastetenbäcker mit gutgehender Konditorei in Oxfords Highstreet. Ihm war es am 4. Oktober 1784, also knapp drei Wochen nach Lunardis beklatschtem britischen Jungfernflug, als erstem Engländer gelungen, in Oxford mit einer Montgolfière aufzusteigen. Die Fahrt endete nach 6 Kilometern kurz hinter Woodeaton und hätte noch erfolgreicher sein können, wenn Sadler nicht versehentlich die unentbehrliche Feuergabel über Bord gefallen wäre, so daß der erkaltende Ballon vorzeitig zur Erde sank.

James Sadler, handwerklich geschickt und auch noch couragiert, mußte als Konkurrent ernst genommen werden. Wie zielstrebig er sich auf das neue Feld der Luftfahrt begab, zeigt, daß schon einen Monat nach dem Heißluftaufstieg ein Gasballon angefertigt war. Mit ihm startete er im Oxforder Physic Garden und landete nach 14 Meilen bei heftigem Südwest-Wind so hart, daß der Ballon eine erhebliche Strecke über den Erdboden schleifte, an einem Baum hängenblieb und völlig zerstört wurde. Wie durch ein Wunder blieb Sadler unverletzt. Durch dieses Erlebnis jedoch nicht im mindesten entmutigt, nahm er sofort ein neues Projekt in Angriff: den Kanalflug von Dover nach Calais mit einem eigens dafür konstruierten Ballon, der sich zwölf Stunden in der Luft halten sollte. Während Blanchard und Jeffries ihre Ausrüstung verpackten, überwachte Sadler in Oxford das Beladen eines Lastkahns, mit dem sein Fluggerät Themse-abwärts gebracht werden sollte. Ziel der ersten Etappe: London.

Weniger gefährlich erschien dem Franzosen und Amerikaner die Herausforderung durch ihren Freund Pilâtre de Rozier, der etwa zur selben Zeit den Entschluß bekanntgab, den Kanal aus der Gegenrichtung, vom Festland her, zu überfahren. Rozier, der erste Luftfahrer in der Menschheitsgeschichte, hatte es in Paris ohne große Mühe geschafft, einflußreiche Verbindungen ausnutzend, Unterstützung für sein Vorhaben zu erhalten. Sogar der Hof in Versailles zeigte sich wohlwollend interessiert, zumal es galt, einen möglichen englischen Triumph zu vereiteln. Und so wies der König höchstpersönlich den Generalkontrolleur der Finanzen, Charles Alexandre de Calonne, an, Rozier 150 000 Livres auszuzahlen. Eine beträchtliche Summe für einen Staat, der kurz vor dem Bankrott stand. Denn alle Versuche, durch eine Reform der Steuerprivilegien von Adel und Geistlichkeit neue Geldquellen zu erschließen, waren bisher gescheitert. Doch wenn trotz leerer Kassen für Marie Antoinettes Vernarrtheit in Juwelen und für ihre Feuerwerke, Redouten und Schäferspiele Millionen verschwendet wurden, warum nicht auch Geld für eine Sache, die vielleicht sogar noch militärischen Nutzen versprach?

Inzwischen waren Blanchard und Jeffries, angetrieben von der Sorge, den Wettlauf mit Sadler zu verlieren, und ungeachtet des miserablen Wetters, nach Dover abgereist, wo sie am 17. Dezember eintrafen. In der winterkalten Hafenstadt entwickelte sich nun zwischen den künftigen Kanalfahrern eine unschöne Auseinandersetzung, über die einer der entsandten Zeitungskorrespondenten mit Datum vom 4. Januar 1785 berichtete: „Die Luftreise des Herrn Blanchard veranlaßt wunderliche Scenen. Herr Blanchard, welcher die Gefahr seiner Unternehmung empfindet, untersuchte heut sein Fuhrwerk. Er glaubte, daß, um sich über den Canal zu schwingen, dasselbe nicht leicht genug gemacht werden könne, und daß er folglich dem nothwenigen Ballast, den er einnehmen müsste, das Gewicht eines Reisegefährten nimmer beifügen könne. Er erklärte also dem Doktor Jeffreys, daß er ihn nicht mitnehmen könne."[1]

Der wahre Grund – auch in Erinnerung des Zwischenfalls mit Sheldon – ist leicht zu erraten: Blanchard ertrug es wieder einmal nicht, Ehre und Ruhm zu teilen. Unter fadenscheinigen Vorwänden verweigerte er dem Partner den Zugang zum Normannen-Kastell über der Stadt, in dem sich Ballon und Füllgeräte befanden. John Jeffries, ein Mann von vorzüglichen Manieren, einiger Bildung und gelassenem Temperament, fühlte sich auf zweifache Weise brüskiert. Er hatte Blanchard nicht nur den Weg nach Dover geebnet, Genehmigungen eingeholt und einflußreiche Persönlichkeiten für den Plan interessiert, sondern auch die gesamten Kosten in Höhe von 700 Pfund aus seinem Privatvermögen bezahlt. Jetzt kam er sich wie ein Schiffseigner vor, dem sein angeheuerter Kapitän den Gehorsam verweigert. Und weil er den möglichen Nachruhm einer solchen Tat einzuschätzen wußte, griff er zu ungewöhnlichen Mitteln. Der sonst so friedfertige Arzt erschien an der Spitze eines Trupps von bewaffneten Matrosen vor den Toren Dover-Castles, verlangte die Herausgabe des Ballons und drohte im Falle der Verweigerung mit gewalttätigem Angriff. Der auf diese ungewöhnliche Weise belagerten, nur von einigen Pensionären verteidigten Festung eilten Soldaten aus der Garnison zu Hilfe. Die zugespitzte, reichlich absurde Lage ließ sich erst entspannen, nachdem der Gouverneur eingriff und beide Kampfhähne zu Waffenstillstandsverhandlungen in seinen Amtssitz einlud. Zuerst durfte Jeffries dem Statthalter des Königs unter vier Augen die Ursache des Zerwürfnisses darstellen, den Wortbruch Blanchards und die zahlreichen feindseligen und listigen Versuche, ihn, den Initiator und Finanzier des gesamten Unternehmens, auszuschalten. Vor allem der letzte Punkt, das Geld, überzeugten den Gouverneur, aber auch die Entschlossenheit, mit der dieser Amerikaner für seine Sache stand, die gefährliche Reise über die Meerenge unter allen Umständen zu wagen, auch allein, ohne Blanchard, wenn der sich weiter verweigern sollte. Noch mehr beeindruckte den Offizier die feierliche Erklärung des eher schmächtigen Arztes, daß er im Fall einer Notlage bereit sei, aus der Gondel zu springen, um Blanchards Leben zu retten. Dem dann auf Jeffries Wunsch hereingeführten Aeronauten blieb nichts anderes übrig, als den Schiedsspruch des Gouverneurs anzunehmen; und der lautete: zu zweit über den Kanal. – Diese Übereinkunft wurde sofort in Form eines Vertrages festgehalten, den beide unterzeichnen mußten. Jeffries konnte den noch vor dem Schloßtor wartenden Matrosen Order geben, sich zurückzuziehen. Auf seine Kosten verschwanden sie, um ihre Schlägerei betrogen, murrend in den Kneipen am Hafen.

Dieser Eklat blieb jedoch nicht der einzige Mißton, der in den zwanzig Wartetagen aus Dover in die Welt drang. Neidisch darauf, daß Rozier auf der gegenüberliegenden Seite des Kanals für sein Unternehmen das Geld vom französischen Hof erhalten hatte, und immer noch gekränkt über die eigene Vertreibung aus Paris, gab Blanchard herausfordernde Erklärungen ab: „Der Regierung von Frankreich wird es wohl unangenehm sein, daß es einen Blanchard gibt, der die Stirn besitzt, Gegenspieler des berühmten und gefeierten Charlatans Pilâtre zu sein. Welch ein Gebaren der französischen Regierung! Kaum bin ich in Dover, schickt sie Pilâtre nach Boulogne, damit er über mich triumphiere. Meinetwegen. Ich pfeife darauf! Sie sollen ihren Nasenstüber bekommen!"[2] Überraschenderweise reiste der „berühmte und gefeierte Charlatan" Anfang Januar mit einem Postboot von Boulogne nach Dover, um die Abfahrt seines Nebenbuhlers beobachten zu können. Bei den versammelten neuigkeitshungrigen Journalisten fielen Roziers Äußerungen über die Belastbarkeit des Ballons sofort auf fruchtbaren Boden: „Da das Urtheil eines solchen Mannes, eines Zunftmeisters, Gewicht hat, so mus man es nicht übergehen. Wenn Herr Blanchard alleingeht, sagte er, so wären 6 gegen 1 zu sezen, daß er untertauche: aber wenn er den Doktor mitnehmen müßte so wären 10 zu 1 auf diesen Ausgang zu verwetten."[3]

Als Rozier, des vergeblichen Herumsitzens überdrüssig, nach London abreiste, zeterte Blanchard deshalb giftig hinter ihm her: „Pilâtre wollte mir einen Judasstreich spielen und hat mich in Dover besucht. Er wollte mich erschrecken, indem er mir sagte, sein Apparat liege startbereit in Boulogne, und zwar mit Unterstützung der Regierung. Aber dazu müßte er früher aufstehen! Ich bin nicht neidisch auf sein Glück, aber ich werde über seinen Kopf hinwegfliegen und ihm beweisen, daß es Männer gibt, die ebenso kühn sind wie er, ja ich werde den Beweis erbringen, daß ich sein Meister bin. Ich werde ihn auf den zweiten Platz verweisen!"[4]

Mit derart markigen Sprüchen machte er sich wohl selbst Mut, verdrängte die Zweifel und Angst vor dem Augenblick des Aufbruchs, in dem es kein Zurück mehr geben würde. Ein Journalist, der Blanchard in den ersten Januartagen 1785 aus der Nähe beobachtete, beschreibt mit bewunderndem Unterton die Stimmung: „Kann die Gefahr, die Mündung einer Kanone gegen sich zu sehen, an welcher ein Mensch mit einer brennenden Lunte steht, der jeden Augenblick zielt, größer seyn, als in einer papiernen Blase über den Abgründen des Meeres zu schweben? Diß ist wirklich der Zustand des Herrn Blanchard, des Verwegendsten aller Luftschiffer. Aber zu seinem Ruhm mus man sagen, daß diese Regungen nur seinen Freunden gehören, denn er selbst scheint darüber erhaben zu seyn. Mit der grösten Gelassenheit und Stille sah man ihn seine Zurüstung machen; er schien nur nach dem Moment zu schmachten, wo sich der Wind einstellte."[5] Endlich drehte der in die gewünschte Richtung. Nach einer frostkalten Nacht zeigte sich der Himmel heiter mit einer leichten Brise aus Nord-Nord-West.

Im Morgengrauen dieses 7. Januar 1785 ließen Blanchard und Jeffries erst einen Drachen steigen, um die Windrichtung zu prüfen, dann eine kleine Montgolfière aus Papier, die nach Südosten trieb, Kurs Calais. Sofort wurde der Gouverneur benachrichtigt und um das vereinbarte Signal gebeten. Drei Kanonenschüsse kündeten um 8 Uhr den Einwohnern von Dover die Entscheidung an. Mit einem Fuhrwerk wurden Gondel, Hülle, Netz, Fässer und Rohre zu den senkrecht abfallenden Kreidefelsen gebracht – jenen berühmten Klippen aus Shakespeares „King Lear" – und dort unter Aufsicht von James Deeker, einem Ballonhersteller aus Soho, aufgerüstet. Kurz vor Mittag durfte der Gouverneur von Dover die Leine eines wasserstoffgefüllten Versuchsballons durchschneiden, der ziemlich schnell den Blicken der inzwischen stattlichen Menge südwärts, dem Festland zu, entschwand. Zahlreiche Fischkutter, Segelschoner und Ruderboote waren bereits ausgelaufen, dicht gedrängt mit zahlenden Passagieren besetzt, die über das Wasser auf den halbsichtbaren Ball am Rand der weißen Klippen starrten. Noch einmal prüfte Deeker die Befestigungen der Schwingen und der kleinen Windmühle, des „Moulinets", während Helfer die Ausrüstung in der Gondel verstauten: zwei Korkwesten, Kompaß, die britische und französische Fahne, Exemplare der „Reise mit Sheldon", eine Flasche Brandy, Kekse und zum erstenmal eine Ladung Luftpost, Briefe an vornehme Adressaten, wie Ludwig XVI. und Benjamin Franklin, die sicherheitshalber in einer aufgepumpten Blase wasserdicht verpackt waren.

Als die beiden Luftschiffer, umringt von herandrängenden Neugierigen, zum Einsteigen bereit schienen, forderte Blanchard noch eine letzte Gewichtskontrolle der Besatzung. Und zur Verblüffung der Umstehenden hatte der kleine, schmächtige Mann über Nacht auf rätselhafte Weise zugenommen. Es kam zu einem erregten Disput zwischen den ungleichen Partnern und zu einer Leibesvisitation, bei der festgestellt wurde, daß Blanchard unter seinem dicken Mantel einen mit Blei gefüllten Gürtel trug, ein letzter trickreicher Versuch, die Ehre der Alleinfahrt über den Kanal für sich zu retten.[6] Jeffries behielt die Nerven, machte gute Miene zum schäbigen Spiel, und kurz nach 1 Uhr kletterten beide, wie ein zeitgenössischer Autor berichtete, „mit der größten Gleichmuth" in die Gondel, und es „herrschte tiefste Stille. Kaum aber hatten sie sich von der Erde erhoben, so entstand mit einemmal ein Freudengeschrei und Jauchzen unter der versammelten Menge, das alle Gränzen der Mässigkeit überstieg. Herr Blanchard salutierte mit einer Fahne, lies die staunenden Zuschauer hinter sich und flog muthig über die Fläche des Meeres hin."[7]

Jeffries, und merkwürdigerweise nicht Blanchard, hat die historische Reise in einem im April 1785 der „Royal Society" übergebenen Manuskript beschrieben, das er im Jahr darauf vor den feierlich versammelten Wissenschaftlern verlesen durfte, und das dann als kleine Schrift, zusammen mit dem Bericht über die November-Fahrt von London nach Kent, im Druck erschien. Aber nicht dieses ausführliche und etwas umständliche Manuskript, sondern die Tagebuchnotizen beeindrucken durch die Genauigkeit der Beobachtungen, durch Gelassenheit und Frische. Es ist ein authentisches Dokument einer außergewöhnlichen Leistung.

„Nach den vorangegangenen Aufregungen genoß ich die angenehme und eigenartige Sicht, die der Aufstieg bot. Die ganze Küste von Dover wimmelte von Menschen, und viele Schiffe lagen vor Anker. Der Rauch des Schlosses von Dover stand in günstiger Richtung, aber wir machten trotz beträchtlicher Höhe keine großen Fortschritte in Richtung Frankreich. Wir konnten die ganze Grafschaft Kent überblicken. Ich zählte 37 Dörfer und Städte, unter denen ich die ansehnliche und alte Stadt Canterbury hervorragend ausmachen konnte. Das Meer unter uns war sehr ruhig. Wir fuhren über viele Schiffe hinweg, die uns durch Flaggensignale begrüßten. Um 13.30 Uhr kam ein langer Streifen der französischen Küste in Sicht. Der entzückende Anblick der Küsten von Frankreich und England, die sich uns gleichzeitig darboten, erhöhte die Schönheit und den Reiz unserer Lage. Um immer in Schichten mit der günstigsten Windrichtung zu verbleiben, mußten wir mehrfach die Fahrthöhe wechseln. Wir zogen die Ventilleine und warfen dann wieder Ballast ab. Als das Schloß von Dover am Horizont verschwand, war unser Ballast beinahe verbraucht.

Etwa um 14.15 Uhr fielen wir wieder, was uns zwang, einige Broschüren, die Blanchard mitgenommen hatte, ins Meer zu werfen. Wir hatten keinen einzigen Sack Ballast mehr zur Verfügung, höchstens die Flügel, die an der Gondel angebracht waren, ferner deren Ornamente, unsere Kleider und einige andere Gegenstände. Aber wie zu unserer Entschädigung in einer derartigen Lage hatten wir einen wundervollen Ausblick auf die Küste von Frankreich vom Cap Grisnez und Cap Blancnez bis Calais und Gravelines. Etwas nach 14.30 Uhr sanken wir sehr rasch. Wir warfen sofort ab, was wir bei uns hatten: Biskuits, Äpfel, Flügelverzierung usw. Trotzdem stieg der Ballon nicht. Alles was wir zur Hand hatten, war bereits ins Wasser geworfen. Zu unserem Bedauern mußten wir uns des Ankers und einiger Leinen entledigen. Aber da wir uns immer mehr dem Spiegel des Meeres näherten, fingen wir an, uns auszuziehen und unsere Kleider hinauszuwerfen. Herr Blanchard entledigte sich als erster seines Mantels und seiner Jacke, worauf ich seinem Beispiel folgte. Noch immer stieg das Barometer, aber ich brauchte

7. Januar 1785 –
im Ballon von Dover nach Calais

Zum ersten Mal über den Ärmelkanal –
Blanchard und Jeffries vor der französischen Küste

nicht daraufzuschauen, um zu bemerken, daß wir uns dem
Wasserspiegel näherten. Schon leckten einzelne Wellenkäm-
me zu uns herauf, und Gischt übersprühte uns. In höchster
Eile schnitten wir von der Gondel ab, was irgend entbehrlich
war. Weiter sank der Ballon auf das eiskalte Wasser zu. Herr
Blanchard warf den Antrieb der Windruder ins Meehr, ich
ließ eine Flasche Eau de Vie folgen. Der Ballon schwebte
ganz dicht über den Wellen. Ratlos blickten wir uns an.
Dann entledigte sich Herr Blanchard in aller Eile seines Ma-
trosenbeinkleides. Auch ich zog mein Beinkleid aus und
warf es ins Meer.

Schon hatten wir fast das Wasser berührt, da bemerkte ich,
wie das Quecksilber im Barometer fiel, und als ich mich
umblickte, sah ich mit Vergnügen den entzückenden Anblick der französischen Landschaft. Wir stiegen, und wir
stiegen so schnell, daß wir bald über die Berge hinwegblik-
ken konnten. In diesem Augenblick waren wir nach meiner
Meinung nur noch vier bis sechs Meilen von der Küste ent-

fernt, und wir schienen uns ihr sehr schnell zu nähern. Bald hatten wir einen herrlichen Ausblick auf Calais und eine große Zahl Städte, Dörfer und Landhäuser.

Wir hatten jetzt eine größere Höhe erreicht als zuvor auf unserer Reise. Genau um 15 Uhr, Gott sei Dank, passierten wir die Küste zwischen dem Cap Blancnez und Calais. Nichts konnte unsere Freude und unser Glück übertreffen beim Anblick all dieser Städte, Weiler und Landhäuser, die von einer herrlichen Sonne bestrahlt wurden. Nach einer Reise von zwei Stunden über der See war dies unser glücklichster Augenblick. Nach der Schnelligkeit zu urteilen, mit der unser Ballon getrieben wurde, hatte der Wind augenscheinlich erheblich zugenommen. Aber noch war uns der Erfolg nicht sicher. Infolge der großen Höhe wechselte die Windrichtung, und wir wurden wieder aufs Meer hinausgetrieben. Es blieb uns nichts anderes übrig, als die Ventilleine zu ziehen und das Gas abzulassen. Tatsächlich kamen wir in eine landeinwärts gerichtete Luftströmung, aber wir sanken mit großer Schnelligkeit. Schon griffen die knorrigen Äste eines hohen und kahlen Waldes zu uns herauf. Wir mußten unbedingt über das gefährliche Waldstück hinübergelangen!

Glücklicherweise kam mir die Idee, daß wir aus uns selbst Ballast abgeben könnten. Ich erinnerte mich, daß wir bei dem Frühstück in Dover mit den Offizieren der Garnison und des Schlosses nicht schlecht getrunken und seitdem keinem natürlichen und unwiderstehlichen Bedürfnis nachgekommen waren. Ich setzte meine Idee Herrn Blanchard auseinander, und er stimmte zu. So konnten wir den Abstieg so weit verlangsamen, daß wir das Ende des Waldes erreichten …"[8]

Die dann folgende schwierige Landung schilderte Jeffries am Tag danach in einem Brief an den Präsidenten der Royal Society, Sir Joseph Banks, in aufgeräumt-gelöstem Ton. „Wir landeten im Walde von Felmore, fast ebenso nackt wie die Bäume, ohne auch nur über ein Stück Eisen oder ein Tau zu unserer Unterstützung zu verfügen und mehrere Meilen von jeder menschlichen Hilfe entfernt. Mein lieber Kapitän verlangte weiter nichts von mir, als daß ich mich an die Zweige der Bäume, die ich zu ergreifen vermochte, festklammern sollte. Es gelang mir dies besser, als ich dachte. Sie hätten sicherlich gelacht, wenn Sie gesehen hätten, wie wir, fast aller unserer

Kleider beraubt, mit fieberhafter Hast operierten. Blanchard zog mit äußerster Anstrengung an der Schnur des Ventils, während ich mich mit allen Kräften an den Wipfeln eines hohen Baumes festklammerte. Der Ballon flatterte über unsern Köpfen, und ich fühlte, wie meine Arme ermatteten, denn das Manöver dauerte sehr lange. Endlich, nach Verlauf von nicht weniger als 28 Minuten, gelang es uns, die Steigkraft des Ballons so weit zu mindern, daß wir ohne Gefahr die Gondel verlassen konnten."[9]

Inzwischen waren aufgeregte Menschen zu Fuß und zu Pferde bis zum Landeplatz vorgedrungen. Sie hatten den seit zwei Uhr erkennbar über das Wasser herannahenden Ballon beobachtet und waren durch Kanonenschüsse alarmiert, die bereits vor einer Stunde zur Begrüßung von den Wällen der Stadt Calais abgefeuert wurden. Ein Bericht stellt die Szene auf der Waldlichtung unmittelbar nach der Landung so dar: „Auch war der Affekt beider Helden, nach dem Zeugnis der Zuschauer, beim ersten Aussteigen so gerührt, daß sie einander in die Arme fielen, und stumm aneinander kleben blieben, so sehr, daß sie für alles Geräusch der Umstehenden einige Minuten sinnlos waren, und mit einiger Gewalt getrennt werden musten."[10] Offenbar ließ die gemeinsam durchlebte Angst und das so unerwartet glückliche Ende der Reise alle Bitterkeit über die Querelen der letzten Wochen vergessen. Von Reitern und Fußvolk umzingelt, die sie bereitwillig notdürftig mit warmen Kleidern versorgten, entleerten die beiden Männer den Ballon in zwanzig Minuten, packten alles in die Gondel und bestiegen die angebotenen Pferde. Nach einem scharfen Sieben-Meilen-Galopp erreichten sie das Schloß des Vicomte de Saudroin, der die beiden vor Kälte Zitternden begeistert empfing und vor allem mit heißen Getränken bewirtete. Gegen Mitternacht fuhr eine sechsspännige Kutsche des Magistrats von Calais vor das Portal, der ein Abgesandter mit dem Auftrag entstieg, die Eroberer des Kanals augenblicklich in die Stadt zu bringen, deren Tore auf höchsten Befehl noch geöffnet seien. Nachts um zwei, erschöpft aber glücklich, erreichten Blanchard und Jeffries Calais. Auf den Straßen drängten sich die Menschen und schrien verzückt: „Es lebe der König. Es leben die Luftschiffer."

Am Morgen, nach kurzem Schlaf im Haus des Magistratsmitglieds, „war vor der Thüre dieses Herrn die französische Flagge aufgesteckt und von allen Thürmen wehete die Fahne der Stadt Calais. Die Kanonen wurden gelöst, und gleichsam als ob ein neuer Heiliger verkündet würde, die Glocken in allen Kirchspielen geläutet. Der ganze Magistrat und alle Offiziere von der Besatzung kamen, ihnen die Aufwartung zu machen und ihre Glückwünsche abzustatten. Gegen 10 Uhr brachte man ihnen den Ehrenwein, zugleich wurden sie zur Mittagstafel auf das Rathaus eingeladen. Wie sie hier ankamen, überreichte Herrn Blanchard der Stadtschultheiß eine goldene Kapsel, in welcher sich die Ausfertigung des Bürgerrechts von Calais befand, außen auf dem Deckel war der Luftballon eingegraben."[11] Auch Jeffries wurde die Ehre des Bürgerrechts angetragen, er lehnte sie jedoch mit Hinweis auf seine amerikanische Staatsbürgerschaft ab. Von Blanchard erbat die Stadtobrigkeit die Gunst, das Luftfahrzeug als ewiges Zeichen des geschichtlichen Ereignisses erwerben und in der Hauptkirche aufbewahren zu dürfen, und am Ort der Landung sollte eine marmorne Gedenksäule errichtet werden, die noch heute, wenn auch bemoost und von Sträuchern überwuchert, im Wald bei Guines steht.

Von einer Abteilung Dragoner eskortiert, erreichten Blanchard und Jeffries am 11. Januar Paris, begleitet von Pilâtre de Rozier, der London bei Erhalt der für ihn niederschmetternden Nachricht vom Gelingen der Kanalüberquerung sofort verlassen hatte und in Calais dem Sieger Blanchard in nobler Haltung Beifall zollte. Schon am nächsten Tag empfing sie Ludwig XVI. in Versailles zur Audienz und zeigte sich überaus angetan und gnädig. Blanchard erhielt eine Belohnung von 12 000 Livres und eine jährliche Pension von 1200. Der Triumph schien vollkommen: da waren das Wohlwollen des Königs und die geradezu andächtige Bewunderung der Pariser Gesellschaft, dazu überschwengliche Elogen in den Zeitungen und flinke Huldigungsdichtungen, die schon nach wenigen Tagen im Theater zur Aufführung kamen. Blanchard genoß die Berühmtheit und empfand Genugtuung darüber, daß ihn nun jene buchstäblich in den Himmel hoben, die ihm noch im Jahr zuvor mit beißender Verachtung begegnet waren. Die wenigen, in seinen Augen unverbesserlichen Spötter, die ihn „Don Quichote de la Manche" – Don Quichote vom Ärmelkanal – nannten, konnten großzügig übersehen werden. Sein Wohlbefinden verstärkte sich noch, als Berichte aus England eintrafen, in denen es hieß, James Sadler habe zwar seinen neuen großen

Ballon nach Dover gebracht, dort aber feststellen müssen, daß die Hülle durch frischen Firnis derart zusammenklebte, daß ihm nichts anderes übrig blieb, als unverrichteter Dinge wieder abzureisen. Die Gefahr einer baldigen Wiederholung der Reise, die Blanchards Ruhm allzu schnell verdunkelt hätte, war vorerst gebannt.

Sein Partner Jeffries kehrte einige Wochen später nach London zurück, nicht ohne vorher ausgiebig die Huldigungen von „Hunderten der vornehmsten Pariser Damen und Herren" genossen zu haben. Auch wenn er bei den offiziellen Ehrungen etwas ins Hintertreffen geriet, so wurde er doch zum ständigen Mitglied des neuen „Museums" ernannt, und die Stadt Dover machte ihn zum Ehrenbürger, eine Auszeichnung, die er als treuer Untertan König Georg III. geschmeichelt annahm. Sein eigentliches Denkmal setzte sich Jeffries aber durch den bereits erwähnten Fahrtbericht, den er mit einem eigenen, von der Hofmalerin Watson gestochenen Porträt schmückte, das ihn in der Gondel stehend zeigt, mit dekorativer Leopardenfellmütze, die Hand am Barometer und den Blick mit ernstem Lächeln auf den Betrachter gerichtet. Über seinen Piloten auf dieser so denkwürdigen Reise schreibt er nur das Notwendigste, verständlich nach den unerfreulichen Auseinandersetzungen und bei dem ehrgeizigen Wunsch, Idee und Durchführung vor der Geschichte für sich zu beanspruchen. Es ist auch nicht auszuschließen, daß der eitle Doktor seinen Kompagnon Blanchard vertraglich dazu gezwungen hat, ihm die schriftliche Darstellung allein zu überlassen. Nur so ist es zu erklären, daß der nicht minder eitle Franzose nie eine Zeile über die Kanalfahrt veröffentlichte. Jeffries versucht in seinem Bericht nicht nur eine genaue Beschreibung der zwei Stunden über See und siebenundvierzig Minuten über Land dauernden Fahrt, sondern er resümiert auch die damals neue Einsicht, daß ein sich selbst überlassener Ballon immer einen Bogen beschreibt und daß es nur möglich ist, die gleiche Höhe zu halten, indem mit großer Aufmerksamkeit häufig in kleinen Mengen Ballast abgegeben wird, um die sich ständig verändernde „Schwere" des Luftfahrzeuges im Gleichgewicht zu halten. Vier solcher ungleichmäßiger Bogen habe

Dr. John Jeffries – Arzt, Meteorologe und Teilhaber der ersten Kanalüberquerung

der Ballon während der Überfahrt geformt, mit Entfernungen zwischen fünf und fünfzehn Meilen, schreibt Jeffries. In dem um Exaktheit und Erkenntnisse bemühten, eher trockenen Text gibt es zum Schluß eine Stelle, die Gefühle offenbart: „Ich kann nicht anders, ich muss erwähnen, dass inmitten all der prachtvollen und grossen Szenen unter mir und um mich herum, nichts mich mehr in seiner Ungewöhnlichkeit beeindruckte, als – wenn es erlaubt ist diesen Ausdruck zu benutzen – die furchtbare Stille oder das Schweigen von dem wir eingehüllt schienen; das eine Empfindung hervorrief, die ich nicht beschreiben kann, – aber sie erschien als eine Art von Stille, wenn ich es so ausdrücken darf, die fühlbar war."[12]

Daß die natürliche Grenze, die Seebarriere zwischen Frankreich und England, nun nicht mehr wie seit Jahrhunderten ausschließlich mit Schiffen, sondern auch in der Luft zu überwinden war, faszinierte die Menschen diesseits und jenseits der Wasserstraße, vor allem aber französische Militärs, die sich auszumalen begannen, wie man, im Falle eines Krieges, Invasionstruppen in Riesenballons über den Kanal befördern könnte. Ein anonymer Zivilist kommentierte das epochale Ereignis nur drei Tage später ohne kriegerische oder beweihräuchernde Attitüde in erfrischend persönlicher Form und sprach damit ein angemessenes Schlußwort: „Wäre Herr Blanchard nicht der Schuldner des außerordentlichsten, des eigensinnigsten, des grausamsten oder wenn man will edelmütigsten Gläubigers gewesen: so hätten wir, aller Wahrscheinlichkeit nach, eines der größten Wunder, eine That, worüber die Vor- und Nachwelt erstaunen müßten, nicht erlebt. Es gehörte just ein Stoß so bizarrer Zufälle dazu, wie der, daß ein sonderbares aber unbemitteltes Genie einem reichen Gläubiger begegnen muste, der, nachdem er sein Geld leichtsinnig genug hingewagt hatte, noch leichtsinniger sein Leben darauf setzte, um entweder Alles zu verlieren oder einen unsterblichen Namen zu gewinnen."[13] Jean-Pièrre Blanchard, nun mit zwei Titeln ausgestattet, die er künftig führte: angenommener Bürger von Calais und Pensionär Seiner Allerhöchsten Majestät, „hielt sich in Frankreich nicht lange auf, er gieng nach Engelland zurück, um auch hier die Kränze einzuärndten, welche ihm dort die Anbeter seiner Kunst schon geflochten hatten."[14]

Zur selben Zeit begab sich der besiegte Pilâtre de Rozier nach Boulogne sur Mer, wahrscheinlich von Ludwig XVI. und seinen militärischen Beratern bedrängt, jetzt wenigstens die erste Ost-West-Überquerung des Kanals durchzuführen. Auch wenn die Ehre der Erfindung des Ballons dem Bourbonenreich gebührte, Blanchard Franzose war, der seinen Apparat in Paris gebaut hatte, also die glückliche Reise von Dover nach Calais eigentlich den Ruhm Frankreichs mehrte, begannen öffentlich Zweifel aufzukommen, ob es gelingen könnte, den Entwicklungsvorsprung zu halten. Besorgte Stimmen prophezeiten, daß England, als Königin der Meere beneidet und beargwöhnt, sich auch noch zur Beherrscherin der Luft aufschwingen würde. Als Antwort auf den 7. Januar war jetzt der französische Gegenzug – vom Festland zur Insel – fällig, das Prestige der führenden Nation Europas verlangte es. Die Regierung stellte den St. Michaels-Orden in Aussicht und bei Erfolg eine jährliche Pension von 6000 Livres, bezeichnenderweise das Fünffache von dem, was der König einige Wochen zuvor Blanchard gewährte. Es blieb Pilâtre, wollte er seinen Ruf nicht auf's Spiel setzen, nichts anderes übrig, als zu gehorchen und den Versuch trotz der ungünstigen Jahreszeit zu wagen.

Das Fluggerät für die Kanalkreuzung war etwas völlig Neues, eine Erfindung, an der Rozier zusammen mit Pièrre Romain seit September 1784 in Paris gearbeitet hatte und die sie „Aeromontgolfière" nannten, eine Kombination von Charlière und Montgolfière. Oben ein kugelförmiger Gasballon, an dem ein unten offener Zylinder befestigt war, dessen Rand die umlaufende Galerie bildete. In der Mitte des tiefsten Punktes hing die Glutpfanne, deren Position durch verstellbare Ketten reguliert werden konnte. Das Prinzip schien einleuchtend: Der wasserstoffgefüllte Ballon sorgte für Auftrieb und Gleichgewicht, die Höhensteuerung erfolgte, ohne Mitnahme von Sandballast, mit der erzeugten Heißluft. Eigentlich hätte aber gerade der erfahrene Chemiker Rozier, durch eigene Hörsaal-Experimente mit der Gefährlichkeit des hochexplosiven Wasserstoffgases vertraut, wissen müssen, wie unglückselig diese Idee war. Zahlreiche Wissenschaftler warnten, und auch César Charles schrieb beunruhigt: „Mein Freund, Sie tun damit nicht mehr oder weniger, als wenn sie ein Pulverfass über ein Feuer hängen."

Doch es gab kein Zurück. Die „Aeromontgolfière" oder auch „Rozière" lag startbereit in einem Schuppen bei Boulogne. Ein teures Gerät, von einem bekannten Künstler mit symbolträchtigen Windgötter-Figuren, Ornamenten und Wappen aufwendig geschmückt. Das Wetter blieb schlecht. Zwei Startversuche im Januar mußten abgebrochen werden, ebenso ein dritter im April. Klarte es einmal auf und drehte der Wind auf das ersehnte Süd-Ost, verbot der Magistrat mit Hinweis auf herannahenden Sturm die Auffahrt. Es kam zu erbittertem Streit. Auch im Mai, nach fünf Monaten zermürbenden Wartens, noch immer keine Chance. Der Ton in den Zeitungen wurde bissiger, das Publikum ungeduldig. Minister Calonne nannte Rozier öffentlich einen Zauderer und schrieb aus Paris reichlich unverblümt: „Mein Lieber, die Königliche Regierung von Frankreich hat nicht 150 000 Livres dafür ausgegeben, daß ein Physiker an den Küsten der Picardie spazierenfahre. Die Ma-

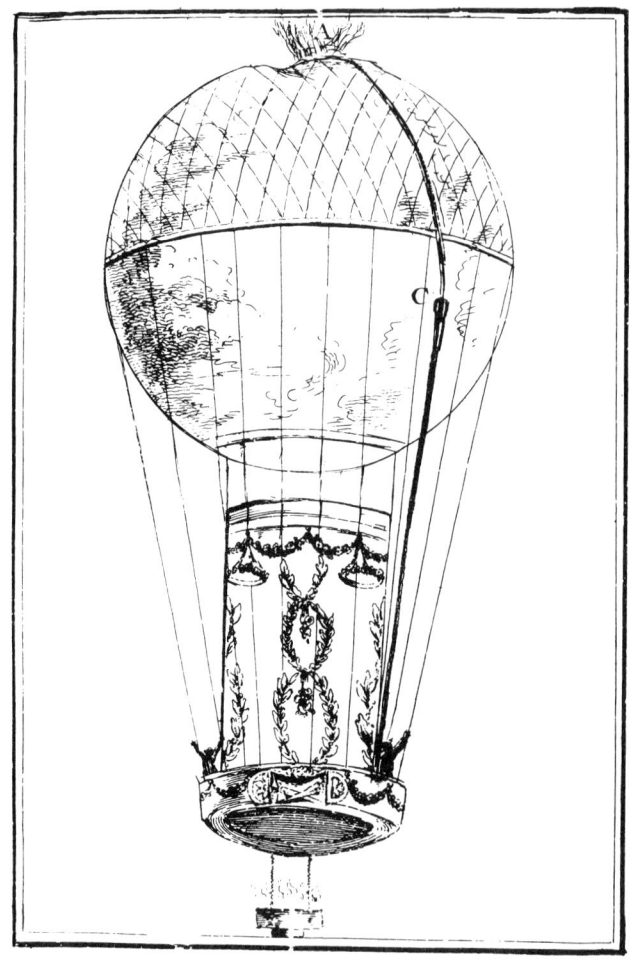

Die „Aeromontgolfière" oder „Rozière" –
eine Kombination von Gas- und Heißluftballon

schine muß nun benutzt, die Fahrt über die Meerenge muß einmal angetreten werden."[15]

Pilâtre de Rozier befand sich in einer ausweglosen Lage. Frankreich, der Hof, die gebildete Elite, sie alle verlangten die Landung des – wie er hieß – „Tour de Calais" auf britischem Boden. Aber statt des befreienden Starts türmten sich weitere Schwierigkeiten. An der Ballonhülle nagten Scharen von Ratten und Mäusen, gegen die Katzen und Hunde eingesetzt wurden, und in den Nächten versuchten Trommler durch ihren Lärm die Plage zu verscheuchen. Aus Paris forderten die Hörer am „Museum" ungehalten die Wiederaufnahme der seit Monaten unterbrochenen Vorlesungen. Und – zusätzliche seelische Belastung – in einer Klosterschule bei Boulogne hoffte Susan Dyer, Roziers englische Verlobte, auf ein Ende der qualvollen Untätigkeit. Sie und einige Freunde beschworen Pilâtre, das riskante Unternehmen aufzugeben, der aber rief verzweifelt aus: „Um Gottes Willen sprecht nicht davon. Jetzt ist es zu spät. Ermutigt mich lieber, denn ich stoße mir eher ein Messer in's Herz, als daß ich den Versuch aufgebe, obwohl ich sicher bin, den Tod zu treffen."[16] Wie klar Rozier die Gefährlichkeit der Konstruktion und die Nachteile des schwierigen Startplatzes erkannte – der Ballon würde bei einem Umspringen des Windes auf Süd-West in die Nordsee hinausgetrieben –, bewies seine Weigerung, an Stelle Romains dem Marquis de la Maisonfort die Teilnahme zu gestatten. Der blieb zwar hartnäckig, bot Romain erst 100 Louisd'or für die Überlassung des Platzes an und verdoppelte schließlich sein Angebot, so daß Romain widerstrebend einwilligte. Rozier blieb jedoch fest: „Herr Marquis, wir sind weder sicher hinsichtlich des Wetters, noch hinsichtlich der Maschine selbst. Ich kann und darf Sie also nicht mitnehmen."[17]

Was ihn veranlaßte, trotz Zweifel, ja Todesahnung, trotz aller Warnungen, trotz des erneuten Startverbots durch den Magistrat dann doch aufzusteigen, ist schwer zu ergründen. Hatte Susan Dyer wirklich, wie einige Chronisten behaupten, ihre Einwilligung zur Heirat an die Bedingung einer erfolgreichen Kanalüberquerung geknüpft? Angesichts ihrer Sorge und Bitten klingt das wenig wahrscheinlich. Hatte Calonne ein zeitliches Ultimatum gestellt? Vielleicht war es Pflichtgefühl oder nur der Wunsch nach einem Ende – egal wie – der jeden Tag unwürdiger werdenden Lage, der Rozier zur Tat trieb.

Am 13. Juni wurde das Wetter schön. Hastig reparierten Arbeiter die löchrige und an vielen Stellen bereits mürbe Hülle. Einen Tag später wechselte ärgerlicherweise der Wind, blies vom Kanal landeinwärts, um gegen Mitternacht erneut leicht zu drehen. Rozier ließ im ersten Morgenlicht einen Versuchsballon steigen, der nach kurzer Zeit zurückgeweht wurde. Aber nichts vermochte ihn jetzt aufzuhalten, zu unabänderlich war der Entschluß gefaßt. In gedrückt-erregter Stimmung übergab er einem Beamten der Admiralität sein Testament und ging auf die „Aeromontgolfière" zu, die bereits prall gefüllt vor der nördlichen Stadtmauer von Boulogne auftragte. Um sieben Uhr nahmen Rozier und Romain ihre Plätze auf der Galerie ein, zwei Kanonenschläge donnerten, und der pilzförmige Apparat erhob sich sacht vom Boden. Beide grüßten die reglos emporstarrenden Menschen, unter denen Susan Dyer und der Marquis de la Maisonfort deutlich zu erkennen waren. Viele empfanden den Anblick des Ballons „schrecklich majestätisch und herausfordernd erhaben", und einige bemerkten besorgt, daß die Galerie schief hing und das Ganze dadurch irgendwie „hinfällig und schlecht gebaut"[18] wirkte.

Zuerst sah es so aus, als ob die beiden Luftfahrer wunschgemäß auf das Meer hinausgetrieben würden, doch in einer Höhe von knapp 1 500 Fuß etwa 4 km nördlich von Boulogne gerieten sie in entgegengesetzte Luftströmungen und drifteten wieder zurück, landeinwärts auf Wimereux zu. In diesem Augenblick erschien völlig unvermittelt das Zeichen der Katastrophe am Morgenhimmel: Aus dem oberen Teil des Gasballons schoß eine violette Flamme und riß die pralle Hülle auseinander. Die versteinerte Menge sah nur noch die übereinanderfallenden Teile des Flugapparates in einem schrecklichen Sturz dem Erdboden zuflattern. Auf der sich drehenden Galerie schrie einer der beiden Ballonfahrer Unverständliches in ein Sprachrohr, dann entschwand das Gewirr von Leinen und Stoffbahnen den entsetzten Blicken der Zuschauer hinter eine Hügelkuppe und schlug auf. Landarbeiter liefen auf den unförmigen Haufen zu und versuchten, die Männer zu bergen. Doch Rozier war bereits tot, der Brustkorb eingedrückt, die Beine verdreht. Nur Romain atmete noch und flüsterte: „O Jesu", dann starb auch er. Es waren die ersten Opfer der Luftfahrt, nur neunzehn Monate nach dem Beginn des Menschenfluges, und ein grausamer Zufall wollte es, daß sie unweit des Ortes den Tod fanden, an dem Blanchard ein halbes Jahr zuvor bei seiner triumphalen Ankunft auf dem Festland unversehrt landete. Inmitten der vor Schreck gelähmten Menge hatte Susan Dyer den Fall des zerstörten Ballons mitansehen müssen. Als man ihr die Nachricht vom Tod ihres Verlobten brachte, sank sie ohnmächtig zusammen und starb acht Tage später.

Pilâtre de Rozier, der erste Mensch am Himmel, wurde zum ersten Opfer einer neuen Wissenschaft, der er mit Hingabe und

Am 15. Juni 1785:
Explosion und Absturz beim Versuch,
den Kanal von Frankreich aus zu überqueren

Die ersten Todesopfer der Luftfahrt:
Pilâtre de Rozier und Pièrre Romain

Mut gedient hatte. Kritische Freunde tadelten später seine Eitelkeit, seine Titelsucht und warfen ihm „fehlende Geistes-
schärfe" vor. Doch Rozier war in einer Zeit, in der es allein für
das Studium der Pharmazie Regeln gab, einer jener leiden-
schaftlichen Autodidakten, die auf eigene Faust forschten. Er
ist nicht als Erfinder der Gasmaske in die Geschichte eingegan-
gen und nicht als Chemiker – seine sieben gedruckten Abhandlungen sind völlig unbedeutend –, auch nicht als Gründer des
„Museums", jener Art Universität, die Wissenschaft allen Gesellschaftsschichten öffnen sollte, sondern als Ahnherr aller Piloten. Sein zeitgenössischer Biograph, Tournon la Chapelle,
sagt über ihn: „Er liebte den Ruhm zu sehr, so sagt man. Ah –
kann man Franzose sein und ihn nicht lieben?"[19]

Der erste tödliche Luftfahrtunfall löste allgemeines Entsetzen
aus. Allzu unbekümmert hatte es angefangen mit den farben-
frohen, jubelnd-festlichen Erhebungen. Im Überschwang des
neuentdeckten Raumes über den Köpfen der Menschen erprobten Verwegene die neue Kunst, und niemandem war etwas
zugestoßen, so daß sich ein trügerisches Gefühl von Sicherheit
und Gefahrlosigkeit verbreitet hatte. Daß es jetzt ausgerechnet
den Mann zerschmetterte, der sich als erster zu den Wolken
emporgewagt hatte, den Erfahrensten von allen, traf Frankreich

wie ein Schock. Und all jene Luftfahrtgegner, die Fliegen ohnehin für Unfug hielten, fühlten sich bestätigt und forderten umso lautstärker ein Verbot der Aufstiege. Andere, die aus religiöser Überzeugung behaupteten, Gott wolle nicht, daß Menschen fliegen, sahen in Roziers Tod nur die gerechte Strafe, ein Zeichen für den überfälligen Zorn des Himmels. Aber es wurden auch Stimmen laut, die sich gegen Verdammung und Kleinmut auflehnten: „Es gibt in der That nur sehr wenige für die Menschheit nützliche Erfindungen, welche nicht auch Opfer an Menschenleben gefordert und genommen hätten. Beispiele dazu bieten sich überall und zu allen Zeiten in Menge dar: ist es also vernünftig, sich gegen die Förderer und Verbesserer einer Erfindung aufzulehnen, weil ihre wohlthuenden und der Sache heilsamen Versuche einigen Menschen das Leben gekostet haben?"

„Soll wirklich der unsterbliche Franklin es sich selbst zum Vorwurf machen, daß er den Menschen die Identität des Donnerstoffes mit der electrischen Flüssigkeit gelehrt hat, weil zwei Physiker die Opfer einiger Versuche geworden, welche seine Entdeckung vollkommen bestätigt haben?"

„Wie viele tausend Menschen haben nicht der Gebrauch des Brechweinsteins und die Operation des Blasensteinschnittes hinweggerafft! Wäre es deshalb vernünftig, jene Arznei und diese Operation zu verdammen und zu verbannen?"

„So schwankt und schwimmt und irrt die Meinung der Zeitgenossen unaufhörlich zwischen Verachtung und Verwunderung umher. Sonderbar! Niemand scheint bei diesen für die Einbildungskraft so furchtbaren Versuchen auf die erstaunenswerthe Wahrheit hinzublicken, daß man bereits über hundert solcher Versuche angestellt hat, und daß dabei bis heute nur ein einziges Unglück sich ereignete: Aller Augen starren nur voll Schrecken nach diesem einzigen Unglücksfalle hin."

„Das ist das Loos der Menschheit: die glücklichsten Revolutionen, die nützlichsten Erfindungen kosten ihre Opfer. Die Schiffahrt kostet noch heutzutage jährlich Hunderte von Menschenleben, und die Schiffahrt ist deshalb doch der Menschheit sehr nützlich."[20]*

* Die erste geglückte Überquerung des Kanals in Ost-West-Richtung geschah am 10. 9. 1883. Fahrtdauer: 6 Stunden.

Doch trotz dieser Mahnungen zu Vernunft und Augenmaß – der so unaufhaltsam scheinende Siegeszug des neuen Verkehrsmittels erhielt durch das Desaster am Kanal einen erheblichen Rückschlag, zumal sich immer mehr kritische Stimmen zur Nichtsteuerbarkeit und damit Unbrauchbarkeit des Ballons erhoben. Vor allem die kleine Gruppe der Aeronauten fühlte sich durch den Tod ihres berühmtesten Freundes tief betroffen. Einige versuchten, systematisch prüfend vorgehend, den Ursachen auf die Spur zu kommen. So wurde Joseph de Montgolfier zum Untersuchungskommissar ernannt, der an die Unglücksstelle reiste, Zeugen vernahm und die aufbewahrten Reste des Seidenstoffes mit den Brandrändern sorgfältig untersuchte. Es kam, nach Abschluß seines Berichtes, zu unterschiedlichen Meinungen über die Gründe des Absturzes, zu einem regelrechten Expertenstreit, der mit Eifer ausgefochten wurde. Der Ablauf des Unglücks könnte sich etwa so abgespielt haben: Offensichtlich war der obere Gasteil der Maschine vor dem Start etwas überfüllt. Dieser Überdruck konnte sich, als der Ballon stieg, nicht rechtzeitig abbauen, weil der untere Hals – oder Füllansatz – aus Sicherheitsgründen wegen des Montgolfièren-Zylinders ungewöhnlich lang sein mußte. Als die „Rozière" äußerst schnell zu steigen begann, hatte Pilâtre – so vermutet man – seinen Partner Romain gebeten, den Feuerkorb herabzusetzen, und gleichzeitig versucht, das Ventil zu ziehen. Dieses Ventil, eine Klappe aus Kupfer am höchsten Punkt, am Pol der Kugel, war sorgfältig in die Hülle eingearbeitet und mit dünnem Blattgold verziert. Eine Theorie besagt, daß dies wie ein Kondensator gewirkt habe, der durch eine elektrische Entladung das ausströmende Gas entzündete. Wahrscheinlicher ist jedoch: Rozier hatte mit der langen, auf der Außenhaut des Ballons geführten Ventilleine Schwierigkeiten, die Klappe zu öffnen, und durch die wiederholte Reibung auf dem Stoff entstand eine statische Aufladung, deren Funken zur Explosion führten. – So jedenfalls beurteilte es ein Augenzeuge, der Physiker Duriez aus Boulogne. Und auch der Marquis de Maisonfort schreibt in seinem Bericht der Länge der Ventilleine die Schuld zu, wenn auch mit anderer Auswirkung: „... die an der Klappe befestigte Schnur war natürlich sehr lang und lief, an der Galerie der Montgolfière befestigt, bis zur Spitze der Charlière hinauf, maß also nicht weniger als 100 Fuß. Deshalb ging auch das Ziehen damit nicht sehr leicht von statten und bei der dadurch verursachten heftigen Reibung wurde die Klappe zerrissen. Der Stoff der Charlière war durch die große Zahl der Probefahrten zu Boulogne und durch mehrere Umarbeitungen so abgenutzt, daß er durch die heftige Reibung der Schnur einen Riß von der Länge einiger Meter bekam, die Klappe selbst in den Ballon hineinfiel, und dieser binnen wenigen Augenblicken sich völlig entleerte."[21]

Der Marquis hatte offenbar die Explosion nicht gesehen, ein verständlicher Ausfall der Wahrnehmung, mußte er sich doch in dieser Sekunde selbst auf der Galerie sehen und seinen eigenen Tod durchleben.

Eine Entzündung des Gases hatte unzweifelhaft stattgefunden, auch Blanchard schloß sich einige Monate später dieser Auffassung an, als er, um seine Bedeutung als Aeronaut zu unterstreichen, eigens nach Boulogne fuhr, die Ballonreste inspizierte und einen Bericht verfaßte, in dem es heißt, daß sich das Feuer auf einen Kreis von fünfeinhalb Metern um das Ventil herum auf Netz und Hüllenstoff beschränkt habe, ein Beweis für den schnellen Sturz des Ballons und das sofortige Verlöschen des Brandes.

Den Tod seines großen Rivalen erlebte Blanchard in London. Zwölf Tage vor dem tragischen Ereignis hatte er eine Fahrt über die Themse nach Woolwich unternommen, bei der zum ersten Mal in der Luftfahrtgeschichte zwei Tiere am Fallschirm aus einer Ballongondel geworfen wurden, eine Katze, die glücklich den Boden erreichte, und ein Hund, der dabei umkam. Blanchard war Ende Januar 1785 aus Paris anreisend, in Dover mit dem Ziel an Land gegangen, seinen frischen Ruhm zu Geld zu machen. Er gründete deshalb in Vauxhall in der Stockwellstreet ein Unternehmen, das er pompös „Große Aerostatische Akademie" nannte. Um die Neugier der Menge zu stimulieren, kündigte er vor allem Fallschirmexperimente an und rühmte sich lautstark, der erste Aeronaut zu sein, dem es gelungen sei, zum Ausgangspunkt einer Fahrt zurückzukehren, und zwar mit Hilfe seiner Flügel und des von ihm erfundenen „Moulinets". Ein, wie er es nannte, überzeugender Beweis, daß er, im Gegensatz zu anderen, „kein eitler Heuchler in der noblen Kunst der Aerostatik" sei. Eingeweihte wußten es besser: an einem windstillen Tag war Blanchard mit Miss Simonet, einem jungen französischen Mädchen, gestartet – der erste Aufstieg einer Frau in England – und hatte während der Landung, wenige Meter über dem Erdboden schwebend, zwei Reiter überredet, sie am Seil zum Startplatz zurückzuziehen. Aber nicht die Aufdeckung derartiger Hochstapeleien ließen den erhofften Strom zahlungskräftiger Kunden versiegen, Schuld war vielmehr der abebbende Reiz der Ballonvorführungen, und außerdem lief unglücklicherweise einiges schief. Am 16. Juni, einen Tag nach Roziers Absturz, von dem in London noch niemand Kenntnis hatte, mißlang der Versuch, ein Schaf am Fallschirm herabzulassen, so daß den Zuschauern das Eintrittsgeld zurückerstattet werden mußte. Bei der Landung des Ballons zertrampelten Neugierige zahlreiche Felder, deren Eigentümer Schadensersatzprozesse anstrengten. Endgültig unabwendbar war das Ende der großartigen „Akademie" aber erst, nachdem Blanchard einen Italiener auftreten ließ, der mit viel Werbespektakel ankündigte, mit dem Fallschirm abspringen und dabei Violine spielen zu können. Als der Mann dann von einem Schuppendach aus nur drei Metern Höhe herunterhüpfte, rächte sich das empörte Publikum und zertrümmerte die Einrichtungen des „Instituts". Dem ruinierten Blanchard, ohnehin von Gläubigern hart bedrängt, blieb keine andere Wahl, als sich bei Nacht und Nebel aufs Festland abzusetzen, was ihm geschickterweise mit der vollständigen Ausrüstung glückte.

So konnte er bereits am 23. Juni 1785 in Den Haag vom „Oude Hof" aufsteigen und einige Wochen später zu einer weiteren Fahrt mit einem Dragoneroffizier, die dramatisch begann und ungut endete. Kurz nach dem Start blieben sie an einem Schornstein hängen, mußten, um freizukommen, allen Ballast losschneiden und sogar Hüte, Sprachrohr, Gebäck, Wein und Landkarten über Bord werfen. Schließlich gelang die Weiterfahrt, aber als sie sich bei Zevenhuis, etwa 170 km nordöstlich vom Startplatz, in der Nähe eines Teiches niederließen, marschierte ein Trupp kräftiger Bauern heran und schlug alles kurz und klein. Nachdem sich die Burschen ausgetobt hatten, erschien auch noch der Wiesenbesitzer und verlangte von den zitternden Luftfahrern zehn Dukaten. Blanchard schwor, kein Geld dabei zu haben, aber der Bauer ließ die beiden mit ihrer zerstörten Gondel und zerrissenen Hülle erst weiterziehen, nachdem sie einen Schuldschein unterschrieben hatten. Kaum war Blanchard, noch völlig unter dem Eindruck des Schreckens und Schadens stehend, nach Den Haag zurückgekehrt, da stand der Landmann aus Zevenhuis vor der Tür, präsentierte sein Papier und erklärte unmißverständlich: „Der klare Buchstabe des Gesetzes lautet: Alles was vom Himmel oder aus der

Blanchard und der Chevalier de l'Epinard in Lille
kurz nach dem Abheben zur bis dahin weitesten Ballonfahrt
nach Servon, nahe Châlons-sur-Marne

Luft auf deinen Acker fällt, das ist dein."[22] Nach diesem Erlebnis bäuerlichen Behauptungswillens reiste Blanchard nach Rotterdam, stieg dort am 30. Juli in angeblich gefährlich große Höhen und geriet in die Nähe von Gewitterwolken. Zum Gaudium des Publikums ließ er eine Katze mit einem Brief am Fallschirm herunterschweben. Vier Wochen später, am 26. August 1785, befand er sich bereits 200 km südlich, im flandrischen Lille, nahm gegen Gebühr den Chevalier de l'Epinard in die Gondel und machte mit ihm eine Rekordfahrt von sieben Stunden Dauer und einer Distanz von beachtlichen 157 Meilen. Nach Lille zurückgekehrt und vom Magistrat mit Ehrenwein festlich empfangen, erhielt Blanchard ein stattliches Geschenk: eine goldene Dose und 50 Louisd'or.

Noch in Den Haag hatte er an einen befreundeten französischen Offizier in Frankfurt am Main geschrieben, um zu erkunden, ob in der alten, wohlhabenden Reichsstadt Interesse an seinem Erscheinen bestehe. In Lille erreichte ihn die Mitteilung, er sei willkommen, und die Frankfurter würden sich das Privileg eines ersten Aufstiegs wohl etwas kosten lassen. Blanchard ließ packen und gab seinem Kutscher Order, nach Osten über die Grenze nach Deutschland zu fahren, zum Auftakt einer mehrjährigen aerostatischen Europa-Tournee.

Die erste Luftreise in Deutschland – Blanchards Aufstieg in Frankfurt
3. Oktober 1785

„Frankfurts verjährte Wünsche, aerostatische große Versuche auch in ihren Gegenden zu bewundern, sind ihrer Erfüllung nahe. Der große bekannte Aerostatiker Herr Blanchard, wollen künftigen 6. dieses Monats ohnfehlbar hier eintreffen, um die nöthigen Anstalten zu diesem großen Experiment vorzukehren."

So die Ankündigung in der Samstag-Ausgabe des „Frankfurter Staats-Ristrettos" vom 3. September 1785 auf Seite eins. Gleichzeitig wird zum Kartenkauf aufgefordert, um den Ballon, „überhaupt aber soll er einer der schönsten seyn, welchen Europa gesehen hat", aus der Nähe bewundern zu können. Und zur Steigerung der Neugier das Versprechen: „Herr Blanchard werden zum überraschenden Vergnügen derer Zuschauer dieses Luftschiff nach Wohlgefallen zu lenken und zu regieren suchen, und alles dasjenige leisten, was man von seinen ausgebreiteten Kenntnissen nur erwarten kann."

Diese Nachricht brachte einiges in Bewegung. Denn Gerüchte gab es seit Juni, daß ein französischer Dragonerleutnant im Auftrag Blanchards mit dem Frankfurter Magistrat in Verhandlungen stehe, um den berühmten Bezwinger des Ärmelkanals für die Darstellung seiner Kunst auf deutschem Boden zu gewinnen. Als der Ankunftstermin des großen Aeronauten schließlich feststand, kam eine derart unerwartet große Menschenmenge aus allen Teilen des Reiches nach Frankfurt, daß es in der ohnehin durch den Zulauf zur Herbstmesse überfüllten Stadt keine Quartiere mehr gab und auch in den umliegenden Dörfern die eilig hergerichteten Schlafstellen in Dachkammern und Scheunen im Handumdrehen belegt waren. Vor allem die Wirte noblerer Herbergen hatten Grund, sich die Hände zu reiben, denn Frankfurt „war mit Fürsten, Herren und so vielen Fremden angefüllt."

Johann Heinrich Merck, Kriegsrat in Darmstadt, Freund des jungen Goethe, den er nachhaltig beeinflußte, und Wielands, für dessen „Teutschen Merkur" er bissige Beiträge schrieb, der stets Unbequeme, für sein beengtes Hofamt viel zu Gescheite, notierte nach dem Erscheinen Blanchards: „Wir leiden seit der Zeit den bittersten Hunger. Alles wird nach Frankfurt geschleppt. Es sollen die vornehmen Herren und Crachats (Ordenjäger) so viel dorten seyn als Sterne am Himmel." Allem Neuen und Großen zugewandt, beschloß Merck, wie so viele Tausend andere, unverzüglich abzureisen: „Ich werde mich auch auf einige Tage hierzu bey Frau Räthin Goethe einquartieren. Die Menge Menschen soll ansehnlicher wie bey einer Krönung seyn."[1]

Goethe, der Blanchards Flug über den Kanal mit Interesse verfolgt hatte, beorderte zur selben Zeit Fritz von Stein, den Sohn seiner Charlotte, an den Main, um im fernen Weimar auf dem laufenden zu sein. „Fritzen hab ich nach Frankfurt geschickt damit er Blanchard in die Luft steigen sehe", heißt es in einem Brief vom 11. September, und neun Tage später an Charlotte von Stein: „Auf den Sonntag steigt also Blanchard. Wie bin ich auf Fritzens Beschreibung neugierig..., der gewiss auch davon schreiben wird als wenn es nichts wäre."[2] So wie der 36jährige Goethe, der sich in jenem Herbst auf die begonnenen botanischen Studien konzentrierte, warteten Hunderttausende auf Neuigkeiten über das große Ereignis.

In der überfüllten Stadt am Main drängte sich inzwischen eine äußerst „gemischte Gesellschaft": Regierende Fürsten, Prinzen und Prinzessinnen, Reichsgrafen, ganz zu schweigen von den unzähligen Mitgliedern des niederen Adels, auf engem Raum mit Handwerkern und Kaufleuten, die ihren Messegeschäften nachgingen und den Aufwand der Herrschaften kräftig bespotteten, auch wenn sie das alles insgeheim heftig beneideten. Trotz des trüben, regnerisch-kühlen Herbstwetters war das Stadtbild ungewöhnlich farbenfroh: die Uniformen der habsburgischen, französischen und preußischen Offiziere mit ihren Ordenssternen, Federbüschen, Tressen und Gamaschen. Dazu die vornehmen Damen in der Pracht ihrer Frisuren und Reifröcke aus Pariser Seidenstoffen. Auf den mehrspännigen Kaleschen, die sich in den verwinkelten Gassen zwischen Römer und Main verkeilten, leuchteten die bunten Livrees der Dienerschaften. Seit der Krönung Josef II., des ältesten Sohnes Maria Theresias, zum römisch-deutschen König vor einundzwanzig Jahren hatte die durch kaiserliches Privileg wohlhabende „Wahlstadt des Reiches" einen solchen Prunk nicht mehr erlebt.

Im Mittelpunkt dieses Reigens von üppigen Soireen und Banketten, des Staunens auf den Straßen und der ungeduldig-aufgeregten Erwartung: der zierliche Meister der Luftschwimmkunst, der nun schon 14 Tage am Ort seines künftigen Ruhmes weilte. Am Abend des 26. September, einem Montag, saß Jean-Pièrre Blanchard zusammen mit seinem örtlichen Impresario und Freund, dem Dragoneroffizier Karl Schweitzer, im Hinterzimmer des „Goldenen Löwen" in der Fahrgasse. Vor ihnen auf dem Tisch neben einer Flasche guten Weins einige Zeichnungen und Schreiben mit Huldigungsgedichten nebst Ergebenheitsadressen, die der Leutnant übersetzte. Blanchard nahm drei Kupferstiche und breitete sie zum Vergleich nebeneinander aus. Ihm gefiel die Arbeit des Malers Cöntgen, dessen Blatt den Ballon unmittelbar nach dem Aufstieg zeigte, die Fässer zur Füllung gut erkennbar am Boden, im Vordergrund Kutschen und winkende Menschen. Auch das andere Bild schien gut geraten, das dem Messepublikum seit drei Tagen in den Zeitungen mit folgendem Text angepriesen wurde: „Des Herrn Blanchards Aerostatische Reise über Frankfurts Horizont, nebst dem Plan der Stadt selbst, in dem schönsten Gesichtspunkt genommen, wird in einem sehr gut gestochenen nicht hingesudelten Kupferstich nebst Parachute, Anker etc. schwarz auf einem Median-Bogen gedruckt zu haben seyn."[3]

Nein, gesudelt hatte der Mann nicht. Das Luftschiff schwebte hoch über der schönen Silhouette der Stadt, deren Türme und Wehranlagen, überragt vom Dom, gut zu erkennen waren. Auf dem Main fuhren Lastkähne flußabwärts, der großen Pfeilerbrücke nach Sachsenhausen entgegen, und über dem leicht ovalen Ballon standen zwei Worte: „ad astra" – zu den Sternen. Auch der dritte Kupferstich beeindruckte: links eine Säule mit der Büste des Luftfahrers und feierlicher Inschrift, daneben wieder Zuschauer auf einem teilweise eingezäunten Platz und der fahnengeschmückte Ballon.

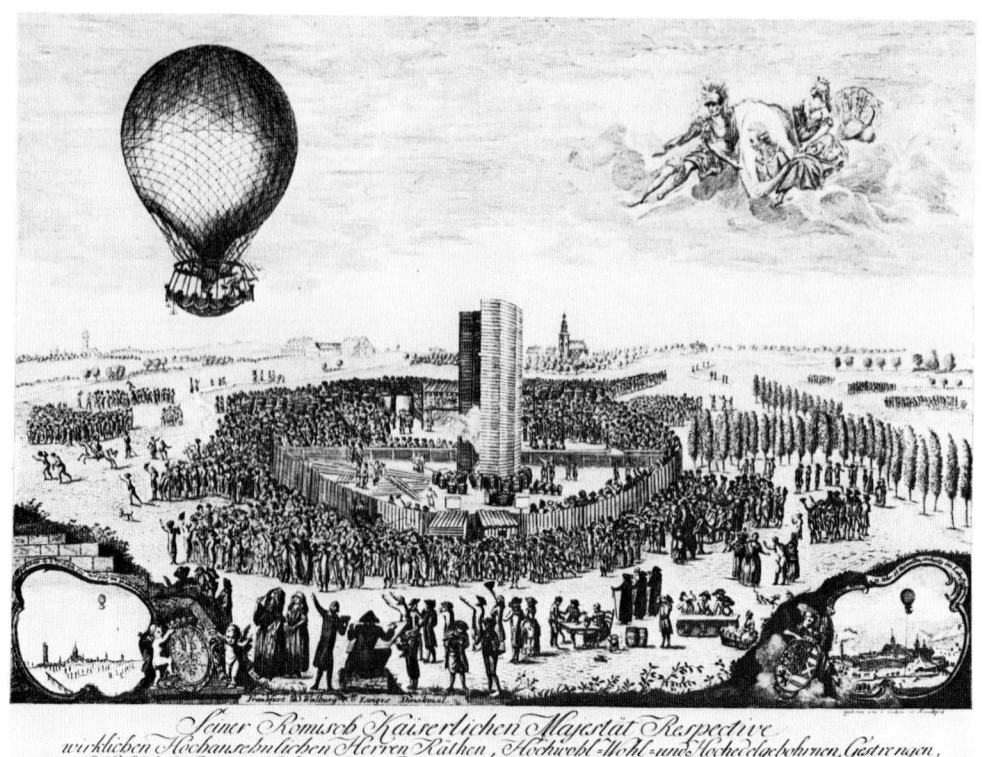

Seiner Römisch Kaiserlichen Majestät Respective
wirklichen Hochansehnlichen Herren Räthen, Hochwohl-Wohl- und Hochedelgebohnen, Gestrengen,
Hochedlen, Vest und Hochgelahrten Insonders Großgünstig- und Hochgeehrtesten Herren Herren
Stadtschultheis, Burgermeistern, Schoffen und des Raths.

Die erste Luftfahrt in Deutschland –
Blanchard über der Bornheimer Heide bei Frankfurt
am 3. Oktober 1785

Blanchard stellte fest, daß sich offenbar alle drei Künstler das
im Theobaldschen Hofe in der Bockenheimer Gasse ausgestell-
te Luftschiff angesehen haben mußten, weil die Darstellung des
Nachens, seine Drapierung und die Form des Netzes und der
Hülle kaum voneinander abwichen. Auf den Stich von Cöntgen deutend, bat er Schweitzer um Übersetzung des deutschen
Textes:

„Mich, der durch Aeols Zonen hoch
Über Britanniens Meere
Mit Blanchard jüngst nach Frankreich flog
Sieht Frankfurt nun in seiner Atmosphäre"[4]

Der Aeronaut schob die Blätter beiseite, und wieder fiel sein
Blick auf das Datum: 25. September 1785 stand sorgfältig gestochen unter allen drei Kupfern. Das war gestern! Blanchard

empfand die Absurdität des Ganzen schmerzlich: da lagen sie, die schönen Bilder einer glücklichen Auffahrt, die noch gar nicht stattgefunden hatte.

Sturm und Regen hatten den so lange angekündigten und von allen so sehnlichst erwarteten Start vereitelt. Es wäre gestern unmöglich gewesen, den Ballon zu füllen, und auch heute blieb das Wetter unverändert. Blanchard fürchtete bei weiteren Verzögerungen um die Gunst seiner hochgestellten Gönner, des Pfalzgrafen Herzog Karl von Zweibrücken, der sich, nach Sitte der Zeit, Charles Palatin Duc de Deuxpont nannte, und des Landgrafen von Hessen-Darmstadt, dessen ältester Sohn, Prinz Ludwig Friedrich, ihn so ungestüm drängte, mitfliegen zu dürfen. Nur ihnen zuliebe hatte er sich überreden lassen, einer Auffahrt für den morgigen Tag zuzustimmen, obwohl er nicht an eine Wetterbesserung glaubte.

In aller Frühe dieses Montags hatte Johann Heinrich Merck, im Hirschgraben Gast bei Goethes, in sein Tagebuch geschrieben: „Wir sind hier in der närrischsten Lage der Welt. Noch wissen wir nicht gewiß, ob der Ballon heute steigen wird. Alle Vorbereitungen sind gemacht, die Besatzung ist zum Teil ausgerückt, das Gerüst ist fertig, die Fässer zur Verfertigung der inflammablen Luft sind eingerammt und noch ist uns der Wind nicht günstig. Er geht ungeheuer stark, und wenn er sich gegen Mittag nicht legt, wird nichts aus der Sache."[5]

Blanchard bekam das Gefühl, in einer Falle zu sitzen, diesem scheußlichen deutschen Wetter ausgeliefert zu sein. Dabei hatte alles so gut angefangen: Jedermann begegnete ihm mit ausgesuchter Höflichkeit, der Senat war überaus gnädig, so daß die Verhandlungen mit der Stadtkanzlei günstig verliefen. Er durfte den berühmten „Ballon von Calais" gegen Eintrittsgeld zur Schau stellen, und es bestand freie Wahl zwischen mehreren Aufstiegsplätzen: dem Grindbrunnen, den Brachäckern des großen Fischerfeldes und der Bornheimer Heide. Obwohl die Ratsbeamten ihm den ersten als „ahnsehnliche Ebene" mit dem Hinweis auf das bequem erreichbare Wasser nachdrücklich empfahlen, entschied sich Blanchard für die Bornheimer Heide, weil er hoffte, das Gelände dort besser absperren und gegen nichtzahlende Zaungäste sichern zu können. Das war nötig, denn die Abonnements fanden bisher nicht den gewünschten Absatz, so daß es jetzt vor allem auf die Einnahmen

AVERTISSEMENT.

Da bei Auffteigung des Blanchardfchen Luft-Ballons in der Gegend des Grindbrunnens durch das Fuhrwerk fowol als die reitende Perfonen, bei einer grofen Volks-Menge, hauptfächlich die Fusgänger mancher Gefahr ausgefetzt feyn würden, wenn in Anfehung des einzunehmenden Platzes nicht eine gewiffe Ordnung beobachtet wird; So hat man aus Obrigkeitlicher Vorforge die Einrichtung getroffen:

Daß alles Fuhrwerk den Weg hinter den Gärten nach dem Grindbrunnen fahren, und fofort in hinlänglicher Entfernung, damit der Eingang zu dem eingefaßten Platz nicht verhindert werde, die untere Seite auf-ferhalb der Schranken nach dem Hof der guten Leuten- einnehmen- die Reitende hingegen vornen an den Gärten hin, über den Wiefengrund fich be-geben, und dafelbft bis dahin, wo die Schranken anfan-gen, fich aufhalten follen- Wornach denen Fusgän-gern das geräumliche Gallen-Feld entgegen ge-fetzt der Mayn-Seite, (wo ohnehin einige Canonen nach dem Waffer zu aufgepflanzt werden,) zu ihrem ficheren Auffenthalte übrig bleibt.

Durch deren Bekanntmachung ein jeder für eigenem Unge-mach verwarnet- zu Beobachtung diefer guten Ordnung er-mahnet - und zugleich zu unfelbarer Unterlaffung des gewaltfa-men Andringens nach den Schranken angewiefen wird. Signatum Frankfurt am Mayn den 17. Sept. 1785.

Stadt-Kanzley.

Verkehrsregeln und Ermahnungen der
Frankfurter Stadt-Kanzley in Form einer
„Öffentlichen Bekanntmachung"

am Tag des Versuchs ankam. Erfreulicherweise stellte das Kriegszeugamt drei Kanonen und Zelte ohne Bezahlung zur Verfügung.

Nur ein Punkt blieb ärgerlich und schmerzlich: Der Senat verweigerte hartnäckig seine Zustimmung, den in Frankfurt lebenden Juden die Teilnahme zu gestatten. Blanchard setzte sich für Juden als Zuschauer weniger aus humanitärer Toleranz ein, sondern weil er zweifelte, „ob die ihm von den Beförderern seiner Kunst zu Theil werdende Unterstützung zur Bestreitung der unstrittig grosen Kosten anreichen, geschweige dann über-schiessen werde."[6] Er brauchte die Juden als zahlungskräftiges Publikum und hatte deshalb in einer schriftlichen Eingabe an den Senat am 20. September gebeten, „den freyen Ausgang der hiesigen Juden, welche sich mit einem Billet von mir zu rechtfertigen vermögen, am Tage des Experiments" zu ermöglichen. Der Senat verwies das Gesuch an die Schöffen, die drei Tage später entschieden, „dass am Tage der Auffahrt des Blanchard'schen Ballons, gleichviel ob sie am nächsten Sonntag oder an einem andern Tage stattfinde, kein Jude oder Jüdin sich aus der Gasse begeben sollte. Geschehe es dennoch und sie würden misshandelt, so sollte einer Klage nicht stattgegeben werden."[7]

Auch in Frankfurt herrschte Mitte der achtziger Jahre des 18. Jahrhunderts noch Ghettozwang, der erst sechzehn Jahre später aufgehoben wurde. Durch die vom Kaiser bestätigte „Juden-Stättigkeit" und besondere Ratsverordnungen war ihnen das Verlassen des Ghettos an Sonn- und christlichen Feiertagen ausdrücklich verboten. Ihre entwürdigende und bedrängte Lage in Frankfurt beschreibt in „Hinterlassenen Papieren" ein unbekannter französisch-preußischer Offizier: „Sie wurden fortwährend von den intoleranten Christen misshandelt. Jeden Augenblick war der Senat genöthigt, Verordnungen zu erlassen, in denen er bekannt machte, dass in Zukunft diejenigen, welche sich Misshandlungen gegen die Juden erlaubten oder sie prügelten, auf das Strengste bestraft werden sollten, aber ungeachtet dieser Drohungen wagte man es nicht, die Schuldigen zu bestrafen, und die Juden wurden nach wie vor auf alle Weise misshandelt. Sie waren damals gezwungen, ohne Ausnahme ihr jeden Abend geschlossenes Quartier zu bewohnen, das fast nur aus einer einzigen, ziemlich langen, aber sehr engen Strasse bestand, in welcher an 8000 Seelen haußten, die jeden Tag bei einbrechender Nacht, so wie an allen Sonntagen und christlichen Feiertagen eingesperrt wurden. Die Luft in diesem Stadttheil war daher verpestet, und wehe dem armen Juden, den man nach Sonnenuntergang noch in den übrigen Strassen Frankfurts begegnet hätte. Zu keiner Zeit durften sich diese Unglücklichen in den öffentlichen Spaziergängen der Stadt und auf gewissen Plätzen wie dem Römerberg u.s.w. blicken lassen, der Pöbel würde sie halb todt geschlagen haben."[8]

Das war die Wirklichkeit, in der die Frankfurter Juden leben mußten, als Blanchard um Ausnahmegenehmigung bat und dabei sogar Unterstützung des kaiserlichen Gesandten, des

Grafen Trautmannsdorf, fand, der seinen Legationssekretär in den Römer zu Verhandlungen mit den Bürgermeistern schickte, allerdings ohne Erfolg. In einer außerordentlichen Ratssitzung wurde das Verdikt nur noch einmal bekräftigt, und Blanchard wußte im Hinterzimmer des „Goldenen Löwen" bereits am Abend des 26. September, daß am nächsten Tag auf der Bornheimer Heide keine Juden sein würden, daß die Ein- und Ausgänge der Judengasse sogar zusätzlich durch Wachen besetzt werden sollten, obwohl die Vertreter der jüdischen Gemeinde gegen diese Demütigung protestiert hatten.

Doch die Frankfurter Juden versäumten zumindest an diesem 27. September 1785 nichts. Der Tag begann mit hoffnungsvoll mäßigem Wind, wenn auch bedecktem Himmel. Auf die „Bornheimer Heide in der Gegend bey der Günthersburg" strömten im Morgengrauen einige zehntausend Menschen, und dann erschien mit stattlichem Gefolge die festlich herausgeputzte Gruppe der hessischen Herrschaften aus Darmstadt und Homburg. Mit ihnen kamen die Ysenburgs, Metternichs, Hohenlohes und Thurn und Taxis, so daß um neun Uhr das Zeichen zur Füllung der zweifarbigen Hülle mit Wasserstoffgas gegeben werden konnte, deren Zutaten – Eisenfeilspäne und Vitriolsäure – auf einem Transportwagen aus Lille mitgebracht worden waren. Als der Wind immer mehr auffrischte, sah Blanchard seine Zweifel vom Vorabend bestätigt, aber angesichts der riesigen Menge, die inzwischen durch „Pauken und Trompeten" unterhalten wurde, und, ermuntert von den Fürstlichkeiten und seinem Freund Schweitzer, versuchte er, die Füllung trotzdem zu bewerkstelligen. Nach vierstündigem mühevollen Ringen mit dem von Böen gebeutelten, an den Halteseilen zerrenden Ballon schien es endlich gelungen. Über die dann folgenden entscheidenden Minuten veröffentlichte der „Frankfurter Staats-Ristretto" eine Beschreibung, die der Herzog von Zweibrücken und der Erbprinz von Hessen-Darmstadt nebst Gemahlinnen eigenhändig unterzeichneten:

„Und doch kams dazu, daß er, ohngeachtet alles Sturms, genugsam angefüllet ward, um 3 Personen zu tragen. Um 1 Uhr stiegen Sr. Durchl. der Prinz Ludwig Friedrich von Hessen-Darmstadt, die schon lange verlangten mit Hrn. Blanchard eine Luftreise zu thun, ohngeachtet aller Vorstellungen, die man Sr. Durchl. wegen der Gefahren des Sturms that, und die nicht vermögend waren, den unerschrockenen Muth dieses

Prinzen zu schwächen, in das Schiff und setzten sich ganz ruhig an die Seite des Herrn Schweitzers, Officiers des Dragoner Regiments Schomberg, der auch mit von der Reise war. In dem Augenblick, da Herr Blanchard seinen Ballast berechnete und sich unter all unseren Glückwünschen zur Abreise schickte, erhob sich ein so schrecklicher Sturm, der den im herrlichsten Anblick sich zeigenden Ballon von oben bis unten zerriß. Die Stelle der so häufig entfliehenden brennbaren Luft ward sogleich von der atmosphärischen Luft eingenommen, dass man gerade noch so viel Gewalt anwenden mußte, um alles aufzuhalten. Obschon Herr Blanchard mehr als eine Stunde vorher, über diesen traurigen Vorfall sein Befürchten Uns zu erkennen gab, so fiel er doch auf dem Punct in eine Ohnmacht, so daß man ihn aus dem Schiffe hob, und in Unsere Mitte brachte, wo Wir ihm allen Uns möglichen Beystand leisteten, der in Unserm Vermögen war: Und nachdem Wir ihn dieses Vorfalls wegen, wo er ganz klar ausser aller Schuld ist, wieder gesichert hatten, so haben Wir ihn in Unserm Wagen weggebracht."[9]

Vornehmerweise untertreibt der Text und erwähnt nicht, daß dies eine höchst dramatische Rettungsaktion des vor Entsetzen versteinerten oder auch tatsächlich vom durch den klaffenden Riß ausströmenden Gas bewußtlos hingesunkenen Aeronauten war. Denn die Menge begriff das Ausmaß der Zerstörung des Ballons sofort: „Die Zuschauer, besonders die nichtzahlenden außerhalb der Rotunde, geriethen in großen Aufruhr und wurden fast wüthend, sie glaubten, man habe sie foppen wollen und zum Besten gehabt", berichtet ein Augenzeuge, „ich sah den Augenblick kommen, wo man den armen Luftschiffer in Stücke reißen würde ... Der Tumult und die Verwirrung waren viel zu allgewaltig. Greise und Kinder, Männer und Frauen, Mädchen und Jünglinge lagen über- und durcheinander, Arme oder auch Füsse und Beine in die Höhe streckend, wie es gerade kam. Ein Schlachtfeld vermag nicht ein ähnliches Schauspiel darzubieten."[10] In diesem panikartigen Durcheinander behielt der Herzog von Zweibrücken die Nerven und zerrte den betäubten Blanchard in seinen Wagen, „der durch eine starke militärische Bedeckung geschützt wurde und brachte ihn so mit heiler Haut in sein Hotel im Gasthof zum goldenen Löwen zurück."

Wieder einmal hatte Blanchard sie erfahren, die Gratwanderung des Aerostatikers, der in wenigen Sekunden vom angehimmelten, fast vergötterten Wesen zum Betrüger und Lumpen herabsinkt, nach dem geifernde Massen Steine werfen und der mit Schimpf aus der Stadt gejagt wird. Glücklicherweise hatte der Pöbel den „Ballon von Calais" nicht zerstört, und auch die Schäden an den Tribünen hielten sich in Grenzen. Aber die Zeit drängte jetzt, weil die Herbstmesse in vier Tagen zu Ende ging und Gefahr bestand, daß aus beträchtlichen Unkosten regelrechte Verluste werden konnten. In der Stadt kam Unruhe auf, die Inhaber der überaus teuren Eintrittskarten reagierten nervös, einige reisten ab. Zusätzlich verbreitete sich das Gerücht, die Luftkugel sei nicht vom Sturm zerrissen, sondern durch ein Attentat zerstört worden. Sogar ein Mitglied des Magistrats behauptete: „Eben sollte der Ballon abgeschnitten werden, um sich zu erheben, als ein pfeifenartiges Sausen dicht an dem linken Ohr meines erschrockenen Schwagers vorbeistrich, und in demselben Augenblick erhielt der Ballon auch ein Loch, aus welchem das Gas entströmte, er schrumpfte allmählich zusammen und fiel endlich nieder."[11]

Blanchard widersprach den Darstellungen eines Schusses aus dem Hinterhalt mit Entschiedenheit, aber ihm wurde klar, daß keine Zeit zu verlieren war. So erbat er vom Senat schriftlich die Erlaubnis, bereits am nächsten Sonntag aufsteigen zu dürfen und verlangte zur Aufrechterhaltung der Ordnung 100 Mann. Doch der Rat lehnte eine Verstärkung der Sicherheitskräfte ab und bestimmte Montag, den 3. Oktober, zum endgültigen Termin. Es blieb Blanchard nichts anderes übrig, er mußte sich diesem Spruch fügen. Erst die am nächsten Tag im „Staatsristretto" und gleichlautend in der „Oberpostamtszeitung" erscheinende Ehrenerklärung der Fürstlichkeiten hellte die sich zunehmend verdüsternde Szene wieder etwas auf. Herzog Karl und der Erbprinz begannen ihre Erklärung, um Blanchard von jedem Schuldvorwurf freizusprechen, mit der Darstellung des ersten abgesagten Termins. „Wir Unterzeichnete bezeugen, daß der 25ste Tag dieses Monats so stürmisch war, daß Herr Blanchard, der seinen 15ten Aerostatischen Versuch auf diesen Tag angekündigt hatte, sich genöthigt fand, solchen, unter Verhoffung stillerer Witterung, auf den andern Tag auszusetzen: Sturm und Regen aber vermehrten sich vielmehr dergestalt, daß gegen Abend die Zelten umgeschmissen und zerrißen wurden, die Umfassung auch zum Theil nemliches Schicksal hatte und grosen Schaden litte, so daß es unserem Aeronauten unmöglich war, den Versuch auszuführen. Wir Selbst bewogen ihn, solchen auf eine andere Zeit auszusetzen, da wir ihm vorstellten, wie sehr uns an seinen Lebenslagen gelegen wäre. Aber das Verlangen, so Herr Blanchard hatte, der ganzen mit Fürsten, Herren und so vielen Fremden angefüllten Stadt, die von allen Enden dieserwegen gekommen waren, Genügen zu leisten, trieb ihn an, den Versuch am 27ten vorzunehmen." Dann folgte ein ausführliches Protokoll des Unglücks, die erneute Beteuerung seiner Schuldlosigkeit und die Ankündigung, daß „er kommenden Montag, den 3. October seinen Versuch wiederholen will."[12]

Blanchard konnte aufatmen, sein leicht ramponierter Ruf war wiederhergestellt, und so versuchte er ein letztes Mal mit einer Eingabe an den Rat, an die Geldbörsen der Juden heranzukommen. Auch die Gemeindevorstände Hertz Bonn und Hirsch Gundersheim erschienen im Römer und baten, „den Juden eine Freiheit nicht zu nehmen, die niemandem versagt sey, sie würden keine Veranlassung zur Misshandlung geben, sie wollten nur vor das Stadtthor gehen und zusehen."[13] Aber die Schöffen bestätigten ihr erlassenes Verbot, ebenso den Beschluß, Wachen vor den Eingängen des Ghettos aufzustellen, allerdings mit einer Lockerung: „dass, falls bei dem Aufsteigen des Ballon Feuer ausbräche, diejenigen Juden, die ihre Waren und Effekten in Kammern oder Gewölben ausserhalb der Judengasse hätten, nicht behindert sein sollten, nach ihrem Eigenthum zu sehen."[14]

Montag, 3. Oktober 1785. Trotz des Fehlschlages und des fast zehntägigen Wartens in der engen, immer teurer werdenden Stadt erlahmte das Interesse an Blanchard und seinem Ballon nicht. Zwei Verse einer fünfzig-strophigen „Geschichte des Blanchardschen Ballon nebst allen dabey vorgefallenen Begebenheiten" beschreiben die Stimmung:

21.

„Und als nun kaum der Tag anbrach,
Da lief was Beine hatte;
Das Kind lief seiner Mutter nach,
Das Weibchen ihrem Gatte,
Blieb also fast kein Mensch zu Hauß,
Denn wer nur konnte, ging hinaus
den Luftballon zu sehen.

Nun weiß ich nicht war es nur ganz
Geschehen, uns zum Possen.
Der Ballon war mit einer Schanz
Von Bretter eingeschlossen.
Ach nein, mein allerbester Freund,
So böse ist's wohl nicht gemeint,
Es ist für'm Wind zu schützen."[15]

Gegen den Willen seiner Freunde hatte Blanchard diese entscheidende Baumaßnahme durchgesetzt, um eine Wiederholung des Unglücks vom 27. September zu verhindern, auch
wenn der Nachteil in Kauf genommen werden mußte, daß der
Füllvorgang dem interessierten Publikum verborgen blieb.
Nach einigem Murren auf den Galerien wurde die Stimmung
jedoch freudig-erwartungsvoll, und ein Blick auf das eindrucksvolle Geviert der amphitheaterartig ansteigenden Holz-
tribünen bewies, daß die Einnahmen gut sein dürften. Blanchard konnte zufrieden sein: Der sorgfältig ausgebesserte Ballon zeigte sich in bestem Zustand, am Himmel, obwohl grau,
keine Regenwolken, der Wind wehte leicht, wechselnd aus
Ost/Nord-Ost. Und mit Genugtuung erfüllte ihn auch, daß
von den Fürstlichkeiten niemand fehlte: Herzog Karl beobachtete die Apparate zur Erzeugung des Gases, ebenso der Erbprinz Ludwig, der noch immer seiner verpaßten Chance nach-
trauerte, der erste deutsche Luftfahrer zu werden. Im Gegensatz zur landgräflichen Familie, die erleichtert wirkte, daß es
für den künftigen Chef des Hauses Hessen-Darmstadt keine
Möglichkeit gab, das halsbrecherische Abenteuer erneut zu
versuchen. Denn diesmal konnte der Ballon, weil der Vorrat an
Vitriolsäure nicht ausreichte, nur zu zwei Dritteln gefüllt werden. Auch Freund Schweitzer mußte zurückbleiben, „der dies
umso mehr bejammerte, da er deswegen schon lange von heis-
ser Begierde war." Aber Blanchard dürfte darüber nicht allzu
unglücklich gewesen sein, war es nicht wirkungsvoller, sich
diesem erlauchten Publikum in der aufsteigenden Gondel allein
darzubieten?

Alles funktionierte einwandfrei: In den elf im großen Kreis
aufgestellten Fässern entwickelte sich eine rauchende Masse,
die über Rohrleitungen sternförmig zum Mittelpunkt einer Kugel mit Schornsteinaufsatz geführt wurde, von der sie in den
herunterhängenden Schlauch an der Unterseite des Ballons flie-

ßen konnte. Blanchard ließ sich inzwischen den in Festkleidern und mit sorgfältig gepuderten Perücken erschienenen Mitgliedern des Rates und der hochadligen Gesellschaft vorstellen. Auf der Ehrentribüne saßen neben den Landgrafen von Hessen-Darmstadt und Hessen-Homburg zahlreiche Prinzen und Prinzessinnen, die Markgräfin von Brandenburg-Bayreuth, die Fürstenbergs, die Hohenlohes, auch der kaiserliche und der russische Gesandte gaben sich wieder die Ehre. Galant verneigte sich der zartgliedrige kleine Mann, verteilte schmeichelnde Komplimente und wirkte dabei in seiner blauen Matrosenuniform mit weißer Schärpe kaum wie der kühne Eroberer der Lüfte, sondern eher wie ein etwas nervöser Tanz- oder Fechtmeister.

Kurz nach 10 Uhr gab er das Zeichen, die Bretter des Schutzturmes an der windabgewandten Seite herauszuschlagen, überprüfte noch einmal den Füllungsgrad der Hülle und das in einem großen Holzring zusammenlaufende dichte Netz, an dem, von fünfzehn Seilen gehalten, die Gondel einige fußbreit über dem Boden hing, und lud eigenhändig seine Ausrüstung ein: „eine Bouteille sehr guten Wein, zwei Milchbrodte", – dazu Fernrohr, Barometer, Sprachrohr, eine Bussole (Magnetkompaß), Karte und zwei Fahnen, die eine weiß, mit drei Bourbonenlilien geschmückt, die andere mit dem Frankfurter Adler, darunter in Großbuchstaben S.P.F., die altrömische Abkürzung für „Senat und Bürgerschaft von Frankfurt." Als letztes wurden 40 Pfund Ballast verstaut. Mit elegantem Schwung bestieg Blanchard sein Luftschiff, ließ es einige Meter von der Schutzwand wegschieben. In diesem Augenblick überreichte ihm Herzog Karl eine goldene emaillierte Dose, auf deren Dekkelmotiv Alexander der Große auf seine Geliebte zugunsten seines Freundes, des Malers Apelles, verzichtet.

Weil an diesem Tag keine Kanonen zum wirkungsvollen Signalschuß bereitstanden, warf Blanchard ohne alle Feierlichkeit um 10 Uhr 36 zwölf Pfund Sandballast über den Rand seiner Gondel, und der Ballon stieg, zur völligen Überraschung der Zuschauer, aus dem Schutz des Bretterturmes wie hinter einem Vorhang hervor und erhob sich in die Luft. Für Momente schienen alle vor Schreck erstarrt. Merck schrieb am Abend: „Das, was mich am meisten rührte, war die stumme Bewunderung der Zuschauer, die so allgemein war, daß in keiner Brust Athem genug übrig blieb, seinen Beifall laut zuzurufen."[16] Das prachtvolle Luftgefährt war nun für alle in seiner eindrucksvollen Größe zu sehen: eine wundervolle Kugel, oben dunkelrot, unten gelblich – deutlich zu erkennen der schlauchartige Füllansatz, darunter das vorn und hinten spitz aufgeschwungene Schiffchen, mit Girlanden kunstvoll geschmückt, der Anker auf der einen, der kleine starre Fallschirm mit daran hängendem Korb, in dem sich Blanchards kleiner Hund befand, auf der anderen Seite.

Gebannt blickte die Menge dem schräg aufsteigenden Ball nach. Erst vereinzelt, dann immer zahlreicher der Ruf „Vivat – es lebe Blanchard". Endlich war er geglückt, der erste Flug eines Menschen von deutschem Boden. Im Frankfurter Staats-Ristretto vom 4. Oktober heißt es: Blanchard „stieg langsam aber sehr reizend auf, und salutierte, in einer Höhe von ohngefehr 50 bis 60 Schuh, zuerst mit seinem Hute, und dann mit einer weissen Fahne, worauf sich die 3 französischen Lilien präsentierten, die anwesende Menge vieler tausend Zuschauer vom höchsten bis zum untersten Range, die ihm alle unter Händeklatschen und Frohlocken mit warmen Herzen glückliche Reise zuwinkten. Gewiß ein majestätischer Anblick war's, den kühnen Luftschiffer unter dem prächtig gefüllten Ballon in seiner Gondel herum handthieren zu sehen, eben als wenn er darinn wirklich daheime wäre, wo er erst auf den Sitz derselben, sodann aber auf deren äussersten Rand sprang, und sich von da der unzähligen Zuschauermenge in voller Statur nochmals empfahl."[17]

Der „Ballon von Calais" schwebte bald in einer Höhe von 2000 Fuß über Frankfurt in Richtung Westen, die bunte, vielköpfige Menge auf dem von Pappeln eingegrenzten Wiesengelände der Bornheimer Heide wurde kleiner. Zur Linken erkannte Blanchard den Main, die Katharinenkirche und den Dom, in dessen Nähe der Römerberg sein mußte. In den Gassen rennende, gestikulierende Menschen, und auf den Dächern saßen Juden wie Christen, um das merkwürdige Gebilde am Himmel zu sehen. Und einige von Ihnen mögen gedacht haben, „daß noch wenige Jahre früher man denjenigen, der nur von der Möglichkeit einer Luftschiffahrt gesprochen, für närrisch, und den, der sie wirklich vollbracht, für einen Zauberer gehalten haben würde, und ihm als einen solchen den Proceß gemacht und wahrscheinlich verbrannt hätte."[18]

Als das Luftgefährt nach einigen Minuten Fahrt ins Gleichgewicht kam, beugte sich Blanchard über den Gondelrand und schnitt die Fallschirmleine durch, womit er den „Hund herabschickte, der im Angesicht der Zuschauer ganz langsam sich herabsenkte und ohnweit der Bockenheimer Warte aus der Luft aufgefangen, und unter Zulauf vielen Volks wohlbehalten in den goldnen Löwen dahier gebracht ward."[19] Um das Gewicht erleichtert, stieg der Ballon auf 6000 Fuß, änderte seine Fahrtrichtung durch eine neue Windströmung nach Nordwesten und trieb auf die Hänge des Taunus zu. Der einsame, kleine Mann in Phantasieuniform, von der Erde nur ein winziger blauer Punkt, hörte drei Kanonenschüsse, die Seine Hoch-

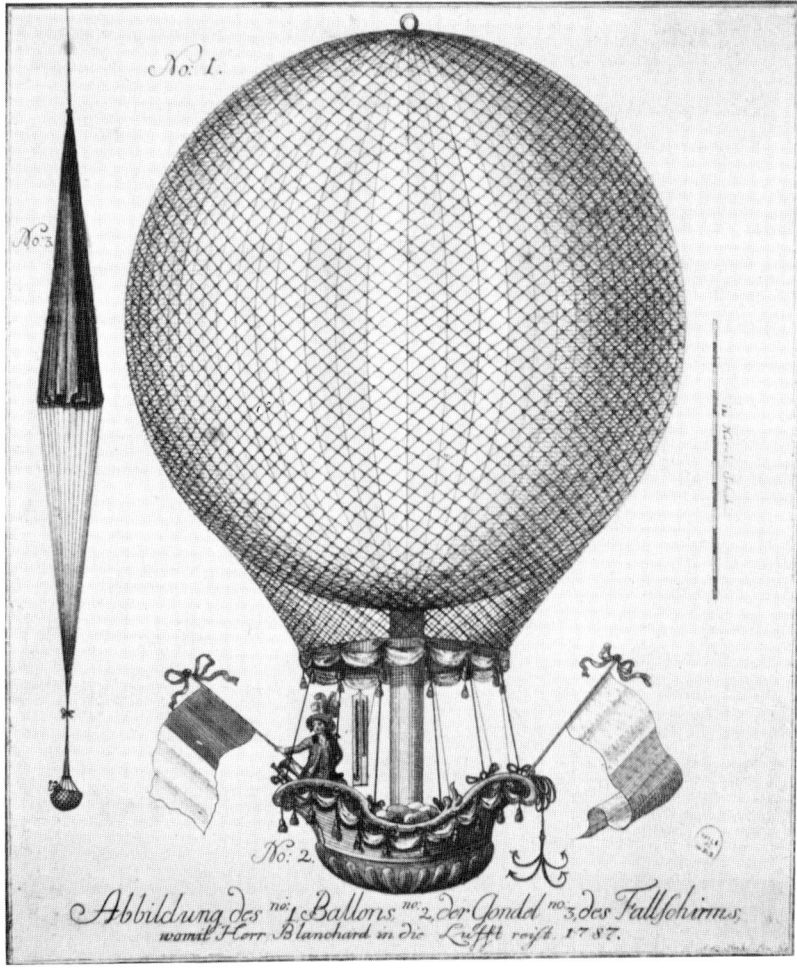

Blanchards „Luftwerkzeuge":
Ballon – Gondel – Fallschirm.
Abbildung von 1787

fürstliche Durchlaucht, der Landgraf von Homburg, bei einer Annäherung der Luftkugel abzufeuern befohlen hatte. Blanchard schildert in seinem Fahrtbericht, der noch während seines Aufenthaltes in Frankfurt niedergeschrieben wurde, diese Reise derart plastisch, daß ein ausführlicher Auszug aus dem erhaltenen Originalmanuskript von einigem dokumentarischen Reiz ist.

„Ich nahm mein Fernrohr, und unterschied sehr gut die Stadt Homburg vor der Höhe, 4 Stunden von Frankfurt! ich lies mich sogleich etwas nieder, um antwortend mit meiner Fahne zu salutiren, und war sogar willens, da ich ohnehin nur eine kleine Spazierfahrt zu thun, mir vorgenommen hatte, daselbst meine Reise zu endigen. Als ich aber eine mit Waldung gezierte Kette von Gebirgen vor mir bemerkte, erhob ich mich wieder, in der Entschliessung, um darüber hinzusegeln einen Versuch zu machen. Der Barometer stand auf 21 Zoll, und neigte sich sinnig nach dem Maasse, je nachdem ich weiter auf das Gebirge kam; aber in diesem Standpuncte blieb er, bis ich darüber hin war, wo er alsdann seinen vorigen Elevationsgrad wieder nahm. Da der Himmel gänzlich bedeckt war, und ich weder Erweiterung noch Zusammendruck auch keine Elevationsveränderung wahrgenommen hatte, so bewies mir dies, daß ich dem Profile des Gebirgs ganz regulair gefolgt sey. Der Himmel trübte sich mehr und mehr, und meine Luftkugel befand sich bis ohngefehr auf den Durchmesser in den Wolken; ich reißte auch in einer gelinden Temperatur, bey einem Südostwind: Dann bey dieser Elevation, (die nach meinem Barometer 6500 Fuß von der Erde war) differirte der Luftstrohm. Nicht weiter wolt' ich nun in die Wolken gehen, um mich nicht dem Gesichte der mich beobachtenden Menschen zu entziehen. Ich hörte sehr deutlich den Klang der Glocken, die Flintenschuß, und konnte mit meinem Telescope die Städte und Dörfer sehr genau unterscheiden, über welche ich hinseegelte. Um 11 Uhr 5 Minuten hört' ich ein taubes Geräusch, dessen Echo schrecklich war; es glich dem, jener von der Natur formierten Wasserfälle, die ich in der Dauphiné gesehen habe, deren unangenehmes Geräusch gewiß in den hohen Wolken sich hören läßt; ich dachte, es könne eine Stampf- oder Papiermühle seyn: und nachher hab' ich erfahren, daß ich mich nicht betrogen hatte. Um 11 Uhr 8 Minuten ward ich von fern' auf meiner Route einer Stadt gewahr, die mir sehr wohl gelegen zu seyn schien. Ich examinirte meine Boussole und meine Karte, und glaubte nach meiner Berechnung die Stadt Nassau-Weilburg zu erkennen. Ich senkte mich um 11 Uhr 10 Minuten herab, und lies mich in einem tiefen Thal, in dessen Mitte der Lahnfluß durchlauft, nieder. Ich nahm mein Sprachrohr, und redete zu vielen Menschen, ohne mich viel mit der Antwort zu beschäftigen, die von ihnen sehr vermischt mit vielem Echo der Berge ankam. Gerade auf die Stadt seegelte ich los, deren Amphitheatergleiche Lage mich leicht die Weite eines viereckigen Platzes entdecken lies, der in der Mitte ist. Da rüstete ich mich niederzusteigen, in der Gesinnung, Sr. Hochfürstl. Durchl. dem Fürsten von Weilburg, deren Pallast ich sehr gut unterschied, meine Aufwartung zu machen. Allein entweder nöthigte mich die Schnelligkeit des Flusses seinem Lauf zu folgen, oder war es der im Thale circulirende Wind, der mich wegtrieb; kurz ich fand mich seitwärts der Stadt, wo ich die Einwohner herausgehen sah, die in Menge auf einer schönen Wiese, ganz nah' an den Häusern ankamen. Ich ankerte in der Mitte, und blieb ohngefehr 100 Fuß hoch in der Luft erhaben: Es war 11 Uhr 15 Minuten. Alle Einwohner liefen herzu, der erste aber der ankam, das war ein Kind, welches glaubte, ich würde zufällig aufgehalten; und um mir nach seiner Meynung einen grossen Dienst zu thun, sprangs nach meinem Anker, machte ihn los und verlies das Seil. Gegen das Kind murrend, stieg ich, indem ich ihm durch Zeichen meinen Unwillen zu erkennen gab, wie der Blitz wieder auf, und seegelte weiter, um von neuem zu ankern, und dies mein Verlangen begünstigte ein kleines Dorngebüsche. In dieser Fassung hielt ich mich da auf, untersuchte mit Vergnügen die ganze Stadt, deren Einwohner mit grossen Schritten herbeyliefen, als ein armseliger Schäfer, der seine Heerde verlies, in der Meynung, wie das Kind, ich seye da unglücklicher Weise vest, an allen Ecken mir meinen Anker losmachte; und ohngeachtet aller Zeichen die ich ihm gab, mich nicht zu verlassen, sondern mich vielmehr an dem Seile mitten in die Stadt zu begleiten, wollt' er weder meine Sprache noch meine Zeichen verstehen, und lies mich, in der Meynung sehr wohl zu thun, also schweben. Zuverläßig würd' ich diesem abermaligen unangenehmen Zufall zuvorgekommen seyn, wenn ich mein Ventil nur hätte öfnen wollen: Allein ich wollte keine brennbare Luft verloren gehen lassen, um über den Häusern hin, mich in die Stadt ganz niederlassen zu können. Den Händen des Schäfers entwischt, kam ich nun wieder an den Lahnfluß, und hatte gute Lust, meinen Entwurf zu ändern, und meine Fahrt über das vor mir liegende Gebirge fortzusetzen; allein das heftige Geschrey der Einwohner rief mich wieder zurück. Nun warf ich meinen Anker mitten in den Fluß, und, wohlgesichert, daß man mir diesmal meinen Zweck nicht abermals vereiteln könne, hielt ich mich über demselben eine Weile schwebend auf; und plötzlich war der Fluß mit verwunderungsvollen Zuschauern gleichsam bedeckt. Ich hätte lange fragen können, ob Sr. Durchl. der Fürst auf Ihrem Schlosse wären, denn es war noch niemand unter so vielen Leuten da, der meine Sprache verstand: Aus ihren Bezeichnungen nahm ich wohl ab, daß sie voller Begeisterung mich baten, nieder zu kommen – und ich ergab mich ihrer Bitte. Der Wind war stark genug. Ich formierte eine Fahne mit dem untern Pole meiner Kugel, und indem ich ihr eine inclinirende Richtung gab, senkte mich der Wind nieder, und ich schwang mich auf die andere Seite des Flusses, um der Volksmenge auszuweichen. Meinen Luftwagen (der sich immer wieder erheben wollte) band ich an die Weiden, und bald hernach kamen 6 Mann in einem Nachen an, die mich übersetzten. Heiteres Vergnügen war auf ihren Gesichtern geschildert, aber zum Unglück sprach nicht einer Französisch; ein Einziger, der mehrere andere Sprachen verstand, bediente sich aller derselben, um sich mir verständlich auszudrücken: Ich nahm meine Zuflucht zur englischen Sprache, aber ich war ihr nicht mächtig genug, um meine Gesinnungen zu eröfnen; doch verstand ich von ihm, daß Sr. Durchl. der Fürst nicht da seyen. Und nachdem ich einem jeden von ihnen ein Glas Wein gegeben hatte, rüstete ich mich wieder wegzugehen, worüber sie sehr unzufrieden waren: der Wind vermehrte sich, und die Gesellschaft auch – ich mußte mich ergeben, da zu bleiben. Nun entschloß ich mich, die Luftkugel auszuleeren; und während dieser Beschäftigung, kamen die Räthe und Bürger der Stadt zu uns, die französisch sprachen. Nach den schmeichelhaftesten Complimenten dieser Herren, halfen sie mir meinen Ballon zusammen- und in den Luftwagen legen, und dann führten sie mich im Triumph in die Mitte der Stadt.“[20]

Sie war also glücklich beendet, die 15. Luftreise Jean-Pièrre Blanchards und damit der erste Flug eines Menschen in

Deutschland, drei Jahre nach dem Beginn der Aerostatik im Bois de Boulogne. Sein Luftwagen hatte ihn, eine leicht nach links gebogene Linie nordwestwärts beschreibend, zuerst über Homburg vor der Höhe getragen, dann über Usingen und Blessenbach, um nach Querung der Lahn, die hier von Norden kommend zweimal scharf die Richtung wechselt, in Sichtweite der winzigen Hauptstadt des Fürstentums Nassau-Weilburg niederzuschweben. Blanchards Flug aus der Main-Ebene über die ansteigenden Bergrücken und weite Hochfläche des Taunus ist, urkundlich belegt, in zahlreichen kleinen Städten und Dörfern beobachtet worden. In Blessenbach machte der Pfarrer auf „gnädigst Herrschaftlichen Befehl zum ewigen Andenken" sogar eine Eintragung ins Kirchenbuch: „So bald er sich mit seinem Luftschiff ... über Eschbach zeigte, lief jedermann aus seiner Wohnung heraus, um eine so seltene als außerordentliche Lufterscheinung zu bemerken; die meisten wurden von Grauß und Schrecken überfallen, und einer wollte dies, ein anderer wiederum etwas anderes gesehen haben und bald dies bald jenes daraus schließen, bis man endlich noch an eben diesem Tage die Nachricht erhielt, daß es Herr Blanchard mit seinem Luftschiff gewesen ...".[21]

In Weilburg umringte den erfolgreichen Luftfahrer eine aufgeregte Gratulantenschar von Regierungsbeamten und Offizieren, die es kaum fassen konnten, daß ausgerechnet ihre Stadt das Ziel dieser bedeutsamen Reise war. Sie empfanden es als hohe Ehre, das offizielle Landeprotokoll aufsetzen zu dürfen, und als erster unterschrieb ein Verwandter der Frau Rat Goethe, „Textor, Lieutenant in Nassau-Weilburgschen Diensten, der erste, der auf dem Platz war, und sich ein Vergnügen machte, Herrn Blanchard seinen Ballon zusammenlegen zu helfen."[22] Dann folgten die Honoratioren des Ortes: Baron, Regierungsrat, Stadtschultheiß, Lehrer und Rechnungsrevisor. Nur einer, der Wichtigste von allen, fehlte: der Fürst. Zum Kummer Blanchards – auf diese ihm so wesentliche Weihe seiner Fahrt, die sich wohl auch ausgezahlt hätte, mußte er verzichten, denn Herzog Karl-Christian residierte in Kircheim. Aber seine Untertanen, in richtiger Einschätzung, daß dies ein geschichtliches Datum für die Stadt sein würde, ließen es den berühmten Aeronauten, dessen Abenteuer der Kanalüberquerung jeder Gebildete zu Beginn des Jahres mit Anteilnahme in den Zeitungen gelesen hatte, an nichts fehlen. Ballon und Gondel wurden in's Schloß gebracht und durch eine Schildwache vor der neugierig herandrängenden Bevölkerung geschützt. Am Abend beehrten sich die vierundzwanzig vornehmsten Bürger der Stadt, ein festliches Mahl auszurichten. Blanchard, immer noch in seinem merkwürdigen Kostüm, dem blauweißen Matrosenkleid, fand alles „herrlich und glänzend". Bei Kerzenschein und erlesenem Rheingauer aus nassauisch-weilburgischen Kellern debattierte die Runde das Wagnis des Tages bis spät in die Nacht. Besonders beeindruckt zeigten sich vor allem die Soldaten von der Behauptung Blanchards, er sei direkt auf das weithin sichtbare Schloß zugesteuert und habe für eine Strecke von knapp 50 Kilometern nur 58 Minuten gebraucht. Eine aufregende Tatsache, denn selbst bei scharfem Ritt, so rechneten die Herren Offiziere, wären bei diesem Gelände mindestens sechs Stunden zu veranschlagen.

Und noch während sich die Weilburger an dem exotischen Vogel ergötzten, der in ihre wohlgeordnete Welt so überraschend vom Himmel herabgesunken war, erreichte der gleich am Mittag abgesandte Kurier Frankfurt und konnte den ungeduldig auf Nachricht wartenden Fürsten das glückliche Gelingen des Unternehmens melden. Die Botschaft aus Weilburg brachte die Stadt in wenigen Stunden in freudigen Aufruhr: Menschen jubelten und umarmten sich auf den Straßen. Im Theater beschenkte die bekannte Großmannsche Schauspielergesellschaft das überfüllte Haus – zur selben Stunde tafelte Blanchard mit seinen Bewunderern – nach Schluß des Stückes mit einer begeistert beklatschten Zugabe: Der Vorhang öffnete sich noch einmal und gab den Blick auf eine ländliche Szene mit wartender Menschenmenge frei. Zur Verstärkung der Schauspieler hatten sich dafür „Zuschauer von allen Ständen freywillig und aus Vergnügen gemischt." Überraschend schwebte von der Bühnendecke ein Luftball mit Gondel herab, „worin der Stegmann, als Blanchard, saß, und die Zuschauer während des Herabsenkens mit seiner Fahne salutierte. Allgemeines Händeklatschen und Jubelgeschrey empfing ihn unter Trompeten und Paukenschall, worauf ein feyerlicher Chor sämtlicher Schauspieler folgte. Plötzlich verwandelte sich die Bühne in einen prächtigen beleuchteten Tempel, in dessen Mitte Blanchards Büste mit der Inschrift: Ad Astra, errichtet war, welche Demoiselle Großmann und Demoiselle Bösenberg, als Grazien gekleidet, unter einem Duett mit einem Lorbeerkranz krönten, nach dessen Endigung der Chor wiederholt wurde."[23] Das Schreien, Vivatrufen und Händeklatschen nahm kein Ende, zur Beruhigung des Publikums mußte sich der Direktor mehrmals an die Rampe begeben, um zu versichern, Blanchard sei noch nicht angekommen, er würde sich aber morgen im Theater zeigen. Doch das rhythmische Stampfen ging weiter, dazu Sprechchöre: „Der kleine Blanchard!" Und erst als der so kostümierte Stegmann für all den Jubel stellvertretend dankte, waren die Zuschauer zum Verlassen des Theaters zu bewegen.

Am Morgen des 4. Oktober verließ Blanchard Weilburg in aller Frühe. Übermüdet in die Polster des hochherrschaftlichen Wagens zurückgelehnt, fuhr er, begleitet von einem französisch sprechenden Lehrer, der ihm die beschwerliche Reise mit Konversation verkürzen sollte, einem der größten Triumphe seiner fünfundzwanzigjährigen aeronautischen Laufbahn entgegen. Für die Strecke Weilburg – Frankfurt brauchte man schon unter normalen Umständen einen Tag, doch die Straßen waren durch den Regen der letzten Tage in üblem Zustand, und außerdem wollte es Blanchard nicht versäumen, bedeutenden Persönlichkeiten entlang der Reiseroute seine Aufwartung zu machen. So ließ er sich in Braunfels von den jungen Prinzessinnen zum Frühstück nötigen und mußte es erdulden, daß sie ihm einige Federn seines Hutschmuckes auszupften und als Trophäen unter sich aufteilten. In Wetzlar machte er kurze Station beim Grafen von Spaur, dem Kammergerichtspräsidenten. Auf den Straßen der Stadt, aber auch in den Dörfern stauten sich die Neugierigen und zwangen den vierspännigen Wagen zu langsamer Fahrt.

Inzwischen bereiteten sich die Frankfurter auf eine „feyerliche Einholung" des heimkehrenden Helden vor, die „eines gekrönten Hauptes würdig" gewesen wäre. Mit Musikkapellen fuhr, ritt und marschierte eine stattliche Menge nordwärts, um den aus Friedberg Erwarteten zu begrüßen. Doch der kam kaum voran, durch umständlich vorgetragene Glückwunschadressen örtlicher Würdenträger verlor er immer mehr Zeit. Die Frankfurter in ihren blumengeschmückten Wagen glaubten, Blanchard verfehlt zu haben, und begannen, suchend hin und her zu fahren, um schließlich enttäuscht heimzukehren. Um neun Uhr abends war es dann endlich geschafft, nach 18 Stunden strapaziöser Fahrt erreichten Blanchard und sein Begleiter die Tore Frankfurts, und sie begaben sich direkt, ohne Umkleiden, ins Theater. Jetzt begann, was ein Zeitgenosse mit dem Satz beschrieb: „So lange Frankfurt steht, hat noch kein Sterblicher so große Ehren empfangen als Blanchard, er wurde von Hohen und Niederen fast vergöttert.“[24] Das war keine Übertreibung, tatsächlich folgten vier Tage eines regelrechten Siegestaumels, der alle Menschen erfaßte und nicht vom Magistrat anbefohlen oder durch Geldgeschenke und freien Wein in den städtischen Brunnen erkauft werden mußte, wie bei den Krönungsfeierlichkeiten der deutschen Könige und Kaiser. Jeder, gleich welchen Standes oder Alters in der fast tausendjährigen Reichsstadt im Zentrum Europas, hatte das Gefühl tiefer Genugtuung und Freude über das nun endlich gelungene Experiment, das den Ruhm Frankfurts in allen Teilen des Reiches erhöhen würde.

Blanchard, der „fast Vergötterte“, erschien um halbzehn in der großen Loge des Schauspielhauses, „lautes Jubelgeschrey bewillkommte Ihn; Er erwiderte die Salutation vom Theater mit seiner eigenen, von der Luftreise zurückgebrachten Fahne.“[25] Und nun rollte es noch einmal ab, das am Vorabend bereits erprobte Huldigungsspektakel. Wieder senkte sich der Luftballon auf die effektvoll beleuchtete Bühne, wieder verwandelte sich die Szene in einen Tempel mit Blanchards Büste, wieder sangen die beiden Grazien ihr Duett, der Chor respondierte. Noch einmal wurde das Standbild des Angebeteten mit Lorbeer bekränzt. Zum Schluß drängte sich Blanchard selbst, begleitet von Fürsten, Prinzessinnen und dem kaiserlichen Gesandten, von vielen andächtig berührt, auf die Bühne, um die Ovationen der erlesenen Gesellschaft entgegenzunehmen, die sich mit Geschrei und Trampeln fast bis zur Ekstase steigerten. Erschöpft und glücklich verneigte sich der kleine Mann im zerdrückten Matrosenanzug wieder und wieder, den gerupften Federhut mit großer Geste an sein Herz führend. In diesem Augenblick dachte wohl auch er nicht daran, daß dieselben Menschen, die jetzt so aufgelöst jubelten, ihn noch vor acht Tagen mit Steinen hatten bewerfen wollen.

Weit nach Mitternacht, Blanchard hatte eine Einladung zum Galadiner beim russischen Gesandten angenommen, belagerten immer noch Gruppen das Haus und schrien im Chor „Blanchard heraus!“ Erst als er, von „seiner Excellenz mit zwei Wachslichtern in den Händen“ beleuchtet, auf den Balkon trat und sich feiern ließ, war die Menge bereit, schlafen zu gehen. Am Mittag des nächsten Tages gaben fünfzig der angesehensten Bürger im Gasthof „Zum römischen Kaiser“ ein Festbankett, an dem französische, preußische und österreichische Offiziere teilnahmen. „Das Mittagessen war herrlich", schreibt Blanchard, „die äußerst lustige Gesellschaft war mit der besten Musik vergesellschaftet; ein jeder belustigte sich damit, unter das auf der Straße in großer Menge versammelte Volk, das die Gassen versperrte, von dem Balcon herab und aus den Fenstern Geld auszuwerfen; kurz, das Fest war vollkommen."[26] Als er abends, zusammen mit dem Freund Schweitzer, aus der Tür des Gasthofes trat, um in die bereitstehende Kutsche zu steigen, empfingen ihn wieder „Vivat-Blanchard"-Rufe, und in ihrer Begeisterung spannten einige die Pferde aus, schirrten sich selbst vor den Wagen und zogen ihn zum Schauspielhaus, an der Spitze, hoch zu Pferd, ein englischer Lord, der die inzwischen berühmte Luftfahne wirkungsvoll hin- und herschwang. Im Theater mußte Blanchard in der Fürstenloge Platz nehmen, und er vermerkt in seinen Aufzeichnungen mit spürbarer Genugtuung: „Es ist unnöthig zu sagen, wie viel beyfälliges Bravo-Rufen an mir verschwendet ward. Gezwungen mußt' ich von Loge zu Loge gehen, wo ich mit den schmeichelhaftesten Complimenten beehret ward."[27]

Am 6. Oktober, einem Donnerstag, folgte der Höhepunkt aller Ehrungen: die offizielle Einladung in den Römer. Dort hatte sich der „hochedle Rath" versammelt, um den „kühnen Luftsegler" feierlich zu beglückwünschen und mit „50 Stück doppelten Krönungsstücken in Gold von der Krönung Kaysers Josephs II. vom Jahr 1764, hundert Dukaten im Werth," zu beschenken. Bei seinem Dank überreichte Blanchard die Fahne mit dem Frankfurter Adler und das Protokoll der Auffahrt von der Bornheimer Heide, das vom Landgrafen Friedrich von Hessen-Homburg, dem Herzog von Zweibrücken, elf Prinzessinnen, sieben Prinzen, zwei Gräfinnen und zwei Grafen unterzeichnet war. Unerwartet großzügig erklärten sich die Magistratsmitglieder bereit, Blanchard alle Unkosten zu ersetzen, die ihm durch die Anmietung von Wachsoldaten und den Aufbau der Tribünen entstanden waren, und beschlossen am folgenden Tag sogar, die Gemeinde Bornheim und Privatpersonen, „die wegen ihrer zertretenen Äcker, Wiesen und Weiden Schadensersatz beanspruchte, zu entschädigen." Auch finanziell war also die Frankfurter Luftreise für Blanchard ein Erfolg, zumal er von seinem Gönner, dem Herzog Karl, „eine goldene Tabatière und 50 Carolins, sodann von anderen Herrschaften vier goldene Uhren und vieles Silberwerk" erhielt. Das

Interesse und die Begeisterung der Menschen erlahmten auch am vierten Tag nach dem Ereignis nicht. Wo immer sich Blanchard in den Straßen sehen ließ, bildeten sich Gruppen, die „Vivat" riefen, und als er das optische Kabinett des Mechanikers Josef Marquis' besuchte, um der Premiere des Ballonaufstiegs im Schattenbild beizuwohnen, kam es wieder zu Beifallsstürmen.

Am 8. Oktober veranstaltete die Großmannsche Schauspieltruppe eine eindrucksvolle Abschiedsfeier. „Blanchard im Tempel des Ruhms" hieß das für diesen letzten Abend einstudierte Stück, und der Geehrte beschreibt die prächtige Schlußszene so: „Nach dem ersten Stücke veränderte sich das Theater in einen schönen Pallast; meine Büste zeigte sich unter einem herrlichen Thron erhaben; der Grund stellte den Tempel des Gedächtnisses vor, dessen Eingang von Apollo und den Musen bewacht wurde. Die mit kleinen Liebesgöttern umgebene und mit Blumen-Guirlanden geschmuckten drey Grazien, besangen mich mit einigen Versen und flohen darauf zur Loge hin, wo ich die Ehre hatte, von des Rußisch.-Kaiserl. Herrn Gesandten, Grafen von Romanzow Excell. hin begleitet zu werden. Diese zur Vorstellung der Grazien sehr wohl geschaffene Aktricen, zierten mich mit einer von Blumen-Guirlanden durchwundenen Lorbeer-Krone, und ich ward dergestalt in Blumen eingebettet, daß es mir Mühe kostete, mich deren einigermaßen zu entledigen, um mich nur dem Publicum zu zeigen, und für den geneigten Beyfall, den ich genöthigt ward bis an's Ende anzunehmen, weilen wohlgehabt Sr. Excellenz nicht erlaubten auszuweichen, herzlich zu danken."[28] Ein wahrhaft triumphaler Abschluß: der blumenbekränzte Aeronaut als Mittelpunkt verzückter Bewunderung.

Eigentlich hätte er hochzufrieden sein können mit all den Huldigungen, Geldgeschenken und dem Enthusiasmus der Menschen. Eine Gedenkmünze mit seinem Bild und der Inschrift „Gallia saepius plausit! Iam Germania plaude!" fand, wie die Kupferstiche, lebhaften Absatz, ebenso der siebzehnseitige Fahrtbericht, den er an die Buchhandlung Esslinger verkauft hatte. Aber sein Geltungsbedürfnis, für Blanchards Charakter bezeichnend, trieb ihn zu einem unschönen Manöver. Weil er als Krönung der Ehrung durch den Senat das Frankfurter Bürgerrecht vermißte, erschien er in den Geschäftsräumen der „Oberpostamtzeitung" und überredete den Redakteur Dr. Fa-

Gedenkmünze in Silber anläßlich des
Blanchard-Fluges von Frankfurt nach Weilburg

ber, einen Text einzurücken, in dem es hieß, „es täte dem Rate
leid, daß er ihn nicht mit dem Titel eines Bürgers der Stadt
beehren könnte, da der Aeronaut berechtigterweise bereits den
Titel eines „Citoyen de Calais" führe."[29] Auf diese Meldung
reagierte der Rat mit Schärfe und zwang die Zeitung, in ihrer
Ausgabe vom 10. Oktober zu erklären, „daß dessen Absicht
nicht gewesen sey, dem Herrn Blanchard das hiesige Bürgerrecht anzubieten." Der Herausgeber, so heißt es weiter, „wird
also diese Stelle auf Verlangen desto williger widerrufen, da
das Gewissen des Verfassers dieser Blätter die Sünde besagter
Unwahrheit nicht zu verantworten hat."[30] Zum Beweis druckte die Zeitung Blanchards handschriftlichen Textentwurf im
französischen Original ab. Glücklicherweise wurde dieser eitle
Schwindel erst aufgedeckt, als der Meister die Wagen schon
zur Abreise beladen ließ.

Auf den Tag vier Wochen nach seiner Ankunft rollte Blanchard, begleitet von seinem Freund Schweitzer und einem
Herrn St. Croix, in einer mehrspännigen Kutsche durch das
Bockenheimer Tor, um über Mainz nach Kirchheim zu reisen.
Er folgte einer Einladung des Herzogs Karl-Christian von Nassau-Weilburg, dem er bereits einen Tag nach seiner Rückkehr
nach Frankfurt einen etwas merkwürdigen Brief geschrieben
hatte, in dem er dem Unwissenden vorgaukelte, seine erlauchte
Person sei das eigentliche Ziel der Reise durch die Lüfte gewesen: „Durch die schmeichelhafte Hoffnung geleitet, E. Hochfürstl. Durchlaucht in Dero Schloß zu Weilburg zu finden,
habe ich von dem Element Gebrauch gemacht, welches meine

Wünsche begünstigte, um mich an dem Ort, welchen Höchstdieselben bewohnen, herunterzulassen. Aber, da ich erfuhr, daß Ew. Hochfürstl. Durchl. für jetzo Dero Schloß nicht zu Ihrem Aufenthalt gewählt hatten, so wollte ich eben meine Reise fortsetzen, als Höchstdero rechtschaffene Unterthanen mich auf das inständigste baten, in ihrer Mitte mich herunter zu lassen; mit dem grösten Vergnügen gab ich ihrem Verlangen nach und ankerte einige Schritte von Weilburg ..."[31] Dem Schreiben lag die weiße Fahne mit den Bourbonenlilien bei, die zu übersenden Blanchard die Ehre habe, „mit der unterthänigsten Bitte solche gnädigst anzunehmen." Derart wirkungsvoll geködert, war der Fürst so gnädig und reagierte wie erhofft mit der Aufforderung, in Kirchheim zu erscheinen. Blanchards Rechnung ging auf, er wurde nicht nur freundlich empfangen, sondern erhielt von der Fürstin eine mit Diamanten besetzte Repetieruhr. Doch Kirchheim war nur Zwischenstation, wie Koblenz, wo er den Ballon in der Reitschule des kurfürstlichen neuen Residenzhauses gegen Eintritt zur Besichtigung ausstellte, und Köln, dessen Bürger das aerostatische Gerät im Schauspielhaus bestaunen konnten. Gent hieß das Reiseziel, dort sollte die nächste, die 16. Luftreise stattfinden.

Und während sich die Truppe des „größten Aeronauten, Bürgers von Calais und Pensionärs Seiner allerchristlichen Majestät" über die unergründlichen, verschlammten Straßen zwischen Aachen und Brüssel quälte, gab es in Frankfurt noch ein kaum beachtetes Luftfahrt-Nachspiel: Der Fuhrmann Ludwig Weber, in Weilburg beauftragt, den nun doppelt berühmten Ballon nach Frankfurt zu transportieren, war, statt auf direktem Weg über den Taunus, die Route Braunfels, Wetzlar, Friedberg gefahren und beging dabei unterwegs die schwere Verfehlung, „die ihm zu unaufhältlichen Transport anvertraute und sorgfältig eingepackte Fracht aufzumachen und zur Schau herumzuführen."[32] Der arme Mann hatte geglaubt, der Himmel beschere ihm diese Gelegenheit einer Nebeneinnahme, da sein einziges Pferd lahmte. Drei beschwerliche lange Tage dauerte die Reise, und sie verlief wenig erfolgreich. Einnahmen, weil nur Trinkgelder, blieben mager, obwohl der Andrang der Schaulustigen in Friedberg so groß war, daß Gefahr für den Ballon entstand, und es zu Schlägereien kam, für die er auch noch drei Gulden Strafe zahlen mußte. In Frankfurt angekommen, nahm die Polizei dem Fuhrmann das verbliebene Geld ab und verurteilte ihn zu einem Tag Turmstrafe.

Immer noch glücklich dagegen waren die Frankfurter Wirte, die Hoteliers und Händler. Sie alle hatten im Anschluß an die Herbstmesse ein unverhofft glänzendes Geschäft gemacht. J. H. Campe, Zeitzeuge und bekannt geworden durch seine Übersetzung des Robinson Crusoe, beschreibt die materielle Bilanz der ersten deutschen Luftfahrt höchst treffend: „Ich glaube nicht zuviel zu sagen, wenn ich zu behaupten mir getraue, daß Herr Blanchard der Stadt Frankfurt und der umliegenden Gegend ein paar Tonnen Goldes zugeführt hat."

Der „König der Luftschiffer" – Blanchard auf Europa-Tournee 1785-1792

Wie durch ein Wunder hatte Blanchard fünfzehn Luftreisen ohne Unfall überstanden. Nach dem ärgerlichen Auftakt der aeronautischen Laufbahn in Paris war ihm das Glück treu geblieben. Finanzkräftige Gönner erschienen zum richtigen Zeitpunkt, das Fluggerät erwies sich als erstaunlich stabil, und seine solide handwerkliche Ausbildung nebst der notwendigen Portion Umsicht und Fleiß waren die Gründe für den nun erreichten Ruhmesgipfel. Zeitungen in allen Ländern und Fürstentümern Europas priesen Blanchards Taten, sein Bild schmückte Broschüren und Flugblätter. Bereits in Rouen, beim zweiten Aufstieg, hatten ihn Begeisterte im Theater gekrönt und zum „König der Luftschiffer" ausgerufen und wenige Wochen später eine erste Gedenkmünze prägen lassen. Aber das geschah fast unter Ausschluß der Öffentlichkeit, in einer mittleren Provinzstadt Frankreichs. Jetzt, nach den Flügen über London, nach Überquerung des Ärmelkanals und der gewaltig gefeierten deutschen Luftpremiere in Frankfurt war Blanchard der große Aeronaut, um dessen Erscheinen Monarchen und Magistrate warben, der Hauptdarsteller einer völlig neuen, alle bisherigen Maßstäbe außer Kraft setzenden Kunst.

Gegen Ende des Jahres 1785 gab es außerdem keinen ernsthaften Konkurrenten. Die Brüder Montgolfier kümmerten sich in Annonay wieder um die Produktion und technischen Verbesserungen in ihrer Papierfabrik, und nur Joseph publizierte einige Aufsätze über die große Entdeckung. Professor Charles, in sein Labor im Louvre zurückgekehrt, hatte die Lehrtätigkeit wieder aufgenommen und genoß es, unter seinen Studenten auffallend viele Frauen zu entdecken, die von seinem Ruf als Luftpionier angezogen wurden. Charles zeigte keine Neigung, sich noch einmal in die Eiseskälte der oberen Luftschichten zu wagen. Ihm habe der Mut zu einer zweiten Fahrt gefehlt, meinten seine Kritiker, andere hielten die Kostspieligkeit und den Zeitaufwand solcher Unternehmungen für den wahren Grund. Sicher hat ihn auch der Tod von Rozier und Romain getroffen und bei dem Entschluß beeinflußt, sich künftig der experimentellen Physik nur noch in Hörsälen zu widmen.

Im Jahr Zwei der Luftfahrt war die Bahn für Jean-Pièrre Blanchard frei. Doch was wie die spielerisch leichten Himmelfahrten eines von den Göttern Begünstigten wirkte, erhielt einen Stoß, als er am 20. November 1785 in Gent zum ersten Mal – abgesehen von den heiklen Minuten über den Wellen des Kanals – in Todesgefahr geriet. Der Ballon dehnte sich stärker als sonst aus, stieg zu schnell und drohte zu platzen. Heftige Züge an der Ventilleine blieben wirkungslos. Geistesgegenwärtig stach Blanchard mit der Fahnenstange Löcher in die Hülle, mußte aber zu seinem Schrecken erkennen, daß die Gondel nun dem Erdboden zustürzte. Noch einmal reagierte er kaltblütig, trennte die Halteseile des Korbes mit dem Messer durch und landete, sich nur an die Stricke klammernd, einigermaßen wohlbehalten in der Gegend von Delft.

Ein halbes Jahr später traf ihn neues Ungemach: In Brüssel stand der gefüllte Ballon auf einem Platz der Stadt, um erst einmal Schaulustige anzulocken, gleichzeitig sollten schadhafte Stellen ausgebessert werden. Weil es ein warmer Tag werden sollte, gab Blanchard Order, vorsichtshalber Gas abzulassen. Doch die Mittagshitze nahm derart zu, daß der Luftball gewaltig anschwoll, einige der Halteleinen sprengte und sogar eiserne Klammern aus einer Mauer zog. Herbeieilende Arbeiter versuchten den Aufwärtszerrenden zu halten. Vergebens! Der Ballon riß sich los, ging pfeilschnell in die Höhe, zerplatzte mit heftigem Knall und kam in Fetzen herunter. Ein bitterer Verlust. Die Anfertigung einer neuen Hülle kostete nicht nur viel Geld, es bestand auch die Gefahr, daß der sorgfältig aufgebaute Reiseplan in Unordnung geriet. Denn der „Bürger von Calais" war im Frühjahr 1786 endgültig zu einem Luftfahrt-Unternehmer geworden, der seine Aufstiegstermine nach einem feststehenden System plante und sie dann mit Routine und beachtlicher Professionalität durchführte. Blanchard verfügte inzwischen über eine eigene Truppe – Spötter sprachen vom „Hofstaat" –, die aus einem Sekretär, zwei livrierten Dienern und einem knappen Dutzend Arbeitern bestand, die als perfekt

gedrillte Mannschaft die drei Ballons mit Gondeln und Zube-
hör, mit Fässern, Rohren, Reserveleinen, Ankern und Fallschirmen von den Fuhrwerken luden und zum Start vorbereite-
ten. Häufig begleitete Madame Blanchard den über Land zie-
henden Tross und betätigte sich als resolute Kassiererin. Es
kam aber auch vor, daß an ihrer Stelle eine von Blanchards
Freundinnen mit von der Partie war, ein ergiebiger Anlaß zum
Klatschen und Naserümpfen.

Das Erscheinen des Meisters wurde durch eine umfangreiche
Korrespondenz vorbereitet, die der Sekretär mit in Frage kommenden Regierungskanzleien oder Städten zu führen hatte. Die
Auswahl traf Blanchard selbst nach streng kaufmännischen
Gesichtspunkten: wo gab es eine bedeutende Residenz? wie
zahlungskräftig und spendabel war der Fürst? wo fand die
nächste Handelsmesse statt? In Deutschland bevorzugte er deshalb Messestädte wie Leipzig, Nürnberg oder Braunschweig,
da die aus allen Himmelsrichtungen anreisenden Handwerker
und Kaufleute reiche Ernte versprachen. Hatte der Rat einer
Stadt oder ein königlicher Hof die Genehmigung zum Auftreten der Truppe erteilt, suchte das „Voraus-Kommando" einen
Statthalter vor Ort, der gegen Gewinnbeteiligung die Eröffnung der Subskription übernahm und die Werbetrommel rührte. In Nürnberg war das der geschäftstüchtige Wirt „Zum Rothen Roß", Johann Wilhelm Roth, der auch die dann notwendigen schriftlichen Eingaben an den Rat aufsetzte. In Hamburg
bezog der Sekretär schon Wochen vor Ankunft der Truppe
Quartier im „Hotel von London" auf dem Jungfernstieg und
hielt dort sein Büro von neun Uhr morgens bis abends neun
geöffnet, um Billets für einen dänischen Dukaten anzubieten.
Wer mehr gab, wurde in eine Liste eingetragen, die gedruckt
kursierte und den so Erwähnten als „Förderer der Wissenschaft" auswies. Für all diese Orte legte Blanchard vorher eine
Art „Garantiesumme" fest, in Hamburg zum Beispiel stattliche
2000 Dukaten. Ohne das Versprechen des Rates, eventuelle
Mindereinnahmen aus dem Stadtsäckel aufzufüllen, war er
nicht zur Vorführung der „aerostatischen Kunst" bereit. Ge-
rechterweise sei vermerkt, daß nicht nur Geldgier zu solchen
Forderungen führte, der Unterhalt des Personals, der Pferde
und Wagen und die laufende Erneuerung und Pflege des Flug-
gerätes verschlangen beträchtliche Mittel.

Die Ankunft der Karawane am erwählten Ort des Geschehens führte jedesmal zu einem Volksaufruhr. Kopflos rannten die Menschen auf die Straßen, ließen Kanzleien, Küchen, Werkstätten und Geschäfte im Stich, damit sie IHN sehen konnten, den geheimnisvollen, abenteuerlichen Mann. Vor allem die Frauen drängten sich an die Kutsche, „um die Farbe seiner Augen zu erkunden", und um mit schnellem Urteil festzustellen, daß er doch recht geckenhaft gekleidet war und eine merkwürdige, hochaufgetürmte Frisur trug. Der trotzdem Angehimmelte verschwand stets im besten Hotel der Stadt und richtete sich – zum Bedauern der weniger Gebildeten ausschließlich französisch sprechend – für die nächsten Wochen häuslich ein. Aber das bedeutete keineswegs Ruhe oder Müßiggang. Im Gegenteil: Blanchard entfesselte fieberhafte Aktivitäten. Zuerst galt es, die wichtige Einnahmequelle der öffentlichen Zurschaustellung der Geräte zu sichern. Diese wurden in Versammlungshallen, Reitbahnen oder wie in Hamburg im Drillhause ausgestellt, und die Menge zog andächtig, spöttelnd oder auch schaudernd daran vorbei.

Anläßlich des Aufstiegs vom 23. August 1789 verkaufte ein pfiffiger Hamburger – sicher zum Ärger Blanchards – eine vierseitige Schrift für einen Schilling an „alle diejenigen, bei denen die Markstücke zum Besehen des Luftballs eben nicht zur Tasche herauswachsen." Wem also acht Schilling Eintritt zu viel waren, der konnte schwarz auf weiß lesen, was es zu bestaunen gab: „Man erblickt da drei große ungeheuere Luftbälle. Mit dem einen, der von rothen Atlas, mit einem goldenen Netze verziert ist, wird er hier aufgehen. Mit dem andern hat er die Reise von England nach Frankreich über See gemacht; und mit dem dritten, wird er ein Schaaf in die Lüfte senden. Ferner siehet man einen Fallschirm, der fast wie ein Regenschirm aussieht, mit welchem er, wenn er wird aufgestiegen sein, ein Schaaf oder einen Hund aus seiner in den Wolken schwebenden Maschine auf die Erde hernieder lassen wird. Und endlich, erblickt man einen größeren Fallschirm, der dazu dient, daß die Luftschiffenden, wenn ihnen da oben auf ihrer Reise etwa eine Gefahr zustoßen möchte, sich retten können. Außer diesem siehet man noch die zu den Ballons gehörigen Luftschiffe, die alle schön verguldet und angemahlt sind, und einige Instrumente, wovon kein Schwein etwas verstehet; und das ist's alles– – Und ich versichere euch, daß Ihr nun so viel und vielleicht noch mehr als

Mancher davon wißt, der es für seine Marck von hinten und vorne bekuckt hat."[1]

Während all jene, die das trotzdem mit eigenen Augen sehen wollten, an den mit Blasebälgen aufgepumpten, an die Saaldecke gehängten, erstaunlich luftdichten Ballons vorüberpilgerten, verhandelte Blanchard mit den Stadtregenten. Da ging es erst einmal um den Aufstiegsplatz. Auf der einen Seite standen die Sorgen der Räte, denen die Sicherheit der Bürger und Gebäude am Herzen lagen, die Brände oder Tumulte fürchteten, auf der anderen die Interessen des Luftschiffers, der an den Kartenverkauf dachte und sich deshalb einen gut absperrbaren Bezirk möglichst innerhalb der Stadtmauern wünschte. Wie mühsam dieser Klärungsprozeß ablief, läßt sich am Beispiel von Blanchards 27. Luftreise in Nürnberg darstellen. Dort rangen beide Parteien mehr als zehn Tage um die Entscheidung. Eine von der Stadt eigens eingesetzte Deputierten-Gruppe erwog am 13. Oktober zuerst den Viehmarktplatz, verwarf den Plan aber wegen der Felder und „gefährlichen Holzstöß", dann wurde die „Vogelstange", eine Wiese, auf der Armbrust- und Bogenschützen übten, visitiert, wegen des nahen Waldes jedoch abgelehnt. Blanchard selbst wollte seine Vorführung auf der „Insel Schütt beim Fechthauß" stattfinden lassen, auf jeden Fall aber in der Stadt, und argumentierte dabei listig, daß die Stadtkasse nur Vorteile habe, wenn das zahlreiche Publikum die Geschäftsstraßen belebe. Doch die Deputierten fürchteten in einem bebauten Viertel Schwierigkeiten und plädierten erneut für einen Platz vor den Toren. Blanchard konterte hartnäckig mit technischen Gründen: „weil er der bey gegenwärtiger Jahreszeit in der unteren Atmosphäre herrschenden contrairen Winde wegen doch immer wenigstens einen zwischen den Windzügen nicht zu stark ausgesetzten Platz choisieren (auswählen) müßte."[2] Nichts verfing, man suchte und prüfte weiter: die Kaserne, den Schießgraben und die Teutschherrenwiese. Schließlich, nach zähem Ringen, einigten sich die Parteien auf den „Judenbühl" als die geeignete Schaustätte.

Gleichzeitig verstand es Blanchard, der Obrigkeit beizubringen, daß er zum Abschluß seiner Darbietung ein angemessenes offizielles Präsent der Stadt erwartete. Die Nürnberger zeigten sich auf diesem Ohr erst einmal taub, wie eine Protokollnotiz vom 23. Oktober beweist: „Bei Gelegenheit der vorkommenden Luftfahrth wurde erteilt, dem Blanchard zu erkennen zu

Aufstieg vom Judenbühl bei Nürnberg
am 12. November 1787

geben, daß er sich von seiten eines hiesigen Publici keines Presentes zu versehen habe."[3] Ausgerechnet der Wirt vom „Rothen Roß" erhielt die delikate Aufgabe, diesen Beschluß seinem Geschäftspartner mitzuteilen, der jedoch so energisch protestierte, daß die Deputierten besorgt an den Rat schrieben: „... und außerdem sei zu befürchten, daß, wenn man Blanchard ganz ohne obrigkeitliches Douceur von hier weggehen lasse, er nach seiner bekannten spitzigen Schreibart, nach welcher er bishero Niemanden geschont hat, sich zum Nachtheil hiesiger Stadt annoch unangenehme Äußerungen erlauben würde."[4]

Neben diesem Tauziehen hinter den Kulissen gediehen in den Wochen vor dem angekündigten und oft mehrfach verschobenen Tag der Tat die Gerüchte und Verdächtigungen. Denn die Luftfahrt und ihr einziger Darsteller waren das beherrschende Thema in allen Gesellschaftsschichten, seine Person entzündete die Phantasie. Gelegenheitsschriftsteller publizierten in täglichen Fortsetzungen Blanchards Lebensgeschichte – entweder in devot-huldigender Übertreibung oder mit kritisch-hämischen Untertönen. Andere verbreiteten sich in schnellen Schriften laienhaft über den Nutzen der Aerostatik oder über das „Geheimnis der Luft", wie ein unbekannter Autor, der dem ehrfürchtigen Braunschweiger Publikum folgende Erkenntnisse mitteilte: „Sie ist zum Athemholen nöthig; man entziehe uns die Luft, so schnappen wir und schnappen umsonst und zum letztenmahle; durch sie werden unsere Lungen und unser Blut abgekühlt. Sie ist elastisch, auf deutsch, sie hat eine Federkraft, Schnellkraft oder Spannkraft, vermöge welcher sie sich nicht nur aus ihrer Stelle verdrängen, zusammendrücken und in einen engern Raum bringen läst, sondern sich auch, sobald das Hinderniß überwältiget, von selbst wieder ausdehnt, ihre vorige Stelle und ihren alten Raum wieder einnimmt."[5]

Auch wenn derartige 200 Jahre alte Zitate heute nur komisch wirken, sie sind doch Ausdruck wissenschaftlichen Denkens und Fragens. „Wieviel wiegt die Luft?" wurde da überlegt und festgestellt: „In der That ist die Luft, die uns umgiebt, bald etwas schwerer, bald etwas leichter, das wissen wir schon aus Erfahrung; das beweisen die Barometer, das beweiset unser Gefühl, da wir bald leichter, bald schwerer athmen, je nachdem die Luft schwerer oder leichter ist, darin wir leben. Je höher hinauf, desto dünner und leichter ist sie, so daß man auf hohen Bergen kaum Athem schöpfen kann, bis sie endlich aufhört ... Unser Luftsegler trifft mit jedem Klafter, den er in die Höhe steigt, eine feinere Luft an, und wird uns deswegen nicht ganz verlassen, wird sicher wieder zu uns zurückkommen, weil er so gut nach Luft schnappt, als unser einer; ob er gleich in doppelter Qualität, als Franzose und als Luftschiffer dieses leichten Elements eher gewohnt ist als wir puren Erden-Söhne und Töchter. Ein vernünftiger Mensch wird also nie die Frage aufwerfen: ließe sich wohl in den Mond schiffen? Nichts weniger als das; das ist schlechterdings unmöglich ... Es ist noch ein Hinderniß da, warum der Flug nicht gar zu hoch gehen kann, sondern seine Gränzen hat, die kein Mensch, kein Adler, überschreiten kann, das ist die Kälte. Je höher er steigt, desto kälter findet ers; und das hat Blanchard auch bisher so gefunden."[6]

Im Rummel um Blanchard blieben derart vergleichsweise ernsthafte Überlegungen eher eine Ausnahme, die Masse war ganz dem Irdischen verhaftet, dem, was sie begreifen konnte. So überwogen Cantaten und Lobadressen, und als Kontrast dazu gab es die Begleitmusik übler Nachrede. Anlaß bot Blanchard mit seinem Auftreten und Lebenswandel zur Genüge. Als exotisch kostümierter Fremder brach er als kecke Herausforderung in die muffige Enge von Residenzen und Krämerstädten ein, demonstrierte Abstand und gab sich auf arrogante Art die Aura des Todgeweihten, des einsam Wagenden. Triviale familiäre Turbulenzen und Zwiste setzten ihn neidvoll-rachsüchtigem Gerede aus. Seine Frau, eine zungenflinke, reizbare Dame, sorgte immer wieder für kleine Skandale, die Eingang in die Polizeiakten fanden, wie in Nürnberg, wo sie sich eine Stichverletzung in die linke Brust beibrachte. Eine Eifersuchtsszene, die Blanchard, an ähnlich dramatische Auftritte offenbar gewöhnt, zum Befremden der braven Bürger gelassen hinnahm. In Hamburg kam es zum Eklat, weil seine diesmal mitreisende Mätresse sagte „als eine Anzahl Leute mit den Hüten auf den Köpfen um ihren Patron herumstand, die Deutschen wären so dumm wie das Vieh, sie hätten gar keine Erziehung.“[7] Sie sprach wohl aus, was Blanchard dachte, aber die Hanseaten waren im Interesse des großen Luftfestes bereit, die Beleidigung zu übersehen.

„Weniger zu vergeben ist ihm sein rasender Hang zur Verschwendung“, entrüstet sich 1787 einer der zahlreichen „Broschüren-Biographen“, „Durch seine Reise über den Kanal soll er allein 40 000 Thaler verdient haben. Was hat er sich nicht auf seinen vorhergehenden und nachherigen Reisen verdient; und doch soll er an jedem Orte immer mehr Schulden häufen; und – was jeden braven Mann zum Unwillen gegen ihn reizen muß – sein Weib und seine Kinder läßt er zu Hause darben, während er mit einer Hure ganze Summen verprasst. Er spielt außerordentlich gerne, und geräth beim Spiele so in Hitze, daß, wenn er einem schlechten Spieler in die Hände fällt, er jederzeit ruinirt wird. So viel können wir dem Leser von dem Charakter des Herrn Blanchards sagen: wir wünschten nur, daß wir von diesem berühmten Manne recht viel Gutes hätten sagen können: aber bis jetzt sind uns noch keine großmüthige Handlungen von ihm bekannt worden.“[8] Für die im Gleichmaß ihres Alltags Verunsicherten waren derartige Enthüllungen eine willkommene Beruhigung: der kühne Wolkenwanderer als kleiner, fehlerhafter Mensch.

All die Berichte über Blanchards geheime Leidenschaften und Schulden, die Zweifel an seiner Ausbildung und Herkunft erschienen in schnell gedruckten Pamphleten und wurden den

Verkäufern aus den Händen gerissen. In dieses Brodeln von Verdächtigungen und Spekulationen setzte der Aeronaut selbst gezielt Nachrichten über Schwierigkeiten bei den Vorbereitungen, besondere Gefahren oder beabsichtigte neue Experimente. Die Lenkung des Ballons als eigentliche Attraktion des Aufstiegs stand bei allen Ankündigungen im Vordergrund. Daß er sein Luftgefährt als einziger wirklich zu dirigieren verstehe, sollte ihn von den konkurrierenden Scharlatanen, die sich nur emporhoben und wieder hinabsanken, unterscheiden. Der gro-

Die 32. Luftreise: Blanchard über
Braunschweig am 10. August 1788

ße Blanchard war Herr und nicht willenloses Opfer der Winde. Wie stark er die Steuerung in der Werbung herausstellte und damit seinem Auftritt auch einen wissenschaftlich-forschenden Anstrich gab, belegt ein Text, der zur Sommermesse 1788 in Braunschweig, wenige Tage vor der 32. Luftreise, erschien: „Man wird hier nicht bloß einen Menschen in die weite Luft emporsteigen, und vermittelst eines mit brennbarer Luft angefüllten Ballons die Wolken durchfahren sehen. So majestätisch auch eine solche Auffahrt an sich ist, so würde doch die Entdeckung der Luftbälle dadurch nichts weiter gewinnen, und das Vergnügen der Zuschauer nicht weiter erhöhet werden, die schon ehedem diesen Versuchen beygewohnt haben. Dies wird hier aber nicht der Fall seyn. Herr Blanchard, der schon 15 Jahre vor der Entdeckung auf Mittel dachte, sich nach Art der Vögel in die Luft empor zu heben, und die ganze Beschaffenheit ihres Fluges sorgfältig studirt hat, ist nun so glücklich gewesen, künstlich verfertigte Flügel, nach Art der Vogelschwingen, zu erfinden, die einen Flächeninhalt von ungefähr 90 Fuß haben. Sie sind aus Fischbein verfertigt, mit Taft überzogen, natürlichen Flügeln vollkommen ähnlich, lassen sich nach dem Willen des Luftfahrers ausbreiten und zusammenziehen, und er wird sich durch eigene Kraft auf einer größern oder geringern Luftmasse im Gleichgewicht erhalten können, nachdem es die Umstände erfordern. Auf diese Art ... wird er mit seinen Flügeln sich von der Erde empor heben, und die Richtung seines Fluges auf mehrerley Art versuchen ... und dieser Aeronaut schmeichelt sich mit der Hoffnung, daß diese Versuche ihn in der Folge zur Auflösung eines Problems verhelfen werden, welches bisher von so vielen Naturkundigern für unauflöslich und unausführbar gehalten ist."[9] In dieser von Blanchard namentlich unterzeichneten Annonce wird flott geflunkert – oder deutlicher: es ist Betrug am Publikum, denn selbst geringe Vertikalbewegungen gelangen nur – von den unkundigen Zuschauern nicht bemerkt – durch Ventilzüge und Ballastabgabe. Doch das Ziel wurde erreicht: Die Leser staunten, die Verkaufszahlen der Karten stiegen an, und in den Zeitungen erschienen „gelehrte Betrachtungen über die Flügel des Herrn Blanchard."

Während die Werbekampagne nach allen Regeln der damaligen Kunst ablief, errichteten Arbeitstrupps am Aufstiegsplatz Zuschauertribünen und Windschutzwände, und in den Ratssälen tagten die Magistrate, um Verkehrsführung und Sicherheitsfragen zu beraten. In Hamburg wurden 1400 Dragoner und Fußvolk zur Aufrechterhaltung der Ordnung zusammengezogen, die Nürnberger blieben bescheidener, sie kommandierten nur ein paar Stadtsoldaten und betonten das Volksfest, indem sie ihre Stadt „wie zum Empfang von Königen oder Kaisern schmückten" und 50 fette polnische Ochsen und Unmengen von Bier und Geflügel herbeischafften. Die freudige Erregung der Bevölkerung steigerte sich, auch wenn der Termin einige Male verschoben wurde und Blanchard es nicht versäumte, sich durch Hinweis auf die Unwägbarkeit des Wetters abzusichern. Unter Punkt 8 der am 7. August 1786 in Hamburg veröffentlichten „Bedingungen für Subscribenten" heißt es wörtlich: „Wäre der angesetzte Tag dem Experiment ungünstig, oder wenn im Augenblick des Aufsteigens selbst ein starkes Unwetter einfallen sollte, so wird den respektiven Subscribenten, hiermit kund gethan, daß es bis auf einen andern, und für eine ärostatische Reise günstigern Augenblick verschoben bleibt; und da ein solches Unternehmen gänzlich von dem Zustande des Himmels abhängt, so können die Verbindlichkeiten des Hrn. Blanchard nur bedingungsweise seyn; auch da niemand berechtiget ist, sich über den Willen des Höchsten zu beklagen, so kann auch folglich niemand das Recht erhalten, seine Subscription zurück zu nehmen."[10]

In den geschäftigen Wochen vor der endlichen Verwirklichung des Unternehmens blieben auch die Kritiker nicht untätig, die es nicht auf die Person Blanchards abgesehen hatten, sondern die Sache der Aerostatik meinten. Sie räsonierten in den Wirts- und häufig auch Amtsstuben über die sinnlose Verschwendung und den Verderb der guten Sitten durch ein derart überflüssiges Schauspiel. Einige griffen sogar die Stadtobrigkeit öffentlich an, wie der stets respektlose, mutige Publizist und Theaterdirektor Christian Friedrich Daniel Schubart, der, erst fünf Monate zuvor nach zehnjähriger Festungshaft auf dem Hohenasperg von seinem Landesherrn freigelassen, vor dem Nürnberger Aufstieg in der „Vaterlandschronik" schrieb: „Diese graue, um Kunst, Handlung und Wissenschaft hochverdiente, durch Aristokraten niedergebeugte – in Schulden, Muthlosigkeit und verächtlicher Stille versunkenen Stadt erwartet den Luftsegler Blanchard in ihren Mauern, der für baare Carolins und Laubthaler, vermutlich von der Hallerwiese aufsteigen, sich zu Ferrenbach niederlassen, in einer Schleife zurückkehren, das Geld einstreichen und in Straßburg den Nürnberger

Witz persiflieren wird."[11] Der Magistrat reagierte beleidigt und in zeitüblicher Weise, indem er erwirkte, daß Schubart einen strengen Verweis durch die Württembergische Regierung erhielt, unter Androhung einer weiteren Freiheitsstrafe.

Doch solche ernst zu nehmenden Stimmen des Zweifels gingen in der allgemeinen Betriebsamkeit unter. In Nürnberg beschlossen die Damen der Gesellschaft im Überschwang der Bewunderung zur Ehre des Luftkünstlers am großen Tag alle in blauweißer Garderobe – den Farben des Blanchardschen Matrosenkleides – auf dem Judenbühl zu erscheinen. Fieberhaft wurde in allen Häusern genäht, und es fehlte bald an blauen Seidenstoffen. Vor dem Hotel des Meisters warteten bis in die Abendstunden Schlangen von Bittstellern: „Ein Gelehrter, der netto 90 Pfund wiegt, wünscht mit aufzusteigen ... Eine Bauernmagd will mit. Ein Schuster hat 3 Söhne, 2 lernen ein Handwerk, der dritte will gern hoch hinaus, studiren kostet zu viel, bittet Herrn Blanchard, er möchte ihn doch das Luftschiffer-Handwerk lehren."[12] Briefliche Bitten, mit hinauf zu den Wolken genommen zu werden, gingen beim Sekretär täglich zu Dutzenden ein. Am 2. August 1788 schrieb ein Johann Christian R. an den „Hoch Edelgebohren Blanchard" im Hotel d'Angleterre in Braunschweig: „Ich habe mir öfters eine solche Gelegenheit gewünschet, damit ich mich von einem verdrießlichen Ort entfernen mögte ... Ich bin allhier – eine Meile von Goslar, Cantor und Schullehrer, aber wegen der unartigen Leute, welche auch ihre Kinder nicht fleissig zur Schule schikken, auch wenig um Gott und heiliges Wort bekümmern, auch zum öftern mir meinen Garten bestehlen, auch sonsten sehr zänkisch und gottlos leben, bin ichs allhier zu wohnen, nunmehro ganz überdrüßig und wünsche von Herzen, diesen Ort zu verlassen. Es ist zwar; wenn man es so obenhin betrachtet, etwas gefährlich sich in ein Luftschiff zu begeben, allein da Sie es selbst gewagt, und Gott hat Sie beschützet, und Ihre Bemühungen gesegnet, so bin ich ebenfalls bereit es mit ihnen zu wagen. Gott ist an allen Orten auch ein Beschützer aller Frommen, und darum fürchte ich keine Gefahr. Meine Frau ist ebenfalls gewillet, diesen höchstbetrüblichen Ort freudigst zu verlaßen."[13] Weder der fernwehkranke Schulmeister nebst Gattin, noch der Schusterssohn, die Bauernmagd oder jener leichtgewichtige Gelehrte erhielten die ersehnte Möglichkeit, sich über ihren mühseligen Alltag zu erheben. Seitdem aus finanziellen Gründen keine Notwendigkeit mehr bestand, Gäste mitzuneh-

men, fuhr Blanchard allein – um den Jubel wirklich auszu-
kosten.

Der Tag des Aufstiegs. Nach Wochen hektischer Vorbereitungen war es soweit. Das Wetter schien gut, die Tribünen standen, wie die Boutiquen der Zuckerbäcker, Bürstenmacher,
Bortenbinder und Zirkelschmiede. Erwartungsvoll strömte das
sonntäglich gekleidete Volk durch die Reihen aufmarschierter
Posten. Viele sahen Blanchard zum ersten Mal; sie begutachteten das eindrucksvolle Rohrsystem und vermochten sich kaum

Monsieur Blanchard, Pensionär seiner
christlichen Majestät und Korrespondent
verschiedener Akademien. Kupferstich 1787

vorzustellen, daß aus der schlappen, knittrigen Hülle in wenigen Stunden ein glatter Ball werden sollte. Die meisten hatten am Vortag in einer Flugschrift gelesen, was sie von den Bemühungen des „Luftmeisters" halten sollten: „Die Anstalten sind ausserordentlich, die Kosten sehr groß, die Mühe, die sich der scharmante, schon allgemein beliebte und thätige Herr Blanchard bey diesem Werke täglich selbst giebt, mit eigenen Handarbeiten, messen, wägen, richten, verkleben, befestigen, und alles zu sichern und aufs genaueste nachzusehen und zu untersuchen, verdient alles Lob und wird von jedermann sehr bewundert."[14]

Das Protokoll war genauestens festgelegt: Blanchard hielt eine kurze Abschiedsrede auf französisch an die erlauchten Herrschaften, an die Herzöge, Erbprinzen, Hochweisen Räte, Bürgermeister oder Mitglieder von Dom Kapiteln. Zum Schluß widmete er den Aufstieg einer der adligen Persönlichkeiten. Dann brachte der Sekretär das Lilienbanner und eine Fahne mit dem jeweiligen Stadt- oder Residenzwappen zur Gondel, neben der „ein Chirurgum nebst Gesellen und Verbindzeuch" stand, falls „welches Gott gnädig verhüten wolle, jemand auf diese oder jene Art beschädigt würde."[15] Kanonenschüsse gaben das vereinbarte Signal. Der kleine Mann mit dem blauweißen Federhut stieg in die Gondel, gab Orders, die Halteleinen loszulassen, und erhob sich unter dem Beifall der mehrtausendköpfigen Menge in die Lüfte. Und dies – eigentlich ein überaus genußreicher Moment, das Hinabsinken der emporgewandten Gesichter, das laut- und schwerelose Steigen, der neue freie Blick über das Gewühl am Boden – war regelmäßig Blanchards bitterste Minute. Da standen und saßen sie nun, Fünfzig- oder Hunderttausend, auf Straßen, Plätzen, Dachfirsten und Bäumen, winkten und schrien begeistert, aber im abgesperrten Bezirk der Tribünenplätze waren allenfalls Drei- oder Viertausend zu erkennen. Das tat weh, die entgangene gewaltige Einnahme so sichtbar vor Augen zu haben. Und in diesem Augenblick dachte Blanchard an den Geiz all der hochgestellten Persönlichkeiten, die so eifrig auf Schonung ihres Beutels bedacht waren, wie er aus Aachen berichtet: „... der größte Theil von der ohnedies geringen Anzahl derjenigen Personen, welche diese Subskription unterzeichnet hatten, hielten sich für berechtigt, von ihrer auf Ehre gegebenen Verbindlichkeit abzustehen und zahlten nichts; gewiss aber wussten sie sich freye Plätze auszusehen. Diesen glückte es auch würklich, denn man sahe die Frau Baronin von Goëta, eine der reichsten Damen der Stadt, mit ihrem Herrn Sohn den Boden unter einem Dach vor meiner Operation besteigen, daselbst sie für ein paar Schillinge, die sie dem armseligen Eigenthümer gab, alle die Handgriffe sah und dabey 2 Kronen ersparte. Madame de Ker liesse sich auf den Wall tragen. Der Herr Baron de Frenzo von Schlenderhan und sein ganzes Hauß nahmen in ihren Wagen Platz. Aber Monsieur Callenbach, der feinste, welcher sich gar wohl vorstellte, daß man die Operation in der Nähe untersuchen müsste und welcher ein Zeuge von dem wichtigsten Augenblick seyn wollte, in welchen der Luftsegler dem irdischen Wohnplatz entsteigt, und den nicht gesehen zu haben der größte Verlust ist, liess sich auf sehr geschickte Art die Ziegel von einem benachbarten Dach aufdecken und ersparte sich und seiner Familie für etliche elende Schillinge, die er dem armseligen Besitzer gab, die Unterzeichnung."[16]

Aber es blieb Blanchard wenig Zeit zum Kummer über entgangene Verdienste, denn das angekündigte Programm mußte eingehalten werden, und so schnallte er sich in das Gestänge seines „Steuerapparates", das aus den bekannten löffelartigen Flügeln bestand – jeder über 4 Meter lang –, die mit Schnüren über ein System von Stäben und Drehpunkten miteinander verbunden waren. Es wirkte komisch aber zugleich mitleiderregend, wie sich Blanchard, statt den Anblick fremder Städte und Landschaften zu genießen, um das Auf- und Abschlagen der schweren Flügel mühte, die Arme fast bis zu den Schultern in eiserne Griffe gesteckt, die Brust gegen ein ledernes Kissen gepreßt, und mit Einsatz des ganzen Körpers, auch mit den Füßen, die Mechanik in Gang hielt. Doch die Täuschung der Zuschauer gelang; immer wieder schrieben ahnungslose Zeitungskorrespondenten wie am 12. August 1788 in der „Braunschweiger Zeitung": „Genau um 5 Uhr erhob sich Herr Blanchard von der Erde durch Hülfe seiner künstlichen Flügel, welche er statt der Ruder gebrauchte ... Herr Blanchard bewegte sich über der Stadt durch das Manoeuvriren seiner Flügel, welches man deutlich erkennen und unterscheiden konnte, hin und her, salutirte Braunschweigs Bewohnern mit seiner Fahne, worauf sich das Braunschweigische Roß befand, schwebte ganz nach seiner Willkühr bey vollkommen stiller Luft, warf einen Theil seines Ballastes aus, und verließ die Stadt, indem sein Ballon eine Höhe von 4085 Fuß erreicht hatte."

Nachdem die Lenkung für alle augenfällig demonstriert war, kam stets die Einlage eines dramatisierenden Effektes und zusätzlichen Kitzels für die Zuschauer: der Abwurf von Tieren am Fallschirm. In London, Lille, Frankfurt und Leipzig waren es Hunde, die in geschlossenen Körben zu Boden sanken, in Hamburg mußte es schon ein ausgewachsenes Schaf sein, das nach glücklicher Landung von aufgeregten Zuschauern am Strick zum Aufstiegsplatz, der Sternschanze, zurückgeführt wurde. Um das Gewicht der Tiere erleichtert, stieg der Ballon jedesmal kräftig in die Höhe, und Blanchard winkte dann der kleiner werdenden Kavalkade von Verfolgern zu, die sich zu Pferde und in Kutschen abmühten, ihm zu folgen. Irgendeinem Reitertrupp gelang es meistens, bei der Landung zur Stelle zu sein, oder es tauchten Bauern und Waldarbeiter auf, so daß häufig auch der letzte Teil der Darbietung programmgemäß verwirklicht werden konnte, bei dem sich der Aeronaut, in geringer Höhe über dem Erdboden schleifend, am Seil zum Startplatz zurückziehen ließ, umjubelt von den applaudierenden Massen. Diesen für Blanchard typischen Abschluß, der einiges Können erforderte – mußte er doch durch geringe Ballastabgabe die Gondel auf derselben Höhe halten –, hatte er zum ersten Mal bei der Landung in Romsey in England praktiziert und dann, wo immer es ging, wiederholt, wie in Nürnberg, wo er in der Gondel sitzend sogar „über den 40 Schuh hohen bretternen Umfang, aus dem er aufstieg, hineinfuhr". Oder in Braunschweig, dort gelangte er „durch sein Manoeuvriren und durch die Beyhülfe verschiedener, welche ihm nachgeeilt waren, wieder an die Stelle, wo er sich erhoben hatte, und verließ seine Gondel. Er wurde darauf, wie im Triumph, auf einem hohen Wagen, unter dem unaufhörlichen Jubel und Rufen vieler Tausende: Es lebe Blanchard! durch die Stadt nach dem großen Caffeehause gefahren."[17] Auch in Brüssel „lies (er) sich durch eine Anzahl Männer, deren jeder ein Seil hielt, das an dem Ballon befestigt war, nach der Stadt durch den Park und die Strassen hinziehen, und kam auf eben der Stelle in dem Garten des Klosters Anonciades nieder, von welcher er aufgestiegen war."[18]

Der Einholung des Aeronauten durch das Volk folgte als letzter Höhepunkt und Abschluß des Tages die Abendvorstellung im Theater. Blanchard erschien in der Loge, hörte die Verse und Chöre und sah sein bekränztes Bildnis auf der Bühne. Manchmal wurden eigens gefertigte Stücke aufgeführt, wie im Fürstli-

Nach einer glücklichen Landung –
festlicher Einzug und jubelnde Massen

chen Theater in Braunschweig ein Werk mit dem Titel „Die
Luftbälle oder Der Liebhaber à la Blanchard". Nach Schluß
der Vorstellung gab es meistens ein großes Feuerwerk, in Hamburg durch den berühmten Girandolini, dazu für die Auser-
wählten der Stadt einen festlichen Ball oder ein Diner zu später
Stunde in adligem Haus.

Am Tag nach dem Luftfest wurde es prosaischer: Blanchard
zählte seine Einnahmen und begab sich, die in der Gondel
mitgeführte Stadt- oder Fürstenfahne unter dem Arm, ins Rathaus oder zum Palast, um sie in einer feierlichen Zeremonie zu
übergeben. Dabei hoffte er auf die Generosität der jeweiligen
Obrigkeiten, denn jetzt mußte es sich zeigen, ob die „heisseste
Inbrunst und zärtlichste Sorgfalt",[19] mit der er sich an jedem
Ort empfangen glaubte, auch in klingende Münze umgewan-
delt würde. Doch diese Auftritte endeten allzu häufig mit her-

ber Enttäuschung, und die Liste der Klagen ist lang: In London wurde Blanchard vom Lordmaire mit einem Glas Branntwein bezahlt, in Haag mußte er 6500 Livres aus eigener Tasche zulegen, die Stadt Gent war so geizig, sie „verdiente wohl einen Ballon von 6 Zoll im Durchschnitt",[20] und in Aachen ließ man ihn zwar im großen Rathaussaal aus dem Pokal Karls des Großen trinken, aber die Stadtväter sahen sich angesichts ihrer finanziellen Umstände nicht in der Lage, die erlittenen Verluste zu ersetzen. Sie übergaben als Geschenk eine „sehr schöne, mit Kette versehene Uhr" und, weil es nichts kostete und sie wußten, daß Blanchard auf Ehrungen immer erpicht war, noch ein Stück Papier. Er schreibt denn auch einigermaßen befriedigt: „Ich hielte mich aber auch beym Schluße dieser Rathssitzung durch das mir ertheilte Bürgerdiplom, mit dem ich beehrt wurde, sattsam schadloß."[21]

Zu den ebenfalls regelmäßig aufgeführten Einnahmepositionen zählte der Verkauf der Fahrtberichte, aber angesichts des verschwenderischen Lebensstils blieb das ein lächerlicher Betrag, und so entschwand der Aeronaut schon einmal aus einer Stadt unter Hinterlassung eines kräftigen Batzens Schulden. Der Ärger der wenigen Geprellten wurde reichlich aufgewogen von der Ergriffenheit der Vielen, die stolz darauf waren, Augenzeugen einer solchen Denkwürdigkeit gewesen zu sein. Sie vertrauten ihre Beglückung Tagebüchern an oder setzten sich noch am Lebensabend hin, wie der Hamburger Rektor der Schleswigschen Domschule und Ritter vom Danebrog, C. F. Schumacher, der sich, zweiundfünfzig Jahre später als alter Mann an „das herzerhebende Schauspiel einer Himmelfahrt", an Blanchards 19. Luftreise am 23. August 1786 in Hamburg erinnerte: „Er gab das Signal, die Seile wurden gelöst, und frei war er, wie der Vogel in der Luft. Der Ballon hob sich, erst langsam, dann immer schneller, und das Zujauchzen der unendlichen Menge war fast betäubend; von Wagen, Pferden, Fußgängern sah man tausende geschwenkter Hüte der Männer und wehende Tücher der Damen. Der Anblick des ganzen war so begeisternd, die Szene hatte etwas so fremd- und großartiges, daß ich im buchstäblichen Sinn versichern kann, der Atem stockte mir so wie der Ball sich hob, und dabei war es mir, als zöge es mich nach, als müßte ich mit, hinauf in das Meer des unendlichen Raumes, wo schon bei Leibesleben alles Irdische dem Menschen verschwindet. Dies erste Gefühl der Spannung ward allmählich zur ruhigen Beobachtung, mit der ich, wie die

100000, dem kühnen Schiffer mit den Augen folgten. Nur Minuten blieb der Gegenstand deutlich, bald verloren sich die bestimmten Umrisse, und endlich war selbst dem Scharfsehenden nur noch ein schwarzer Punkt wie eine Walnuss sichtbar. Glücklicherweise war das Wetter heiter und keine Wolken stellten sich den unzähligen Ferngläsern der Schauenden entgegen. Noch ein unerwarteter Trick wartete unser. Blanchard

Darstellung der verschiedenen Aufstiegsphasen
des Fluges von der Hamburger Sternschanze
am 23. August 1786

hatte ein Experiment mit dem erst erfundenen Fallschirm verheißen. Er hielt Wort. Von dem schwarzen Punkt, der immer ziemlich senkrecht über dem Heiligen-Geist-Felde schwebte, löste sich ein kleines Pünktchen, sank und sank, und ward allmählich erkennbar als ein Schaf, welches schwebend unter dem tragenden Fallschirm sanft der Erde sich näherte, und endlich ohne zu fallen, sich auf seine vier Füße niederließ. Wie wenig das Heldentier aufgeregt war, zeigte sich, indem es sogleich ganz ruhig anfing zu grasen." Schumacher beschreibt anschließend, wie Blanchard mehrere lange Seile auswarf, damit die Hamburger seinen Ballon „wie Knaben ihre Drachen" zur Sternschanze, dem Aufstiegsplatz, zurückziehen konnten, und er schließt seinen kurzen Bericht: „Natürlich war er der Held des Tages, und wer ihm nahe genug kommen konnte, um sagen zu können: Ich habe ihn gesehen! – war ein glücklicher Mensch. Nur diese eine Luftfahrt habe ich gesehen. Aber um Vieles möchte ich die Erinnerung nicht entbehren. Der Charakter dieser Erscheinung war ganz anderer Art, als die jetzigen Fortschritte in der Physik, wo nur das prosaische Nützlichkeitsprinzip herrscht, und wo alles mittels Lokomotiven und Dampfschiffen nur einem Götzen der Zeit im eigentlichen Sinne nachjagt: dem Gewinn. Die Luftfahrt war poetisch, ideal, hoher Jubel über einen gelungenen Versuch, die Natur zu beherrschen, aber nicht um Schätze zu gewinnen, sondern schwelgend in dem Gefühl, die Erde, wenn auch nur für Augenblicke, zu verlassen, und zu schweben in höheren Regionen, die bis dahin dem Menschen versagt waren."

Wie schwelgerisch die Gefühle der Menschen damals waren und wie sie ihnen Ausdruck zu geben versuchten, wird auch in einem der Braunschweiger Verse deutlich, „womit Herr Blanchard, Abends den 10ten Aug. nach glücklich geendigter Luftreise im Schauspielhause empfangen wird":

„Dir allein nur konnt's gelingen,
Sich Adlern gleich zum Aether zu schwingen
Empor durch luftige Regionen
In unbekannte Zonen
Am hohen Firmament.
Was Griechen nicht erfanden,
Die Römer nicht verstanden,
Was Tausende nicht erkannten,
Ersann dein Geist behend,

Magst unsern Jubel hören,
Wir jauchzen dir zu Ehren.
Nur dort bleibt dir geweiht,
Geweiht Unsterblichkeit.
Glänzend ist der Name, Blanchard!"[22]

Sechs Jahre jagte der Bewunderte und Kritisierte, mehr oder weniger gut entlohnt, mit seiner Truppe durch Europa. Erstaunlicherweise fast ohne einen ernsthaften Unfall. Bis auf Basel am 5. Mai 1788. Dort war es nicht gelungen, den Ballon ausreichend zu füllen, und um die Zuschauer nicht zu enttäuschen – oder besser: nicht zu erzürnen –, entschloß sich Blanchard zu einem gewagten Schritt, er trennte kurzerhand die Gondel ab und ließ sich, nur am Korbring hängend, emportragen. Ein Husarenstück, das er bei der Landung mit einer schweren Fußverletzung und mehrwöchiger Bettruhe bezahlen mußte. Derartige Auftritte mehrten jedoch nur seinen Ruhm und die Begehrlichkeit der Städte, ihn auch endlich in ihren Mauern begrüßen zu können. Die Luftfahrttruppe stieß daher auch nie auf Ablehnung oder Auftrittsverbote, bis auf zwei bedeutsame Ausnahmen.

Schmerzlicherweise zeigten ausgerechnet zwei der größten europäischen Monarchen keine Neigung, Blanchards Kunst zu bewundern. Als er bei Seiner Habsburger Majestät ergebenst anfragen ließ, ob eine Veranstaltung in Wien genehm sein könnte, antwortete Kaiser Joseph II. höchstselbst und unzweideutig: „Ich habe Ihren Brief erhalten, Ms. Blanchard. Sie haben die Kuriosität Ihrer Zuschauer durch viele und an verschiedenen Orten gemachten Versuche hinlänglich befriedigt, so daß deshalb wegen Ihrer Reussierung kein Zweifel übrig bleibt. Sobald sie durch Ihre Kenntnisse und wiederholten Versuche das Mittel gefunden haben werden, die Aerostation einigermaßen nützlich zu machen, soll es mir angenehm seyn, wenn Sie nach Wien kommen wollen, um mich davon zu unterrichten und zu überzeugen."[23]

Auch ein anderer Herrscher hielt die Luftschifferei für Humbug und Zeitverschwendung, Preußens Friedrich II., genannt der Große. Seine Antwort ist zwar nicht im Wortlaut überliefert, doch sie dürfte mit einer kräftigen Prise Sarkasmus gewürzt gewesen sein. Erst zwei Jahre nach dem Tod des „Alten Fritz" ließ sein Neffe und Nachfolger, Friedrich Wilhelm II., wenigstens als liberaler Förderer von Kunst und Wissenschaften einigermaßen begabt, den bekannten Franzosen nach Berlin kommen. Vom großen Exerzierplatz vor dem Brandenburger Tor, einer Stelle, an der heute das wiedererbaute Reichstagsgebäude steht, stieg Blanchard zum ersten Mal in Preußen auf. Über diese Fahrt am 27. September 1788 heißt es in den „Berlinischen Nachrichten", Seite eins: „Am verwichenen Sonnabend, als an dem dazu angesetzten Tage, ging die Luftfahrt des Herrn Blanchard vor sich. Nachdem Se. Majestät der König und Dessen hohe Begleitung das Anfüllen des Luftballs in dem dazu errichteten Bretterhause mit angesehen hatten, stieg Hr. Blanchard 40 Minuten nach 3 Uhr, unter dem Zuruf der innerhalb der Verzäunung befindlichen sehr ansehnlichen Versammlung, mit seinem gewöhnlichen Fahnenschwenken in die Luft. Der Wind, der von Südwesten kam, trieb ihn nordostwärts über die Spree. Ohngefähr 7 Minuten nach seiner Auffahrt, ließ er, um die Wirkung des Fallschirms zu zeigen, zwey zu dem Ende mit sich genommene Hündchen an dem Fallschirm befestigt, aus einer Höhe von ungefähr dreytausend Fuß nieder, die, langsam herabschwebend, hinter dem Gesundbrunnen, nahe an der Papiermühle, sanft und unbeschädigt herunter kamen, und daselbst von dem in der dortigen Gegend als Zuschauer spazierenden Kaufmann, Herrn Riemann, in Empfang genommen wurde. Unterdeß hatte der Wind den Luftball östlicher getrieben, und um Viertel auf 5 Uhr kam Hr. Blanchard zwischen den Dörfern Buch und Carow, ungefähr 2 Meilen von dem Orte seines Aufsteigens entfernt, wieder zur Erde nieder. Von Seiten Hrn. Blanchards hat sich diese seine 33ste Luftfahrt weder durch einen neuen Versuch, noch durch irgendeinen Vorfall ausgezeichnet. Desto ausgezeichneter aber ist sie durch die herablassende Güte des Königs gewesen, indem Se. Majestät geruhet haben, Hrn. Blanchard, durch Begünstigungen aller Art, den möglichsten Vortheil von seiner Unternehmung zu sichern; eine Anzahl reitender Jäger ihm bis an den Ort seines Niederlassens nachzuschicken, ihn in einem offenen mit Pferden aus dem Königl. Marstall bespannten Wagen nach der Stadt zurückschaffen zu lassen, und ihn wahrhaft königlich zu beschenken. Verschiedene von den Zuschauern, die ihn hatten aufsteigen sehen, schwangen sich nach seiner Abfahrt auf ihre bereit stehenden Pferde und folgten dem Luftball, um sich von dem willkürlichen Niederlassen desselben einen anschauenden Begriff zu verschaffen. Es war ungefähr halb 7 Uhr, als Herr Blanchard wieder in der Stadt eintraf. Er verfügte sich, seiner Gewohnheit zufolge, sogleich in das Schauspiel, wo ihm die Versammlung ihre Theilnehmung darüber, daß er unbeschädigt zurückgekommen war, durch Händeklatschen bezeigte, und hier hatte er zugleich die Ehre Se. Majestät dem Könige und Ihro Majestät der Königin von dem Erfolg seiner Luftfahrt persönlichen Bericht abzustatten. Von Se. Majestät dem Könige hat Herr Blanchard eine goldene, mit 400 Stück Friedrich-Wilhelms d'or gefüllte Tabatière und von allen Prinzen und Prinzessinnen des Königl. Hauses viele Kostbarkeiten von Werth zum Geschenk erhalten."[24]

Daß die Fahrt, zumindest in der Landephase nicht ganz so problemlos verlief, wie es die „Berlinischen Nachrichten" darstellen, geht aus Blanchards Fahrtbericht hervor: „Bald schrumpften all die Gegenstände vor meinen Augen zusammen. Die grosse und herrliche Stadt Berlin erschien mir wie ein Modell, während die Landschaft auf mich den Eindruck einer grauen Landkarte machte. Ich bemerkte insbesondere eine wirbelnde Wolke aus Staub, die von einer endlosen Zahl von Wagen und Pferden aufstieg, welche hinter dem Ballon herjagten, und die beinah bis zu den Wolken emporreichte. Ich hatte meinen Ballon völlig vergessen, so sehr war ich in den Anblick des gewaltigen Panoramas vertieft, das sich meinen Augen darbot ... Eine Höhe von 160 Fuss haltend trieb ich dann mit grosser Geschwindigkeit entlang. Ich wünschte langsamer zu werden und den Erdboden wieder zu gewinnen, und um das zu erreichen, versuchte ich das Ventil zu öffnen, aber die Leine brach im oberen Teil und fiel in meine Hand. Jetzt benahm sich mein Ballon unkontrollierbar wie ein verrücktes Pferd, verdoppelte seine Geschwindigkeit und trug mich direkt gegen einen nahegelegenen Wald. So versuchte ich mit der scharfen Spitze meines Flaggenstocks die Mitte des Ballons aufzuschneiden, denn es war der einzige Weg, der mir blieb, um zu landen. Ich wollte gerade die Hülle einreissen, als ich sah, dass der Erdboden mit Reitern bedeckt war, die aus allen Richtungen herankamen. Es war für sie schwierig mich zu erreichen, denn ihre Pferde, die der Anblick meiner ungeheuren Maschine in Schrecken setzte, brachen vor Angst aus. Am Ende trieben viele Reiter ihre Pferde vorwärts und waren in der Lage, das Ankertau zu ergreifen und mich mit vereinten Kräften trotz des Windes zum Erdboden zu ziehen."[25]

Diesem geglückten Auftakt folgten in Berlin zwei weitere Starts, der letzte vom Garten der Freimaurerloge „Royal York". Blanchard, als Held des Tages, wurde mit Geschenken überhäuft: brilliantenbesetzte Uhren und Nadeln, „vom Kronprinzen Ludwig zwei schwere silberne Armleuchter, von den Prinzessinnen Friederike und Wilhelmine zwei kostbare Uhren; von der Prinzessin Auguste einen Stock mit goldenem Knopf".[26]

Weniger erfolgreich und geschenkergiebig verlief drei Jahre später Blanchards Auftreten in Wien. Auch hier erschien er erst nach dem Tod Joseph II., dem es so darauf ankam, daß die Aerostation nicht nur ein Gaudium für die gaffende Menge sei, sondern zu etwas Nützlichem tauge. Der erste Aufstieg sollte am 9. März 1791 stattfinden, mißglückte jedoch, weil starker Wind den angeblich „elend geflickten und mit Pappe geklebten Ballon" zerriß. Auch zwei Monate später – am 29. Mai – ließ Blanchard das Glück im Stich. Die Wut der enttäuschten Wiener war so mächtig, daß ihn die Polizei zur eigenen Sicherheit für einige Tage in Haft nehmen mußte. Erst der dritte Versuch am 6. Juli gelang. Blanchard erhob sich vom Prater und landete in Enzersdorf, zur Freude der Einwohner, die geschmeichelt reimten:

> „Zwar ist Gross-Enzersdorf
> Calais nicht beizusetzen.
> Doch weiss es so wie dis'
> auch das Verdienst zu schätzen.
> Wir ehren staunungsvoll
> des Lüfteseglers' Lauf
> und nehmen wie Calais ihn
> auch zum Bürger auf;
> Fehlt unserer alten Stadt
> die Größe jener Stadt
> so zeigt sie doch, daß sie
> noch brave Bürger hat."[27]

Noch zweimal erhob sich Blanchard über Wien. Und allein der letzte Flug erbrachte einen Tagesgewinn von 150 000 Gulden. Zusätzlich schenkten ihm Kaiser Leopold II. 900 Gulden und der gerade anwesende Herzog von Württemberg 100 Dukaten. Am Abend der letzten geglückten Auffahrt feierten die versöhnten Wiener den französischen Luftschiffer auf besondere

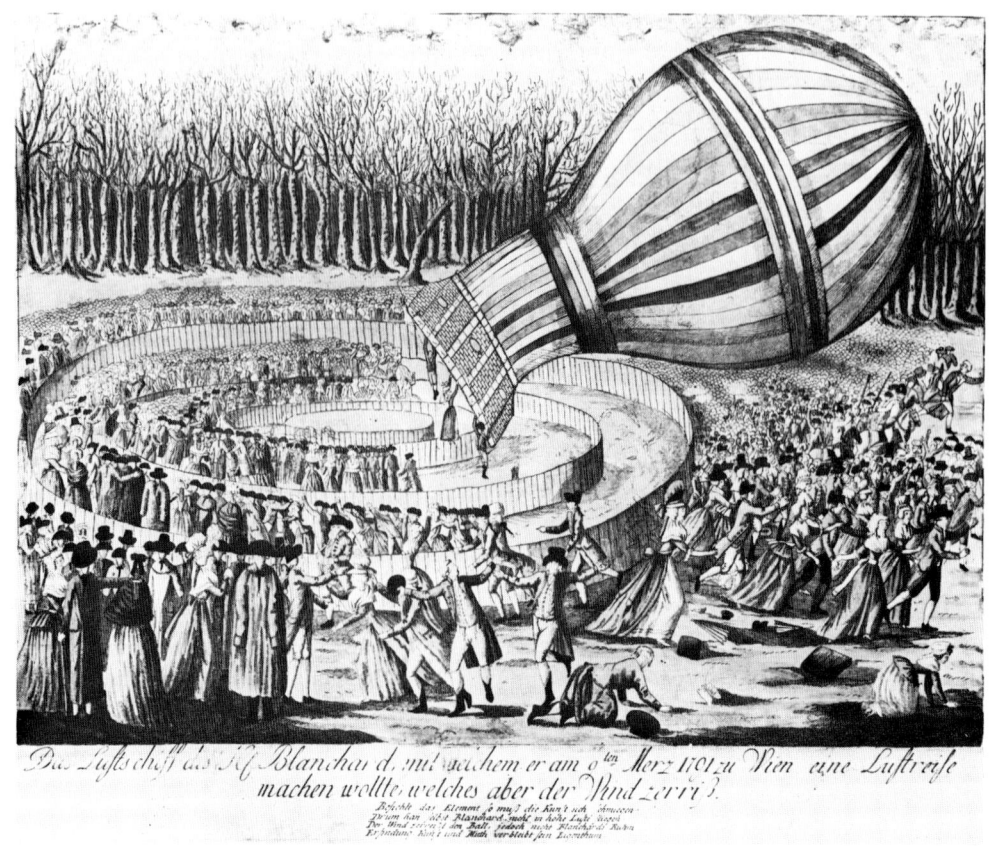

Das Lufts chiff des Hr Blanchar d. mit welchem er am 9ten Merz 1791 zu Wien eine Luftreise machen wollte welches aber der Wind zerriß.

Blanchards verunglückter Start
am 9. März 1791 in Wien

Art: Sie begleiteten Blanchard, der im Korb seines Ballons stehend den Applaus entgegennahm, mit Fackeln durch die Stadt zu seinem Quartier, an der Spitze des Zuges eine Kapelle, hinter der Offiziere und Soldaten marschierten. Dieses nächtliche Zeremoniell im Zentrum des Habsburger Reiches wurde für Blanchard, ohne daß es ihm oder all den fröhlich Winkenden bewußt werden konnte, zu einem Abschied, einer letzten großen Ovation auf europäischem Boden.

Denn das Interesse der Menschen wendete sich von den luftigen Kugeln am Himmel den neuen, irritierenden Geschehnissen in Frankreich zu: der Revolution. Vor zwei Jahren hatten sich die Pariser Volksmassen bewaffnet und die schwach verteidigte Bastille, das Symbol des Despotismus, erstürmt, und auch in der Provinz war es zu Aufständen und Plünderungen gekommen. Den europäischen Fürsten kamen die inneren Unruhen im Land des mächtigsten Rivalen eher gelegen, hofften sie doch, daß sich Frankreich aus dem kräftigen Tauziehen um territoriale Ansprüche selbst ausschaltete. Doch jetzt breitete sich in den Kanzleien und Kabinetten zunehmend Sorge und Angst vor jenen revolutionären Gedanken aus, die den Erhalt der Macht gefährden konnten und die so schwer im Zaum zu halten waren. So verschärften die Obrigkeiten die Zensur, verboten Zeitungen und Freimaurerlogen und schränkten die Bewegungsfreiheit ihrer Untertanen weiter ein. Für Blanchard wurde die Lage zunehmend schwierig, kaum eine Stadt interessierte sich in einer Zeit des gespannten Wartens, der Vorahnung von Unruhe und Umwälzung für ein aerostatisches Experiment – noch dazu von einem Franzosen. Außerdem erschwerte Blanchard seine Lage selbst, indem er sich trotzig zu den Zielen der Revolution bekannte, statt des Lilienbanners die Trikolore wehen ließ und an seiner Gondel die Parole der Revolution anbrachte: „Freiheit, Gleichheit, Brüderlichkeit". Ob aus echter Überzeugung als ein Mann des Dritten Standes oder aus Opportunismus, er hielt jedenfalls „aufrührerische Reden". In Kufstein wurde er dafür von der österreichischen Regierung angeklagt und einige Wochen in Festungshaft genommen. Aber die Behörden ließen den „Bürger des Himmels" – wie er sich jetzt stolz nannte – bald wieder frei, und so zog er sich mit einer geschrumpften Mannschaft, jedoch vollständigen Gerätschaften, nach Norden zurück, machte im November und Dezember 1791 Starts in Hannover und tauchte im Mai 1792 in Lübeck auf.

Einen Monat zuvor hatte das revolutionäre Frankreich Österreich den Krieg erklärt, um sich gegen das angeblich bedrohliche absolutistische Ausland zu wehren und das innere Chaos durch einigende patriotische Taten zu ordnen. Am 3. Juli – die Truppen beider Seiten marschierten schon aufeinander los – stieg Blanchard, fern vom beginnenden Kriegslärm, im stillen Lübeck zu einer letzten Fahrt von deutschem Boden auf, begleitet von seinem zehnjährigen Sohn und der Tochter des Stadtkommandanten. Und während die lübischen Bürger das „himmliche Fahrzeug" priesen und behaupteten, „... diese 44ste Luftreise des Herrn Blanchard ist einer der schönsten gewesen, die je ist ausgeführt worden ...",[28] überlegte der noch einmal Gefeierte, wie er all den erkennbaren Schwierigkeiten entkommen könnte, was zu tun sei, da Luftfahrtdarbietungen wohl für ein paar Jahre aus der Mode kommen würden. Und er erinnerte sich an Aufforderungen des inzwischen nach Boston zurückgekehrten Freundes John Jeffries, doch auch nach Amerika zu kommen. Es spricht für Blanchards Tatkraft, daß er sich auf dieses Abenteuer einließ. Er packte Ballons, Gondel und Fallschirme in Kisten und ging mit seiner Familie in Hamburg an Bord der Brigg „Ceres", die unter Führung von Kapitän Marsh über den Atlantik segeln sollte. Die Richtigkeit des Entschlusses, das unruhige, zerrissene Europa zu verlassen, wurde während der Wartezeit im Hafen durch schockierende Berichte aus Paris über ein Massaker in den Gefängnissen bestätigt, dem Tausende zum Opfer gefallen sein sollten. Und einige Zeit später meldeten die Hamburger Zeitungen die Erstürmung der Tuilerien und Gefangennahme der alten Gönner Ludwig XVI. und Marie Antoinette, ihren Abtransport in den düsteren Temple. Als die „Ceres" den Hamburger Hafen mit Kurs London verließ, war neun Tage zuvor in Frankreich das Königtum abgeschafft worden, hatte das Jahr Eins der Republik begonnen.

Und neun Wochen später legte das Schiff in Philadelphia an. Am 9. Dezember 1792 ging der nun ehemalige „Pensionär des Königs von Frankreich" an Land, um auch in der neuen Welt der erste zu sein, der sich im freien Flug über die Köpfe der Menschen erheben würde.

Die erste Luftreise in Amerika – Blanchards Aufstieg in Philadelphia 1793

Die Einwohner Philadelphias empfingen die siebenköpfige Familie Blanchard mit offenen Armen. Jeffries, der Gefährte aus Londoner Tagen, hatte geschickt vorgearbeitet und seinen Landsleuten den großen Aeronauten wirkungsvoll angekündigt, als den Mann, dessen Flug über den Kanal viele für das achte Weltwunder hielten, den gefeierten Gast an den Fürstenhöfen der alten Welt. Blanchard richtete sich zu längerem Aufenthalt in „Oellers-Hotel" ein, während aus den Luken der „Ceres", die mit acht anderen Schiffen im Hafen lag, zahlreiche Kisten und auch eine Batterie Vitriolfässer an Land gehievt wurden, die man in London vorsichtshalber an Bord genommen hatte, weil niemand genau wußte, ob es in Amerika in ausreichender Menge Eisensulfat geben würde. Das Schwierigste, die gefahrvolle Überfahrt, war geschafft, das Ziel der langen Reise erreicht: die Bundeshauptstadt eines fremden, merkwürdigen Landes, das erst vor zehn Jahren in einem blutigen Krieg die britischen Kolonialherren besiegt und so seine Unabhängigkeit errungen hatte. Und der Mann, der diesen Kampf als Oberbefehlshaber aller amerikanischen Truppen angeführt hatte, fuhr jetzt in einer weißen Kutsche, von sechs Schimmeln gezogen, durch die Straßen der Stadt – als erster Präsident der neuen Union.

Philadelphia, zwei Jahrhunderte zuvor von William Penn gegründet, hatte sich inzwischen von den Schäden des Krieges erholt und war zu Beginn der neunziger Jahre des 18. Jahrhunderts eine Stadt mit sauberen, gepflasterten Straßen, stattlichen Gebäuden aus roten Ziegeln, wie die Congress Hall, der Supreme Court, das oberste Gericht, oder die Independence Hall, in der sechs Jahre zuvor die von Jefferson, Franklin und Adams entworfene Unabhängigkeitserklärung verkündet worden war, das berühmte Dokument, in dem „ursprüngliche Freiheit und Gleichheit", Volkssouveränität und das „Recht des Widerstandes gegen Bedrückung der Menschen" gefordert wurde. Die etwa 50 000 Einwohner Philadelphias, die sich von Handel, Handwerk, Seefahrt und Schiffbau ernährten, lebten nicht nur politisch in einer modernen, freien Stadt, sondern auch technisch, wirtschaftlich und kulturell. Es gab zwanzig Feuerwehren, Lebensversicherungen, drei Banken, eine Universität, die „Amerikanische Philosophische Gesellschaft" und eine andere, die sich das Ziel gesetzt hatte, „die Abschaffung der Sklaverei zu fördern und Farbigen zu helfen, die ungesetzlich in Knechtschaft gehalten werden."[1] Es gab bemerkenswerte Schulen, sogar für die Kinder von Schwarzen, Hospitäler, acht Freimaurerlogen und vor allem Kirchen für Protestanten, Baptisten, Juden, Quäker, Katholiken und Presbyter.

Blanchard geriet in eine Zeit, in der die französische Revolution die Phantasie der Menschen auch in Amerika bewegte, zumal in Philadelphia zahlreiche Franzosen lebten. Doch auch die Einheimischen ergriffen Partei, die einen für den abgesetzten gefangenen Ludwig XVI., von dem wegen der langsamen Nachrichtenübermittlung in jenen Tagen niemand wußte, daß in Paris gerade der letzte Akt des Dramas begann: der Prozeß und die Hinrichtung auf dem Schafott. Die Parteigänger Ludwigs hielten ihm die Treue, weil sie sich der Freundschaft und Unterstützung Frankreichs in den schweren Jahren des Befreiungskampfes erinnerten, die anderen, Anhänger Robespierres und Dantons, schmückten sich mit roten Jakobiner-Mützen und redeten sich gegenseitig mit „Bürger" an.

Obwohl Blanchard noch vor gut einem Jahr in Österreich für die Sache der Revolution geworben hatte, verstand er es, sich jetzt aus der Politik herauszuhalten. Es ging ihm nur um den Aufstieg, um einen Startplatz, um Protektion, um zahlende Zuschauer. Durch Jeffries Vermittlung wurde er dem Gouverneur von Pennsylvania, Thomas Mifflin, vorgestellt, der großzügige Unterstützung versprach, und schließlich sogar General Washington, dem Präsidenten und verehrten „Vater der amerikanischen Union". Nach dieser Visite öffneten sich auch die Türen der Zeitungsredaktionen, und am Montag, dem 24. Dezember 1792, erschien in „Dunlap's American Daily Advertiser" eine erste Ankündigung der beabsichtigten Luftfahrt, in der auf Blanchards Verdienste hingewiesen wird und wo es dann wörtlich heißt: „Wir sind oft von Berichten über diese wundervolle Kunst unterhalten worden. Jetzt haben wir die Gelegenheit, Zeugen der kühnen Luftfahrt zu sein, einen Menschen zu sehen, der Herrscher des unsichtbaren Elements wird, der mittels einer ungeheuer großen und schönen Maschine die Erde verläßt, allmählich aufsteigt, majestätisch über uns schwebt und sich in den Wolken verliert. Wir werden ihn, aus ihnen auftauchend, wiedersehen, auf den Flügeln des Windes fliegend. Wir wünschen ihm aufrichtig Erfolg bei seinen Versuchen, welche sich, sollten sie schließlich gelingen, als Verbesserung unter die ersten Entdeckungen einreihen lassen werden, die dieses erleuchtete Zeitalter ausgezeichnet haben." Auf derselben Seite dankt Blanchard dem Herausgeber, Mr. Bache, daß er ihm die Möglichkeit einräumt, in seiner Zeitung für das aerostatische Experiment zu werben, und teilt mit, Karten zu fünf Dollar könnten ab sofort bei seinem Sekretär, Mr. Roset, in Oellers-Hotel bestellt werden.

In den folgenden zehn Tagen, vom 25. Dezember 1792 bis zum 5. Januar 1793, entwickelte sich im „Daily Advertiser" ein öffentlicher Dialog zwischen dem Luftfahrer und seinem Publikum, vertreten durch „eine Gruppe von Freunden, Bürgern von Philadelphia", die ihm aufrichtig den „glanzvollsten Erfolg" wünschen und ihm bescheinigen: „Ihre Reise aus Europa mit der Absicht, in dieser Stadt eines Ihrer wundervollen Experimente vorzuführen, gibt Ihnen ohne Zweifel das Recht auf Dankbarkeit aller Bürger." Gleichzeitig werden die Unterzeichner des Briefes auf amerikanische Weise konkret. Sie bemängeln, daß der Zeitraum der Subskription zwar nicht für die Einwohner der Stadt zu kurz bemessen sei, aber sicher für jene, die aus größerer Entfernung anreisen werden, „die, ohne Zweifel, zusammenströmen, um Zeugen des Wunders zu sein, zu dessen Erschaffung das menschliche Genie imstande war." Um diesen Interessenten eine Enttäuschung zu ersparen, fordern sie eine Verlegung des Schlußtermins. Dann erteilen die Abonnenten dem fremden Franzosen einen weiteren Rat und bitten um Beherzigung: „Wir haben gehört, daß Sie den Gefängnishof für Ihren Aufstieg gewählt haben, aber daß Sie dabei sind, nach einem anderen Platz Ausschau zu halten, weil man Ihnen eine Andeutung gemacht hat, daß einige Damen dieser Stadt zögern würden, an einem Experiment teilzunehmen, das dort stattfinden würde. Wir versichern Ihnen, mein Herr, daß sie falsch informiert sind. Die Damen dieses Landes leben nicht mehr mit solch lächerlichen Vorurteilen wie die in Europa, und wenn sie Einwände haben, dann hat das immer einen guten Grund. Weil der Name des Platzes keine Beziehung zu dem Experiment hat, und allenfalls Kinder mit dem Wort Gefängnis zu erschrecken sind, ändern Sie Ihren Plan nicht, mein Herr, Sie werden keinen Platz finden, der auch nur halb so vorteilhaft ist wie jener. Er ist geräumig, sauber und günstig für Sie selbst.“[2] Blanchard akzeptierte beide Wünsche, er verlängerte die Subskription und begann mit dem Aufbau von Bänken im Hof des „Walnut Street“-Gefängnisses, für das zwei Gründe schließlich den Ausschlag gaben: der Platz lag windgeschützt, zugleich sicher vor allzu neugieriger Belästigung durch die Öffentlichkeit, und es bestand Hoffnung auf – wie Blanchard schreibt – „eine Summe, die mir die Last meiner Ausgaben erleichtern hilft.“

Das stattliche Gebäude aus roten Ziegeln, noch unter der Regierung Georg III. um 1775 erbaut, diente im Unabhängigkeitskampf als Gefängnis für Kriegsgefangene, unbelehrbare Monarchisten und reiche englische Landbesitzer. Nach dem Krieg geriet es durch einige spektakuläre Ausbrüche und Mißstände in Verruf, hatte sich aber zum Zeitpunkt des Luftfahrtvorhabens zu einem Modellgefängnis mit Werkstätten und anständiger Verwaltung gewandelt, so daß auch Damen, unbesorgt um ihren guten Ruf, Karten kaufen konnten.

Der Informations- und Meinungsaustausch zwischen Aeronaut und Publikum im „Advertiser“ setzte sich fort: Blanchard legte den Termin des Aufstiegs fest, „Mittwoch, 9. Januar 1793, genau um 10 morgens, im Gefängnishof, wenn es das Wetter erlaubt“, belehrte die Öffentlichkeit über die Tatsache, daß es in der Stadt nicht die Möglichkeit gebe, zusätzliche Vitriol-Säure in derart ausreichender Menge herzustellen, daß er auf seiner Reise einen Gefährten mitnehmen könne. Eine herbe Enttäuschung für zahlreiche Bittsteller, die gehofft hatten, Teilhaber des zu erwartenden Ruhmes zu werden. Aber es blieb ihnen nichts anderes übrig, als den Angaben des Luftschiffers zu glauben. Bodenständigeren Fragen wendete sich dagegen die „Gruppe der Freunde“ zu. Sie fragte am 3. Januar an, ob es nicht möglich sei, vor allem für Oberhäupter großer Familien, die ihre Kinder mitbringen wollten, auch Karten für zwei Dollar anzubieten. Und für sich selbst, „weil viele unter uns sind, die Ihnen zu Pferde folgen möchten,“ wollten sie wissen, welches Tor geöffnet sein würde, damit sie nach dem Start auf kürzestem Weg in den Sattel kämen. Blanchard antwortete prompt in der nächsten Ausgabe, er würde 500 Karten für den ersten und 1000 für den zweiten Platz zu ermäßigtem Preis von zwei Dollar ausgeben, und er hoffe, daß alle seine Operationen gut beobachten könnten. Auf die Frage nach dem Standplatz der Pferde schrieb er: „Wenn der Tag ruhig ist, wird genug Zeit sein, den Gefängnishof ohne Hast zu verlassen, weil ich in diesem Fall senkrecht aufsteigen werde; aber wenn der Wind bläst, erlauben Sie mir, meine Herren, Ihnen den Rat zu geben, nicht den Versuch zu machen, mir zu folgen. Für das schnellste Pferd wird es unmöglich sein, mit mir Schritt zu halten, besonders in einem Land, daß so von Flüssen durchschnitten und von Wäldern bedeckt ist." Und er zeichnete das Schreiben mit „Ich habe die Ehre, meine Herren, Ihr sehr gehorsamer demütiger Diener zu sein. Blanchard."[3]

In aller Frühe des 9. Januar 1793 versammelten sich Tausende im Hof des Gefängnisses vor den hufeisenförmig angelegten, zweistöckigen Gebäudetrakten, in deren Mitte, direkt unterhalb des glockenturmgekrönten Portals, der Ballon zum Aufstieg gefüllt werden sollte. Viele von ihnen hatten vor bald neun Jahren am 17. Juli 1784, den Luftfahrtversuch von Peter Carnes miterlebt, einem Anwalt aus Baltimore, der einen Monat zuvor (24. Juni 1784) in seiner Heimatstadt eine von Seilen gehaltene Montgolfière hatte aufsteigen lassen, an Bord den 13 Jahre alten überaus tapferen Edward Warren. In Philadelphia hoffte Carnes, den ersten freien Flug in Amerika von demselben Platz im Walnut-Gefängnis durchzuführen. Doch beim Aufstieg wurde sein Gasballon durch eine Windbö so heftig an die Mauer geschleudert, daß er aus der Gondel fiel, zu Boden stürzte und das Fluggerät nur noch in den Wolken verschwinden sehen konnte. – Einige der neun Jahre später auf Blanchards Luftfahrt wartenden Zuschauer wußten vom Unfall des Engländers James Deeker, der Blanchard in Dover bei der Kanalüberquerung geholfen hatte und am 23. September 1789 zur Feier von George Washingtons Amtseinführung in New York aufsteigen sollte, dessen Ballon aber durch falsche Handhabung explodierte. Andere hatten von Francis Hopkinson gehört, der den Bau kleiner Montgolfièren Thomas Jefferson und Benjamin Franklin in Briefen mitteilte, oder von Reverend Madison aus Williamsburg. Aber das alles waren unbemannte und zum Teil auch mißglückte Experimente gewesen, heute sollte zum ersten Mal in der Geschichte des freien Amerika der freie Flug eines Menschen stattfinden.

Alle Viertelstunde feuerte die Artillerie-Kompanie unter dem Kommando von Captain Fisher die befohlene Salve aus zwei Kanonen, eine Blaskapelle spielte immer schwungvoller, die Stimmung stieg, angeregt durch das langsame Aufklaren des ursprünglich bedeckten Himmels. Kurz vor zehn Uhr, von 15 Salutschüssen angekündigt, erschienen die Honoratioren der neuen Welt, an der Spitze George Washington mit seiner Frau Martha, gefolgt vom Kabinett, fünfzehn Senatoren, dem Bevollmächtigten der französischen Republik, John de Ternant, und den Botschaftern von Spanien, Schweden, Holland, Großbritannien, Portugal, und auch ein Preuße war dabei: Generalkonsul Karl Gottfried Poleske.

Neben General Washington saßen auf der Ehrentribüne – wohl ein einzigartiges Zusammentreffen – vier seiner Nachfolger als Präsidenten der Vereinigten Staaten: John Adams, Mitautor der Unabhängigkeitserklärung, Thomas Jefferson, der einmal als einer der größten Geister der amerikanischen Demokratie verehrt werden sollte – an diesem Tag noch Staatssekretär des Auswärtigen –, James Madison und James Monroe. Der einzige unter ihnen, der sich, angeregt durch seinen Aufenthalt als Gesandter in Paris von 1785 bis 1789, intensiv mit der Aerostatik befaßt hatte, war Jefferson. Erschüttert vom Tod Roziers und Romains schrieb er damals im Sommer 1785 aus Paris: „Das Verhängnis dieser ersten beiden Märtyrer in der Kunst der Aeronautik wird wahrscheinlich viele von Experimenten abschrecken, die sie sonst gemacht haben würden." Doch bereits am 25. September konnte er Francis Hopkinson mitteilen: „Künste und Waffen scheinen im Augenblick zu schlafen. Das Ballonfahren allerdings geht voran."[4] Aber auch George Washington hatte sich sofort für die neue Erfindung interessiert und am 4. April 1784 einem Freund in Paris, dem General Duportail, mit ironischem Unterton geschrieben: „Ich habe nur Zeitungsberichte über die Luftballone, von denen ich nicht weiss, welcher Glauben ihnen zu schenken ist, die Geschichten, die erzählt werden, sind wunderbar, und führen zum Verdacht, dass unsere eigenen Freunde in Paris in einiger Zeit durch die Luft fliegen, anstatt den Ozean zu pflügen, um nach Amerika zu kommen."[5]

Am 9. Januar 1793 konnte George Washington nun im Gefängnishof beobachten, wie Blanchard, der zwar wie andere
Erdenbürger auch zu Schiff angereist war, sich anschickte, die
„wunderbare Geschichte" nicht nur vor den Augen des Präsidenten und der weißen Führungselite des jungen Staates zu
beweisen, sondern auch vor einer Abordnung von Indianer-
häuptlingen, die einen Tag nach Weihnachten in die Hauptstadt gekommen waren, um der Regierung ihren Respekt zu
bezeugen und Kriegstänze vorzuführen. Die Gruppe bestand
aus über vierzig Personen, Männern und Frauen, unter ihnen
so berühmte Häuptlinge wie Little Elk, Rising Man und Pain-
ted Face. Auch sie wollten des weißen Mannes neueste Zauberei miterleben. Nur einer war nicht dabei, der wohl berühmteste Sohn Philadelphias und große Förderer der Aerostatik, Benjamin Franklin. Vor drei Jahren hatte man ihn auf dem Christ
Church-Friedhof begraben.

Um neun Minuten nach zehn Uhr, der „Himmel war klar,
heiter und gnädig, wenig Wind und nahezu still am Erdboden", schreibt Blanchard in seinem Fahrtbericht, den er Washington, „dem Schutzherrn der Freiheit, Gesetze und schönen
Künste", widmete, „befestigte ich den Aerostaten an der Gondel, beladen mit Ballast, meteorologischen Instrumenten, und
einigen Erfrischungen, mit denen mich die Besorgnis meiner
Freunde versehen hatte."[6] Blanchard, in schlichtem blauen An-
zug, einen Dreispitz mit weißen Federn auf dem Kopf, nahm
Abschied vom französischen Gesandten und vom Präsidenten,
der ihm ein persönlich unterzeichnetes Dokument übergab, das
vor allem bei der Landung in fremdem, unwegsamen Gelände
nützlich sein sollte. „Ich fühlte nie den Wert des Ruhmes so
sehr wie in diesem Augenblick, in Gegenwart eines Helden, der
von ihm ständig an der Spitze von Armeen begleitet worden
war",[7] empfand Blanchard geschmeichelt, als er den Paß aus
der Hand Washingtons entgegennahm. Das Original ist zum
Schmerz aller Sammler verschollen, aber der Text durch die
Abschrift Blanchards im Fahrtbericht erhalten. „Der Überbrin-
ger, Mr. Blanchard, ein Bürger Frankreichs, der sich das Ziel
gesetzt hat, in einem Ballon von der Stadt Philadelphia aufzusteigen, um 10 Uhr morgens an diesem Tag, um in eine Richtung zu fahren und an einem Platz herabzusteigen, welchen die
Umstände möglichst bequem machen sollten. Dies deshalb, um
allen Bürgern der Vereinigten Staaten und anderen zu empfeh-
len, daß bei seiner Fahrt, Landung, Rückkehr oder Reisens wo

immer auch, sie dem besagten Mr. Blanchard kein Hindernis oder Belästigung entgegensetzen. Und daß im Gegenteil, sie ihn mit jener Menschlichkeit empfangen und mit gutem Willen helfen, welche zur Ehre ihres Landes gereichen mag, und dem Gerechtigkeit widerfahren läßt, der sich so auszeichnet durch seine Anstrengungen, einen Fortschritt in einer Kunst zu begründen, mit der Absicht, sie der ganzen Menschheit nutzbar zu machen.“[8]

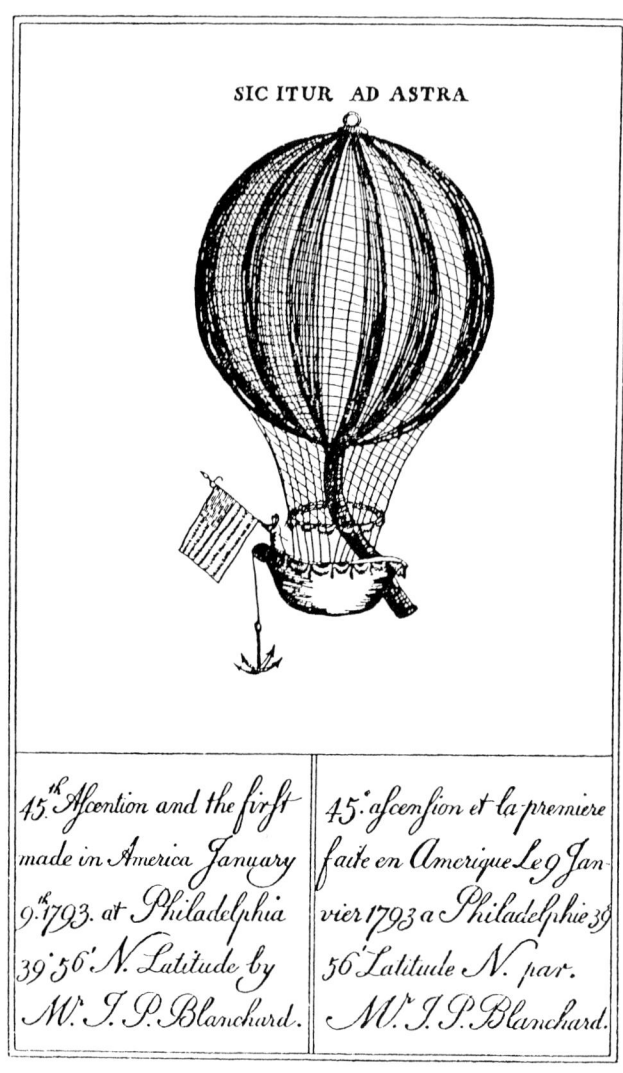

Die erste Luftfahrt in Amerika – 9. Januar 1793.
Blanchards Start aus dem Hof des
Walnut-Street-Gefängnisses in Philadelphia

Für den der englischen Sprache noch immer unkundigen Blanchard hatte dieses Papier nicht nur ehrende, sondern vor allem praktische Bedeutung. So ausgestattet, bestieg er seine Gondel, gab den Herren Nassy und Legeaux, die den ausbalancierten Ballon an zwei Leinen festhielten, das vereinbarte Zeichen und erhob sich derart langsam und leicht, daß Zeit genug blieb, „die Empfindungen auf den Gesichtern der Menschen" zu registrieren, die zu ihm emporblickten. Er grüßte nach erprobter Sitte mit der Fahne, die zusammengenäht auf der einen Seite die amerikanischen Farben zeigte und auf der anderen die rot-weiß-blaue Trikolore der französischen Revolution, für viele ein Symbol erfolgreicher Waffenbrüderschaft.

Auch heute noch beeindruckt, wie lebendig und inspiriert Blanchard nach fast zehn Jahren Luftfahrt und fünfundvierzig Flügen über diese Reise in Amerika schreibt, wie begeistert und interessiert er jeden Augenblick in der Luft genießt. „Obwohl ich seit langem an die prunkvollen Szenen zahlloser Versammlungen gewöhnt bin, konnte ich mir jedoch nicht anders helfen, als überrascht und erstaunt zu sein, als ich – zu sicherer Höhe über der Stadt aufgestiegen – meine Augen der immensen Zahl von Menschen zuwandte, die die offenen Plätze bedeckten, die Dächer der Häuser, der Ställe, Straßen und Wege über die mich mein Flug im freien Raum der Luft trug."[9] Der Ballon stieg senkrecht empor, und erst in einer Höhe von einigen hundert Metern kam er in eine leichte Brise, die ihn etwas östlich dem Delaware zutrieb. „Hier traf ich auf eine zahlreiche und dichte Schar von wilden Tauben. Sie schienen sehr erschrocken. Doch es war nie meine Absicht, die himmlischen Regionen zu durchfahren, um die gefiederten Bewohner zu stören. Sie teilten sich in zwei unterschiedliche Gruppen und ließen für mich eine Durchfahrt frei",[10] berichtet der Luftfahrer.

Um 10 Uhr 35 schien der Gipfelpunkt des Steigens ohne zusätzliche Abgabe von Ballast erreicht. Ein kleiner, schwarzer Hund, den ihm ein Freund für die Reise anvertraut hatte, fühlte sich in dieser Höhe plötzlich unwohl und versuchte, aus der Gondel zu springen, war aber klug genug, sich dann nur leise jaulend an Blanchards Füße zu schmiegen. Allein mit dem ängstlichen Tier, in einer Höhe von etwa 500 Metern, hinter sich Philadelphia, entdeckte Blanchard zur Linken und voraus die in der Sonne glitzernde Wasserfläche des Delaware-Flusses, der, sich verbreiternd, einen Bogen nach rechts beschrieb, so daß der Ballon direkt auf sein Ufer zutrieb. Nicht nur die Maschine befand sich zu diesem Zeitpunkt im Gleichgewicht, sondern auch der Luftschiffer, der, trotz seines unruhigen Reisegefährten, die Szenerie beglückt betrachtete und über das fremde Land unter sich ins Schwärmen geriet, über seine Bewohner, die sich ihre Offenherzigkeit und Natürlichkeit bewahrt, die sich gegen eine „widernatürliche Herrschaft gewehrt und triumphal gesiegt" hatten. Er meditierte über gerechte Gesetze in einer glücklichen Gesellschaft und pries die praktische Vernunft der Amerikaner, die sich nicht durch abstrakte philosophische Diskussion davon abhalten ließen, „tugendhaft und tapfer" zu Wohlstand zu gelangen. Über dem Delaware, nach Süden treibend, rief er theatralisch aus: „Oh Frankreich – oh mein Land. Über Jahrhunderte berühmt unter den größten Nationen des Universums, in Dankbarkeit sind dir die Gefühle eines Volkes verpflichtet, das dir einen Teil des Ruhmes schuldet und ihres Glücks; ihre wärmsten Wünsche für den Erfolg deiner Waffen und für deinen Wohlstand: doch wie oft hast du das Recht der Völker gegen Ungerechtigkeit und Unterdrückung gerächt! Oh – Frankreich! Köstliche Heimat! Möge deine Herrlichkeit sich den Glanz erhalten, trotz der Bosheit der Tyrannen, die bestrebt sind ihn zu verdunkeln! Mögest Du alle Hindernisse überwinden und schnellstens das erhabene Ziel erreichen, zu welchem dein gerechtes Schicksal dich ruft!"[11]

Blanchard stand ganz unter dem deprimierenden Eindruck all der verwirrenden Nachrichten über das Fortschreiten der Revolution in seiner Heimat, die Philadelphia in den ersten Tagen des neuen Jahres erreicht hatten. Berichte von Aufständen, Krieg, Terror, von grausamer Rache an Priestern und Adligen, von Hunger und Verfolgung. Aber er verdrängte Trauer und Heimweh und gab sich eigenen Glücksgefühlen hin: „Was für ein süßer Rausch ergreift Besitz von der Seele eines Sterblichen, der die irdische Wohnstatt verläßt und sich in himmlische Regionen aufschwingt."[12] Und er malte sich aus, was wohl der vor zwölf Jahren gestorbene Rousseau an seiner Stelle empfunden haben würde, der „Philosoph von Genf", dem bereits das Betrachten der hohen Gipfel von Valais so viel Lust bereitet hatte. „Mit wieviel mehr neuen Schönheiten hätte sein fruchtbares Genie die Felder der Einbildungskraft bereichert, wenn er in diese höheren Regionen aufgestiegen wäre."[13]

Blanchard, „in Gefahr, dabei seine irdische Existenz zu vergessen", erinnerte sich rechtzeitig einiger Versprechen, die zu praktischem Handeln zwangen. Für Dr. Wistar mußte er sechs Flaschen mit Luftproben füllen, für Dr. Rush wurde nach Erreichen der größten Höhe, etwa 1800 Meter, viermal der Pulsschlag gemessen. Ergebnis: 92 Schläge in der Minute, während es am Boden nur 84 waren. Und zum Schluß wog er für Dr. Glentworth noch einen Stein, der vor dem Start 5½ Unzen schwer war und jetzt angeblich nur noch 4. Nach diesen Arbeiten im Dienste der Wissenschaft erfrischte er sich mit einigen Stücken Zwieback und einem Glas Wein. Ein Blick in die Runde zeigte, daß im Norden eine weißliche Wolke die Sicht auf einen Teil Philadelphias verdeckte, sich im Osten in tieferen Schichten Dunst bildete, der vom Meer zu kommen schien, und daß die Fahrtrichtung im Süden durch dichten Nebel versperrt war. Blanchard entschloß sich deshalb zu schnellem Handeln, auch weil er fürchtete, durch zunehmenden Landwind in eine schwierige Lage zu geraten. Er entfernte – da der Delaware überquert war – die um den Korbrand gelegten aufgepumpten Luftschläuche, die bei einer Wasserlandung die Gondel bis zur Rettung schwimmfähig halten sollten. Das Ventil geöffnet, sank der Ballon auf eine kleine Waldlichtung hinab.

Blanchard war das zu beengt, er warf Ballast, stieg, versuchte es ein zweites Mal, doch das angesteuerte Feld schien von Baumstümpfen übersät, so daß die Gefahr einer Verletzung bestand. Erst beim dritten Versuch klappte es: Die Ventilleine in der Hand schwebte er in einem Winkel von 45 Grad nach unten, „wie ein Vogel in vollem Flug." Zweige von Bäumen gaben nach, der Korb setzte auf. Die erste Luftfahrt in Amerika war beendet.

Bis auf das Barometer, das wegen seiner Länge nicht im Kasten unter dem Sitz verstaut werden konnte, blieb alles heil. Blanchard befreite den Hund aus seiner Gefangenschaft, der sofort zu einem brackigen Tümpel lief, hingebungsvoll trank und zu seinem Beschützer zurückkam. Der zählte den Proviant: 6 Pfund Zwieback und zweieinhalb Flaschen Wein, ein tröstlicher Befund angesichts einer völlig unbekannten, menschenleeren Gegend, in der wohl kaum die Hoffnung auf schnelle Hilfe bestand. Den Kompaß in der Hand begann Blanchard zu überlegen, wie er den Ballon gegen Beschädigung schützen könne und in welche Richtung zu marschieren sei, um auf eine Farm zu stoßen. Er schreibt über diesen Moment. „Ich hörte ein Geräusch, das mich über die Nähe eines Menschen unterrichtete. Es war tatsächlich ein Farmer, ein Bewohner der Gegend, der die außergewöhnliche Erscheinung in der Luft gesehen hatte, und zu dem Punkt vorgedrungen war, wo er eine Landung vermutete. Ich erspähte ihn und genoß seine völlige Überraschung, als er durch einen Büschel von Zweigen eine derartig riesige Maschine sah, die auf sich selbst balancierte, und in dem Maß zusammensank, wie der Geist, der sie belebte, entwich. Er schien erschrocken und ich war besorgt, daß er wieder verschwinden würde. Ich ließ ihn meine Stimme hören, lud ihn ein näherzukommen, aber entweder verstand er mich nicht oder ein gewisses Mißtrauen hielt ihn zurück; und zu dem Zeitpunkt konnte ich meinen Ballon nicht verlassen. Ich machte es besser; mich erinnernd, daß der erheiternde Saft der Traube unter der Menschheit immer das glücklichste Zeichen von Freundschaft und Versöhnung war, zeigte ich eine Weinflasche. So viel Eifer von meiner Seite beseelte ihn mit Vertrauen; er kam näher, ich lud ihn zum Trinken ein, er wollte es nicht wagen, so daß ich zuerst trank und er folgte meinem Beispiel. Nachdem wir vertrauter miteinander waren, half er mir bei meinen Tätigkeiten, als ein anderer Farmer, mit einem Gewehr bewaffnet, zu dem Platz kam. Niemals sah ich den Ausdruck von Erstaunen so treffend, wie in den Gesichtszügen dieses Mannes: er ließ sein Gewehr fallen und hob die Hände zum Himmel! Wie wünschte ich in der Lage zu sein ihn zu verstehen! Dann kam der erste Farmer unter den Falten des Ballons hervor, wo er gearbeitet hatte; er sprach mit dem Neuankömmling, und überredete ihn mit Vertrauen näherzukommen. ‚Komm hierher‘, sagte er (wie er mir später erklärte) ‚dies ist ein ehrlicher Mann, der hier gelandet ist, er hat hervorragenden Wein, von dem er mir bereits zu trinken gegeben hat; er hat ein Dokument von unserem Washington, er hat es mir gezeigt; aber weil ich nicht lesen kann, komm her und lies es.‘ Während diese pittoreske Szene ablief, sah ich zwei Frauen und einige Männer zu Pferde ankommen, die sowohl Freude als auch Überraschung ausdrückten, mich inmitten meines kolossalen Apparates zu sehen, welchen ich geschäftig ordnete und zum Zweck einer leichteren Fracht fertig machte. Ich konnte nicht, noch wußte ich auf all die freundlichen Fragen zu antworten, die sie mir stellten. Mein Reisepaß diente mir anstelle eines Dolmetschers. Inmitten eines tiefen Schweigens wurde er mit lauter und hörbarer Stimme vorgelesen. Wie teuer der Name Washington diesem Volk ist! Mit Eifer gaben sie mir alle nur mögliche Hilfe, als Folge seiner Empfehlung!"[14]

Die Männer packten die Hülle in den Korb, und vier von ihnen hoben ihn auf die Schultern und trugen ihn zu einem nicht sehr weit entfernten Haus, das Blanchard nicht bemerkt hatte. Dort wurde ihm ein Pferd angeboten, das jedoch reichlich lebhaft schien, so daß Blanchard es vorzog, von einer ständig wachsenden Gruppe fröhlicher Menschen begleitet, zu Fuß weiterzumarschieren. Sie erreichten eine Farm und machten, mit köstlichen heißen Kartoffeln bewirtet, eine kurze Rast. Hier wurde auch das Protokoll aufgesetzt, in dem es heißt, daß der Ballon um 10 Uhr 56 Minuten nahe Woodbury im Bezirk Deptford, Landkreis Gloucester im Staat New-Jersey, fünfzehn Meilen von Philadelphia niedergekommen sei. Mit eigener Hand bezeugten das: Everard Bolton, Joseph Griffith, Joseph Cheesman, Samuel Taggart, Amos Castell und Zara North.

Die Besitzer der Farm stellten ein weniger temperamentvolles Pferd für Blanchard und einen Wagen für den Ballon zur Verfügung. Mit großem Hallo zog die Karawane los und erreichte nach einigen Meilen eine Taverne, in der erst einmal gespeist wurde. Zur Freude Blanchards erschien dort einer der Verfolger, der ihn gegen sieben Uhr abends in einer Kutsche nach Philadelphia zurückbrachte. Nach einer kurzen Erfrischung in Oellers Hotel eilte Blanchard in das stattliche Haus aus roten Ziegeln in der 190. Highstreet, dem Wohnsitz des Präsidenten der Vereinigten Staaten, um über die verblüffende Wirkung des Passes in den unwegsamen Wäldern um Woodbury Bericht zu erstatten. Washington hörte aufmerksam zu, lobte den Mut des französischen Gastes und nahm die doppelseitige Fahne aus Trikolore und Sternenbanner als Geschenk an. Eine Geste, die Blanchard mit Genugtuung erfüllte, so daß er bemerkt, „dadurch erwarb er sich einen zusätzlichen Anspruch auf meine Dankbarkeit."

Dem Empfang bei George Washington folgte eine würdige Abendeinladung durch den französischen Botschafter. Zu später Stunde kehrte Blanchard mit der stolzen Überzeugung, ein weiteres wichtiges Datum in der Luftfahrtgeschichte gesetzt zu haben, zu seiner wartenden Familie heim, der er verkündete, daß dies nur der Anfang großer und sicher auch finanziell erfolgreicher aerostatischer Taten in der neuen Welt gewesen sei.

Was dann folgte war alles andere als ein Siegeszug. Blanchard blieb etwa ein Jahr in Philadelphia, im Adressbuch selbstbewußt eingetragen als: „Blanchard – der berühmte Aeronaut, 9. N. 8th Street". Doch der Luftfahrer stieg nicht zum Himmel empor. Auf einem Gelände, das ihm Gouverneur Mifflin in der Chestnutstreet zur Verfügung gestellt hatte, brachte er es nur zu ein paar mäßigen Darbietungen. Die geplante 46. Fahrt wurde von Zuschauern vereitelt, die sich den Spaß machten, mit Steinen Löcher in die Hülle zu werfen. Und auch Versuche mit kleinen Ballons, in deren angehängten Körben sich Hunde, Katzen oder Eichhörnchen befanden, die mit dem Fallschirm herabsegelten, wenn eine brennende Lunte die Leine durchtrennte, waren nicht erfolgreicher. Es kamen zwar reichlich Zuschauer, doch die blieben lieber außerhalb der Umzäunung und zeigten zudem wenig Neigung, auch noch für die in einer Rotunde ausgestellten Geräte Eintritt zu bezahlen. Blanchard verlor nach dem geschäftlichen Mißerfolg des Januar-Aufstieges weiteres Geld. Er erprobte eine neue Fülltechnik mit zwölf Metall-Zylindern, um den Ballon einfacher und billiger aufzurüsten, die aber nicht funktionierte. Schließlich erinnerte er sich seiner mechanischen Kutsche, mit der er vor dreizehn Jahren in Versailles die Königin entzückt hatte, und baute „einen wundervollen Wagen, angetrieben von einem Automaten in der Gestalt eines Adlers, der an der Deichsel des Wagens angekettet, durch den Reisenden gesteuert wurde." Dieses Fahrzeug konnte ohne Pferde „reisen so schnell wie die beste Postkutsche, nicht nur auf allen Straßen, sondern gleichfalls jeden Berg besteigen, der für jeden gewöhnlichen Wagen zugänglich ist."[15] Wie immer diese Konstruktion aussah und wie genial oder hochstaplerisch sie gewesen sein mag – auch ihr war kein Glück beschieden. Es gab in Philadelphia zu jener Zeit zu viele andere Attraktionen: Rickett's Zirkus, Peal's Museum, zwei Theater, dazu Bowen's Wachsfigurenkabinett. Einer solchen Konkurrenz, zu der noch eine Schar fahrender Gaukler, Wunderheiler und Erfinder kam, war Blanchard mit seinem umständlichen und teuren Handwerk nicht gewachsen. Er verließ die Stadt 1793, jenem Jahr, in dem Philadelphia von einer verheerenden Gelbfieber- und Pocken-Epidemie heimgesucht wurde, der fünftausend Einwohner zum Opfer fielen.

Für etwa drei Jahre verliert sich seine Spur. Er muß an der Ostküste entlang gezogen sein, bis nach Charleston im Süden und Boston im Norden, um den Lebensunterhalt für seine große Familie durch Ausstellung des mit normaler Luft aufgepumpten Ballons zu verdienen, immer in der Hoffnung auf Gönner und Interessenten, die bereit gewesen wären, Geld für das kostbare Wasserstoffgas aufzubringen. Aber unter den erdzugewandten, ihren Alltagsgeschäften und Sorgen hingegebenen Amerikanern fand sich niemand, der eine derart überflüssige, luftige Sache finanzierte. Trotz aller Bemühungen sank Blanchard zu einem der vielen Schausteller herab, die über Land zogen und sich mit Taten oder Titeln aus der alten Welt anpriesen, die in diesem Land niemanden beeindruckten.

Im Frühsommer 1796 tauchte Blanchard – offenbar nach einem Wiedersehen mit Jeffries in Boston und vielleicht auf dessen Rat – in New York auf und schien, in der vergleichsweise großen Stadt endlich etwas Aufwind für seine Künste zu bekommen. Im „The Diary" vom 24. Juni 1796 richtete Gardiner Baker, der Eigentümer des Tammany Museums, einer Art Zoo, einen Aufruf an die Einwohner der Stadt: „Freunde und Mitbürger! Mr. Blanchard, der berühmte und gefeierte Aeronaut, der jetzt in dieser Stadt ist, hat mir sehr freundlich den Vorzug gegeben (verschiedenen Bewerbungen die gemacht wurden widerstehend, eine von ihnen war von einer Dame), ihn auf seiner 46. Reise zu begleiten. Ich nehme diese Einladung mit Freude an und werde stolz sein, dem Verzeichnis der Luftabenteurer einen amerikanischen Bürger hinzuzufügen, weil es mir die Gelegenheit bietet, meine Landsleute mit einem Bericht über unsere Reise zu erfreuen, und über die Entdeckungen, die wir glücklich machen werden." Dieser Ankündigung folgte der Hinweis, als Aufstiegsort sei ein Grundstück in der Nähe des Broadway, nahe Alderman Bayards, vorgesehen, das Oberst Walker gehörte. Der Aufwand scheint beträchtlich gewesen zu sein, für 6000 Zuschauer sollten ansteigende Tribünenplätze gebaut werden, pro Platz 1 Dollar. Zum Schluß dieses Aufrufs kündigt Baker an, daß er und Blanchard während der nächsten beiden Wochen „glücklich sein würden, mit jedem Gentlemen Verbindung aufzunehmen, hinsichtlich irgendeines wissenschaftlichen Experiments oder meteorologischer Beobachtungen, die während der Reise gemacht werden können."[16] Dann erschienen fast täglich Anzeigen mit der Ankündigung des Fluges und der Aufforderung, sich für den Kartenkauf einzuschreiben. Gleichzeitig besichtigten die New Yorker, nachmittags zwischen vier und sechs Uhr, den in einem größeren, aus Holz erbauten Gebäude unter der Decke aufgehängten und mit „atmosphärischer Luft" gefüllten Ballon. Alles entwickelte sich zufriedenstellend, so daß Blanchard Hoffnung schöpfte, den Tiefpunkt von Entbehrung und Demütigung überwunden zu haben. Da geschah es. Ohne Vorwarnung jagte am 14. September, einem Mittwoch, ein Tornado von See kommend heran, kenterte Schiffe und verwüstete die Hafenmolen. Es ging so schnell, daß niemand die Fenster oder Türen des Ballonhauses schließen oder gar versuchen konnte, sich in Sicherheit zu bringen. Die Sturmwalze fegte über den Platz und schlug alles in Stücke. Der Ballon, erst vor zwei Tagen mit dem Netz bedeckt, zerplatzte, von den herabfallenden Balken des Daches aufgerissen, mit ohrenbetäubendem Knall. Die Szene muß gespenstisch gewesen sein: Trümmer, in wenigen Sekunden im Umkreis von mehreren Dutzend Metern verstreut, zwischen den Brettern und den Fetzen der Hülle, im Jaulen des Windes und niederprasselndem Regen viele der Besucher eingeklemmt, verletzt, ohnmächtig. Unter ihnen Blanchards vierzehnjähriger Sohn, schwerverwundet.

Am nächsten Morgen bot sich ein erschreckendes Bild der Verwüstung. Von den Luftfahrtgeräten waren unter den Bretterhaufen nur noch unbrauchbare Stücke zu finden. Die Gondel, die in der Mitte des Gebäudes gestanden hatte, fand man in zwanzig Metern Entfernung. Mit dem Zusammenbruch des Ballonhauses war Blanchards Existenz zerstört. Und es spricht für die Kraft dieses Mannes, daß er, inmitten seiner ruinierten Apparate, ohne Geld, der Sohn noch immer dem Tode nahe, bereits sieben Tage nach dem Unglück einen neuen Plan hatte und um Hilfe bat. 3000 Dollar für den Anfang, das würde reichen. Zusammen mit Baker wollte er diesmal fünf kleine Ballone von „befriedigendem Rauminhalt" bauen, um zu zweit, mit einigen Tieren, die an Fallschirmen herabfallen sollten, zu starten. Denn das Grundkapital hatte der Sturm nicht vernichten können: die bereits eingekauften 3000 Pfund Eisenfeilspäne. „Sein Ziel beim Aufstieg mit fünf Ballonen", warb Gardiner Baker in „The Diary", „ist es, die Abonnenten für ihr Unglück und ihre Enttäuschung zu entschädigen. Große Neuheit, Schönheit und Eleganz wird den Zuschauern dieser Form des Aufsteigens geboten."[17] Die Konstruktion des neuartigen Ballonbündels stellte sich Blanchard so vor: vier kleinere Kugeln werden mit Leinen an einem großen, im Zentrum angeordneten Ballon festgebunden, an dem der Korb hängt.

Sollte das Geld innerhalb von zwei Wochen zusammenkommen, versprach Blanchard, noch vor dem 1. November aufzusteigen, zu einem Zeitpunkt, so versicherte er mit Hinweis auf die Kanalüberquerung und den Flug über Philadelphia, der von der Jahreszeit her immer noch günstig sei. Und Baker appellierte noch einmal öffentlich – dabei sicher auch an die eigenen Ziele denkend – an seine Mitbürger: „Da gibt es nur einen Weg, der uns zufriedenstellen kann: die vollständige Ausführung des ursprünglichen Vorhabens, um unseren gepeinigten Freund Blanchard und seine Familie zu unterstützen, die aus sieben Personen besteht, drei von ihnen kleine Kinder, und sie vor dem Schicksal harter Armut und Not zu bewahren."[18]

Einige Tage später starb Blanchards einziger Sohn an seinen Verletzungen; niemand hatte ihm helfen können. „Wenn ich nicht einen anständigen Mitmenschen gefunden hätte", schreibt der mittellose, verzweifelte Vater, „der mir zehn Dollar gab, ich hätte die Ausgaben für das Begräbnis meines unglücklichen Sohnes nicht entrichten können."[19] Zwei Monate nach diesem Schicksalsschlag hatte sich Blanchard auch noch mit Gardiner Baker zerstritten, den er für das Unglück verantwortlich machte. Bakers Eigenmächtigkeiten und Fehler, so klagt er, die Weigerung, Abmachungen zu erfüllen, hätten ihm „halb das Herz gebrochen." Auch Jeffries muß ihn in New York im Stich gelassen haben, Blanchard bezichtigt ihn der Undankbarkeit und des unmenschlichen Verhaltens, aber der Wahrheitsgehalt dieser Vorwürfe ist nicht mehr zu überprüfen.

Blanchards fünfjähriger Aufenthalt in Amerika endete in Streit, Bitterkeit und Trauer. Es waren, bis auf den Glanz der ersten Monate in Philadelphia, unglückliche Jahre, und der Tod des Sohnes, den er als Nachfolger gesehen hatte, überschattete selbst die wenigen guten Tage in der neuen Welt. Nur mit Mühe gelang es, Geld für die Schiffspassagen aufzutreiben. Ohne aeronautische Ausrüstung reiste Blanchard nach Europa zurück, in der Hoffnung auf einen neuen Anfang.

Der Zeitpunkt für eine Heimkehr schien günstig. Drei Jahre zuvor hatte die Schreckensherrschaft der Revolution mit dem Sturz und der Hinrichtung Robespierres ein Ende gefunden.

Die Mehrheit des Volkes war des Terrors überdrüssig, man ließ die Jakobinermützen verschwinden und redete sich wieder gesittet mit Madame und Monsieur an. Die Republik zeigte Neigung zur Verbürgerlichung. Als Blanchard mit seiner Familie schließlich in Frankreich ankam, beherrschte eine Gruppe von fünf Männern die Geschicke des Landes, das sogenannte Direktorium. Trotz Spannungen im Innern – es gab Komplotte und Staatsstreichversuche – und militärischer Expansion nach außen – ein General Bonaparte hatte Oberitalien erobert und schickte sich an, die Engländer in Ägypten zu schlagen – war es eine Zeit der Hoffnung auf eine bessere Zukunft. Kaum jemand litt Hunger, neuer Reichtum brachte Lebensfreude und Luxus, Paris begann, auch in der Mode wieder den Ton anzugeben.

Blanchard, jetzt 45 Jahre alt, glaubte zuversichtlich, daß es gelingen würde, die große Erfolgsserie von einst fortzusetzen. Er schaffte es, wieder einen Ballon zu besitzen und startete am 12. August 1798 in Rouen und am 19. September in Paris. Aber auch die aeronautischen Zeiten hatten sich während des langen Amerika-Aufenthaltes geändert. An die Stelle des verblaßten Namens Blanchard war inzwischen ein neuer getreten, der in frischem Ruhm erstrahlte: André-Jacques Garnerin. Dieser junge Mann, ein Physikstudent bei César Charles, hatte allein im letzten Jahr das Pariser Publikum mit zehn Ballonflügen unterhalten und dazu eine tollkühne Tat vollbracht, die einen bedeutsamen Entwicklungsschritt in der Luftfahrtgeschichte markierte: Er war am 22. Oktober 1797 als erster Mensch mit einem Fallschirm, in einem kleinen, runden Korb stehend, vom Ballon in die Tiefe gefallen und nach einer Minute heil auf dem Erdboden angekommen. Dieses Ereignis beobachtete für die „Akademie der Wissenschaften" der Astronom Joseph Jérôme Lalande, derselbe Wissenschaftler, der noch vor 15 Jahren so energisch verkündet hatte: „Es ist mit mathematischer Schärfe bewiesen, daß es dem Menschen ganz unmöglich ist, sich in die Lüfte zu erheben."[20] Inzwischen war aus ihm ein wahrer Luftfahrtenthusiast geworden, der Garnerins Sprung mit Anteilnahme beschrieb: „Am ersten Brumaire des Jahres VI um 5 Uhr nachmittags stieg der Bürger Garnerin mit seinem Ballon im Garten von Monceau auf. Ernstes Schweigen herrschte unter den Versammelten. Auf allen Gesichtern malten sich Neugier und Unruhe. Als er eine Höhe von tausend Metern erreicht hatte, schnitt er das Seil durch, das seinen

Fallschirm mit der Gondel des Ballons verband. Der Schirm, unter dem Garnerin hing, fiel. Er fiel sehr geschwind. Dabei schwankte er so stark, daß sich den Zuschauern Schreie des Entsetzens entrangen und zartnervige Frauen ohnmächtig wurden. Indessen landete Garnerin auf der Ebene von Monceau. Er stieg sogleich zu Pferd und ritt, von vielen Menschen begleitet, in den Park zurück. Jedermann pries das Talent und bewunderte den Mut des jungen Luftschiffers."[21]

André Jacques Garnerin –
der erste Mensch am Fallschirm
Paris 22. Oktober 1797

Vielleicht hat Blanchard Lalandes Text gekannt, sicher erzählten ihm Augenzeugen Einzelheiten dieser Sensation, und gerade für ihn muß das eine besonders bittere Neuigkeit gewesen sein, denn er hatte immer behauptet, der Erfinder des Fallschirmes zu sein, obwohl zumindest in Frankreich jeder Gebildete wußte, daß 1783 Sebástien Lenormand zum ersten Mal mit einem Schirm vom großen Turm des Observatoriums in Montpellier gesprungen war. Aber Blanchard führte als erster die Idee durch, Tiere am Fallschirm von Ballonen herunterschweben zu lassen. Dutzende von Hunden und Katzen, dazu Eichhörnchen, Schafe und Meerschweinchen hatte er vom Ballonkorb losgeschnitten und in pendelndem, kreisenden Fall in die Tiefe sinken lassen, und dabei überlegt, ob nicht auch ein Mensch, so wie die meisten Tiere, unversehrt zu Boden kommen könnte. Doch der Mut zum letzten Schritt, sich dieser Konstruktion sogar selbst anzuvertrauen und vom Gondelrand ins scheinbare Nichts zu springen, der hatte ihm gefehlt.

Garnerin entzückte die Pariser jedoch nicht nur durch seine unvergleichliche Tapferkeit, sondern auch durch keckes Auftreten und Witz. Im Frühjahr 1798 kamen ihm die Ordnungskräfte mit einer Verfügung in die Quere: „Die Polizei hat dem Bürger Garnerin die Luftreise mit einem Frauenzimmer verboten, weil er nicht erweisen könne, daß diese Gesellschaft etwas zur Vervollkommnung der Kunst beitragen würde, weil die Luftfahrt von zwei Personen verschiedenerlei Geschlechts unanständig und unmoralisch und weil es nicht ausgemacht sei, ob nicht der Druck der Luft den zarten Organen eines jungen Mädchens gefährlich werden könnte."[22] Auf eine derartige Prüderie und Engstirnigkeit reagierte Garnerin auf originelle Weise. Mitte Juli ließ er zur Erheiterung der Pariser demonstrativ die aerostatische Figur einer nackten Venus aufsteigen, mit dem Erfolg, daß dieses lächerliche Verbot wieder aufgehoben wurde.

Während Blanchard den Neubeginn seiner Laufbahn als Aeronaut versuchte, wurden die Massen immer mehr von den aufsehenerregenden Fallschirmexperimenten angezogen. Garnerin wiederholte seinen Sprung in den nächsten Monaten zweimal, von Lalande mit dem guten Rat unterstützt, am obersten Punkt des Schirmes eine Öffnung anzubringen, durch die Luft hindurchströmen konnte, um so das gefahrvolle Pendeln des Ge-

Das fliegende Pferd –
Téstu-Brissys dreimalige Vorführung im Oktober 1798

rätes zu vermindern. Doch auch diese Attraktion schien im
Herbst 1798 übertroffen zu werden. Der Luftschiffer Pièrre
Téstu-Brissy, der 1786 zum ersten Mal vom Jardin du Luxembourg aufgestiegen war und nach zwei Zwischenlandungen die
erste fast achtstündige Nachtfahrt machte, hatte sich eine
aberwitzige Steigerung des Kitzels und der Schaulust ausgedacht. Er konstruierte eine waagerecht angeordnete, zylindri-
sche Ballonhülle, an der eine dekorativ verzierte Plattform mit
umlaufendem Geländer hängen sollte, und versprach, sich mit
einem lebenden Pferd, selbst im Sattel sitzend, in die Luft zu
erheben. Nach einigen Verzögerungen war es am 16. Oktober
soweit. Vor der Kulisse seines Schlosses „Bellevue" stand die
merkwürdige Maschine, auf der Plattform ein Pferd von offenbar besonderer Unempfindlichkeit. Téstu-Brissy, nach neuester
Mode elegant gekleidet, stieg vorsichtig in den Sattel und gab
das Zeichen. Mensch und Pferd erhoben sich vom Boden, aber
„da der Ballon nicht bis zu einer genügenden Ausdehnung gefüllt werden konnte, war er nicht in der Lage, vom rechten
Flügel des Schlosses freizukommen; er wurde gegen einen

Schornsteinaufsatz gedrückt, der ein Loch in die Hülle riß, und folglich begann Gas zu entweichen. Der Aeronaut, ruhig und unerschrocken, warf ein Seil aus, mit dessen Hilfe er sicher zu Boden kam. Während dieser gefährlichen Augenblicke des Manövers bewegte sich das Pferd nicht. Bürger Brissy wünschte, nach der Reparatur des Risses noch einmal aufzusteigen, aber die Zuschauer fanden keinen Gefallen an diesem Plan."[23] Doch bereits sechs Tage später saß Brissy wieder auf dem Pferderükken und schwebte diesmal sicher über den Dachfirsten seines Hauses. Und eine Woche danach wiederholte er den bemerkenswerten Dressurakt – oder auch die Tierquälerei, denn dem armen Pferd trat schon in geringer Höhe Blut aus den Nüstern.

Garnerin fiel vom Himmel, Téstu-Brissy stieg mit einem Gaul zu den Wolken auf – Blanchard muß erkannt haben, daß jetzt eine neue Generation die Szene beherrschte, mit der er nicht mehr mithalten konnte. Trotzdem machte er weiter, reiste nach Marseille, Montpellier, Bordeaux und Antwerpen, zusammen mit seiner jungen zweiten Frau, die ihn immer häufiger auch in der Luft begleitete. Einmal noch – 1799 – gelang ein besonderer Flug, zusammen mit Lalande, der seine Freunde, die ihn von diesem Abenteuer abhalten wollten, vor dem Start mit einem fiktiven Dialog in einem Pariser Journal zu beruhigen suchte:

„‚Ihr seht – eure Freunde begeben sich jeden Tag auf das Meer, obwohl ein Schiff den Gefahren aller Elemente ausgesetzt ist – Luft, Erde, Feuer und Wasser. In der Luft habt ihr keins von ihnen zu fürchten.‘
‚Aber Pilâtre kam bei einer Luftreise um.‘
‚Pilâtre war ein Narr – er machte einen extravaganten Versuch, der ihn das Leben kostete, und ich sagte ihm im voraus, was sein Schicksal sein würde.‘
‚Aber‘, fügten sie hinzu, ‚was würdest Du in der Luft tun?‘
Ich schulde ihnen noch eine Antwort: ‚Neugier ist eine Passion, die einer bestimmten Klasse von Menschen zu eigen ist, und ich bin außergewöhnlich neugierig, eine Aussicht zu genießen, die sich von allem, was ich im Lauf meines Lebens haben konnte, unterscheidet. In einer Höhe von 2000 Toisen habe ich Grund anzunehmen, daß die Sterne nicht mehr funkeln, und ich bin sehr begierig, mich von diesem Punkt zu überzeugen. Es ist nur mit Ballons möglich, eine vollständige Theorie der Winde zu erlangen, indem wir ihren verschiedenen Richtungen und Ge-

fahren nachspüren. Dies ist die bedeutendste Anwendung, die mit der vortrefflichen Entdeckung Montgolfiers gemacht werden kann, und es ist Zeit, daß sie angewandt wird.'"[24]

Durch den geplanten Aufstieg mit dem berühmten Lalande hoffte Blanchard, den Anschluß an seine rührigen Konkurrenten zu schaffen, und um die Wirkung zu steigern, verwirklichte er jetzt die in New York gescheiterte Absicht, fünf kleinere Ballone zusammenzukoppeln. Sie starteten mit den fünf Kugeln über ihren Köpfen am 26. Juli im Pariser Tivoli, kamen im Parc de St. Cloud nieder und behaupteten anschließend, eine Höhe von 32 000 Fuß – das wären fast 10 000 Meter – erreicht zu haben, eine Angabe, die von vielen sicher nicht zu Unrecht angezweifelt wurde.

Die etwa zwanzig Aufstiege Blanchards in den letzten zehn Jahren seines Lebens sind kaum erwähnenswert. Er wechselte zwar noch einmal den Titel, nachdem er „Pensionär des Königs und der Republik" gewesen war, und nannte sich „Pensionär des Kaisers", aber das napoleonische Frankreich setzte ihm keine Lorbeerkränze mehr auf das Aeronautenhaupt. Seine Luftreisen, ohnehin alltäglich geworden und der Sensation von Neuheit und Risiko weitgehend entkleidet, fanden in mittleren und kleinen Orten Frankreichs statt, während der gefeierte Fallschirmspringer Garnerin in den Hauptstädten Europas gastierte. Häufig war Blanchard so verbittert über das mangelnde Interesse und den Geiz des Publikums, daß er endgültig Schluß machen wollte, wie in Nantes, wo er mitteilte: „Ich beende deshalb hier meine Aufstiege und meine Luftflotte steht zum Verkauf." Doch dann reiste er weiter, mit wechselndem Erfolg und fast immer am Rand des Ruins, bis er schließlich im Februar 1808 in Den Haag – aus Kostengründen in einem Heißluftballon – bei der 66. Fahrt schwer verunglückte. Unmittelbar nach dem Start, erst etwa 20 Meter über dem Erdboden, erlitt er einen Schlaganfall. Bewegungsunfähig, nicht in der Lage, das Feuer zu schüren, mußte er hilflos erleben, wie der Ballon hart zu Boden krachte. Aber nicht der glimpflich verlaufene Absturz war die Ursache eines einjährigen Siechtums, sondern die erlittene Lähmung. Mit 56 Jahren starb Blanchard am 7. März 1809 völlig verarmt in Paris – und er soll in den letzten Stunden seines Lebens mit einem Anflug von Galgenhumor seiner Frau Madeleine Sophie gesagt haben: „Nach meinem Tode wirst du keine andere Wahl haben, meine liebe Freundin, als dich zu ertränken oder dich aufzuhängen."[25] Sie tat glücklicherweise weder das eine noch das andere, sondern kletterte allein in den Ballonkorb, um sich durch gewagte Auffahrten den Lebensunterhalt zu verdienen.

Mit Jean-Pièrre Blanchard trat der erste und wohl perfekteste Schausteller der Lüfte nach 25 Jahren von der schillernden Bühne der Aeronautik ab. Seine zahlreichen Kritiker kreideten ihm an, daß er zur Entwicklung des Ballons nichts beigetragen, daß er weder meteorologische noch andere wissenschaftliche Entdeckungen gemacht habe. Sie hielten ihn für einen aufgeblasenen, skrupellosen Ausbeuter menschlicher Schaulust, geldgierig, eitel und egoistisch. „Sein Ruf wäre weniger verdunkelt, wenn er nicht immer vorgespiegelt hätte, daß er sein Fahrzeug lenken könne",[26] schrieb einer seiner zeitgenössischen Gegner und trifft den Kern. Denn die „Steuerung" zieht sich wie ein roter Faden durch die Fahrtberichte der ersten zehn Jahre, als eine Art Besessenheit und Rechtfertigung seiner Berufsluftschiffer-Existenz. Es ist jedoch schwer abzuschätzen, wann Blanchard endgültig die Erkenntnis der Nichtsteuerbarkeit des Ballons kam. Zu Beginn seiner Laufbahn glaubte er sicher fest daran, durch technisches Geschick das schwierige Problem als erster zu lösen, und er hatte wohl auch bei einigen Fahrten das subjektive Gefühl, mit Hilfe seines Flügelschlagens das Steigen und die Richtung zu beeinflussen. Aber schon bei der Fahrt über den Kanal, als der Ruder- und Steuerapparat im Augenblick der Gefahr über Bord ging, muß er geahnt oder schon gewußt haben, wie vergeblich diese Anstrengungen bleiben mußten. Doch aus geschäftlichen Gründen, um die Neugier der Massen zu stimulieren, war die Fiktion des Forschens aufrechtzuerhalten, blieb er Gefangener der eigenen Lüge – in diesem Punkt fast eine tragische Figur.

Blanchard war ein Mann des Dritten Standes „ohne glänzende Geburt oder Erziehung",[27] der nichts besaß außer Ehrgeiz, Abenteuerlust und bemerkenswertem Mut und Zähigkeit. Kaum ein Mensch ist je so ekstatisch bejubelt und vergöttert worden, kaum einer gleichzeitig so beschimpft und verachtet. Ihm gebührt der Ruhm, die Erfindung der Montgolfiers und César Charles' zu den Menschen beider Welten – der alten und auch der neuen – gebracht zu haben, als ein Vorbote des technischen Zeitalters.

Luftfahrt in England –
die Stunde der Ausländer

Neben Blanchard gab es durch den frühen Tod Pilâtre de Roziers keinen anderen Luftfahrer, der eine derart überragende Rolle gespielt hat. Die Aeronautengalerie der Anfangsjahre wäre jedoch ohne zwei Italiener unvollständig: Vincenzo Lunardi und Graf Francesco Zambeccari. Bevor beide im Herbst 1784 im Londoner „Ballon-Club" mit Blanchard und Pilâtre de Rozier zusammentrafen, hatte Graf Zambeccari bereits ein Jahr zuvor den ersten mit „brennbarer Luft" gefüllten Ball aus geölter Seide vom Artillery Ground in London in die Luft befördert. Am 25. November 1783 – neun Tage vor dem Flug von Charles und Robert in Paris – erhob sich der prachtvoll vergoldete, etwa drei Meter hohe Ballon „im Beysein vieler tausend Zuschauer"[1] und kam in Sussex, 48 Meilen von London entfernt, wieder zu Boden. Für das Vereinigte Königreich war das, fünf Monate nach dem Montgolfier-Ballon von Annonay, der Eintritt ins aerostatische Zeitalter – bezeichnenderweise von einem Ausländer bewerkstelligt. „Dieses rührt vielleicht daher", stellt Tiberius Cavallo fest, „weil man überzeugt war, daß dieses neue Feld von Versuchen in Frankreich von Händen bearbeitet würde, die im Stande wären, es zu verbessern, und daß es folglich unnütz sey Zeit und Mühe zu verlieren und Kosten auf Experimente zu wenden, die schon anderwärts von Fremden angestellt würden."[2]

Geschäftssinn, eine gewisse Trägheit, aber auch tiefes Mißtrauen gegen alles, was über den Kanal kam, ließ die Engländer kritische Distanz zu der neuen Errungenschaft bewahren. Und so hatte Graf Zambeccari wenig Glück, als er versuchte, die Londoner zur Subskription für einen großen Ballon zu überreden, mit dem er sich als erster über die Kuppel der St. Pauls Kathedrale erheben wollte. Zu diesem Zeitpunkt wäre er wohl der einzige gewesen, dem ein solches Unternehmen hätte gelingen können. Denn Zambeccari besaß einige Fähigkeiten: Energie, Abenteuerlust und eine gute Ausbildung. Er wurde am 14. November 1752 in Bologna geboren und auf dem Gymnasium in Parma erzogen. Sein Vater, der Graf Giovanni, verfügte als Beauftragter des spanischen Hofes in Bologna über derart vorzügliche Beziehungen zu Madrid, daß er den jungen Mann in der Leibgarde des Königs von Spanien, Karl III., unterbringen konnte. Doch dem unruhigen, tatendurstigen Francesco mißfielen die Gleichförmigkeit des zeremoniellen Dienstes und die ständigen Gelage. Er meldete sich zum aktiven Dienst in der Marine und wurde vom König – zum Ärger der hohen Militärs und Kameraden – sofort zum Fregattenleutnant befördert. Eine Entscheidung, die Zambeccari durch bei-

London, Artillery Ground, am 25. November 1783:
der Luftball des Grafen Zambeccari als erstes
Flugobjekt am britischen Himmel

spielhaften Mut und Geschicklichkeit rechtfertigte. Er kämpfte an der Küste vor Oran gegen die Mauren, schützte als Kommandant einer Fregatte fünf Jahre lang die spanischen Besitzungen in der neuen Welt und mußte im nordamerikanischen Bürgerkrieg gemeinsam mit den Franzosen gegen England segeln. 1782 ankerte sein Schiff in Havanna. Bei einem abendlichen Bankett an Bord gab Zambeccari der Neigung zu zügellosen Wortgefechten nach. Er sagte, was er dachte, und legte sich derart mit dem Beichtvater an, daß dieser ihn vor dem Inquisitionsgericht der Gotteslästerung anklagte. Rechtzeitig gewarnt, flüchtete Zambeccari nach Frankreich, von seinem Vater als Ungläubiger, als Deserteur und Verräter des Königs verflucht. In Paris sah der mittellose dreißigjährige Seeoffizier im Herbst 1783 den Ballon von Versailles und war für die neue Entdeckung gewonnen, eine Begeisterung, die sich bis zur Besessenheit steigern sollte und sein künftiges Leben bestimmte. Zambeccari lernte Etienne Montgolfier kennen und verschaffte sich die Veröffentlichungen von Cavendish und Priestley. Aber der Arm des spanischen Königs reichte bis nach Paris, und sein Botschafter, der Graf d'Aranda, erhielt Weisung, in Versailles scharfes Durchgreifen gegen den Deserteur zu verlangen. Über Nacht mußte Zambeccari fliehen, diesmal nach London. Als er dort, trotz seines aerostatischen Erfolges vom 25. November, keine Möglichkeit mehr sah, das Ziel vom Fliegen zu verwirklichen, verließ er die Insel mit unbekanntem Ziel.

Graf Francesco Zambeccari –
Seeoffizier und Luftschiffer

Das wurde die Stunde seines Landsmannes Vincenzo Lunardi, des Ersten Sekretärs der neapolitanischen Botschaft. Zusammen mit Prinz Caraminico, dem Gesandten am Hofe von St. James, war Lunardi als Zweiundzwanzigjähriger nach London gekommen. Am 11. Januar 1759 in Lucca geboren und eher von etwas dunkler Herkunft, bezauberte er vor allem die Damen der Londoner Gesellschaft. Lunardi sah vorzüglich aus, hatte temperamentvollen Charme und entsprach völlig dem Bild des dunkelgelockten Südländers. Nachdem er im November Zeuge des Experimentes von Zambeccari wurde, schloß er sich ihm an und geriet sofort in den Bann der Aeronautik. Und als der Graf aus London verschwand, übernahm Lunardi die

Idee der Subskription und verhieß der Metropole des britischen Reiches den ersten Aufstieg eines Menschen. Der Botschaftssekretär hatte mehr Erfolg als der Aristokrat; durch seine besseren Beziehungen fand er Unterstützung in höchsten Kreisen. Richtig ins Rollen kam die Sache aber erst, als der Präsident der Royal Society, Sir Joseph Banks, sich in die Liste eintrug und eine beträchtliche Summe spendete. Das Beispiel dieses renommierten Botanikers, der James Cook auf seiner Weltumsegelung begleitet hatte, veranlaßte nun auch andere, ihre Zurückhaltung oder Ablehnung aufzugeben.

Anfang August 1784 war der aus blauen und roten Seidenstreifen zusammengesetzte Ballon mit einem Durchmesser von 11 Metern fertig und konnte, von einem Blasebalg aufgepumpt, im Lyceum besichtigt werden. Bemerkenswert waren vor allem zwei gleichgroße Flügel- und Ruderpaare, die wie Tennisschläger aussahen und deren mit Seide bespannte Klappen sich beim Auf- und Abschlagen öffneten und schlossen. „Denn ich habe den Ehrgeiz der erste zu sein", kommentierte Lunardi diese Mechanik, „nicht nur die englische Atmosphäre aufzusuchen, sondern um die Ausführbarkeit zu erkunden, den Ballon stillstehen oder nach Belieben mittels der vertikal eingesetzten Ruder sinken zu lassen und damit den Gebrauch und die Notwendigkeit von Ventilen überflüssig zu machen. In diesem einen Umstand beabsichtige

Vincenzo Lunardi – italienischer Botschaftssekretär und Berufsluftschiffer

ich eigenständig von der glänzenden und erfolgreichen Spur der französischen Wissenschaftler abzuweichen."[3] Daß der Ballon ein halbes Jahr nach der Erfindung durch Professor Charles kein Ventil besaß, erschien einigen „Kennern" bedenklich, doch niemand behinderte den Ablauf der Premierenvorbereitungen.

Aus heiterem Himmel kam es für Lunardi zu einer ärgerlichen Situation: Ein Franzose namens Moret tauchte auf, der „möglicherweise bei einigen Proben einen Ballon nach Montgolfier-Art aufsteigen zu lassen geholfen haben mag",[4] und forderte ihn zu einem – wie Lunardi meinte – „lächerlichen Rennen" heraus. Der andere schien zu gewinnen, denn er konnte mit einer Montgolfière schneller sein, und schritt bereits am 11. August zur Tat. Was für Lunardi die Stunde der Niederlage werden sollte, geriet zum Desaster für den Franzosen: Die Ballonhülle fiel ins Feuer und verbrannte vor den Augen des Publikums, das sich jedoch schnell von seiner Enttäuschung erholte und alles kurz und klein schlug. Der Mob machte „alle Umzäunungen des Platzes und in der Nachbarschaft dem Boden gleich und verbreitete Zerstörung und Terror im gesamten Viertel.“[5] Kein Wunder, daß dem ehrenwerten Direktorium des berühmten Chelsea Hospitals Zweifel kamen, ob sie die ihnen anvertrauten pensionierten alten Soldaten derartigen Gefahren aussetzen sollten, und so teilten sie Lunardi mit, der auf ihrem Gelände geplante Aufstieg käme wegen der zu befürchtenden Wiederholung des Aufruhrs nicht mehr in Frage. Eine niederschmetternde Entscheidung, die ihn zahllosen Geldgebern gegenüber in eine mißliche Lage brachte. Verzweifelt schrieb Lunardi am 18. August an einen „verehrten Freund“: „Ich bin nun in die äußerste Tiefe der Not gesunken. Obwohl mir gesagt werden mag, daß kein Ruf zu verlieren ist in einem Königreich, in dem ich kaum bekannt bin, erfahre ich jetzt bitterste Demütigung, indem ich meine Hoffnung zerstört sehe.“[6] Aber schon einige Tage später hellte sich die Szene etwas auf. „Ich habe noch Hoffnung, denn was Wissenschaftler nicht zu versuchen wagen, erreichen die Damen leicht. Sie können das ungeschlachte Monster öffentliches Vorurteil durch Lächeln zur Einwilligung bewegen; und sie steuern die Meinungen und Manieren einer Nation zur Zufriedenheit.“[7] Seine Beliebtheit bei den Damen rettete ihn tatsächlich. Der Gouverneur ließ sich umstimmen und erteilte Lunardi die Erlaubnis, vom Artillery Ground in Moorfields aufzusteigen, allerdings nur unter der etwas merkwürdigen Bedingung, vorher hundert Guineen in einen Fond einzuzahlen, den barmherzige Mitbürger zu Gunsten der beiden Kinder des kürzlich bei einem Unfall getöteten Sir Barnard Turner eingerichtet hatten.

Auch wenn die Bahn nun frei schien, noch war nicht aller Widerstand gebrochen, es meldeten sich Stimmen, die heftig beklagten, daß ausgerechnet ein Ausländer den Vorzug der ersten Luftfahrt in England genießen sollte. Und am 2. September 1784 stand in einer Londoner Zeitung: „Es ist nun fast 12 Monate her, seit Montgolfier zum ersten Mal aufstieg – England jedoch, mit all seiner Gelehrsamkeit, Erfindungsgabe und Förderung der Künste war nicht in der Lage, einen John Bull hervorzubringen, der auf diese Weise in die Luft zu gehen wünschte.“[8] Entweder ignorierten die Hauptstadt-Journalisten den Vorgang, oder es drang keine Information darüber bis in die Redaktionsstuben der Fleetstreet: Fünf Tage zuvor – am 27. August – hatte in Edinburgh ein gewisser James Tytler mit einer merkwürdig aussehenden tonnenförmigen Montgolfière einen kurzen Flug von einer halben Meile in etwa 100 Metern Höhe geschafft. Vielleicht war der schottische Hüpfer in Londoner Augen deshalb nichts wert, jedenfalls vermochte er die Veranstaltung Lunardis nicht zu beeinträchtigen.

Am 15. September 1784 zeigte sich das Wetter von der besten Seite. Ein italienisch blauer Himmel überspannte den Schauplatz in Moorfields, und Lunardi konnte vor einer imposanten Kulisse von dreihunderttausend Zuschauern letzte Hand an den zur Auffahrt bereiten Ballon legen. Mit reichlich gemischten Gefühlen, wie er selbst bekannte, denn jeder wußte, wie schnell bei einem Mißgeschick aus der frohgestimmten Versammlung ein wütender Haufen werden konnte. Unter den Zuschauern befand sich der Prince of Wales, die schöne Herzogin von Devonshire, Charles Fox, der Staatssekretär des Auswärtigen und Führer der Liberalen, und Edmund Burke, ein Mitglied des Geheimen Rates und Kriegszahlmeister. Kurz vor ein Uhr, Lunardi machte gerade sein Testament, stellte man fest, daß sich der Ballon bis zur angegebenen Startzeit nicht zufriedenstellend füllen lassen würde. Nach kurzer Beratung, an der auch der Prince of Wales teilnahm, beschloß man, die Galerie zu verkleinern. Außerdem mußte Lunardi dem Freund und großzügigen Geldgeber George Biggin, der auf eine Mitfahrt hoffte, schweren Herzens eröffnen, daß der Ballon nur einen Menschen tragen könne. Danach gab es keine Zeit zu verlieren. „Ich warf mich in die Galerie, entschlossen, nicht weitere Unfälle zu riskieren, die mich und den Ballon der Wut des Pöbels ausgeliefert hätten, die schon am Punkt des Ausbruchs angekommen war."[9] Der Prince of Wales konnte ihm gerade noch die Hand schütteln, ein Helfer setzte zwei Tiere – Hund und Katze – als Reisebegleiter auf den Gondelboden, und die vereinbarte Kanonensalve war kaum abgefeuert, da löste sich der Apparat schwerfällig vom Boden. „Die Wirkung auf die Menge, welche den Platz umgab, war die eines Wunders", beschreibt Lunardi den Stimmungsumschwung, „Mißtrauen und Bedrohung wechselten in die außergewöhnlichsten Ausdrücke von Beifall und Freude."[10] Mit leichtem Westwind treibend, gewann der Ballon langsam Höhe. Lunardi winkte, schwenkte die Fahne und warf sie schließlich in die Tiefe.

Dann probierte er die Wirkung der Ruder, wobei eins sofort in mehrere Teile brach. Im Bewußtsein, der Gefahr am Boden entronnen zu sein, fühlte er sich jedoch „als hätte ich alle Sorgen und Leidenschaften hinter mir gelassen, die die Menschheit belästigen."[11]

Als der Ballon über dem Buckingham-Palast schwebte, unterbrach Georg III. eine Ministerkonferenz und soll gesagt haben: „Unsere Überlegungen zum anstehenden Thema mögen wir mit Freude wiederaufnehmen, aber möglicherweise sehen wir den armen Lunardi nie wieder."[12] Der König, William Pitt, der Premierminister und Chef der Tory-Partei, und die anderen Herren des Kabinetts traten ans Fenster und beobachteten den Ballon durch eilig herangeschaffte Teleskope, bis er am Horizont verschwand. Lunardi schrieb inzwischen in euphorischer Stimmung einen Brief, der mit den Sätzen endet: „Es ist nun exakt 3 Uhr. Die Luft hat eine Milde und Süße, die ich nie zuvor erlebte, und die Aussicht ist himmlisch. Glückliches England! Ich sehe Gründe, Deine besondere Glückseligkeit zu preisen!"[13] An einen Korkenzieher gebunden, warf er das Schreiben zusammen mit Messern und Gabeln über Bord. Sehr zur Freude der Beobachter auf den Straßen und Feldern, die in ihrer Begeisterung alles in Stücke brachen, um ein Andenken an diesen Tag aufbewahren zu können.

Nach einer kurzen Zwischenlandung, bei der die Katze einer Farmersfrau übergeben wurde, stieg Lunardi erneut auf, zu Pferd von Dr. John Sheldon verfolgt, der auch den Punkt der endgültigen Landung erreichte: Standon in Hertfordshire. Zweieinviertel Stunden dauerte die erste Luftreise in England, und auch die zurückgelegte Stecke von 24 Meilen stellte das „heftige, ungeduldige und grausam tyrannische"[14] Publikum zufrieden.

Das Ereignis schlug einige Wellen. Lunardi und sein Ballon wurden zum zentralen Gesprächsgegenstand der folgenden Wochen. Bei jedem öffentlichen Erscheinen beklatschten vor allem die Damen den „kühnen Flieger", dem zu Ehren sie „Lunardi-Hauben" und sogar, wenn auch unsichtbar, „Lunardi-Strumpfbänder" trugen. Der solcherart umschwärmte Aeronaut wurde bei Hofe vorgestellt und durfte fünf Minuten mit dem König plaudern. Er genoß die Gunst der Gesellschaft des Prinzen von Wales und zeigte bald Anflüge von Hochnäsigkeit, die Cavallo zu der Feststellung veranlaßten, Lunardi sei vom Applaus vergiftet. Vielleicht verständlich, denn der Ballon wurde für einige Wochen in der riesigen Kuppelhalle des Pantheon zusammen mit der Katze und dem Hund ausgestellt, eine Silbermedaille erschien auf dem Markt, die den „König der Lüfte" in apartem Profil zeigte, und in den Clubs und Kaffeehäusern zirkulierten Huldigungsadressen zur gefälligen Unterschrift. Lunardi sonnte sich im Beifall und registrierte befriedigt, wie sich die Luftreise auch geschäftlich zum Erfolg entwickelte, so daß er für das kommende Frühjahr den Plan eines zweiten Fluges ins Auge faßte.

Zu Lunardis Überraschung und nur mühsam unterdrücktem Unmut erschien Graf Zambeccari wieder in London. Diesmal nicht auf Almosen der italienischen Landsleute angewiesen, sondern mit einer stattlichen Geldsumme, die ihm der versöhnte Vater in Bologna überlassen hatte, nicht ohne sich über die unvertretbaren Ausgaben für eine „so leichtsinnige Sache wie die eines Ballons" zu beklagen. Zambeccari sicherte sich die Unterstützung des Botschafters Prinz Caramanico und des angesehenen Gelehrten Tiberio Cavallo und gab Auftrag, in aller Stille einen großen Aerostaten anzufertigen. Gleichzeitig bezichtigte er Lunardi des geistigen Diebstahls und strafte ihn mit Verachtung.

Mitte Dezember war der originellerweise waagerecht gestreifte Ballon zur öffentlichen Ausstellung bereit. Und nun erlebten die Londoner ein besonderes Schauspiel: Auch Lunardis neues Luftgefährt hatte Vorführungsreife erreicht, mit fünftausend Kubikfuß größer als jedes bisher gebaute und mit einer Galerie ausgerüstet, auf der angeblich zehn Personen Platz nehmen sollten. Diesen gewaltigen Apparat, für „Flüge über See oder Land" entworfen, hatte Lunardi äußerst wirkungsvoll mit den Farben der britischen Nationalflagge bemalen lassen, als ein Zeichen der „Achtung und Anhänglichkeit an alles was englisch ist".[15] In den Wintermonaten konnten die Londoner nun zwei prächtig präparierten Luftfahrzeugen ihre Aufwartung machen: Im Lyceum hing Zambeccaris aufgeblasener Ballon an der Decke und Lunardis im vornehmen Pantheon.

Zu Beginn des Jahres 1785 kam es zu einem Wettlauf zwischen den beiden Rivalen. Wer würde der erste am Himmel sein? Zambeccari eröffnete die Partie. Er kündigte die baldige Erhe-

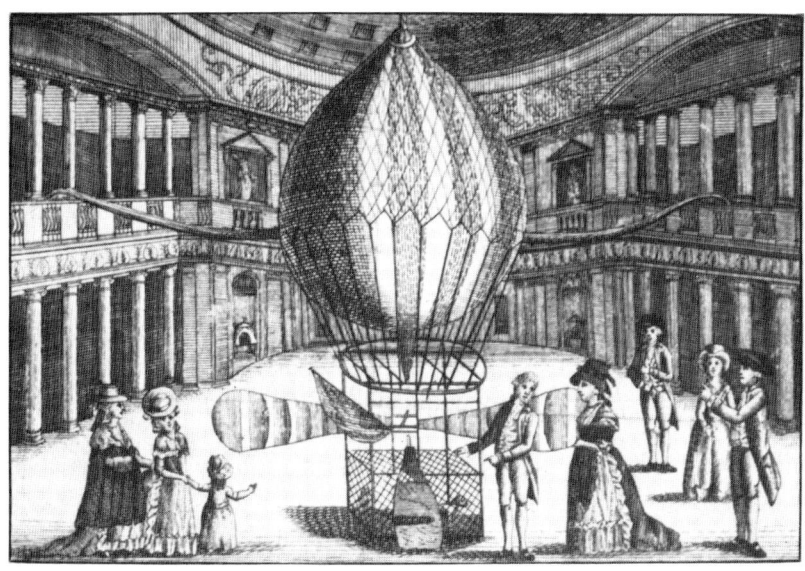

Lunardis Ballon im Londoner Pantheon

bung an und wies darauf hin, daß sie nicht aus Gewinnsucht erfolge, sondern der Vorstellung eines Gerätes diene, welches „eine auffallende Überlegenheit über jede andere Konstruktion dieser Art hat, die je in Grossbritannien gezeigt wurde".[16] Und um das Ganze interessant zu würzen, wurde verbreitet, als Begleiter käme nur ein Herr aus den ersten Kreisen in Frage und möglicherweise, wenn sich ein solch kühnes Geschöpf auftreiben ließe, eine Dame. Während Lunardi im Pantheon Schulklassen, pensionierte Generäle, Parlamentariergruppen und adlige Damenzirkel um den Ballon führte und mit Beredsamkeit die Lockungen und Gefahren der Luft darstellte, handelte Zambeccari kurzentschlossen. Am 23. März 1785, einem unerfreulich windigen, kalten Tag mit Graupelschauern und Regen, wurde sein Ballon im Hof der Tottenham Road gefüllt. Und als schließlich die versprochene hohe Persönlichkeit, Admiral Sir Edward Vernon, eine gewisse Miss Grist und Zambeccari selbst in die Gondel stiegen, mußten sie feststellen, daß die Tragkraft für einen Start zu dritt auf keinen Fall ausreichen würde. Nicht gerade chevaleresk nötigte Zambeccari die Dame mit sanfter Gewalt zum Aussteigen, was offenbar mit Schwierigkeiten verbunden war, weil Miss Grist nur widerstrebend auf die neuartige Erfahrung verzichten wollte. Nach diesem wenig erbaulichen Auftakt verabschiedeten sich die Standesherren hastig und verschwanden zum Schrecken der Zuschauer mit phantastischer Geschwindigkeit in den tiefhängenden Wolken. Keiner der beiden Passagiere sollte an dieser Reise Freude haben. Es war ein Unterschied, ob man einen kleinen, goldbemalten Ball in die Luft fliegen ließ oder selbst reichlich hilflos unter einem erheblich größeren Ungetüm hing, von Nebeln umwallt, ohne Orientierung und mit der späten Erkenntnis, von der Handhabung kaum etwas zu verstehen. Zu allem Übel drehte sich der Ballon fast ständig um die eigene Achse, und mit lautem Knall brachen drei der Leinen, die den Korb hielten. Der Admiral äußerte den nachvollziehbaren Wunsch, etwas tiefer, mehr in Erdnähe zu fahren. Doch sein Luftschiffer konnte dieser Bitte nicht entsprechen. Im überhasteten Aufbruch hatte man nach einer flüchtigen Reparatur die zum Ventil führende Leine nach oben in die Ballonhülle rutschen lassen, und es blieb nichts anderes übrig, als dem Steigen tatenlos zuzusehen. Zambeccari hoffte, daß in größerer Höhe die „inflammable Luft" durch die zunehmende Kälte schneller aus den aufgeschnittenen seidenen Füllschläuchen entweichen und der Ballon dann sinken würde. Um dies zu beschleunigen, ließ er den letzten Sandsack in die Tiefe sausen, sehr zum Unmut Sir Edwards, denn sie stiegen jetzt noch schneller, litten unter beißender Kälte und waren bald eisüberkrustet. Plötzlich stand der Ballon für einen Augenblick still und stürzte dann mit beängstigender Geschwindigkeit durch die Wolkendecke dem Erdboden zu. 35 Meilen von London, in der Nähe von Kingsfield, stießen sie hart auf. Heil und erleichtert konnten Admiral und Graf aus der umgefallenen Gondel kriechen.

Zwanzig Tage später versuchte Lunardi mit dem prachtvoll colorierten Ballon und zwei Passagieren, dem schon einmal vertrösteten „geistreichen Freund" George Biggin und einer Dame, den Rückstand aufzuholen. Aber auch bei ihm klappte die Füllung nur unbefriedigend. Gewichtsproben ergaben, daß allenfalls einer fliegen konnte: Lunardi – die anderen blieben enttäuscht zurück. Die Luftreise verlief glanzlos. Nach nicht einmal dreißig Minuten kam der ausgesprochen schöne Aerostat in der Nähe des Adam und Eve Garden beim Tottenham Court nieder. Die versammelten Ausflügler umringten Lunardi und nahmen schnell drohende Haltung ein, so daß es ihm nur mit einiger Mühe glückte, den bereits erhobenen Fäusten zu entkommen.

Gegen Ende des Monats Juni trat Lunardi erneut in Erscheinung. Endlich sollten Biggin und Mrs. Sage zu der versprochenen Luftreise kommen. Hunderttausend Zuschauer hatten sich in St. Georges Field, einem Vergnügungspark, eingefunden und verfolgten den umständlichen Vorgang des Aufrüstens. Es fehlte sauberes Wasser zur Herstellung des Gases, und als sich um ein Uhr Lunardi, Biggins, Mrs. Sage, Colonel Hastings und

Aufstieg mit Biggin und Mrs. Sage
am 29. Juni 1785 in St. George Fields bei London

eine weitere Dame in die runde, nur aus einem durchsichtigen Geflecht bestehende Gondel stellten, plumpste sie schwer auf den Boden und rührte sich nicht. Einer nach dem anderen mußte unter dem Gejohle der Menge aussteigen, die besonders unruhig und mißtrauisch reagierte, da der tödliche Absturz Roziers am Kanal vor nur vierzehn Tagen wie ein dunkler, bedrohlicher Schatten über der Veranstaltung lag. Erst als sich auch Lunardi entschloß, auf die Teilnahme zu verzichten, um Biggin und Mrs. Sage nicht zu verprellen, rührte sich der mit Leinen gefesselte Korb. Beim Start herrschte nun einige Aufregung, man vergaß die wissenschaftliche Ausrüstung, ja sogar die Ruder und schwebte, bevor es Biggin richtig bemerkte, bereits über Westminster, dann über St. James, Piccadilly und kreuzte die Themse. Das Luftfahrerpaar landete in Sichtweite der berühmten Schule von Harrow. Biggin wollte gerade mit Zustimmung seiner Gefährtin allein weiterfliegen, da erschien ein erzürnter Farmer, durch dessen Kornfeld die Gondel geschleift war, und nur die herbeigerannten Schüler von Harrow bewahrten Besatzung und Ballon vor Beschädigung. Trotzdem stellte Mrs. Sage in einem Brief an eine Freundin fest: „Ich war unendlich mehr erfreut, als bei jedem früheren Ereignis in meinem Leben".[17]

Inzwischen hatte Francesco Zambeccari dem Londoner Publikum, das mit Argwohn beobachtete, wie sich zwei Italiener – der Franzose Blanchard war zwei Wochen zuvor über Nacht verschwunden – im Wettstreit um die „Aeronauten'Krone" gegenseitig überboten, eine zweite Vorführung versprochen. Dieses Mal sollte der Ballon durch eine absolut sichere Methode horizontal zu steuern sein, mit „der wesentlichsten aerostatischen Entdeckung, die bisher gemacht wurde."[18] Über die Mechanik ist nichts überliefert, wohl aber, daß dieser Versuch durch einen Riß im obersten Hüllenteil als Fehlschlag endete und sich die geprellt fühlenden Zuschauer wieder einmal durch Ausschreitungen Luft verschafften. Zambeccari saß nun ein zweites Mal in London fest, finanziell am Ende, isoliert und ohne Hoffnung auf eine neue Luftfahrt, in einem Land, das er nie gemocht hatte. Ohne lange zu überlegen folgte er deshalb einer Einladung nach Rußland. In Petersburg fand er als italienischer Graf und spanischer Marineoffizier schnell Aufnahme in den Kreis der Standesgenossen. Es gelang ihm, Alexandrowitsch Potemkin für sich einzunehmen, der als Günstling und Ratgeber Katharina II. kurz vor der Erhebung zum Fürsten

stand und als Oberbefehlshaber der Armee und Großadmiral
des Schwarzen Meeres über bedeutenden Einfluß verfügte. Potemkin ordnete an, daß der Italiener zum Leutnant der russischen Marine befördert wurde und das Kommando über ein
eigenes Schiff erhielt. Die zweite militärische Karriere des Grafen Zambeccari, der eigentlich nur ein friedlicher Luftfahrer
sein wollte, konnte beginnen.

Zur selben Zeit wich Lunardi dem immer anspruchsvoller und
kritischer werdenden Londoner Publikum durch eine Reise
nach Liverpool aus. Er startete dort zweimal, fuhr weiter nach
Lancaster, besuchte Sadler in Oxford und blieb dann ab September 1785 für ein Jahr in Schottland, von der Bevölkerung
mit offenen Armen aufgenommen, auch wenn der Ballon die
englischen Farben mit dem Löwen- und Einhorn-Wappen

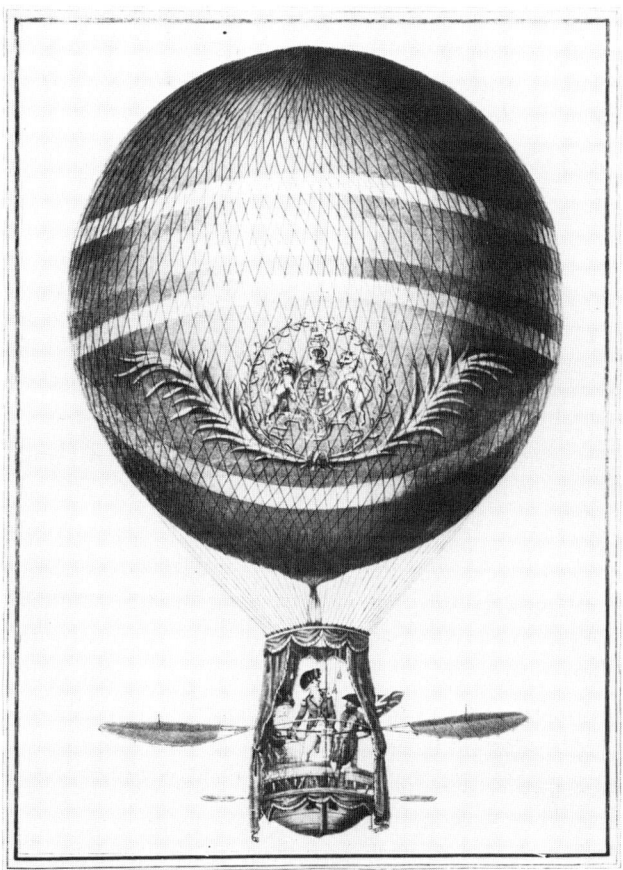

Der festlich geschmückte „britische" Ballon
des Italieners Lunardi – mit Luftrudern und
Steuerflächen

reichlich herausfordernd zur Schau stellte. Bei einem halben Dutzend Fahrten schwebte er in der Uniform der „Scots Royal Archers" über Edinburgh, Kelso, Glasgow und York. Er hatte Schwierigkeiten mit dem Wind und der Füllmaschine, flog zweimal, mit Korkwesten umgürtet, von Edinburgh über den an dieser Stelle fast 30 Kilometer breiten Firth of Forth nach Norden, zur rechten Hand die tödliche Nordsee. Einmal rettete ihn ein Fischerboot, nachdem er zwei Stunden in der untergetauchten Gondel bis zum Hals im Wasser gestanden hatte. Lunardi begeisterte die dankbaren Schotten. Er wurde auf Schultern getragen, und die Pfarrer gaben Weisung, die Glokken zu läuten. Im scharlachroten Phantasiegewand erhob er sich am Tag des Pferderennens vom Kirchhof in Kelso, die Gondel mit einem Baldachin rosafarbener Seide von Mal zu Mal üppiger drapiert. Und auf einem der zahllosen Festbankette toastete der Luft- und Wolkenwanderer sich selbst mit dem Spruch zu: „Lunardi, den die Damen lieben" – für viele ein Akt unerhörter, doch charmant-südländischer Eitelkeit. Nach einer Landung bei Callinage lud man ihn nach St. Andrews ein, dem geweihten Ort des Golfspiels. Lunardi fand Vergnügen an dem fremdartigen Zeitvertreib und genoß die überaus seltene Ehre, Mitglied der exklusiven Vereinigung der „Gentlemen Golfers" zu werden.

Zwölf Monate hatte er, trotz aller Widrigkeiten, einiger heikler Augenblicke und einer harten Landung, bei der die Gondel in zwei Teile brach, in Schottland geradezu unwahrscheinliches Glück. Bis zu jenem 10. September 1786 in Newcastle-on-Tyne. Während des gefahrvollen und schwierigen Füllvorgangs kam es zu einem tragischen Ereignis. Der Ballon war bereits zu gut einem Drittel aufgeblasen, als ein Teil des Gasapparates mit lautem Knall explodierte. Erschrocken ließen die Männer alle Halteleinen los, und der Ball schoß ohne Gondel in die Höhe. Zum Entsetzen der Anwesenden hing ein junger Mann namens Ralph Heron am Ankerseil, das er sich um einen Arm gewickelt hatte. Hilflos schwebte er über der St. Nicholas Kirche, und als sich plötzlich das Seil löste, fiel der Unglückliche wie ein Stein mit solcher Wucht in ein Blumenbeet, daß er bis zu den Knien darin versank. Mit seinen fassungslosen Eltern, Augenzeugen des Sturzes, konnte Heron noch einige Worte sprechen, dann starb er, das erste Opfer der Luftfahrt in Großbritannien. Lunardi war verzweifelt. „Ich habe nie so gelitten, seitdem ich geboren wurde."[19] Obwohl er an diesem Unglück persönlich völlig unschuldig war, schlug die Stimmung gegen ihn in wenigen Stunden um. Aus dem eben noch Bewunderten wurde in den Zeitungen von Newcastle ein „frecher Abenteuerer", der sich mit seiner „närrischen Kuriosität" auf Kosten der arglosen Menge nur auf bequeme Art die Taschen füllen wolle. Lunardi floh vor dem Zorn der Einwohner nach London, aber auch dort gab es jetzt keine Möglichkeit des Neuanfangs mehr. Im August 1787 kehrte er über Paris in seine Heimatstadt Lucca zurück.

Nun war niemand mehr übrig von den einst so gefeierten Ausländer-Aeronauten. Blanchard mußte nach dem Bankrott der „Aerostatischen Akademie" fliehen, Zambeccari nach dem mißglückten Flugversuch – und nun auch noch Lunardi.

Sein ehemaliger Widersacher hatte einen Monat später auf ganz andere Weise Unglück. Gleich zu Beginn des zweiten russischen Krieges gegen die Türken geriet Zambeccari als Befehlshaber der Fregatte „Marie-Magdeleine" mit neun anderen Schiffen des Geschwaders im Bosporus durch einen gewaltigen Sturm in Seenot. Zambeccaris Schiff strandete, und die Überlebenden wurden von den Türken nach Konstantinopel gebracht. In Kriegsgefangenschaft durchlebte der Graf eine entbehrungsreiche Zeit. Zwei Jahre, vom September 1787 bis zum Freikauf durch den Vater im Januar 1790, saß er in überfüllten, finsteren Verliesen und litt unter Hunger und Kälte. Doch der fast Vierzigjährige bestand auch diese Prüfung. Um das eigene Elend zu vergessen, beschäftigte er sich Tag und Nacht mit der Luftfahrt, beherrscht von der Idee, daß der Ballon doch steuerbar sein müsse. Auf kleinen Zetteln, die dem Häftling als Vergünstigung gewährt wurden, zeichnete er Modelle und entwickelte sein System: eine Verbindung von Gasballon und Montgolfière nach dem Muster des am Kanal abgestürzten Apparates von Rozier, gelenkt mit Hilfe von Spiritusflammen, die mit Klappen je nach Bedarf angezündet oder gelöscht werden konnten. Nachdem die Bemühungen des vom Vater eingeschalteten spanischen Gesandten, Graf Bouligni, am Hof Sultan Selim III. endlich durch kräftige Bestechungen zum Erfolg führten und Zambeccari über Genua nach Hause zurückkehren durfte, befand sich im dürftigen Reisegepäck die Frucht zweijährigen Grübelns – ein Manuskript mit dem Titel „Studie über die Theorie und Praxis der Flugmaschinen", das zehn Jahre später in Bologna als Buch erscheinen sollte. Zambeccari hatte beschlossen, künftig nur noch Luftfahrer zu sein.

Don Vicente Lunardi –
der erste Luftfahrer Spaniens

Während Graf Zambeccari in Konstantinopel auf Befreiung aus türkischer Gefangenschaft hoffte, versuchte Lunardi, nach einem kurzen Zwischenspiel in Frankreich, sein Aeronauten-Glück in Italien. In seiner Geburtsstadt Lucca und in Rom schien er 1787 vom Unheil geradezu verfolgt, beide Aufstiege mißlangen, eine tiefe Demütigung für den durch die England-Luftfahrten so berühmten Mann. Mehr Erfolg war ihm erst zwei Jahre später in Neapel beschieden, wo die Vorführung in Gegenwart Ferdinand IV., des Königs beider Sizilien und Sohn Karl III. von Spanien, zur Zufriedenheit aller Anwesenden verlief, auch wenn Lunardi aus dem Meer gefischt werden mußte. Ein Jahr später in Palermo fiel er wieder ins Wasser, und bei dem im März 1792 in Mailand geplanten Start ging es offenbar vollkommen schief. Es gibt kaum Dokumente aus dieser Zeit, und so kann nur vermutet werden, daß Lunardi bei der geringen Zahl von nur sechs mehr oder weniger gelungenen Starts in fünf Jahren in seiner Heimat nicht die notwendige Unterstützung fand. Er beschloß deshalb, im Frühjahr 1792 Italien den Rücken zu kehren und nach Spanien zu gehen.

Die iberische Halbinsel war aeronautisches Neuland. Bis auf die Flugvorführung Gusmãos in Lissabon zu Beginn des Jahrhunderts, den Montgolfièren-Unfall in Aranjuez vor acht Jahren und den Plan für einen gefesselten Start in der Artillerieschule von Segovia, bei dem ein Ballon in Form einer ledernen Weinflasche erprobt werden sollte, gab es weder in Portugal noch in Spanien erkennbare Aktivitäten. Madrid empfing Lunardi daher mit aufgeschlossenem Wohlwollen, obwohl die politische Situation eher ungünstig war. Auf dem Thron saß seit vier Jahren Karl IV., ein Bourbone, und viele prophezeiten daß Spanien in die Wirren der französischen Revolution gerissen würde. Ludwig XVI. lebte als eine Art Gefangener der Jakobiner in den Tuilerien, und das revolutionäre Frankreich hatte im April Österreich den Krieg erklärt. Der spanische Adel fürchtete ein Übergreifen der Unruhen und Freiheitsparolen und sorgte sich um das Schicksal der französischen Standesherren, die, seit Abschaffung der Aristokratie von ihren Besitzungen vertrieben, als Flüchtlinge in Europa Asyl suchten. Die Madrider Regierung hatte mit einer Verschärfung der Zensur reagiert und bis auf zwei, das „Diario de Madrid" und „La Gaceta de Madrid", alle Zeitungen verboten. Trotzdem kursierten Verse, wie jener von Leon de Arroyal: „Sie sagen, daß Don Juan besseres Blut hat als Du, aber sie lügen, Pablo, denn er ist ein verfaulter Edelmann und Du bist ein gesunder Plebejer."

Im Schutz der Pyrenäen verblieb Spanien eine Gnadenfrist, bevor es in das blutige europäische Ringen hineingezogen wurde. Die Ablenkung der Massen durch das Auftreten eines himmelfahrenden Ausländers war dem Hof deshalb durchaus willkommen, und der König erklärte sich zur Übernahme aller Kosten bereit. Verständlich, daß den Capitan Don Vicente Lunardi Spanien ebenso begeisterte wie vor sieben Jahren Schottland. Im Herzog de La Roca fand er zudem einen einflußreichen Protektor, der es sich nicht nehmen ließ, die Vorbereitungen für den ersten Auftritt selbst zu leiten. Die öffentliche Bekanntmachung des für August geplanten Starts löste unterschiedlichste Reaktionen in den streng voneinander getrennten Gesellschaftsschichten Spaniens aus. Das Volk hielt Fliegen für Teufelswerk, zu dem nur Hexen fähig wären. In Madrid beruhigte sich die Stimmung erst, als einige Lunardi beobachteten, wie er sich während der Messe bekreuzigte. Trotzdem konnte niemand verstehen, warum ein Mann, der seinen religiösen Pflichten nachkam, durch die Lüfte fliegen mußte. Aufgeschlossener gaben sich Schriftsteller, Journalisten, Offiziere und Teile des Adels, die von Lunardis aerostatischer Erhebung eine aufklärerische Wirkung erwarteten. Undurchsichtig blieb das Verhalten der Kirche. Einige Mitglieder des niederen Klerus zeigten sich interessiert, die Bischöfe und die Inquisition dagegen schwiegen beharrlich. Die mittelalterliche Institution zur Verfolgung und Bestrafung von Ketzern war in Spanien noch immer mächtig, und erst elf Jahre zuvor hatte sie die letzte öffentliche Hinrichtung vollstreckt: Eine alte Frau verbrannte auf dem Scheiterhaufen, weil Zeugen beschworen hatten, daß „sie mit dem Teufel fleischlichen Verkehr gepflogen und hierauf Eier gelegt, die ganz mit Prophezeiungen vollge-schrieben gewesen."[1] Wahrscheinlich wurde der beabsichtigte Flug des neapolitanischen Kapitäns von der Inquisition igno-riert, weil die Krone ihn förderte, alle Einnahmen für die kö-niglichen Krankenhäuser bestimmte, und weil das Luftaben-teuer für einige Zeit von den ungünstigen politischen Entwick-lungen ablenken würde. Eine kräftige Breitseite, sicher mit Bil-ligung seiner Oberen, feuerte der Kaplan Joaquin Calón y Gonzales im „Diario de Madrid" auf Lunardi ab: „Es ist un-möglich, die von den Erfindern angegebene Fahrt zu machen. Ich vertrete die entgegengesetzte Meinung. Man kann nicht durch die Luft segeln wie die Vögel, denen Gott die Fähigkeit dazu verliehen hat, da er diese keinem Ballonfahrer zugestan-den hat, noch je zugestehen wird. Man kann Gott die Bereiche, die er unter die einzelnen Lebewesen aufgeteilt hat, nicht abverlangen, den Vögeln nicht die Luft streitig machen und ebenso wenig den Fischen das Meer und den übrigen Tieren die Erde. Und wenn der Herr Ballonfahrer jeden aus seinem Be-reich herausnehmen und ihn in einen versetzen will, den Gott ihm nicht zugeteilt hat, wird er sehen, welch bedauerliches Ende er nehmen wird ... Ich sage dem Ballonfahrer auch für den Fall, daß er dies noch nicht wissen sollte, daß er eine Todsünde begeht, wenn er in dieser Erfindung aufsteigt und daß er im Falle eines tödlichen Absturzes sofort in die Hölle fahren würde. Der Grund dafür ergibt sich aus einer ganz ge-sunden Moral: Jeder, der sich willkürlich in Lebensgefahr be-gibt, begeht eine Todsünde."

Trotz dieser überdeutlichen Warnung ging alles den geplanten Gang. Am 5. August 1792 veröffentlichte das „Diario de Ma-drid" eine acht Punkte umfassende Anweisung für das Publi-kum, Verkehrsregeln für Kutschen und Reiter, Eintrittspreise und Anstandsregeln. Unter Ziffer zwei heißt es: „Offiziere zu Fuß und Frauen mit oder ohne Mantilla begeben sich durch das Pobár-Tor. Beim Betreten der Gärten nehmen die Frauen die Mantilla vom Kopf und die Männer mit Umhang schlagen den Kragen herunter." Einige Tage später ließ Seine Exzellenz der Herzog de La Roca, als Vorsteher der Königlichen Junta der Hospitäler, den Aufstiegstermin auf Plakaten verkünden: Sonntag, 12. August 1792. Und am Vortag erschien im „Diario de Madrid" ein langer Aufsatz mit letzten Ermahnungen, wer-benden Erläuterungen und einer bemerkenswert präzisen Dar-stellung des Ballons und der Aufstiegstechnik:

„Der Prinz, unser Herr, den Gott schützen möge, und die übrigen Mitglieder der Königlichen Familie, werden diese Festvorstellung mit ihrer Königlichen Anwesenheit beehren. Aus diesem Grunde muß vom Publikum Mässigung und grösste Höflichkeit und Aufmerksamkeit erwartet werden, aus Respekt vor den edlen Persönlichkeiten, die sich die Ehre geben, der Vorführung beizuwohnen und aus der gebührenden Achtung vor den Königlichen Gärten, in denen sie stattfindet. Um die Veranstaltung so vergnüglich wie möglich zu gestalten, ist die Anwesenheit der drei Kapellen der drei Regimenter der Garnison verfügt worden, die jede für sich und auch gemeinsam zur Erheiterung lustige Märsche und Sonaten spielen werden. In dem Augenblick, in dem der berühmte Luftfahrer sich in die Lüfte erhebt, werden sie wohlklingende Märsche spielen, die in London vom berühmten Samuel Westley in Gedanken an den Flug komponiert worden sind, so dass Auge und Ohr zur gleichen Zeit angenehme Empfindungen wahrnehmen können, wenn die Harmonie der Musik mit der Neuigkeit eines so beachtenswerten Schauspiels in Wettstreit tritt. Um den Klugen eine gewisse Vorstellung von diesem in früheren Jahrhunderten nie gesehenen Experiment zu verschaffen, soll ihnen eine kurze Beschreibung der jetzt zum Fliegen erfundenen Maschine gegeben werden, sowie der Gründe, aus denen sie sich in der Luft der Atmosphäre hält ...

Der Ballon hat genau die Form einer Kugel mit 31 Fuss Durchmesser und ist aus karmesinroten und strohgelben Taftstücken zusammengesetzt. Rund um die untere Öffnung sind vier verglaste Löcher angebracht, die dazu dienen, den gesamten Innenraum des besagten Ballons einsehen zu können; die Öffnung selbst ist zunächst mit Glas abgedeckt, das aber am Tag der Vorführung entfernt wird; die Öffnung wird dann, sobald der Ballon genügend mit Gas gefüllt ist, mit anderem Material verschlossen. Im oberen Teil ist ein Ventil mit einer Feder angebracht, das an einem Ring aus Leder befestigt ist. Im Inneren des Ballons hängt ein Seil, das an der gegenüberliegenden unteren Öffnung endet und dazu dient, dem Luftfahrer das Öffnen und Schliessen des Ventils zu ermöglichen, falls er es für nötig erachtet, Gas entweichen und Luft der Atmosphäre eindringen zu lassen, wodurch der Ballon sinkt und sich sein Abstieg in dem Maße regulieren lässt in dem er an Leichtigkeit verliert und an

Gewicht zunimmt. Der Ballon ist von einem Netz aus Seidenschnüren mit Perückenmaschen umschlossen, deren Zahl von oben bis zur Mitte, zum Äquator, zunimmt, wo 72 Maschen zu zählen sind. Von dort aus laufen sie zu 26 geraden Schnüren zusammen, die an einem Eisenring enden, der mit einem langen Faltenbesatz aus Taft mit goldenem Abschluss verkleidet ist. An dem Ring sind 6 starke Seidenschnüre angebracht, an denen die Galerie hängt, in der sich der Luftreisende aufhalten soll. Die Galerie ist aus indischem Rohr gefertigt und mit karminfarbigem und weissem Taft, Tressen und goldenen Abschlüssen geschmückt. An ihr sind zwei Fahnen angebracht, eine mit dem Königlichen Wappen Spaniens und die andere mit dem Wappen der Königlichen und Reichs-Stadt Madrid, die im Wind wehen werden, wenn das Glück die guten Absichten Lunardis begünstigt ...

Um diese Maschine dazu zu bringen, in der Luft zu schwimmen, gibt es zwei mögliche Verfahren: Entweder verdünnt man mittels Feuer die atmosphärische Luft, die den Innenraum des Ballons ausfüllt (was äusserst gefährlich ist, wie die Erfahrung mehrfach bewiesen hat), oder man führt in besagten Innenraum eine Flüssigkeit ein, die wesentlich leichter und feiner ist als die atmosphärische Luft. Diese Eigenschaft hat das Gas, das das leichteste und sicherste Mittel ist, das bisher entdeckt wurde: Diese Materie erhält man durch ein chemisches Verfahren, bei dem gewöhnlich ein Zink genanntes Halbmetall, Vitriolsäure und reines Wasser im richtigen Verhältnis gemischt werden. Diese Wirkung lässt sich durch Kombination von Rohren und grossen und kleinen Behältern erreichen, die nach Ermessen des Gelehrten in verschiedener Weise zusammengestellt werden können, um das gewünschte Ergebnis mit der nötigen Schnelligkeit zu erzielen. Besser als alle Erklärungen zeigt das der chemische Apparat selbst, der sich am Rande eines der Teiche befindet; er besteht aus 72 Behältern, die untereinander durch 16 Blechrohre mit Querverbindungen und Knien in Verbindung stehen, die dazu dienen, das aus jedem der Behälter strömende Gas in einem grossen, mit Wasser gefüllten Gefäß zu sammeln, von dem aus es durch ein recht dickes Rohr in den Ballon aufsteigt, der sich mehr oder weniger schnell füllt, je nach Qualität der verwendeten Materialien. Die Vitriolsäure wirkt auf das Zink ein und umgekehrt, beide lösen sich gegenseitig auf und verändern ihr Wesen; sie bilden eine neue Verbindung, und bei diesem Auflösungsprozeß wird eine Art Luft frei, die in der Nähe einer Flamme leicht explodiert und in Brand gerät, wenn sie sich in einem bestimmten Verhältnis mit der atmosphärischen Luft vermischt. Sie bleibt elastisch genug, um den Ballon, in den sie eingefüllt wird, aufzublasen und das Gewicht der Atmosphäre zu überwinden: dies ist dann das leicht entzündbare Gas, dessen spezifisches Gewicht viel geringer ist als das der gewöhnlichen Luft, und diese Eigenschaft bewirkt, dass die gesamte Maschine in die Luft aufsteigt, um eine genauso leichte Flüssigkeit zu suchen, mit der sie ins Gleichgewicht kommen kann."[2]

Mitten in Madrid, im „El Retiro"-Park, nur wenige Kilometer vom Palacio Real, der Residenz Karl IV., entfernt, wurde vor festlich gekleidetem Publikum – „die Teilnahme aller Geschlechter und Klassen an dem sich bietenden schönen Spektakel des Anblicks war zahllos und prächtig"[3] – wie versprochen am Sonntag der Ballon „ohne Überstürzung und mit großer Gelassenheit" zu den schwungvollen Klängen der Militärkapellen mit „brennbarer Luft" gefüllt. Der Bericht im „Diario de Madrid" vom 14. 8. 1792 beschreibt die Szene so: „Gegen 17.30 Uhr erschien unser Herr Prinz sowie weitere Mitglieder der königlichen Familie in der Tür des Palastes. Sofort gab Seine Exzellenz, Herzog de La Roca das Signal. Der Ballon wurde an der Hand bis in die Mitte des Gartens gebracht, wo Kapitän Lunardi ihn festband und seine Gondel an den Seidenschnüren befestigte, die aus dem Ring herunterhingen. Nachdem das Gleichgewicht der Gondel mit seinen notwendigen Gegengewichten und genügend Ballast hergestellt war, wurde der Ballon erneut bewegt, dieses Mal gesteuert von der Hand Seiner Exzellenz des Herzogs de La Roca. Währenddessen hatte der Luftschiffer Lunardi die Gelegenheit, den königlichen Personen seine Aufwartung zu machen und die Hand des Prinzen zu küssen. Gegen 17.45 Uhr, der Himmel wolkenlos und mäßiger Wind aus Ost-Südost bis Nordost, stieg der berühmte Luftfahrer in seine Gondel. Diese bestand aus einer Art Sofa mit einem Sitz und einer Rückenlehne. Er rief alle Zuschauer sofort zur Aufmerksamkeit, als er mit großem Mut und Kühnheit auf die Lehne stieg, die Seile wurden sofort länger und, nur noch mit einem Fuß auf der Lehne, mit der Hand eines der Seile greifend, die vom Ring herunterhingen und an denen die

Fahne flatterte, mit der anderen Hand folgsam seinen Hut zie-
hend, verabschiedete er sich vom Publikum und startete in die
Lüfte ...

Den Effekt, den dieses Spektakel im Publikum erzeugte, kann
man nur auf eine Art beschreiben: Alle Sinne waren dem
Hauptgegenstand gewidmet und vergebens verletzte der Zauber der Musik mit seinen Tönen die Luft, nichts beeinflußte die

Vista del Globo Areostatico que se elevó la tarde 12 de Agost. de 1792 en el Jardin del Buen Retiro el qual por la elevacion que tomó se perdió de vista, y cayó en Daganzo à 5 leguas de Madrid.

Madrid, 12. August 1792 –
Lunardis Aufstieg aus dem Retiro-Park

Sinne. Die Bewunderung war so stark, daß sie nicht einmal Platz für den Beifall ließ. Der immer gewohnte öffentliche Applaus war nicht zu vernehmen. Die Stille war die bessere Ausdrucksform des Pathetischen dieser Szene und sie war stärker als jedes andere Zeichen der Freude."

Nicht nur die offenbar hochzufriedene, unübersehbare Menschenmenge im Retiro-Park, fast die gesamte Einwohnerschaft Madrids sah den Ballon als kleiner werdenden Punkt am Himmel, der sich nach Osten in Richtung Alcalá de Henares bewegte. Lunardi war „mit einer unendlichen Geschwindigkeit", wie er selbst feststellte, gestiegen und erreichte eine beträchtliche Höhe, die ihm einen phantastischen Rundblick gewährte: die Silhouette Madrids im Abendlicht mit all den Kuppeln und Türmen, den Palästen und Klöstern. Im Norden die scharfen Linien des mächtig aufragenden Guadamara-Gebirges, im Süden die Gärten von Aranjuez und nicht weit davon, kaum noch zu erkennen, eine Erhebung: Toledo mit dem Alcazar. Lunardi kreuzte den Rio Jamara und erkannte auf der mitgeführten Landkarte, daß er auf Alcala zutrieb, die Geburtsstadt Miguel Cervantes, des „Don Quijote"-Autors. In diesem Moment dachte er jedoch an seinen großzügigen Gönner, den Herzog de La Roca, und nahm, auf der kleinen Gondelbank sitzend, Papier und Feder zur Hand: „Ehrenwerter Herr. Mir geht es gut, nur ist mir so kalt, daß ich meine Gelenke kaum bewegen kann. Ich bin Ihnen sehr dankbar. Es ist jetzt 6 Uhr 45 Minuten am Nachmittag auf meiner Uhr. Vincente Lunardi."[4] Der einsame Aeronaut band die Botschaft an den Fuß einer mitgenommenen Taube. „Jedoch verlor sie auf Grund der großen Höhe ihren Richtungssinn und fiel in der Nähe von Daganzo zwischen einige Schweine, die sie überrollten und fast töteten. Als der Schweinehüter sie aus dem Maul eines der Tiere nahm, starb sie in seiner Hand. Er brachte sie zum genannten Ort und von dort wurde sie zusammen mit dem Brief an Seine Excellenz weitergeschickt."[5]

Noch schwebte Lunardi über der kastilischen Hochebene nach Osten, inzwischen so tief, daß er in der langsam einsetzenden Dämmerung Oliven und Mandelbäume, einzelne weißgetünchte Gehöfte und Weinfelder erkennen konnte. Aber auch er wurde gesehen. Man berichtet, „daß in dem Ort Fresno die Leute den Ballon für eine Sache aus einer anderen Welt hielten und daraufhin ängstlich flohen. Die Frauen heulten dicke Tränen und liefen zu ihren Häusern. Ein Wächter der Weinberge nahm sogar sein Gewehr und wollte einen Schuß auf den Ballon abgeben, wurde jedoch von seinem Schreck zurückgehalten."[6] Einige Minuten nach sieben Uhr zog Lunardi das Ventil und senkte sich bei Naype zum Erdboden. Der Wind war eingeschlafen, und so stand der Ballon hochaufgerichtet auf einem Feldweg. In sicherem Abstand starrten einige Bauern, die dem fremdartigen Gegenstand gefolgt waren, den Luftfahrer feindselig an. „Daraufhin rief Lunardi alle Leute zu sich, entnahm dem Gefährt einige Flaschen Wein und Kuchen, gab allen zu trinken und trank selber auch."[7] Dieses Entgegenkommen schaffte das nötige Vertrauen. Und als auch noch der Priester erschien, der Lunardi Unterkunft im Haus von Don Pedro Fernandez Gasco anbot, war der Bann endgültig gebrochen. Sechzehn Männer zogen den einen halben Meter über dem Boden schwebenden Ballon mit Lunardi in der Gondel im Triumphzug eine viertel Meile bis auf den Marktplatz von Daganzo. Dort wurde die Hülle entleert und zusammen mit „seinem Reifen, dem Sitz und dem Netz, was ihn umgab, gefaltet und zu einem Paket verschnürt." Lunardi nahm die Einladung Don Pedros an und schrieb bei Kerzenlicht einen Bericht an den Herzog de La Roca, in dem es heißt: „Ich möchte Eure Exzellenz darum bitten, meine Dienste mit dem tiefsten Respekt den Königlichen Personen zu Füßen zu legen, die sich, so glaube ich anzunehmen, an meinem Start ein wenig vergnügt haben."[8] Noch in der Nacht wurde der Brief mit einer Note des Bürgermeisters von Daganzo abgeschickt, und der Bote erreichte fünf Stunden später, um vier Uhr im Morgengrauen, den Palast des Herzogs de La Roca in Madrid.

Alle waren über den Verlauf der ersten spanischen Luftreise glücklich. Lunardis Ruhm erstrahlte in hellstem Licht, man verglich ihn „auf Grund seines Mutes und seiner von der Natur gegebenen Kühnheit mit den kühnsten Helden." Denn das hatte den Spaniern am meisten imponiert: die männliche Unerschrockenheit. Auch der Herzog wurde gepriesen: „Auf Grund seines Eifers und seiner Tatkraft, mit der er alle Vorbereitungen und Aktivitäten bis zum Erfolg dieses berühmten Experimentes leitete, ist er des größten Lobes würdig. Das grenzenlose Vertrauen, was Lunardi in ihn setzte, stellt wohl sein bestes Lob dar. Es beweist das Fingerspitzengefühl, mit dem er sich in das experimentelle Wesen Lunardis hineinversetzen konnte …

und auch Lunardi aufmunterte, mit mehr Sicherheit in seine Maschine zu steigen und seine Reise begierig zu vollenden."[9]

Wenige Tage nach dem Flug erschienen etwas ungelenke Kupferstiche mit dem Motiv des schwebenden Ballons und große gerahmte Lunardi-Porträts. Jeden Tag druckte das „Diario de Madrid" neue begeisterte Verse, die Apotheker, Offiziere, Stierkämpfer und Losverkäufer gereimt hatten:

„Mutig, galant und wachsam
So Don Vicente Lunardi durch die Sphären ging.
Und seine Fahne flatternd,
Dem Volke Freude spendend,
Welches ständig bekundete,
Sein treuer Geliebter zu sein."

Und ein M. de la C. schrieb:

„Zum Lobe von Don Vicente Lunardi:
Lunardi, unverzagt und mutig
Bist in hohen Regionen spaziert.
Im Anblick eines zahllosen Volkes
Entzückt von deinem Fluge.
Den wahren Namen mutig
Verdient dein strebender Geist,
So viel Befürchtungen überrollend,
Um mit den Sternen zu plaudern.
Erzähle uns, wie die Sonne dir schmeichelte
Dich sehend, diesen Weg beschreiten
Und ob der Mond sich erschrak,
Dich sehend, als Nachbar an seinem Haus.
Sag uns, ob die Planeten erstarrten,
So dicht bei sich einen Wanderer zu sehen."[10]

Aber nicht nur die Ernte des Ruhmes war beträchtlich, auch die Erlöse für Eintrittskarten und Besichtigung des ausgestellten Ballons. 104 372 Reales ließ der König, der Lunardis Fahrt aus der eigenen Schatulle belohnt hatte, dem „Hospital General" übergeben. Und in der erhaltenen Aufstellung sind zusätzlich 660 Reales als Spenden mit folgender Begründung aufgeführt: „Als Almosen einer Dame für die armen Kranken des Staates, verbunden mit der diskreten, peinlichen Erklärung, sie habe das Spektakel aus ihrem Fenster gesehen. Nach ihrem

Vorbild spendete eine weitere Dame, die heimlich ebenfalls aus dem Fenster zuschaute."

Lunardi, zum allseits geachteten und bewunderten Don Vicente geworden, fühlte sich in Madrid wohl. Er schwärmte von „der spanischen Nation, meiner nächsten Freundin, in der

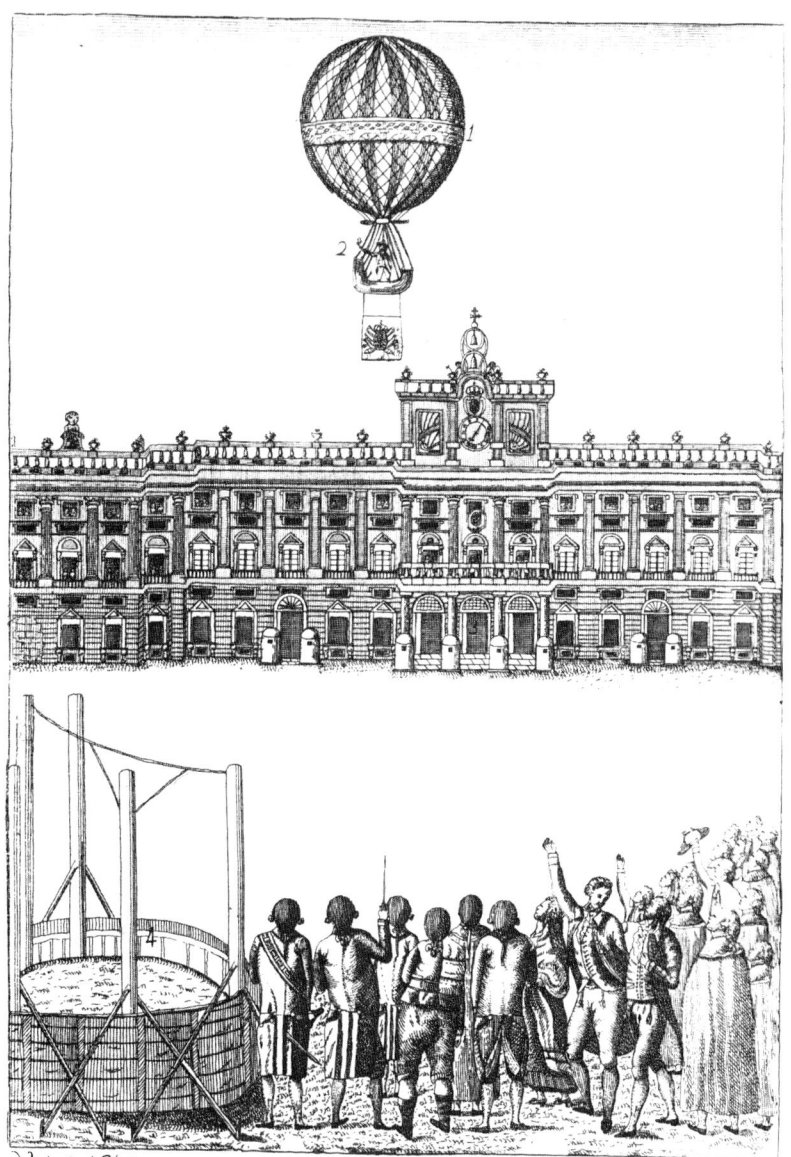

Vor dem Palacio Real –
Lunardis zweiter Start in Madrid am 8. Januar 1793

Großzügigkeit herrscht", und lobte „die aufrichtige Ehrlichkeit, ohne Falsch und Schwindel".[11] Fünf Monate nach der ersten Probe des „Globo" durfte Lunardi seine Kunst erneut beweisen. Diesmal direkt vom Vorhof des Palacio Real. Er schildert den Flug in einem ausführlichen Fahrtbericht, der, aus dem Italienischen übersetzt, am 15. Januar 1793 im „Diario de Madrid" erschien. „Als gegen 12.30 Uhr Seine Majestät die Güte hatte, auf dem Balkon des Palastes zu erscheinen, kam Seine Exzellenz der Herzog de La Roca und befahl mir, den Ballon dichter an den Palast zu bringen, um damit das Schauspiel augenscheinlicher zu machen. Sogleich nahm ich den Ballon wie ein Pferd am Zügel und brachte ihn mit einer Hand zu einem geeigneten Ort, wissend, daß in dieser Region die Windrichtung der durch die Wetterfahne auf der Uhr des Palastes angezeigten entgegengesetzt war. Diese Tatsache, verbunden mit dem Gefühl, zeitweise von Seiner Majestät nicht bequem gesehen werden zu können, verursachte in mir ein wirkliches Gefühl des Ärgers. Ich stieg so also mit dem größten Unbehagen auf, entfaltete die königliche Fahne und wollte dieses mit einem Pistolenschuß unterstützen. Diese ging aber erst beim dritten Mal los. Mich schon über dem Palast befindend, wollte ich aus Ärger die Pistole hinunterwerfen. Aus Furcht, sie könnte etwas beschädigen, entschied ich mich für meinen Hut, den ich mit aller Kraft weit von meiner Gondel wegschleuderte." Kaum ausreichend in sicherer Höhe, verflog der Unmut über das kleine Mißgeschick, und Lunardi wurde empfänglich für die Schönheit des freien Blicks: „Ich sah die Hauptstadt zu meinem Vergnügen und unterschied sehr wohl den Königlichen Palast von Madrid und Aranjuez. Die Stunde war günstig und die Sonne hatte ihren besten Stand, so daß sich alle Orte absonderten, die der Horizont über 20 Meilen barg. So entstand die herrlichste Aussicht, von der sich das menschliche Wesen eine Vorstellung zu machen vermag." Sein Luftgefährt trieb absichtlich niedrig, „um mich an dem angenehmen Anblick zu erfreuen, welchen die kultivierte Natur und die Individuen bieten, die diese fruchtbare Erde bearbeiten". Gestärkt durch einen guten Likör, schrieb er wie gewohnt an den Herzog de La Roca. Durch Ballastabwurf stieg er dann auf die „maximal erreichbare Höhe", um eine Flasche mit Luft zu füllen, die wissenschaftlich untersucht werden sollte, und fuhr eine beträchtliche Strecke so tief, daß der Anker schleifte und Lunardi sich mit den Verfolgern zu Pferde unterhalten konnte, die er durch Niederlassen und Hochziehen des Seiles neckte.

„Als sich gegen 16.40 Uhr der Wind ganz gelegt hatte und, obwohl den Ballon noch Sonnenstrahlen trafen, ich die Individuen auf der Erde wegen der beginnenden Dämmerung schon nicht mehr erkennen konnte, ging ich wegen der geringen Geschwindigkeit abermals tiefer. Ohne Probleme lauschte ich allen Gesprächen der Passanten, wobei mir einige Äußerungen besonders gefielen. Ein Bürger versuchte den anderen davon zu überzeugen, daß Feinde durch die Luft kommen und in Spanien mit Kanonen Krieg führen wollen. Ich redete all diese verängstigten Leute mit ‚Brüder‘ an, erklärte ihnen, kein Feind des Vaterlandes zu sein, keine Kanonen mitzubringen sondern zwischen ihnen als Freund heruntergekommen zu sein. Ich bat sie näherzukommen und den Anker festzuhalten, denn sonst würde ich schneller fliegen als sie. Einige begannen mir zu folgen, aber immer mit Befürchtungen. Keiner traute sich näher. Schließlich setzte die Galerie auf der Erde auf, ich erhob mich für kurze Zeit wieder in die Lüfte und sank dann erneut. Ich sagte den Leuten noch einmal, sie müßten den Anker aufnehmen, damit ich bei ihnen bleiben könne. Glücklicherweise verhakte sich der Anker in einem Bäumchen, und ich sprach zu einem Jugendlichen in der besten Manier, er möge doch näher kommen, die Ängste vergessen und das Ankerseil festhalten. Eine Weile zweifelnd, dann aber von meinen Worten angeregt – ich sprach zu ihm im Namen von Jesus Christus und der Heiligen Maria – näherte er sich zitternd. Diese Geste reichte, so daß sich kurz danach auch alle anderen Landsleute näherten und mich mitsamt dem Ballon kurz entschlossen auf den Marktplatz des Ortes Horcaxo de las Torres zogen, welcher gut 14 Meilen von der Cortes entfernt ist. Dort stieg ich gegen 17.30 Uhr aus meiner Gondel aus und war sofort von allen männlichen Bewohnern des Ortes umringt. Die Frauen hatten gehört, es komme der böse Dämon, um sie zu holen und hatten sich so zu Beginn in ihren Häusern versteckt. Mit Hilfe des Bürgermeisters und weiterer Amtspersonen gelang es mir, das entflammbare Gas aus dem Ballon zu entfernen und diesen, zusammen mit der Gondel und einigen Aggregaten, der Justiz des Ortes zur Aufbewahrung anzuvertrauen. Zu den lebhaften Feierlichkeiten mit Hochrufen und Beifallsbekundungen stellten sich dann der Pfarrer, weitere Herren der Kirche und des Gemeinderates sowie Personen der ersten Garnitur des Ortes ein. Zur Begrüßung ließen sie alle Glocken läuten.“

Die Bewunderung, Gastfreundschaft und Aufgeschlossenheit der Spanier erlahmte nicht. Fast ein Jahr konnte Lunardi, da ihn das Wohlwollen des Königs und des Herzogs beschirmten, unbehelligt von der Inquisition seinem Handwerk nachgehen. Bei der dritten und letzten spanischen Luftreise am 3. März 1793, wieder vom Retiro-Park aus, sind allenfalls zwei Umstände erwähnenswert: Sie war wegen ungünstigen Wetters die kürzeste, und am Landeort in Vilcalvaro drückten die Menschen ihre Freude auf ungewöhnliche Weise aus: „Es war Herr Lunardi, der die Güte hatte, mit großer Dankbarkeit das kleine Geschenk dieser armen Leute anzunehmen, welche in Folgendem bestand: 16 Nachbarn hatten sich in dieser Stunde in einzigartiger Weise freiwillig für den Militärdienst Seiner Majestät gemeldet."[12]

Im Frühjahr 1793 veränderte sich auch in Madrid die politische Szenerie. Die Ereignisse in Europa beunruhigten Regierung und Adel. Das revolutionäre Frankreich hatte die Monarchie abgeschafft und Ludwig XVI. auf der Place de la Concorde mit dem Fallbeil hingerichtet. Der Kriegslärm der Kanonade von Valmy und der Schlacht bei Jemappes drang bis in entlegene Provinzen und zwang Spanien zur Entscheidung: Gegen Frankreich, zusammen mit Österreich, Preußen, England und den deutschen Fürsten. Das alles schaffte Aufregung, überschattete das Alltagsleben und minderte die Neigung, festliche Luftreisen im Retiro-Park zu inszenieren. Lunardi verließ Spanien und begab sich mit seinen Geräten nach Lissabon, wo ihm am 24. August 1794 ein Aufstieg glückte. In Portugal soll er nach der Landung bei einem Dorf von Bauern auf den Schultern zur Kirche getragen und auf den Altar gesetzt worden sein, weil man ihn für einen vom Himmel herabgestiegenen Heiligen hielt. Aber die Schilderungen sind ungenau, es gibt keine verläßlichen Unterlagen. Man weiß auch wenig über seine Krankheit, angeblich Schwindsucht, die ihn daran hinderte, nach Italien zurückzukehren. Zwei Jahre später starb Lunardi, gerade siebenunddreißig,[13] im Kloster von Barbadinas in Lissabon.

Zambeccaris italienische Luftreisen – 1803-1812

Die Nachricht vom Tod Lunardis ging in den politischen Wirren des Jahres 1796 unter. Europa wurde von den Revolutionskriegen in Atem gehalten. Spanien hatte die Seite gewechselt und sich mit dem republikanischen Frankreich verbündet. In Paris regierte, zwei Jahre nach Robespierres Sturz, ein fünfköpfiges Direktorium, das nach den erfolglosen Kämpfen in Oberitalien den jungen Napoleon Bonaparte zum General ernannte, der in einer strategischen Meisterleistung die Lombardei, Ferrara, die Toskana und Bologna besetzte. Dort lebte seit Rückkehr aus der türkischen Gefangenschaft Francesco Zambeccari im Haus der Eltern. Er hatte geheiratet, zwischendurch sein Glück in Wien versucht, mußte aber wegen des Krieges nach Bologna zurückkehren, wo er sich nun ausschließlich aeronautischen Studien hingab. Auf der Grundlage des Vorschlags von Johann Nepomuk von Laicharding, der in seinem 1785 in Kempten erschienenen „Beytrag zur Luftschiffahrt" empfohlen hatte, Montgolfièren durch Spiritus- oder Öllampen zu erwärmen, verfeinerte Zambeccari die bereits in Konstantinopel entworfene Heizvorrichtung. Ein Gasballon sollte, mit einer weingeistgefüllten Lampe aufgewärmt, zum Steigen gebracht werden. Eine einfache Mechanik, von der Gondel aus bedienbar, öffnete und schloß die Klappen der im Kreis angeordneten 24 Flammenlöcher. Zambeccari warb um Unterstützung, fand Freunde und das Interesse der „Akademie der Wissenschaften" seiner Heimatstadt. Zwei renommierte Mathematiker prüften sämtliche Pläne und befürworteten bei der italienischen Regierung eine Unterstützung des Vorhabens. Erst jetzt konnte Zambeccari, der bereits erhebliche eigene Mittel aufgewendet hatte, einen Ballon in Auftrag geben. Zusammen mit zwei Freunden, Andreoli und Grassetti, die beide von der Luftfahrt schwärmten und ihn unbedingt begleiten wollten, machte er sich an die Arbeit. Im September 1803 glaubten sie, ihrem Ziel nah zu sein. Doch die letzten zwei Tage vor dem Start wurden zur wahren Tortur. Arbeiter verschwendeten Vitriolsäure, das Netz klebte am frischen Firniß, es entstanden Risse und zusätzliche Kosten, die den bereits verschuldeten Grafen zu unerfreulichen Bittgängen zwangen. Anfang Oktober schlug auch noch das Wetter um. Es regnete zwei Tage, so daß ein weiterer Aufschub unvermeidlich wurde, der das Interesse der Bevölkerung immer mehr abkühlen ließ.

Zambeccari fühlte sich von all den Strapazen und Schwierigkeiten ausgelaugt, ihn bedrückten die Schulden und die Sorge, daß weiteres Warten das gesamte Experiment gefährden würde. So entschloß er sich, am 7. Oktober, trotz unbeständigen Wetters, zum Start. „Die Unwissenheit, der Fanatismus zwangen mich, den Aufflug zu wagen, gegen alle von mir selber aufgestellten Grundsätze",[1] schreibt Zambeccari selbst über diese Entscheidung. Zwölf Stunden dauerte das Aufrüsten der eigenartigen Konstruktion: ein kugelförmiger Gasballon von 13 Metern Durchmesser, aus dessen unterem Drittel zwei einander gegenüberliegende Füllschläuche herausragten. Zwischen der Kugel und dem Korbring ein etwa 5 Meter langer, unten offener, aus Seide gefertigter Montgolfièrenteil, unter dem die Lampe an einem Flaschenzug beweglich aufgehängt war. Zur Nachfüllung nahm man „45 Maass Weingeist nebst Flaschen" an Bord und zwei etwa zwei Meter lange „Wendeflügel", mit denen das Fahrzeug horizontal gelenkt werden sollte. Offenbar vertraute Zambeccari der Funktionstüchtigkeit des Weingeistes nicht ganz und verstaute zusätzlich 500 Pfund Ballast. Gegen Mitternacht hatten die wenigen noch verbliebenen Helfer die Maschine fertig. Zambeccari schwang sich mit den beiden Freunden auf die aus Buchenholzringen gefertigte Galerie, bereit zur Abfahrt, die zu dieser Stunde, mit einem schlecht gefüllten Ballon, bei miserabler Witterung nur von einem Trio Verrückter unternommen werden konnte. Er selbst wußte um die Gefahr, und sein Bericht stellt die verzweifelte, ausweglose Lage und den dramatischen Verlauf dieser nächtlichen Luftreise ehrlich dar:

„Jetzt wurde es düster in meinem Sinn. Achttausend Scudi gab ich verloren – und sie sind es wirklich –, mir blieb nur die Ehre noch zu verlieren. Mit erschöpften Kräften, ohne den ganzen Tag einen Bissen gegessen zu haben, Galle auf den Lippen, Verzweiflung im Herzen, so stieg ich um Mitternacht hinauf zu den Wolken, ohne eine andere Hoffnung als die, daß der Ball, der durch das viele Hin-und Herschleppen bereits viel gelitten hatte, mich nicht weit tragen würde. Andreoli und Grassetti waren meine Begleiter. Anfangs wollte ich am Anker herumschweben, bis es Tag würde. Als ich aber merkte, daß der Ball eine Neigung zum Niedersteigen verrieth, vermuthete ich, er habe bereits von der brennbaren Luft verloren, da die schon erwähnte Beschädigung durch das Zusammenleimen des Firnisses unmöglich ohne alle bleibenden Folgen hatte ausgebessert werden können. Um so eher schmeichelte ich mir, nahe bei Bologna ohne Gefahr herabzusteigen.

Wir schwebten langsam aufwärts und blieben lange Zeit über der Stadt. Plötzlich aber erhoben wir uns mit großer Schnelligkeit, und ein Südwestwind brachte uns den Zuschauern in einem Augenblick aus dem Gesichte. Die Lampe, welche bestimmt war, die aufsteigende Kraft zu vermehren, wurde für's Erste gar nicht gebraucht. Die Bemerkungen am Barometer konnten beim schwachen Schein einer Laterne nur sehr unvollkommen angestellt werden. Die fürchterliche Kälte in der Höhe, in welcher wir uns befanden, meine Nüchternheit seit mehr als 24 Stunden und der Kummer, der meine Seele belastete. Alles das zusammengenommen bewirkte, daß ich ohnmächtig wurde und in eine Art von Todtenschlaf auf die Galerie hinabsank. Meinem Gefährten Grassetti ging es ebenso; nur Andreoli blieb munter und frisch, vielleicht weil er gut gegessen und brav Rum dazu getrunken hatte. Zwar litt auch er viel von der schrecklichen Kälte, aber er that doch, was möglich war, um mich zu erwecken. Auch gelang es ihm endlich, mich auf die Beine zu bringen, nur meine Sinne blieben verworren und ich fragte ihn wie im Traum: was es Neues gebe und wohin wir gingen, wie viel die Glocke geschlagen, woher der Wind wehe? Es war damals zwei Uhr. Die Magnetnadel berührte den Boden und war uns folglich ganz unnütz; das Wachslicht in der Laterne konnte in einer so sehr verdünnten Luft nicht brennen, loderte immer schwächer und verlosch endlich ganz. Wir senkten uns in eine dicke Schicht weißlicher Wolken herab und als wir hindurch waren, hörte Andreoli ein kaum vernehmbares Geräusch, welches er bald für das ferne Brechen der Wellen an der Küste erkannte. Er rief mir diese schreckliche Neuigkeit sogleich zu. Ich horchte und überzeugte mich selber davon. Das Licht mußte schnell wieder angezündet werden, um am Barometer zu erkennen, in welcher Höhe wir uns befänden, um danach unsere Maßregeln zu nehmen. Durch heftiges Schütteln wurde auch Grasetti ein wenig munter. Andreoli zerbrach fünf phosphorische Lichter nach einander, doch keines wollte brennen. Mit großer Mühe gelang es uns endlich, durch Hülfe des Feuerzeugs die Laterne wieder anzuzünden. Es war halb 3 Uhr. Das Geräusch der brechenden Wellen näherte sich immer mehr, und bald erkannte ich sogar die Oberfläche des heftig bewegten Meeres. Schnell ergriff ich einen Sack mit Ballast, um ihn hineinzuschleudern, aber in demselben Augenblicke stürzte schon die Gallerie in's Meer und wir standen sämtlich im Wasser. Im ersten Schrecken warfen wir alles von uns, was die Maschine erleichtern konnte, unsern Ballast, alle Instrumente, einen Theil unserer Kleidung, unser Geld, auch die Ruder, deren eines ohnehin nicht weit von Bologna zerbrochen war. Da, trotz alle dem, der Ball sich noch immer nicht wieder erheben wollte, so schleuderten wir endlich auch die Lampe ins Meer und schnitten und brachen ab, was nur immer entbehrlich schien. Auf einmal riß die Maschine sich wieder mit großer Gewalt empor, und so sehr erleichtert, trug sie uns im Moment zu einer solchen Höhe, daß unser lautestes Sprechen und Rufen ganz wie aus der Ferne zu kommen schien. Mir wurde sehr übel, ich mußte mich übergeben, und Grassetti lief das Blut aus der Nase; uns Beiden wurde das Athemholen sehr beschwerlich. Da wir ganz durchnäßt in diese hohen Regionen geführt wurden, so überzog uns der Frost sogleich mit einer Eisrinde. Wie es zuging, weiß ich nicht, daß der Mond, der damals im letzten Viertel war, uns allen Dreien blutroth schien. Wohl eine halbe Stunde lang durchzogen wir diese unermeßliche Höhe, dann fing die Maschine wiederum an, sich langsam herabzusenken; sie wurde gleichsam auf die Oberfläche des Wassers sanft niedergelegt.

Alle Zufälle und Phänomene hörten auf, so wie wir niederschwebten. Es war etwas über 3 Uhr. In welcher Entfernung vom festen Lande der Ball in's Meer fiel, läßt sich nicht bestimmen; die Nacht war zu finster, die See zu stürmisch, und wir selber nicht im Stande, Beobachtungen anzustellen. Wir mochten ohngefähr in der Mitte des adriatischen Mee-

Zambeccaris, Andreolis und Grassettis Rettung
aus der Adria am 8. Oktober 1803

res sein und zwar in der Richtung von Rimini. Trotz des
sanften Falles tauchte dennoch die Gallerie unter, wir standen bis an den halben Leib im Wasser, oft wurden wir auch
ganz von den Wellen bedeckt. Da der Ball zur Hälfte er-
schlafft war, so konnte der Wind sich darin fangen wie in
einem Segel, und so wurden wir mehrere Stunden lang durch
die stürmischen Wellen geschleift. Bei Tagesanbruch befanden wir uns etwa 4 Meilen von der Küste von Pesaro, die wir
erkannten. Schon schmeichelten wir uns, glücklich dort an-
zulanden, als plötzlich ein scharfer Landwind uns zurück
auf das hohe Meer warf. Es war nun völlig Tag geworden
und wir sahen rings um uns her nichts als Wasser, Himmel
und unvermeidlichen Tod. Zwar wollte unser Glücksstern,
daß uns mehrere Schiffe begegneten: aber sobald sie von
ferne den leuchtenden Ball erblickten, geriethen sie in Furcht
und steuerten weit von uns ab. Es blieb uns also keine andere Hoffnung, als die gegenüber liegende Küste von Dalma-
tien zu erreichen. Diese Hoffnung war natürlich sehr gering,
und höchst wahrscheinlich würden wir endlich von den
Wellen verschlungen worden sein, wenn nicht zu unserer
Rettung ein Schiffer erschienen wäre, der, unterrichteter als

die übrigen Entflohenen, den Ball für das erkannte, was er war, und sein Boot schnell zu Hülfe sandte. Die Matrosen befestigten dasselbe durch ein starkes Seil an der Gallerie, und mit großer Mühe wurden wir drei Kraftlosen hineingezogen. Sobald die Maschine sich so erleichtert fühlte, strebte sie von Neuem in die Höhe; vergebens strengten die Matrosen alle Kräfte an, sie nach sich zu ziehen. Das Boot wurde stark bewegt, ihnen selber drohte Gefahr, sie eilten daher das Seil zu kappen, und augenblicklich stieg der Ballon unglaublich schnell in die Wolken, verschwand aus unsern Blicken. Es war 8 Uhr Morgens, als wir an Bord des Schiffes kamen. Grassetti war dem Tode nahe, kaum gab er noch ein Lebenszeichen von sich. Mir selber waren die Hände verstümmelt, Frost, Hunger, Angst hatten mich gänzlich erschöpft. Der wackere Schiffer that, was er konnte, uns zu erquicken. Er führte uns glücklich in den Hafen von Verada, von da wir nach Pola gebracht wurden, so man uns gastfreundlich aufnahm und ein zugeschickter Arzt meine Hände operirte ...".[2]

Wie durch ein Wunder in letzter Minute vor dem Ertrinken errettet, kehrten die drei Männer, gezeichnet durch die erlittene Todesangst, von diesem wahnwitzigen Unternehmen nach Hause zurück. Und jeder andere wäre durch ein solches Erlebnis endgültig vom Luftballonfieber kuriert. Nicht so Zambeccari, in dem Abenteurerblut rumorte. Zehn Monate nach dem Sturz in die Adria war eine neue „Rozière", denn um ein solches „Pulverfaß", wie Professor Charles warnend gesagt hatte, handelte es sich, zur Fahrt bereit. Mit dem ebenso unverwüstlichen Andreoli stieg er am 22. August 1804 wieder von Bologna auf. Die „Akademie der Wissenschaften" veröffentlichte ein Protokoll über die Fahrt und die zu Beginn durchgeführten Versuchsreihen: Ruderbewegungen und dosierte Ballastabwürfe, zuerst an einem 50 Fuß langen Seil. Dann Messungen des Auftriebs durch Entzünden der Spirituslampe: Zwei kleine Flammen ließen den Ball bereits anschwellen, sechs bis acht führten zu starkem Zerren an dem Haltetau. Schließlich kappten Arbeiter auf Befehl Zambeccaris die Fessel, und der befreite Ballon schwamm bei schwachem Wind so langsam nach Nordwest, daß ihn die Zuschauer im Auge behalten konnten. Die beiden Luftfahrer passierten die Poststation an der Straße nach Ferrara und entschlossen sich zur Landung. Um nicht auf einem nassen Reisfeld niedergehen zu müssen, öffneten sie die Klappen mit zwei brennenden Flammen, der Ball hob sich über ein Haus, senkte sich wieder, und der Anker faßte an einigen Ulmenzweigen. Die Reise war glücklich beendet. In diesem Augenblick – Bauern begrüßten sie mit fröhlichen Flintenschüssen – kam es zur Katastrophe. Durch den Anker gehalten, neigte sich der Ballon unter dem Winddruck in eine leichte Schräglage, die genügte, Spiritus auslaufen zu lassen, der sich sofort entzündete. In Sekunden brannte die Galerie lichterloh, eine dreißig-Pfund-Spiritusflasche explodierte mit lautem Knall. Die Luftfahrer, deren Kleider in Flammen standen, schrien den herbeigerannten Bauern zu, sie sollten das Seil anziehen, aber im Durcheinander schaffte das niemand. Zambeccari schüttete sich eine Flasche Wasser über den Kopf, um das Feuer zu löschen. Sein Begleiter Andreoli versuchte, am Ankerseil herunterzurutschen, verlor den Halt und stürzte zu Boden. Durch die plötzliche Gewichtsentlastung erhielt der Ballon schlagartig Auftrieb, brach den Anker heraus und riß sich los.

„Also bald erhob sich die Maschine mit entsetzlicher Geschwindigkeit; das durch den Stoß verursachte Schwanken der Gallerie währte noch sehr lange; man konnte es deutlich bemerken und es schien allen Zuschauern von sehr übler Vorbedeutung. So lange man Zambeccari mit den Augen folgen konnte, sah man ihn beschäftigt, sich das Feuer von den Kleidern zu streichen und alles Brennende, das ihn umgab, so gut es gehen wollte, zu löschen oder herauszuwerfen. Aber bald verlor man den Ball ganz aus dem Gesicht, der zu einer erstaunlichen Höhe stieg und nordwestlich getrieben wurde."[3] In dem mit Anteilnahme und Gefühl für Dramatik geschriebenen Bericht der „Akademie der Wissenschaften" von Bologna wird die verzweifelte Lage geschildert und versichert, der Graf habe den Mut nicht verloren, obwohl er mit den Flammen kämpfte und „die Wolken nur noch als einen Abgrund unter sich sah". Der Text fährt fort: „So zwischen Furcht und Hoffnung schwebend, ergriff ihn ein Luftstrom und führte ihn schnell über das adriatische Meer. Um 2 Uhr Nachmittags wurde man ihn aus einigen Gegenden gewahr, aber in der weiten Entfernung konnte man den Gegenstand nicht unterscheiden; man hielt ihn für eine besondere Lufterscheinung und die Bewohner jener Gegenden zitterten. Nach und nach ließ der Ball sich auf das Meer herab, ohngefahr 25 Miglien von der italienischen Küste. Ein Theil der Gallerie senkte sich in das Wasser, Zambeccari selbst stand bis an den halben Leib darin, hoffte jedoch das Ufer zu erreichen oder ein rettendes Fahrzeug anzutreffen.

Er warf angstvoll seine Blicke umher, aber ach! nichts als Himmel und Wasser wurde er gewahr. Der Muth verließ ihn nicht; weit, meinte er, könne er nicht mehr von der Küste sein. Der Wind, der auf der See in entgegengesetzter Richtung von derjenigen blies, die er oben in der Luft gehabt hatte, werde ihn bald wohl dahin führen. Als er aber lange vergeblich wartete und keine Küste am Horizont erschien, wollte er sich wenigstens gegen Ermattung oder Schlaf durch Anklammern an einem Stricke sichern und zog daher das Ankerseil nach sich, welches zu seiner Linken im Wasser hing. Aber wie groß war sein Erstaunen, als er bemerkte, daß der Anker im Grunde gefaßt hatte und folglich den Ball verhinderte fortzurücken. Er sah augenblicklich die Nothwendigkeit ein, das Seil zu kappen: aber wie? womit? Er hatte kein Werkzeug dazu, er hatte nicht einmal Hände zur Arbeit; die Rechte war ihm erfroren, die Linke verstümmelt. Die Noth machte ihn erfinderisch. Er zerbröckelte die Linse eines Fernrohrs, welches er bei sich hatte, faßte das große Stück derselben mit den Zähnen und fing an, das von Seide gedrehte Seil durchzufeilen, welches, da es durchweicht war, leichter nachgab. Endlich gelang es ihm, die Maschine wurde flott, mit günstigem Winde und guten Hoffnungen trieb sie der italienischen Küste zu und Zambeccari half, so viel er konnte, durch die ruderförmige Bewegung seiner Arme."[4]

Das Unvorstellbare geschah ein zweites Mal. Wieder näherten sich einige Fischerbarken, doch bis auf eine wendeten alle Steuerleute in panischem Schrecken, weil sie die seltsame, sich bewegende Masse im Wasser für ein Gespenst hielten. Erschöpft, blutbeschmiert, entstellt von Brandwunden, wurde Zambeccari an Bord des Bootes gezogen und an Land gebracht. Er überlebte, auch wenn zwei Finger amputiert werden mußten und die Heilung Monate dauerte.

Einige Jahre blieb es still um den Grafen Zambeccari. Erst im September 1812 überraschte der inzwischen Sechzigjährige seine Mitbürger damit, daß er den Traum vom Fliegen und Lenken der Aerostaten doch nicht aufgegeben hatte. 30 000 Zuschauer erlebten in Bologna die Zurüstung der Maschine und die peinliche Situation, als sich herausstellte, daß sie drei Passagiere nicht tragen konnte, und einer durch Losentscheid zurückbleiben mußte. Der Ballon mit Zambeccari und einem Mitfahrer im Korb erhob sich dann so träge, daß ihn der Wind auf einen Baum zutrieb. Äste bohrten sich in die Lampe und Spiritus ergoß sich über die beiden Luftfahrer, deren Kleider sofort Flammen fingen. Der Begleiter sprang auf einen Ast, der abbrach, und fiel zu Boden. Schwerverletzt stürzte auch Zambeccari von der Galerie und starb – wie eine Zeitung schrieb – „als ein Opfer seiner Theorie".[5]

Francesco Zambeccari, der erste Seemann am Himmel, ist die tragische Figur der frühen Luftfahrt. Besessen von einer Idee, opferte er Vermögen, Gesundheit und schließlich das Leben. Sein Widersacher und für einige Jahre aeronautischer Weggefährte, Vincenzo Lunardi – obwohl auch er zeitweise vom Pech verfolgt –, war der vollkommene Gegensatz, der Prototyp des eleganten, angehimmelten Luftschiffers, des schönen, wagemutigen Mannes, der die Phantasie bewegte, den Verini und Gainsborough malten und den gefühlvolle Verse besangen. Beide aber gehören zur Gilde des Dutzends Luftfahrer, das sich zwischen 1783 und 1785 den unerprobten Apparaten anvertraute. Und Zambeccaris verbissene Kämpfernatur beeindruckte sieben Jahrzehnte nach seinem Tod einen Deutschen so nachhaltig, daß sich sein Leben veränderte: Otto Lilienthal, der 1891 die ersten Luftsprünge nach dem Vorbild des Vogelfluges durchführte – den entscheidenden Schritt zum gesteuerten Fliegen.

Die unlenkbare Maschine – Enttäuschung, Stillstand und ein Versuch als Kriegsgerät (1786-1794)

Zwei Fragen bewegten die Menschen bereits in der Geburtsstunde des Ballons: kann man die Luftschwimmkugel lenken – taugt sie zum Einsatz im Krieg? Die Brüder Montgolfier wollten erst einmal in die Höhe, aber auch sie erwogen schon nach den beiden geglückten unbemannten Versuchen auf dem heimischen Fabrikgelände die militärische Nutzung, „um Nachrichten von einer belagerten Stadt zu verbreiten".

Joseph Montgolfier erkannte ein knappes Jahr später, wie zwecklos die Erfindung bleiben würde, wenn die Lenkung mißlänge. Und er schlug der Akademie in Lyon ein System vor, das auf dem Rückstoßprinzip basierte: die heiße Luft sollte aus einem Loch ausströmen und den Ballon vorantreiben.

Nach den ersten Fahrten über Paris beherrschte vor allem die Hoffnung auf eine neue Epoche des Handels zwischen den Völkern die öffentliche Debatte. Das Wasser habe nun als verbindendes Element ausgedient, mit all der Unberechenbarkeit von Stürmen, widrigen Strömungen und Eisbildung im Winter. Ein Bericht aus den Herbsttagen des Jahres 1783 nennt die Vorteile des neuen Verkehrsmittels: „Auch liegen nicht alle Städte und Völkerschaften am Meer oder wenigstens an einem der schiffbaren Ströme, um so der Segnung des Handels teilhaftig zu werden, – alle Straßen aber grenzen an den größeren Ozean der Luft an. Die Luft also bietet alle Vorteile des Wassers und ist frei von seinen Fehlern, sobald die beiden großen Wünsche der französischen Nation erfüllt sein werden: aerostatische Maschinen mit weniger Unkosten verfertigt zu sehen und sie nach Willkür bewegen zu können."[1] Die Gleichsetzung von Wasser und Luft schien für jeden, an der Zukunft des fliegenden Balles interessierten Zeitgenossen selbstverständlich. Endlich schien Wirklichkeit zu werden, was Albertus Magnus vor sechshundert und Francesco Lana vor hundert Jahren gefordert hatten, „die Luft schiffbar zu machen". Niemand konnte sich vorstellen, daß dies anders zu bewerkstelligen sei als nach dem Vorbild der Seefahrt. So sahen denn auch die Schriftsteller die ersten auffahrenden Menschen als „Luftseemänner auf himmlischen Wellen" und verglichen sie mit den großen Entdeckern, mit Christoph Kolumbus und James Cook. Aber auch die Erbauer der aerostatischen Maschinen begriffen ihr Handwerk ebenso: sie konstruierten Gondeln, die wie Boote aussahen, schmückten sie mit Galionsfiguren und Flaggen und gaben ihnen in feierlichem Taufakt Namen. An Bord des irrtümlich als Luftschiff bezeichneten Gefährts hatte ein Kapitän oder Luftnavigator wie Pilâtre de Rozier das Kommando, und Blanchard zum Beispiel trat zeitlebens in einer blauen Matrosenuniform auf. Auch die Hilfsmittel zur Erfüllung der Führungsaufgabe waren die eines Schiffskapitäns: Kompaß, Teleskop, Sprachrohr und Karte, wenn auch eine, auf der Landstraßen, Berge und Städte verzeichnet waren. Der Luftschiffer konnte aber nur den Startplatz bestimmen, dann schwamm sein Fahrzeug, einer abtreibenden Boje im Luftozean vergleichbar, den Winden folgend, mit unbekanntem Ziel umher. Nach Seemannsart wurde beim Landen Anker geworfen, und die imposante Kugel schrumpfte zu einem faltigen, unansehnlichen Sack zusammen, durchaus den Seeschiffen ähnlich, die mit nackten Rahen im Hafen auch etwas kläglich aussahen. Bei so viel äußerlicher Übereinstimmung, gleichen Gerätschaften und Bezeichnungen, war es nur konsequent, auch die Lenkbarmachung mit Mitteln der Seefahrt zu probieren: Segeln, Rudern, Paddeln und Steuerflächen. Denn ohne nach Belieben vorwärts, rückwärts und in Kurven steuern zu können, würde der Ballon immer eine nutzlose, wenn auch hübsche Spielerei bleiben.

Mit beachtlicher Schnelligkeit und Entschlußkraft — nur drei Tage nach der Luftreise César Charles' —, am 4. Dezember 1783, eröffnete die Akademie von Dijon den Wettbewerb um den dirigierbaren Aerostaten. Ihre Mitglieder verwarfen in einer außerordentlichen Sitzung das Projekt eines Mathematikers, der zwanzig Ballons aneinanderbinden wollte, die von ebenso vielen, in Gondeln sitzenden Luftruderern durch das dünne Medium bewegt werden sollten, und sie erteilten Guyton de Morveau den Auftrag, auf Kosten des Instituts ein lenkbares Luftschiff zu bauen. Drei Monate später war eine stattliche „Charlière" entstanden; auf Äquatorhöhe der Hülle befand sich an beiden Seiten ein ovales Ruderblatt, das, mit kleinen Winkelarmen versehen, von der Gondel mit einem Seilzug bewegt wurde. Auf derselben Höhe, „vorn", eine Art Bug, zwei spitzwinklig zulaufende, wappengezierte Flächen zur Zerteilung der Luft und „hinten" ein großformatiges Steuerruder. Zweimal stieg Morveau mit diesem Apparat auf und hatte schließlich den Eindruck: „Durch die Anwendung des Steuers und lebhaften Gebrauch der Ruder gelang es uns wirklich, auf

Lenkungsversuche – der angeblich dirigierbare
Aerostat Guyton de Morveaus in Dijon am
25. April 1784

die Strecke von ungefähr 200 Klaftern die beabsichtigte Richtung nach Dijon zu behalten."[2]

Zur selben Zeit führte die konkurrierende „Akademie der Wissenschaften" von Lyon ein Preisausschreiben durch und erhielt 96 zum Teil abenteuerliche Entwürfe, von denen glücklicherweise keiner ausgeführt wurde. Tiberius Cavallo bewertet in der „Geschichte und Praxis der Aerostatik", die, 1786 aus dem Englischen übersetzt, auch in Deutschland erschien, die Entwicklung so: „Die allervernünftigsten Vorschläge zur Lenkung aerostatischer Maschinen sind die, welche an einer Seite der Maschine eine Gewalt gegen die umgebende Luft gebrauchen wollen, durch welche die Kugel nach einer entgegengesetzten Richtung bewegt werden soll ... Man hat vorgeschlagen, von einer Seite Druck gegen die Luft zu verursachen, durch den Strom des Dampfes, der aus einer Dampfmaschine hervorquölle, und die Kugel in die entgegengesetzte Richtung triebe. Man fürchtet aber, daß das Gewicht einer solchen Anstalt zu groß für die Wirkung seyn möchte, die man davon erwarten kann. Die nämliche Wirkung hat man durch Schießpulver hervorbringen, und, zum Beyspiel, Raketen an der Maschine befestigen wollen, die, wenn sie abgefeuert würden, ihren Schlag in eine dem vorgehabten Laufe der Kugel entgegengesetzte Richtung würfen; es würde aber gefährlich seyn solche zu nahe zu der entzündbaren Luft einer Kugel zu bringen, welche damit gefüllt wäre. Indessen verdient doch die Wirkung, die man dadurch hervorbringen könnte, untersucht zu werden. Ruder und Flügel sind die einzigen Mittel dieser Art, deren man sich wirklich mit einigem Erfolg bedient hat, und diese scheinen einer merklichen Verbesserung fähig zu seyn, ob man sich gleich nicht eben eine allzugroße Wirkung davon zu versprechen hat, insonderheit wenn die Maschine sehr schnell geht."[3]

Im Gegensatz zu Rudern und Flügeln verschwanden die Segel sehr schnell, da jeder sah, wie sie schlaff und unbrauchbar herunterhingen. Mit Rudern und Flügeln versuchten es Blanchard, die Gebrüder Robert bei ihrem verunglückten Aufstieg mit dem Herzog von Chartres, Lunardi, Zambeccari und zahllose Unbekannte. Sie alle hofften, das Geheimnis zu entdecken, den befreienden Durchbruch zu schaffen, und wurden immer wieder enttäuscht oder auch getäuscht, wie Morveau, wenn sich durch Zufall Bewegungen oder Fahrtrichtungen ergaben, die sie für den Beweis des Lenkens hielten. Leider wurde der

Vorschlag Cavallos nicht verwirklicht, „daß man diese und andere Flügel sowohl, als andere Lenkungsmittel, in stiller Luft versuchen möchte. Ein großer Saal, eine Kirche, oder ein ähnlicher Platz wäre zu dergleichen Versuchen hinlänglich."[4] Eine derartige, wirklich wissenschaftliche Prüfung hätte Geld gespart und vergebliche Bemühungen verhindert.

Gegen Ende des Jahres 1785 begannen viele zu begreifen, daß die Steuerung Wunschdenken bleiben mußte, Utopie, trotz all der Ruder, Schrauben, Windmühlen- und Schlagflügel. Es stand schließlich fest: Der Ballon würde nie gegen den Wind kreuzen können wie ein Segelschiff, und zu lenken war er nur in der Vertikalen, durch Ventil und Ballastabgabe, durch Abkühlen und Heizen. So konnten allenfalls durch Sinken und Steigen Strömungen im Luftmeer ausgenutzt werden – der Ballon blieb trotzdem eine passive Kugel. Für die Eingeweihten waren damit alle Hoffnungen auf Luftverkehr und Handel zerronnen, und auch die Militärs mußten einsehen, daß sich ihre Pläne zur Bedrohung und Vernichtung des Feindes zerschlagen hatten. Wissenschaftler und Flugerfinder resignierten – das war er nicht, der erträumte Weg zum gesteuerten Menschenflug. Das Interesse des Publikums sank und schlug häufig in rechthaberische Verdammung der „sinnlosen Spektakel" um. Der Reiz der Neuheit war verflogen, und es setzte nun eine Entwicklung ein, die den Ballon bald zum Requisit von Jahrmärkten degradierte. Nur die Künstler blieben inspiriert und angerührt von der Kugel am Himmel. Louis Watteau malte Blanchards Aufstieg in Lille, Francesco Guardi eine Luftdarbietung über der Lagune von Venedig und Julius Caesar Ibbetson in London Lunardis Ballon kurz nach dem Abheben in zarten, goldbraunen Farben.

In Frankreich stiegen ab 1786 nur noch wenige Luftkugeln auf. Ein wesentlicher Grund für den Stillstand dürfte die Ernüchterung über ein Gerät gewesen sein, das sich dem menschlichen Willen so hartnäckig verweigerte. Ein anderer waren die zunehmenden politischen Unruhen im Land: Pamphlete gegen Marie-Antoinette, die berüchtigte Halsbandaffäre und die katastrophale Verschuldung des Staates. Das alles führte zu Unsicherheit, Empörung und einer schleichenden Vergiftung des gesellschaftlichen Klimas, eifrig geschürt durch bezahlte Agitatoren Philipp von Orléans', des Herzogs von Chartres, der als Vetter des Königs auf den Thron hoffte. Zu späte und halbherzige Reformen konnten die Spannungen nicht mehr entschärfen. Auf der einen Seite das alte absolutistische System mit einer Adelskaste, die zäh ihre Privilegien verteidigte, auf der anderen ein selbstbewußt gewordenes Bürgertum, das die Lektion der Aufklärung gelernt hatte und nun nach Rechten verlangte. Als dann noch durch Dürre und Mißernte die armen Bauern und Unterschichten in den Städten vom Hunger bedroht wurden, kam es am 14. Juli 1789 in Paris zum bewaffneten Aufstand, zur Erstürmung der Bastille. Am selben Abend schrieb Ludwig XVI. in sein Tagebuch: „rien" – nichts –. Er ahnte nicht, daß eine Revolution begonnen hatte, die Frankreich und Europa umpflügen sollte.

In Annonay wurden auch die Brüder Montgolfier in die Wirbel des Umbruchs gerissen. Ihr frisch erworbener Adelstitel galt nichts mehr, es schien ratsam, Wappenschild und Ringe zu verstecken, und auch die Papiermanufaktur hatte den geschäftsfördernden Titel „Königliche" fürs erste verloren. Etienne arbeitete bald in der neuen republikanischen Verwaltung der Provinz, und Boissy d'Anglas sagt über ihn zu Beginn der Revolution: „Etienne war auch Freimaurer. In jeder politischen Situation bewahrte er sich seine Unbestechlichkeit und Unabhängigkeit, auch in der wichtigen Frage der Monarchie."[5] Der Freund verschweigt zwar die Einstellung Etiennes zum König und zur Revolution, aber es ist anzunehmen, daß er wie Voltaire eher an ein von Philosophen gelenktes Königtum dachte.

Professor César Charles lebte zu dieser Zeit als Wissenschaftler und Pensionär der Krone im Louvre in einigen kleinen Räumen neben der Galerie d'Apollon. Er mußte am 10. August 1792 mit ansehen, wie Aufständische das Tuilerienschloß belagerten und sich der König kampflos ergab. Nach dem wenig ehrenhaften Abzug des Königs durchstreiften die mit Flinten und Knüppeln bewaffneten Sansculotten beutegierig das Schloß und kamen auch in den Louvre-Flügel. Und nur weil ihn einer erkannte und den berühmten Namen rief, entkam César Charles den Gewalttätigkeiten. Statt ihn als ein Mitglied der verhaßten Hofclique zu schlagen und gefangenzunehmen, ließen die Aufrührer das Idol aus friedlicheren Tagen hochleben: „Vive Charles – vive le ballon!"

Ein Jahr später entdeckten die Franzosen den Ballon als Kriegsgerät. Von Luftstreitkräften oder einer Luftmarine hatte man vor Jahren geträumt, jetzt gab es die willkommene Gelegenheit zur Erprobung und Bewährung. In einem Krieg, der 1792 als Kreuzzug, als Befreiung der von ihren Herrschern unterjochten Völker Europas begann und der dann gegen die Allianz aus Österreichern, Preußen, Holländern, Engländern und Russen fast zwanzig Jahre dauern sollte. Ein endloser Wechsel von Kapitulationen und Siegen, Schlachten und Scharmützeln, Friedensschlüssen und neuen Feindseligkeiten. Der Pariser Wohlfahrtsausschuß, die oberste revolutionäre Regierungsgewalt, setzte eine Kommission ein, die alle Erfindungen auf Verwertbarkeit zum Wohle der Republik überprüfen sollte. Und Guyton de Morveau, durch seine Steuerversuche als erfahrener Luftschiffer ausgewiesen, unterbreitete den Plan, gefesselte Ballons als erhöhte Beobachtungsstationen zur Observierung der feindlichen Truppenbewegungen einzusetzen. Der Vorschlag wurde angenommen, und einige Monate später zog eine Kompanie „Aerostiers" nach Osten auf den deutschen Kriegsschauplatz am Rhein, ausgerüstet mit dem ersten Kriegsballon, der den Namen „L'Entreprenant" – der Kühne – trug. In Maubeuge fand am 2. Juni 1794 die Premiere statt. „Unsere erste Auffahrt erfolgte unter dem Donner der Kanonen und den Hurras der ganzen Garnison", berichtet der Baron von Selle-Beauchamp. „Der von dem Genieoffizier bei der Rückkehr erstattete Bericht war so klar und ausführlich, daß es von nun an dem Feinde unmöglich sein mußte, irgendeine Bewegung zu machen, die nicht sofort in der Stadt bekannt war. Die moralische Wirkung, welche das so neue Schauspiel im österreichischen Lager hervorbrachte, war eine ungeheure; es machte vor allem die Führer betroffen, denn diese bemerkten nur zu bald, daß ihre Soldaten glaubten, es mit Zauberern zu tun zu haben."[6] Aber das war nur der erste Eindruck – Schrecken und Scheu verschwanden, nachdem der Ballon immer wieder auftauchte. Er wurde in Charleroi, in Jumey verwendet und während der für die Revolutionstruppen siegreichen Schlacht von Fleurus im Juni 1794, bei der ein Hauptmann und ein General ihre Beobachtungsmeldungen an kleinen, mit Metallringen versehenen Sandsäcken die Haltetaue herunterrutschen ließen; von Offizieren in Empfang genommen, überbrachte man sie sofort dem Oberbefehlshaber. Später stand der von einer Winde hochgelassene „L'Entreprenant" bei Lüttich, Mainz, Mannheim und Worms. Die einschüchternde Wirkung war jedoch

Der Ballon im Krieg –
Schlacht von Fleurus am 26. Juni 1794

dahin – man feuerte mit Flinten und Kanonen auf das herausfordernde Ziel. Und die Nachteile des Einsatzes konnte bald
niemand mehr übersehen: bei stärkerem Wind ließen die Er-
kundungsergebnisse zu wünschen übrig, da der Korb so stark
schwankte, daß die beiden Beobachter Mühe hatten, sich festzuhalten, geschweige denn, durch Teleskope visieren konnten.
Außerdem dauerte die Füllung zu lange, so daß der Ballon als
weithin sichtbare Kugel auf Fuhrwerken transportiert werden
mußte, wollte man nicht immer wieder von vorn anfangen. All
diese Prozeduren waren zeitraubend, und trotz Ballonbeobach-
tungen gingen Schlachten verloren. So fiel das neue Kriegsgerät
zwar nicht direkt in Ungnade, aber es geriet in Vergessenheit.
Eine eigens gegründete Schule für Militärluftschiffer in Meu-
don existierte noch einige Jahre, führte aber ein Schattenda-
sein, bis Napoleon sie auflöste. Dessen Abneigung gegen die
widerspenstigen, luftigen Maschinen steigerte sich zu regel-
rechtem Widerwillen, als im Dezember 1804, anläßlich seiner
Krönung zum Kaiser der Franzosen, von fünf unbemannten
Schauballonen ausgerechnet das mit einer gewaltigen Kaiserkrone dekorierte Exemplar bis nach Rom flog und dort am
Grabmahl Neros hängenblieb, bevor es im See von Bracciano

versank. Ein willkommener Anlaß für schadenfrohes Gelächter und beziehungsreiche Anspielungen.

In den zwanzig Jahren ihrer Existenz hatten sich die Ballone nicht zähmen lassen. Niemandem gelang es, sie zu lenken, und auch für die Schlachtfelder blieben sie untauglich. Zu Recht nannte man sie „ballon libre" – Freiballone.

Luftfahrt in Deutschland – der Beginn 1783-1785

Die Nachricht vom Emporschweben zweier Menschen erreichte den deutschen Sprachraum nur wenige Wochen später. Sie kam nicht überraschend, denn die Zeitungen und Korrespondenzen hatten in den davorliegenden Monaten jede Station der rasch fortschreitenden Entwicklung ausführlich dargestellt. Augenzeugenberichte, Protokolle und Briefabdrucke machten einen gebannten Leserkreis mit den ungeheuerlichen Vorgängen in Paris vertraut. Neben den fast immer erstaunlich sachlichen und genauen Abhandlungen über die Ereignisse im Reveillonschen Garten, vor dem Versailler Schloß, im Park von La Muette und vor den Tuilerien erschienen auch bald erste Kommentare mit einiger Bissigkeit und Ironie. Christoph Martin Wieland karikierte im Dezember 1783 als Herausgeber des „Deutschen Merkur" in Weimar die „neuesten Schritte der Franzosen zur Kunst zu fliegen" und appellierte an seine Landsleute mit unüberhörbarem Unterton: „Eine Erfindung, welche die tägliche Unterhaltung und den Stolz der lebhaftesten und witzigsten Nation des ganzen Erdballs bildet, ist wenigstens wichtig genug, um unser teutsches Flegma eine Viertelstunde beim Thee oder bey einer Pfeife Tabak am Kamin zu unterhalten ...".[1] Doch schon einige Monate später, im Januar 1784, bedauerte Wieland, daß er eine so ernste Sache lächerlich gemacht habe, und in dem Aufsatz „Die Aeronauten" heißt es daher: „Indessen trifft dieser Tadel den Verfasser nicht allein: er gilt (wenn wir es sagen dürfen) allen den Deutschen Patrioten überhaupt, denen man mit Verkleinerung und Verspottung der Franzosen immer willkommen ist, wie unbillig auch oft beides seyn mag. Denn, im Grunde, und wenn wir – wo nicht edelmütig genug sind, unseren alten Brüdern und Landsleuten jenseits des Rheins ihr Recht widerfahren zu lassen, wenigstens nur weise genug wären, uns nicht dem Verdacht auszusetzen, als ob wir bloss darum die Grimasse der Verachtung gegen sie machten, weil es uns unangenehm sey ihre Vorzüge zu fühlen: so müssten wir bekennen, dass das Französische Publikum von der Lebhaftigkeit und Wärme, womit es gleich Anfangs Theil an der Sache nahm, ja selbst von der schwärmendsten Wirkung dieser Theilnehmung, die uns von ferne so possierlich vorkamen, mehr Ehre hat, als wir von der kalten Gleichgültigkeit, womit wir an ihrem Platze sie vermuthlich aufgenommen hätten ... Die Sache selbst ist das grösste, was Menschenwitz und Menschenkunst jemals seit Erfindung der Wasserschiffahrt hervorgebracht haben ... In einer Art Luftfahrzeug, dessen blosse Möglichkeit behaupten zu hören nur sechs Monate zuvor jeden grossen und kleinen Naturforscher lächeln gemacht hätte, ... mit der Geschwindigkeit einer vom Winde getriebenen Wolke hoch in den Lüften daher schwimmen zu sehn – ein so grosses, so wunderbares, so schauerliches, so einziges Schauspiel, muss in seiner ersten Neuheit ... einen Grad von Entrücken hervorbringen, der nur durch das Wonnegefühl desjenigen übertroffen werden konnte, der den Muth hatte, einen solchen Versuch zu machen ...“[2]

Wieland sprach jetzt aus, was viele empfanden: Überwältigung, Ergriffenheit, das Gefühl des Erhabenen. Etwas nüchterner, aber ebenfalls berührt, schreibt Goethe an Lavater: „Ergötzen Dich nicht auch die Luftfahrer? Ich mag den Menschen gar zu gerne etwas gönnen. Beyden, den Erfindern und den Zuschauern.“[3]

Entwurf einer Fächerbemalung

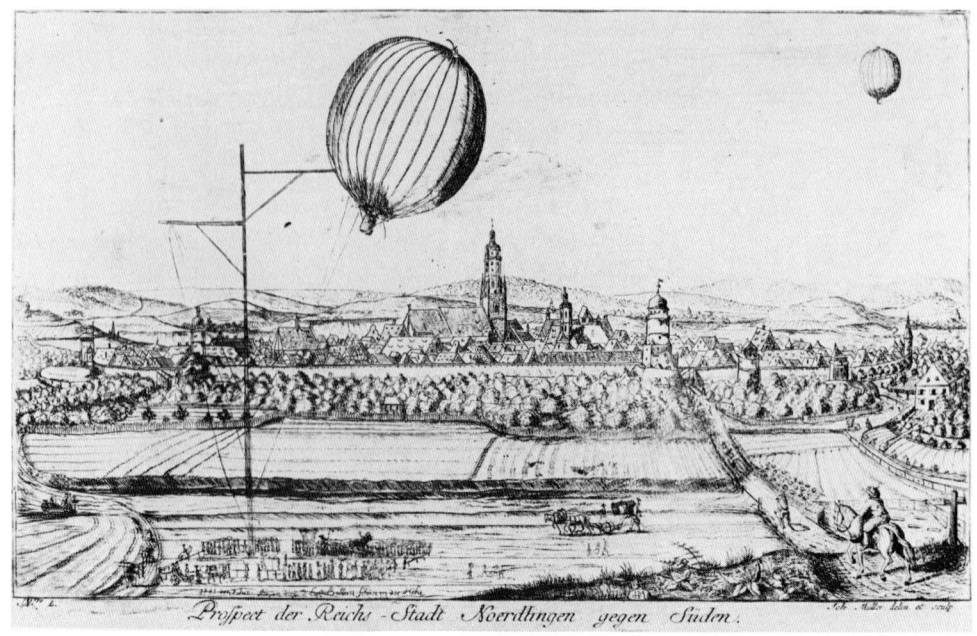

Unbemannter Ballon bei Nördlingen –
7. Juni 1785

Das Vergnügen ließ in Deutschland nicht lange auf sich warten. Mit Wasserstoff aufgeblasene Kugeln aus Goldschlägerhäutchen stiegen auch hier bald zum Himmel. In Berlin schaffte es der Chemiker Carl Achard schon im Dezember 1783, und
im Januar des folgenden Jahres baute in Ottobeuren der Benediktinerpater Ulrich Schiegg eine Montgolfière. Dann flogen
sie zu Dutzenden, in allen Regionen des Reiches: in Braunschweig, Augsburg, Mannheim und Nördlingen. Nicht alle
sind registriert, aber sie waren ein sichtbares Zeichen, daß sich
das Ballonfieber auch diesseits des Rheins auszubreiten begann. Bald gab es Bonbonnieren, Armbänder, Fächer, Teller,
Gläser und Keramiken, die das Ballonmotiv unübersehbar zierten. Und die übersetzte Fassung des Buches von Faujas sorgte
für eine Verstärkung des Auftriebs um die Luftkugel. In Weimar lasen es der Herzog und der gerade geadelte fünfunddrei
ßigjährige Goethe, der später im „Naturwissenschaftlichen
Entwicklungsgang" bekennt: „Die Luftballone werden entdeckt. Wie nah ich dieser Entdeckung gewesen. Einiger Verdruß, es nicht selbst entdeckt zu haben. Baldige Tröstung."[4] Es
muß für Goethe, der sich ja nicht als Dichter, sondern als
Naturwissenschaftler verstand, schmerzlich gewesen sein – wie

für Lichtenberg und viele andere –, durch die Entschlüsselung des Rätsels zu erfahren, wie einfach und lösbar die Sache eigentlich gewesen wäre: heiße Luft und ein Papier- oder Seidensack. Auf einer Reise nach Kassel im Herbst 1783 erlebte Goethe den verunglückten Versuch mit einem „Pariser Luftball", den der Anatom von Sömmering durchführte. In Weimar hantierte der Arzt und Apotheker Buchholz mit Montgolfièren, die aber nicht recht fliegen wollten. „Buchholz peinigt vergebens die Lüffte, die Kugeln wollen nicht steigen. Eine hat sich einmal gleichsam aus Bosheit bis an die Decke gehoben und nun nicht wieder."[5] Und als das immer wieder mißlang, mußte die Sache in die Hand genommen werden: „Ich habe nun selbst in meinem Herzen beschlossen, stille anzugeben, und hoffe auf die Montgolfiers Art eine ungeheure Kugel gewiß in die Lufft zu jagen."[6] Aber das dauerte einige Monate; erst im Juni 1784 stieg eine auf Veranlassung des Herzogs gebaute Montgolfière auf, und Goethe bemerkt: „Es ist ein schöner Anblick, nur hält sich der Körper nicht lange in der Luft, weil wir nicht wagen wollen, ihm Feuer mitzugeben."[7]

Die Montgolfièren haben in seinem Werk deutliche Spuren hinterlassen. Im „Faust" weiß Mephisto Rat, als es darum geht, die enge Studierstube zu verlassen, um die große Welt zu sehen:

„Ein bißchen Feuerluft, die ich bereiten werde
Hebt uns behend von dieser Erde.
Und sind wir leicht, so geht es schnell hinauf;
Ich gratuliere dir zum neuen Lebenslauf."[8]

Im didaktischen Teil der „Farbenlehre" verwendet Goethe Beobachtungen von Luftfahrern, die Mond und Sonne über den irdischen Dünsten in ungewohnten Farben gesehen hatten, und auch das Phänomen der Aureole wird vermerkt: „So hat man auch um die Schatten der Luftballone, welche auf Wolken fielen, helle und einigermaßen gefärbte Kreise bemerken wollen."[9] Die Möglichkeit des ungewohnten freien Blicks von der Höhe des Luftballons, „der sich durch eine eigne Luftart über alles weg schwingt und da Flächen unter sich sieht, wo wir Berge sehn",[10] bannte Goethe derart, daß er in Straßburg das Flugerlebnis nachempfinden wollte. "Ich erstieg ganz allein den höchsten Gipfel des Münsterturms und saß in dem sogenannten Hals, unter dem Kopf oder der Krone, wie man's nennt, wohl eine Viertelstunde lang ... Es ist völlig, als wenn man sich auf einer Montgolfière in die Luft erhoben sähe."[11] Der Ballon beschäftigt ihn. Immer wieder taucht die Kugel auf, in den naturwissenschaftlichen Schriften, in Briefen an Charlotte von Stein, Knebel und seine Mutter. Gedichte werden mit Luftballons verglichen, als ein Symbol der Dichtung: „Die wahre Poesie kündet sich dadurch an, daß sie, als ein weltliches Evangelium, durch innere Heiterkeit, durch äußeres Behagen uns von den irdischen Lasten zu befreien weiß, die auf uns drücken. Wie ein Luftballon hebt sie uns mit dem Ballast, der uns anhängt, in höhere Regionen und läßt die verwirrten Irrgänge der Erde in Vogelperspektive vor uns entwickelt daliegen."[12] In den „Maximen und Reflexionen" werden die Empfindungen aus den ersten Tagen der Luftschiffahrt später noch einmal zusammengefaßt: „Wer die Entdeckung der Luftballone miterlebt hat, wird ein Zeugniß geben, welche Weltbewegung daraus entstand, welcher Antheil die Luftschiffer begleitete, welche Sehnsucht in soviel tausend Gemüthern hervordrang, an solchen längst vorausgesetzten, vorausgesagten, immer geglaubten und immer unglaublichen, gefahrvollen Wanderungen theilzunehmen, wie frisch und umständlich jeder einzelne glückliche Versuch die Zeitungen füllte, zu Tagesheften und Kupfern Anlaß gab, welchen zarten Antheil man an den unglücklichen Opfern solcher Versuche genommen. Dieß ist unmöglich selbst in der Erinnerung wieder herzustellen. ..."[13] Goethe gelingt es, die Stimmung jener ersten drei Jahre einzufangen, das Gefühl des Aufbruchs, die bewegten Gespräche und Korrespondenzen, verbunden mit den unterschiedlichsten, oft vagen Hoffnungen auf Veränderungen in der Zukunft.

Anfang der achtziger Jahre lebten die Deutschen noch im „Heiligen Römischen Reich Deutscher Nation", einem Gebilde, das deutliche Anzeichen von Ermüdung zeigte: „Der alte, mächtige Bau war eine inhaltlose Form geworden, wie Leichensteine auf einem Kirchhof standen Kaisertum und Reichstag, Reichsgericht und Reichsarmee umher und bekundeten, daß hier jetzt steif und starr und kalt liege, was sich in frischem Lebensmut bewegt hatte. Als verwitterte Denkmale untergegangener Größe riefen sie, wo Leichtsinn herrschte, Spott und Hohn, und wo noch ein Herz für die Geschicke seiner Nation schlug, Grimm und Schmerz hervor."[14] In Wien residierte zwar der Kaiser, aber der hatte keine Macht über die deutschen Kurfürsten und Landesherren. Deutschland war zersplittert in Königreiche, Herzogtümer, Landgrafschaften, Erzbistümer und freie Reichsstädte. Fast dreihundert Kleinstaaten und Residenzen behinderten und beargwöhnten sich gegenseitig durch Grenzen, Zollschranken und unterschiedliches Recht. Neben Fürstenwillkür, Unterdrückung und Ausbeutung gab es auch aufgeklärte, reformfreudige Herrscher, die Schulen und neue Industriezweige eröffneten und die Leibeigenschaft beseitigten. Aber den Bewohnern dieses zerrissenen Deutschlands, die in Abhängigkeit lebten und ihren „allerdurchlauchtigsten" Herrschern unterwürfig zu dienen hatten, fehlte ein Zentrum, ein geistiger Mittelpunkt, zu dem später Weimar durch Goethe werden sollte. Das war wohl auch der Grund, warum sich die Luftkugeln nur in den Gärten oder Schloßhöfen von Residenzen erhoben, und es nur wenige wagten, Proben auf eigene Faust anzustellen. Einigen Fürsten gefiel die „Luftmacherey" ohnehin nicht, sie mißtrauten dem Schnickschnack, durch den ihre Untertanen nur auf dumme Gedanken kommen und von der Arbeit abgelenkt würden. Andere wußten sich durch Befehle gegen die neue Mode durchzusetzen und fanden einleuchtende Begründungen wie Wilhelm IX., der Landgraf zu Hessen, der in Kassel am 12. Dezember 1785 eine Regierungsverordnung erließ: „Liebe Getreue! Nachdem durch die seit einiger Zeit aufgekommenen Luftballons leicht Brandschaden entstehen kann, so finden Wir uns zur Abwendung von Unglücksfällen gnädigst gewogen, hierdurch zu verordnen, daß niemand sich ermächtigen soll, bei 100 Reichsthaler Herrschaftlicher Strafe, einen solchen Ballon aufsteigen zu lassen."[15] Diesem Beispiel folgten bald weitere Fürsten, und so erlahmte die Lust, sich mit der französischen Erfindung im praktischen, ohnehin kostspieligen Experiment vertraut zu machen. Und es ist sicher kein Wunder, daß der entscheidende Schritt zum bemannten Höhenflug vor den Toren der Freien Reichsstadt an der Elbe gewagt wurde.

„Ein Deutscher wagt's zum ersten Mal" – Johann Hooghe in Altona 1786

In Hamburg brachten die Nachrichten aus Frankreich bereits zum Jahresbeginn 1784 eine kleine Gruppe von naturwissenschaftlich Interessierten in Bewegung, und als sich auch noch die städtischen Kupferstecher der Sensation bemächtigten, kannte man bald in jeder Hafenspelunke das Bild der blaugelben Montgolfière mit den leuchtenden Sonnen und Löwenköpfen. Und wie in anderen deutschen Städten, so ließen auch die Hamburger eifrig unbemannte Ballons aus unterschiedlichen Materialien aufsteigen. Einige Bürger erkannten dabei die geschäftlichen Möglichkeiten: Um die Schaulust und damit auch die Einnahmen zu steigern, verwandelten sie die immer gleichen, wenig aufregenden Kugeln in Menschenpuppen und Tiere. Zur Ehre des für reichlich merkantil gehaltenen Gemeinwesens sei vermerkt, daß am 11. November 1784 ein wasserstoffgefüllter Fisch ausschließlich zu wohltätigen Zwecken aufstieg, „indem ein jeder Zuschauer durch eine freywillige Gabe das Seine beiträgt, zur Anschaffung einer Parthey Brennholzes, um damit herannahendem Winter einige notdürftige Familien zu unterstützen." Und auf demselben kleinen Handzettel „An das Menschenfreundliche Hamburger Publikum" heißt es zum Schluß: „Daher ist diese schöne Erfindung der aerostatischen Maschinen, die das Fortrücken des menschlichen Witzes mit unauslöschlichen Zügen bereichert, nur zur Befriedigung einer kindischen Neugier angewandt worden. Unsere Stadt muss den Vorzug haben, und dann stolz darauf seyn, dass sie hier zum erstenmahl zum Wohl einiger Menschen angewandt wird."[1] Für die notleidenden Familien – es gab in jener Zeit, trotz florierender Wirtschaft und vorbildlicher Armenfürsorge, eine starke Verelendung der unteren Schichten – war die caritative Tat so erfolgreich, daß sie sich im Jahr darauf wiederholte, diesmal allerdings nicht ohne Folgen: Der aerostatische Fisch landete am Abend im Lüneburgischen und versetzte die Landbevölkerung in Panik. In einem amtlichen Bericht ist zu lesen: „Die meisten Einwohner des Dorfes (Tarmitz) waren eben auf dem Felde mit Ausgrabung der Erdtoffeln beschäftigt und erschraken bey Erblickung der Maschine, die sie in ihrem Aberglauben für einen Drachen oder Abgesandten des Teufels hielten, nicht wenig, aber ein beherzter Bauer nahete sich ihr, und machte dem Schröcken ein Ende."[2]

1785 erhielt das Interesse an der neuartigen Kunst der Luftschifferei gewaltigen Auftrieb, als englische Seeleute, die Blanchards Kanalüberquerung von Dover nach Calais mit eigenen Augen gesehen haben wollten, begeistert davon berichteten. In den Kneipen am Hafen, aber auch in den vornehmeren Caféhäusern und Weinstuben um den Jungfernstieg wurden die Auswirkungen auf Handel und Seefahrt heiß debattiert, und besonders kluge Köpfe erfanden die Lenkung des Ballons im Handumdrehen: mit Segeln und Rudern natürlich, und dann übers Meer nach Amerika und Afrika. Am Hamburger Himmel und über den angrenzenden Landen schwebte jedenfalls im Sommer und Herbst dieses Jahres neben dem wohltätigen Fisch allerlei Figürliches durch die Lüfte: „zwey Türken-Köpfe, gegen drey Fuss gross – ein Paradies-Vogel, vier Fuss lang – eine weibliche morische Figur, vierzehn Fuss lang und zehn Fuss in der Rundung."[3] Besonders die umfangreiche schwarze Dame führte zu Verdruß, als sie, mit Ostwind in die Gegend von Bremen getrieben, durch ihre plötzliche Erscheinung „grosse Angst" verbreitete.

In der elbabwärts vor den Toren Hamburgs gelegenen kleinen, aber herausfordernd selbständigen Stadt Altona verfolgte diese zum Teil recht einträglichen Aktionen mit zunehmendem Interesse ein dreißigjähriger Mann namens Johann Hooghe, der schließlich den Plan faßte, sich nicht mit derart leblosen Gebilden am Himmel zu begnügen, sondern die Hamburger zu übertreffen. Und so kündigte er für den 19. Oktober den Aufstieg von zwei lebenden Tieren an, einer Katze und einem Hahn, deren Erhebung er durch einen besonderen, unerwarteten Effekt zu steigern versprach. Ein erhaltener Handzettel verrät das Geheimnis: „Ein kleiner Luftballon mit einem Theile elephlogistisierter und zween Theilen entzündbarer Luft gefüllt, wird voransteigen, und in circa einer Höhe von 600 Fuß mit einem Schlage zerplatzen, und dadurch die Natur eines Blitzes und

Donners vorstellen."[4] Hooghe hatte den verwegenen Plan, sein „Gewitter am Himmel" durch einen mit Knallgas gefüllten Ballon zu erzeugen, der mit einer langsam abbrennenden Lunte zur Explosion gebracht werden sollte. Angesichts der Tatsache, daß man zu jener Zeit gerade erst anfing, mit Gasen zu hantieren, ein mehr als riskantes Unternehmen. Ihm und den zahlungswilligen Altonaern blieb das gefahrvolle Vorhaben glücklicherweise erspart, weil der Hamburger Senat ein überaus höfliches, in der Sache jedoch unmißverständlich deutliches Protestschreiben an die kleine Nachbarstadt richtete. Ergebnis: die Auffahrt wurde verboten. Doch Johann Hooghe hatte sich mit dem Virus der Aeromanie infiziert. Geltungsdrang, die Hoffnung auf Gewinn und Ruhm ließen ihn nicht ruhen, zumal die Berichte von der Luftfahrt Blanchards in Frankfurt Anfang Oktober seine Phantasie erneut und nachhaltig stimulierten. Im Frühsommer des nächsten Jahres (1786) ging er dann in großem Stil ans Werk und verkündete seinen überraschten Mitbürgern, er, Johann Hooghe, wolle der erste deutsche Luftfahrer sein.

Die Vorbereitung dieser geschichtsträchtigen Tat erfolgte erst einmal auf dem Papier. Ein durchaus übliches Verfahren in einer Zeit, in der neben den Zeitungen eine wahre Flut von kleinen, zum Teil anonymen Gelegenheitsschriften von acht, sechzehn, höchstens zweiunddreißig Seiten Umfang erschien, in denen Berufene und Unberufene ihre Anliegen vortrugen, Kritik übten, Erfindungen anpriesen und bestellte Ruhmes- oder Schmähschriften an den Mann zu bringen versuchten. Gegen Honorar fanden sich deshalb schnell Autoren, die bereit waren, kräftige Lobeshymnen auf den künftigen Lufthelden anzustimmen. So lautet denn auch der Titel einer der vor dem Versuch verfaßten Broschüren „Zum unvergeßlichen Denkmal über das merkwürdige Aufsteigen des ersten Deutschen in Deutschland", in der es an einer Stelle mit patriotischem Pathos heißt: „Auch dem Publikum von Altona sey dieses Monument (gemeint ist der Ballon) heilig – Altona, der ersten Stadt Deutschlands, wo ein deutscher Mann von deutschen Männern unterstützt wurde, diese kostbare Unternehmung im Großen zu versuchen." Gleichzeitig erschienen ein Kupferstich, der Hooghes Ballon mit ihm in der Gondel hoch in den Lüften zeigt, und ein effektvoll aufgemachter, in gespreiztem Stil gehaltener Lebenslauf: „Er genoß die beste Erziehung. Rechtschaffenheit, mit der ungeheucheltsten Gutmütigkeit verbunden, gleich entfernt vom Stolz und demütigen Kriechen, durchdringend in den physikalischen Wissenschaften besonders, wählte er die höhere Mechanick, eine nahe Anverwandte der Physick zu seiner Gespielinn …"[5] Derart als wissenschaftlich Gebildeter eingeführt, wird zur Beruhigung der skeptischen Öffentlichkeit seine Qualifikation als Aeronaut durch die Behauptung untermauert, er habe in Paris studiert und anschließend zahlreiche deutsche Städte durch seine erfolgreiche „Luftmacherey" beglückt. Zu diesem Zeitpunkt wußten nur wenige Altonaer, wer Hooghe wirklich war: ein wandernder Friseur, der seine Vergangenheit bedenkenlos „zurechtfrisieren" ließ.

Die zur geschäftssteigernden Lobpreisung engagierten Autoren reimten in seinem Auftrag auch noch einige Verse, die auf drei Extra-Blättern für einen Schilling bereits Wochen vor dem geplanten Aufstieg angeboten wurden. Titel: „Anrede des Herrn Hooghe an das Publikum, als er am 14. Juni 1786 mit seinem Luftball in die Höhe gieng.".

> „Hier bin ich nun bereit,
> hoch in die Luft zu steigen;
> ein Deutscher wagt's allhier zum erstenmal;
> Er wagt's für Euch – für soviel tausend Zeugen –
> Vergnügt seh ich umher, hin auf die Zahl
> der Gönner und der Freunde, die mich hier umgeben
> und deren Blick mich bald dort suchen wird,
> wohin sich nur die kühnen Adler heben –
> Dort, wo nur noch die Lerche schwirrt –
> Bald seh aus Wolken ich auf Euch hernieder,
> auf diese Gegend, wo so hoch noch niemand nieder sah.
> Bald seh ich Euch auf diesem Boden wieder.
> Lebt wohl! bald bin ich wieder da –
> Lebt wohl, und wünscht mir Glück –
> Glück auf die Reise.
> Jetzt weg ihr Stricke – jetzt ohne Aufenthalt
> Zieh hin, mein Luftballon, auf Wegen ohn' Geleise,
> hoch über Land, hoch über Stadt und Wald.
> Noch einmal, lebt beglückt, –
> bald bin ich wieder da.
> Sey glücklich, Altona, und du Hammonia!"[6]

Inzwischen hatte Hooghe seine Vorbereitungen auch praktisch vorangetrieben. Woher er das Geld für sein Unternehmen be-

Genaue Abbildung des Hooghischen Luftballons, samt der Gondel und dem Fallschirme, mit welchem er am 14. Juny 1786 von Altona aus eine Luftreise anzutreten versprach. Durch die üble Beschaffenheit des Firnißes aber siele der Ballon zusammen; und Herr Hooghe versprach nach dessen Ausbesserung am 30. Juny, des Morgens um 10 Uhr, unfehlbar aufzusteden. Der halbgefüllte, in der Mitte abgebundene Ballon schwebte auch würklich aus dem Borchertschen Garten mit einem langen Drachenschwanz empor, und verlor sich über Hamburg, wo aber Herr Hooghe mit seiner Gondel geblieben — ist unbekant! . .

Erklärung.

a) Der Luftball. b) Die Klappe, woraus die brennbare Luft gelassen wird. c) Das Nez, über den Ballon. d) Das mittlere Seil am Nez. e) Das untere Seil, woran die Gurten und Leinen befestiget sind. f) Die Seile, woran die Gondel befestiget. g) Die rothe Flagge mit dem Hamburgischen Wappen. h) Die rothe Flagge mit weißem Creuz und dem Namenszuge Christiani des Siebenten. i) Die weiße Hollsteinische Fahne mit einem goldenen Schilde und zwey blaue Löwen. k) Die Gondel. l) Der Anker. m) Der Fallschirm. n) Der Korb mit dem Hunde. Die Höhe 40 Fuß, im Durchschnitt 30 Fuß.

Gleich den berufnen Himmelsstürmern,   Ruhm Blanchards, gute Nacht! . . Was dieß mir eitle Ehre,
Wollt' ich zur Sonne mich erheben;   Er schwebt in hoher Luft! . . Ich leb in nieder Sphäre!
Allein, — mir bangte für mein Leben   Man weiß es ja, was Luft, Entwürfe sind:
Drum bleib' ich bey den Erdenwürmern!   Hans North schleicht still davon; . . Sein Ball fliegt in den Wind!

Johann Hooghes Luftballon –
Abbildung vom Juni 1786

338

kam, ist nicht mehr festzustellen. Aber offenbar ist es ihm gelungen, einige Kaufleute, Fischer, Reepschläger, Böttcher und Leineweber zur Finanzierung der luftigen Sache zu überreden. 6000 Mark für den Ballon und 1200 Mark für die Gondel brachte er zusammen und trieb die Altonaer Schneider, Maler und Seiler zur Eile an. Vorlage für den Bau könnte das bereits zwei Jahre zuvor auch in deutscher Übersetzung erschienene Buch Faujas de Saint-Fonds gewesen sein, in dem exakte Zeichnungen und Anweisungen zum Zuschneiden der Stoffbahnen enthalten sind. Die Luftmaschine wurde jedenfalls termingerecht fertig, und Ausrufer verkündeten die Einladung an das „hochverehrte Publikum", in den Borchertschen Garten am Ende der Palmaille zu kommen, Entrée-Billets zu acht Schilling, Kinder die Hälfte. Tausende strömten am Nachmittag des 14. Juni aus Altona, aus Hamburg und den umliegenden Dörfern herbei, um das „kühne Beginnen" zu erleben, und „Hooghe, erfüllt von edler Begierde, voll ächtem Patriotismus auch Deutschland einen Blanchard zu schenken", bei seiner Kunst aus nächster Nähe zu beobachten und mit eigenen Augen festzustellen, ob er es denn fertigbringen würde, sich über Borcherts Haus zu erheben mit dem so überschwenglich gepriesenen Ballon; „... dreyerley Farben Taft, welche aufs angenehmste miteinander abwechseln ... geben dem großen majestätischen Körper eine Schönheit, von der nur das Auge sich überzeugen kann: denn wahrlich, eine jede Beschreibung derselben würde schwach, würde höchst unvollkommen seyn."[7]

Aber die versammelte Menge sollte an jenem 14. Juni 1786 weder den „majestätischen Körper" noch das „goldgelb gefärbte Netz" oder die „trefflich verfertigte Gondel" zu Gesicht bekommen, und auch Deutschlands erster Luftfahrer, der wagemutige Johann Hooghe, konnte nicht von „dort, wo nur noch die Lerche schwirrt" auf Gönner und Freunde herniedersehen. Er klebte – buchstäblich – am Boden. Der verwendete Firnis zur Abdichtung der Taftbahnen pappte diese derart zusammen, daß es ihm und seinen ebenso unkundigen Helfern nicht gelang, die Hülle mit Wasserstoffgas zu füllen. Der mit soviel Vorschußruhm Gefeierte scheiterte kläglich, und das geprellte Publikum konnte nur mit Mühe von Tätlichkeiten abgehalten werden. Jeder andere, vor allem als mittelloser Fremder, hätte nach einem solchen Debakel aufgegeben, wäre aus Altona verschwunden. Nicht so Hooghe. Er ertrug mit Gleichmut, daß Kinder hinter ihm herriefen: „Es wäre herrlich,

wenn er schwebt, jedoch, jedoch der Firnis klebt." Und er
ertrug es auch, daß aus ihm über Nacht ein Franzose wurde.
Für die erbitterten Altonaer die einzige Genugtuung, die sie
sich verschaffen konnten. Jetzt hieß er Jean statt Johann, aus
dem Herrn wurde Monsieur, weil er doch in Brüssel geboren
sei, und das mit den westfälischen Eltern, so munkelte man,
könne auch nur wie alles andere, welscher Lug und Trug sein.

Aber Jean Hooghe gab seinen Plan nicht auf. Er gewann Bor-
chert, ihm noch einmal, trotz der möglichen Gefährdung durch
verärgerte Zuschauer, seinen Garten für einen zweiten Anlauf
zur Verfügung zu stellen. Der gab nach, wohl weil er Geld in
der Sache hatte, und sie vereinbarten, daß der Termin diesmal
nicht in den Zeitungen angekündigt werden sollte. Das Gerücht verbreitete sich jedoch in wenigen Stunden bis nach
Hamburg, und wieder hieß es, um dabei sein zu können: „Welche Kosten hatte man nicht aufgewandt für Wagen, für Pferde,
für Kleider. Was lößten die Juden und Wucherer nicht an Interessen für Pfänder, die man ihnen zutrug?"[8] Vierzehn Tage später, am 28. Juni, war es dann so weit. Erwartungsvoll drängten
sich einige Tausend in den Straßen. Zur Sicherheit zog die
Bürgerwache auf, und noch einmal mußte an öffentlichen Stellen die amtliche Bekanntmachung vom 10. Juni angeschlagen
werden, in der warnend stand: „Zur Bewahrung öffentlicher
Ruhe und Sicherheit, auch Aufrechterhaltung guter Ordnung
an dem in dieser Woche zum Aufstiege eines Luftballs bestimmten Tage, wird hierdurch alles Schreyen, Lärmen, Werfen, Schlagen, Zudrängen zu denen mit Wache besetzten Plätzen, oder gar Besteigung oder Beschädigung der Mauer, Planke
oder sonstigen Befriedigung, so zum Aufstieg dieses Luftballs
gewählten Platzes hierdurch Obrigkeitlich auf das Strengste
verboten." Zuwiderhandlungen – heißt es zum Schluß dro-
hend – sollen exemplarisch bestraft werden, Frevler seien auf
der Stelle von den Polizei- und Gerichtsdienern zu arretieren.

Was dann an diesem Freitag passierte, ist in einer dreiseitigen
anonymen Flugschrift nachzulesen. Überschrift „Umständliche
Beschreibung des großen Aufruhrs in Altona", Unterzeile
„Nach brühwarmen und wahrhaften Nachrichten aufgesetzt".
Und die ersten Absätze lauten: „Große Begebenheiten aus kleinen Ursachen oder aus kleinen Ursachen große Begebenheiten,
das bleibt doch immer so der Welt Lauf. Wer hätte es sich
eingebildet, daß das kleine unglückliche Mittelding, zwischen

Deutschen und Franzosen, der von der Windballsgeschichte so unbedeutende, so unbekannte Monsieur Hooghe, der Veranlassung zu so vielen großen Ereignissen werden sollte? ... Wenn man alles Unheil berechnet, welches dieser Hooghe hier und in der Stadt, die der Schauplatz seiner Windmachereien war, anstiftete, so können ihn, wenn er dereinst bis auf den letzten Heller bezahlen soll, gewiß kaum zehntausend Seelenmeßen aus dem Fegefeuer retten; es müßte ihm denn die schon hier ausgestandene Todesangst zugerechnet, und dort im Höllenpfuhl ihm abgerechnet werden."

Was war geschehen? Soweit sich das aus den wenigen erhaltenen Protokollen, plattdeutschen Spottversen und kleinen Schriften rekonstruieren läßt, könnte sich das „Drama" so abgespielt haben: Hooghe begann mit der Aufrüstung seines Ballons in einem größeren Schuppen, unterstützt von einer Handvoll Matrosen, die dem Branntwein bereits übermäßig zugesprochen hatten und das Ganze ohnehin nur für einen Mordsspaß hielten. Sie stolperten über das Gewirr ihnen fremder Leinen und zerrten die auch diesmal wieder an einigen Stellen verklebte Hülle derart unvorsichtig auseinander, daß mehrere Risse entstanden. Doch angesichts des draußen gespannt harrenden tausendköpfigen Publikums hatte Hooghe keine Wahl. Es blieb keine Zeit zu einer Reparatur, die Stunden dauern konnte, diesmal mußte er es schaffen. „Da war denn der Ballon nicht halb und nicht ganz gefüllt. Er taumelte hin und her, als wenn er Fusel im Kopf hätte", so der Text eines „erbaulichen Gespräches" mit dem Titel „O du französischer Windbeutel – oder: die zum zweytenmal mißlungene Luftfahrt", der fortfährt: „Man ließ noch so viel brennbare Luft hinein, als gutwillig hineinwollte; aber was einerwärts hineinkam, marschierte zu den Löchern anderwärts wieder hinaus ... Weil nun das Ding lebendig wurde und zappelte, so banden sie's unten an; und da sah es natürlich aus, wie eine große halbgefüllte Blutwurst! Auf einmal kollerte sich's um und um, und verhaspelte sich in das Tauwerk, das vom Netze herabhieng."[9] Der verzweifelte Kampf des unglücklichen Hooghe gegen das ungebärdige Ding, vor allem aber gegen die Unvernunft der immer plan-und ziellloser herumfuhrwerkenden Fahrensleute blieb den Blicken der noch immer ruhig wartenden Altonaer verborgen.

Nur wenige Neugierige drängten sich durch die Absperrung und rissen, um die geheimnisvollen Vorgänge im Schauer sehen zu können, ein paar Bretter los. Eine Tat, die eindeutig gegen die amtliche Verfügung verstieß und augenblicklich zu einer fatalen Kettenreaktion führte: Die Stadtsoldaten schritten ein. Verwirrung. Rufe: „Der Franzose will uns äffen. Er drückt sich auch diesmal vor dem Aufstieg." Vor dem Schuppen ein erstes unmutiges Handgemenge. Im Schuppen Hooghe, der feststellen mußte, daß die brennbare Luft verbraucht war, und um sein Leben zu fürchten begann. Er schnitt den halbgefüllten Ballon kurzerhand los, der durch die aufgestoßenen Tore entwich. „Wie das Volk außen den schlappigten Windsack in der Höhe sah, und keine Gondel und kein Luftschiffer zum Vorschein kam, pumps! kamen Steine geflogen. Die Matrosen und der ganze Schwarm von Pöbel drang herzu und wollten dem sauberen Herrn Franzosen zu Leibe ..."[10] Lautstark forderten sie die Auslieferung des Betrügers, aber der Altonaer Präsident stellte sich schützend vor Hooghe und nahm ihn zur eigenen Sicherheit in Haft, was den Volkszorn weiter anstachelte. „Verschiedene vornehme Herren ermahnten sie zur Ruhe und sagten, sie möchten gerne den ganzen Kram von der Luftmaschine und den Zurüstungen niederreißen, nur mögten sie des Borcherts Haus verschonen ..."[11] Da ihnen das Opfer entwischt war, entlud sich die Wut der Enttäuschten in einer gnadenlosen Massenschlägerei. Sie walzten den Garten nieder, zertrümmerten den Schuppen und gingen mit Latten gegen die Bürgerwache vor. In ihrer Not bat die bedrängte Altonaer Obrigkeit im benachbarten Hamburg um Hilfe. Ein Kommando Infanterie und dreißig Dragoner setzten sich sofort in Marsch, um den bereits seit Stunden wogenden Kampf zu beenden. Doch der Einsatz hamburgischen Militärs heizte die Gewalttätigkeiten noch einmal richtig an, die Matrosen „wehrten sich wie die Löwen". Es setzte Bajonettstiche, und angeblich trennte ein Dragoner einem Seemann, der seinem Pferd in die Zügel fallen wollte, den Arm am Rumpf ab. Das Ende dieses für Altona denkwürdigen Tages, an dem „Schreyen, Lärmen, Werfen, Schlagen, Zudrängen" eigentlich amtlicherseits verboten waren: stundenlange Krawalle, Trümmer, zerfetzte Kleider, zerschlagene Gesichter, Schwerverletzte und sechs Verhaftete, die aus Sicherheitsgründen nach Hamburg gebracht werden mußten.

In den Wochen danach: Ernüchterung und Bitterkeit bei den Altonaern. Aus dem „ersten deutschen Luftfahrer", dem gebildeten Freund der „Physick" und „Mechanick", wurde nun endgültig ein elender, hergelaufener französischer Friseur, den eilig verfaßte Schmähschriften gnadenlos verurteilten. Der Schluß der „Umständlichen Beschreibung des großen Aufruhrs in Altona" klingt nur scheinbar ironisch-versöhnlich. „Allein, lieber Herr Hooghe, wenn sie dasmal mit lebendigem Leibe und ohne frikaßirt zu werden, davon kamen, so möchte es nicht immer so gut ablaufen. Daher wäre ihnen wohl zu rathen, sie ließen die Luftmacherei bleiben und nährten sich, wie vormals, mit Kamm und Puderquaste redlich: sollte ihnen ja die Lust zum Ballon machen wieder einkommen, so dürften sie nur einer Dame einen Luftballon auf den Kopf auffrisieren; man wird ihnen für die neue Mode danken, anstatt daß man ihnen jetzt den Hals dafür zu brechen willens war; und wenn wieder ein anderer von solchem Schlage kommt, so antwortet ihm:

Wir brauchen ihn nicht, Herr Luft-Capitain!
Laß er seine Flagge wo anders hin wäh'n."[12]

Johann Hooghe beherzigte die Ratschläge der erzürnten Altonaer, er verschwand, tauchte in Leipzig noch einmal unter dem Namen „Hoeger" auf, scheiterte auch dort mit zwei aerostatischen Versuchen – dann verliert sich seine Spur. Nur acht Wochen nach dem Altonaer Fiasko erschien in Hamburg ein echter Franzose und beeindruckte durch einen glanzvollen Aufstieg: Jean-Pièrre Blanchard.

Der Luftschiffer von Augsburg – 1786

Zur selben Zeit, als der Friseur Hooghe über Nacht aus Altona entfliehen mußte, ließ in Augsburg ein leibhaftiger Baron und Hochfürstlicher Thurn und Taxischer Hofrat die Handwerker letzte Hand an ein Luftgefährt legen, das ihm unsterblichen Ruhm und irdischen Lohn einbringen sollte. Bereits ein halbes Jahr zuvor, im Januar 1786, hatte er, nach einer ersten Ablehnung des Augsburger Rates, durch Unterstützung hochgestellter Gönner die Genehmigung erhalten, „einen schönen Luftball zu erbauen und als erster Deutscher, der solches wagen wollte, damit sich in die Lüfte zu erheben."[1] Der nächste Anwärter auf den vakanten Ehrentitel des „ersten deutschen Luftfahrers" lebte seit vier Monaten mit einer jungen und, wie Zeitgenossen fanden, „reizend schönen Frau" in Denringers „Zu den drei Mohren", dem besten Gasthof am Platze. Weil der Hofrat den Handwerkern seiner Heimatstadt Regensburg die Ausführung derart anspruchsvoller Arbeiten nicht zutraute, waren im nahegelegenen Schauspielhaus bei St. Salvator, einem ehemaligen Jesuitenkolleg, seit Wochen Zuschneider, Näherinnen und Schreiner damit beschäftigt, einen überaus prächtigen Aerostaten zu erbauen, der allen bisher gefertigten, selbst dem Blanchardschen, überlegen sein sollte.

Die rot-weiß gestreifte Hülle aus zwölfhundert Ellen feinstem französischen „Taffet" hatten sie auf beiden Seiten so sorgfältig gefirnißt, daß es niemandem gelang, seinen Atem durch den Stoff zu pressen. Größte Sorgfalt aber verwendete der Baron auf die Gestaltung der etwa 11 Schuh langen, mit Leder überzogenen, bootsartigen Gondel, die innen mit elegantem roten Stoff ausgeschlagen war „und aussen im besten Geschmack vergoldet und lackirt."[2] Von einem Bildhauer zusätzlich mit Fransen, Borten und Quasten dekoriert, geriet das Ganze derart kunstvoll, daß ein Betrachter feststellte: „Übrigens ist das Schiffchen so herrlich verziert, dass der Geschmack des Herrn Baron daraus ebenso gut als sein Genie zur Mechanick herausleuchtet."[3] Und ein Standesgenosse, der Freiherr von Stetten, bemerkte: „Alle, die es sahen, bewunderten die Größe, Nettigkeit und Verzierung desselben, zumal des Schiffes, und Fremde, die als Kenner bekannt waren, rühmten die Richtigkeit und Zweckmässigkeit der Anlage und der angebrachten Verbesserungen, zogen ihn allen bisher gebauten bey weitem vor, versprachen also die glücklichste Würkung …"[4]

Neben der standesgemäß üppigen Ausstattung der Gondel mit ihrem vergoldeten Sessel, der, wie auch ein zweiter, an Riemen hängender Sitz, als Ballast abgeworfen werden konnte, gab es an dem 36 Schuh hohen Luftfahrzeug einige „Neuheiten", die den Erbauer als einen interessanten, wenn auch etwas merkwürdigen Erfinder auswiesen. Da war das Hanfnetz, „in seiner Peripherie um einen halben Schuh kleiner als der Ballon selbst, um dadurch das mögliche, jedoch nicht wahrscheinliche Reissen des Ballons zu verhindern."[5] Da hatte im Falle der Gefahr der „Herr Baron durch einen sehr sinnreichen Mechanismus dafür gesorgt, daß sich der untere Theil des Ballons sogleich in den oberen hineinbegiebt, und einen Fallschirm formiret, der das im grossen vorstellt, was des Herrn Blanchard bekannte Parachute im kleinen ist."[6] Da existierten zwei Ruder, die, an beiden Seiten des Schiffes angebracht, wie kleine Sprossen-Fenster aussahen, deren bewegliche Scheiben aus gefirnißtem Seidenstoff sich beim Niederdrücken schließen und beim Aufheben öffnen lassen sollten, um Luft hindurchzulassen. „Diese Ruder", schrieb der Dillinger Physik-Professor Joseph von Weber, der die Maschine besichtigt hatte, „dienen zur Direktion, wenn etwa der Ballon an einem Platz, der dem Baron nicht gefällig sein würde, niedersitzen wollte."[7] Doch die Krönung all der neuartigen Einrichtungen befand sich im oberen Teil des Ballons: ein „klingendes Ventil", über das der Redakteur der „Augsburger Postzeitung" notierte: „Seyne Klappe giebt bei der Öffnung einen Glockenschlag."[8]

Der Schöpfer dieses bestaunten, ob seiner umsichtigen und einfallsreichen Bauweise so hochgelobten Luftballs, der 36-jährige Joseph Maximilian Freiherr von Lütgendorf, war ohne Zweifel ein überaus ideenreicher Mann, von beeindruckender Belesenheit und, wie viele seiner Zeitgenossen, fasziniert von

Physik und Mechanik, selbst rastlos experimentierend, auch wenn seine „Erfindungen" heute nur komisch wirken: Schuhe, mit denen man zu Fuß über die Donau gehen konnte, Spazierstöcke, in denen sich Feuerzeug, Tinte, Feder und Papier befanden und die auch noch als Fernrohr zu gebrauchen waren, oder – damals noch bekannter – eine Geldkassette, aus der vier verborgene Pistolen auf jeden Unbefugten feuerten, der den Deckel gewaltsam öffnete.

Lütgendorf, 1750 in Rom geboren, in der Münchener Kadettenschule erzogen, mit 20 Jahren Unterlieutnant im Regiment des Grafen Piosasque, hatte schon bald die Lust am Soldatenstand verloren und war dem langweiligen Garnisonsleben in die Karriere eines Regierungsbeamten in churbaierischen Dien-

Joseph Maximilian Freiherr von Lütgendorf,
Hochfürstlicher Thurn- und Taxischer Hofrat

sten entflohen, um dann 1779 als Gesellschafter des Erbprinzen von Thurn und Taxis an den Regensburger Hof zu ziehen. Dort hielt der Jahreswechsel 1783/84 zwei für ihn lebensentscheidende Begegnungen bereit: Er traf Walburga Weckerlin, „der selbst der Neid lassen musste, daß sie wunderschön war", und er heiratete sie, obwohl die unstandesgemäße Verbindung den Fürstlichen Hof beträchtlich erregte. Die zweite, wesentlich schicksalhaftere Begegnung aber wurde die Aerostatik.

Kaum drang die Kunde von den gelungenen Versuchen der Montgolfiers und César Charles' nach Regensburg und erhitzte auch dort die Gemüter, so warf sich Lütgendorf mit Feuereifer auf die neue Entdeckung. Bereits zum Jahresbeginn 1784 ließ er, wie so viele andere in Europa, einen ersten und dann im Februar einen zweiten kleinen, aus Goldschlägerhäutchen gefertigten, mit Wasserstoff gefüllten Ballon steigen, der „war besonders schön mit dem fürstlichen Taxischen und dem Stadtwappen decoriret."[9] Und noch im selben Jahr übersetzte er Pingerons Broschüre „Über die Kunst einen Luftball zu verfertigen" und gab sie mit eigenen Kommentaren in Druck. Doch weder die in Regensburg allseits beklatschten praktischen Versuche noch der Vertrieb der theoretischen Schrift brachten finanziellen Gewinn, im Gegenteil, sie steigerten Lütgendorfs chronische Geldknappheit derart, daß er schließlich keinen anderen Ausweg mehr sah, als „sich von seinen Passivis durch das auf vielfältige Aufforderung unternommene Geschäft des großen aerostatischen Ballons retten zu können."[10] Aufgefordert wurde Lütgendorf tatsächlich, und zwar durch den Pfalzgrafen von Birkenfeld, dessen Motiv in der Überzeugung bestand, daß der Luftballon eine Umwälzung der gesamten Kriegskunst herbeiführen würde. Erst Blanchards Luftfahrt in Frankfurt, im Oktober 1785, gab jedoch den entscheidenden Anstoß. Als die Nachricht von den Jubelfeiern und vor allem die Höhe des Gewinns in Regensburg zum Stadtgespräch wurden, faßte Lütgendorf endgültig den Entschluß, als erster Deutscher durch eine Luftreise berühmt und gleichzeitig von allen Geldsorgen befreit zu werden.

Zehn Monate später, Anfang August 1786, schien es geschafft. Fuhrleute transportierten den fertiggestellten Ballon vom Augsburger Schauspielhaus in die leerstehende evangelische Kapelle im unteren Gottesacker und bliesen ihn dort mit Hilfe einer Luftpumpe zu voller Größe und Schönheit auf. Nun konnten die Augsburger Ball und Gondel, nach Kauf eines Billets, in Augenschein nehmen, und endlich, nach so viel weiterer Verschuldung, begann eine erste Einnahmequelle zu sprudeln. Mit der öffentlichen Ausstellung des Ballons bewies Lütgendorf, wie genau er sein großes Vorbild Blanchard nachahmte. In einem Punkt allerdings stellte er den erfolgreichen Franzosen weit in den Schatten: in ganz Deutschland bekannt zu sein, bevor sich sein Luftschiff auch nur einen Fuß vom Erdboden erhoben hatte.

Was Maximilian von Lütgendorf zur Erhöhung der eigenen Person und Verherrlichung des geplanten Unternehmens in Szene setzte, beeindruckt auch heute noch als ein Meisterstück von Werbung in eigener Sache. Zum Auftakt, kurz nach seinem Eintreffen in Augsburg im März, hatte Lütgendorf, um den Beweis seiner Kunstfertigkeit zu erbringen, im Garten eines neugewonnenen Freundes, des Weinhändlers und Rittmeisters der bürgerlichen Reiterei Straus, eine kleine Ballonblase steigen lassen, an der, äußerst publikumswirksam, eine Miniaturnachbildung der Gondel César Charles' hing. In einem zweiten Schritt wurde die Huldigungsmaschinerie in Gang gesetzt: Eine wahre Flut von Gedichten, Hymnen, Oden, Kupferstichen und sogar ein Gipsmedaillon erschienen und fanden reißenden Absatz. Aber all die Verse und Bilder durften erst zum Verkauf freigegeben werden, nachdem der Baron sie kritisch geprüft hatte, denn ein Ratsbeschluß vom 23. März 1786 sicherte ihm dieses Privileg und damit das Monopol über die gesamte „Öffentlichkeitsarbeit".

Durch immer neue Festsetzungen des Aufstiegstermins, der erste war reichlich voreilig schon für den 24. Mai angesagt worden, gelang es, das Interesse des Publikums über Monate wachzuhalten und eifrige Verseschmiede zu immer neuen Elaboraten anzuspornen. In schlecht gebauten Vierzeilern, mit heute nur komisch wirkendem Pathos, überschlugen sie sich in Lobpreisungen: „Triumph über die herrliche Luftreise des Freiherrn von Lütgendorf" heißt eine der schnell gedruckten Broschüren. Und in einer anderen wendet sich in „einem Traumgesicht" sogar „Merkur, der Göttergesandte, an Teutschlands ersten Luftschiffer". Als „Edler, erhabener Wunderschiffer", der „kühn die ehernen Bande des Vorurtheils zertrümmert, muthvoll allen Gefahren trotzt", redet einer der „Dichter" Lütgendorf in den sechzehn Versen seiner „Ode auf den feierlichen Tag" an. Es wird jedenfalls mit Inbrunst gefleht „Alles erwartet Dich. O Komm, und überzeug' die Zweifler, was Du beginnest, – entflieh' der Erde", und es wird wonnevoll gejauchzt „Flieg auf zur Sonne, wo schon Dein Name glänzt."[11]

Ein roter Faden durchzieht jedoch alldiese, wie Friedrich Nicolai, der Verleger Kants und Herders, selbst über mehrere Tage Zeuge vor Ort, in einem Brief schreibt, „hochdonnernden Oden und Reime": die Rivalität zwischen „Teutschen" und „Galliern". Daß es gerade Franzosen waren, die den Weg zum Himmel als erste fanden, bedrückte die Deutschen nachhaltig und führte zu nicht ungefährlichen Unterlegenheitsgefühlen, die sich bis zum Beginn der „Schwerer als Luft"-Ära, der Fliegerei, belegen lassen. Noch 1909 räsonierten nationalistische Pressestimmen, als ein fliegerischer Durchbruch weder Piloten noch Konstrukteuren gelang: „Wir Deutschen sind zum Fliegen nun einmal nicht geboren. Die wendigeren Franzosen sind uns von Natur aus in dieser Kunst überlegen."[12]

Im Spätsommer 1786 konzentrierten sich die Hoffnungen der „Gedemütigten" diesseits des Rheins auf den bayerischen Baron.
    „Dir, Lütgendorf, ward es gegeben,
    das schöne, stolze Glück dem Franzen nachzustreben!
    Du theilst den Ruhm mit ihm – Du zeigst, daß teutsches Blut
    Noch teutsche Adern schwellt, und hast mit edlem Muth
    Dich nun Blancharden nachgeschwungen,
    Und rühmlich Dir den Lorbeerkranz errungen."[13]

Im ersten Vers dieser „Ode auf die Luftreise des Herrn Baron von Lütgendorf, gesungen von Peter Neuss dem Sohn" wird die Rolle des Zweiten noch akzeptiert, andere Autoren beharren darauf, daß Lütgendorf, auch wenn „er ahmt den Franzmann nach", die Sache doch „geprüft" und „besseren Gebrauch" davon macht, was sein Ballon durch genialische Erfindungen beweisen wird;
    „Daß nicht nur der Franzos' die Luftmaschin verstehet,
    Daß auch ein Deutscher folgt, und noch viel weiter gehet."

Und mit Überzeugung erfolgt die Ankündigung:
    „Bald, Freunde, wird er sich mit Majestät erheben,
    Und wie ein Meteor auf unseren Scheiteln schweben,

Wie blitzschnell Er entfährt, wie Er die Gondel lenkt,
Bald Wolken überfliegt, bald sanft sich niedersenkt!
Und wie ein Steuermann, das kluge Ruder führet,
Der Atmosphäre trotzt, und Winde selbst regieret.
Der Himmel leite ihn, und halte das Geschick
Von einem Rozier von seinem Haupt zurück!"[14]

Aber Mitte August 1786 drohte dem Baron einiges, nur nicht
der Sturz aus luftiger Höhe. Seine Kritiker traten jetzt lauter
und energischer auf und warfen ihm vor, das ganze Unternehmen sei unseriöse Beutelschneiderei und er „ganz lüstern nach
der Ehre, von deutscher Nation der allererste zu sein." Überhaupt, an Widersachern, Neidern und Spöttern hatte es seit
seinem ersten Auftreten in Augsburg nicht gefehlt. Bereits am
26. Mai, also einige Wochen nachdem er mit seiner Frau Quartier in den „Drei Mohren" genommen hatte, schloß die „Augsburger Postzeitung" einen detailreichen Artikel über die geplante Luftfahrt mit der Mahnung: „. . . um das Publikum von
der allgemeinen Achtung zu überzeugen, welche sich der Herr
Baron durch seine seltenen Kenntnisse und persönlichen Charakter erworben hat, wie auch, um zugleich die Urheber jener
grundfalschen Gerüchte zu beschämen, die sie aus Mißgunst,
und Verläumdungssucht, oder aus niedriger Bosheit in der Nähe und ferne ausgebreitet haben, um einen rechtschaffenen
Mann in einem mühsamen Unternehmen zu hindern, oder seinem Credit zu schaden."

Je näher der Tag der Erhebung heranzurücken schien, umso
heftiger tönten die Warnungen. Einige baten Lütgendorf aus
ehrlicher, besorgter Überzeugung, seine Seele nicht an den Teufel zu verkaufen, andere drohten:
    „Dass Gottes Hand und Macht,
    wie dort bey Babels Thurm
    den Hochmuth straffen wollt'
    durch unverseh'nen Sturm."[15]

Auf der Kanzel der St. Anna Kirche ereiferte sich besonders
wild der wegen seiner bösen Zunge gefürchtete Pater Aloysius
Merz, „ob man Gott durch dergleichen Dinge nicht frevelhaft
versuche?"[16] Lütgendorf ließ sich durch derartige Angriffe
nicht beirren, ihn beunruhigte nur, daß die verfügbaren Geld-
mittel immer knapper wurden. Einige Rechnungen mußte bereits Freund Straus bezahlen, aber der war so überzeugt, Teil-

haber einer großen, historischen Begebenheit zu sein, daß er noch tiefer in die eigene Tasche griff und sogar eine Münze prägen ließ, die auf der einen Seite das freiherrliche Porträt mit der Umschrift zeigt: „Straus Rittmeister der bürgerlichen Reuterey widmet dies dem ersten deutschen Luftschiffer Freyherrn von Lütgendorf," und auf der anderen Seite „die Aussicht der Stadt Augsburg von Mittag mit dem aufsteigenden Ballon."

Der Regensburger Hofrat hatte Mitte August ein doppeltes Kunststück vollbracht: den Ballon mit fremdem Geld zu bauen und ein berühmter Mann zu sein. Nicolai formuliert das treffend: „Es geschahen also dem ersten Luftschiffer Deutschlands alle nur möglichen Ehren und Lobeserhebungen schon vor seiner Erhöhung, was anderen Luftseeglern erst nach ihrer Erhöhung geschahe."[17]

Neben den Huldigungen in Versform steuerte Lütgendorf sehr wirkungsvoll die Berichterstattung in den Zeitungen, die durch den „Coup" gekrönt wurde, den bereits erwähnten, damals weitbekannten Professor von Weber für ein Gutachten über den Ballon zu gewinnen. Wunschgemäß kam der Wissenschaftler zu der schriftlichen Überzeugung: „Kurz, der Bau dieser Luftmaschine und des übrigen Apparats ist vorsichtig und künstlich hergerichtet, daß man an dem guten Erfolg der Luftreise nicht wohl zweifeln kann."[18] Das Urteil dieses bedeutenden Mannes brachte den Durchbruch, endlich kamen wieder Spenden in die leeren Kassen, und Lütgendorf konnte den begonnenen Bau eines Amphitheaters fortsetzen, das einen würdigen Rahmen für den großen Tag abgeben sollte. Umfang und Raffiniertheit der Anlage spiegeln den freiherrlichen Hang zur Vollkommenheit und den gewaltigen Ehrgeiz. In monatelanger Arbeit wurde vor der Stadt auf den Wiesen „Zu den sieben Tischen" an einer Arena gebaut, die mit 4320 Sitz- und rund 10 000 Stehplätzen für Augsburg viel zu groß war. Trompeter und Paukenschläger erhielten sogar eigene Galerien, und es fehlte nicht einmal „an in Notfällen unentbehrlichen Appartements, an welche sich Balkone für distinguierte Personen anschlossen", über deren Sitzbänke grüne Teppiche gebreitet werden sollten. Der erhaltene Grundriß des Amphitheaters beeindruckt durch den ausgeklügelten Aufwand: im Zentrum, zu ebener Erde ein Quadrat als Platz des Ballons und der Füllungsapparatur, von dem vier, ebenfalls quadratische Tribünen aufsteigen, zu denen jeweils mehrere seitliche Treppen hinaufführen. Eine kreisrunde Bretterwand faßt in einigem Abstand die aus Holz gebaute Kreuzform der Logen und Ränge ein, um nichtzahlende Zuschauer fernzuhalten. Das gesamte „Theater" scheint ein Gebilde von großer „Zierde und Pracht" gewesen zu sein, das allerdings allein schon ein Vermögen verschlang. Noch während die letzten Hammerschläge am äußeren Zaun durch die Stille des nahen Waldes hallten, ließ der Baron das endgültige Datum des Aufstiegs verkünden: St. Bartholomäustag, den 24. August 1786. Augenblicklich führte diese Nachricht zu einer neuen Flut von Kupferstichen: „Der erste deutsche Luftsegler" oder die „Wahrhafte Abbildung der Luftmaschine" und weiteren Flugschriften: „Ein Heldenge-

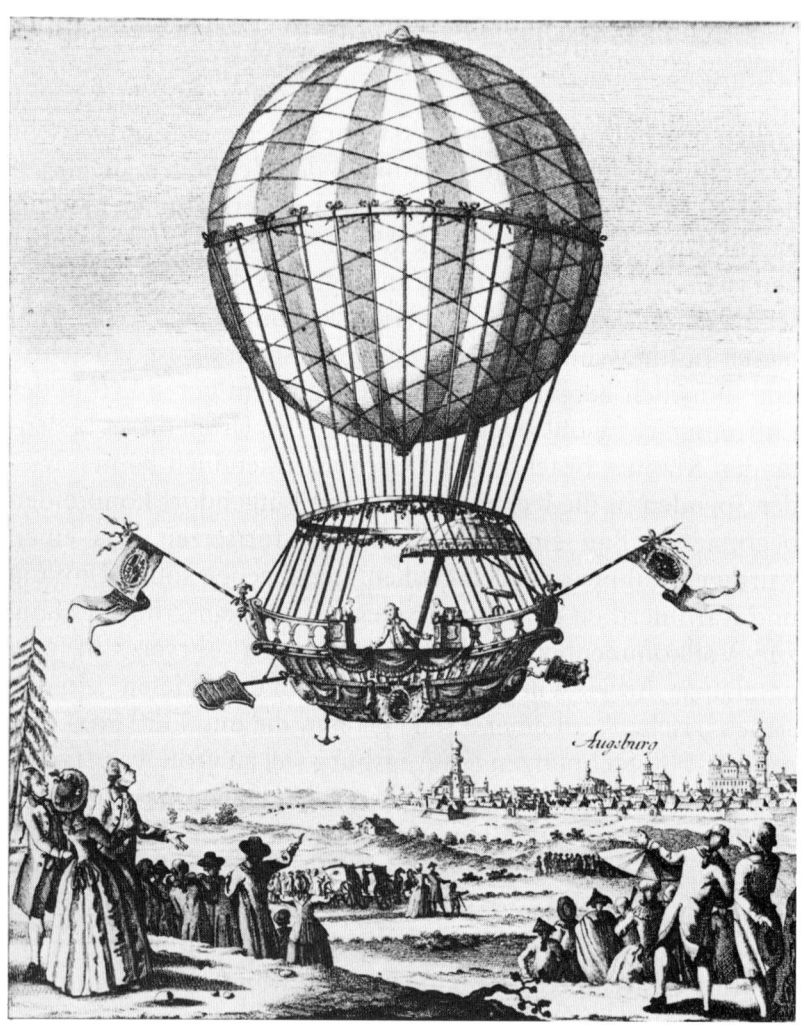

Vor den Toren Augsburgs – ein Aufstieg, der nicht stattfand. August 1786

dicht in Knittelversen." Sogar Emanuel Schikaneder, Mozarts Freund und Autor des „Zauberflöte"-Textbuches, schrieb eine „sentimentale Operette von drey Aufzügen" mit dem Titel „Arien auf den Luftballon", die am Abend des geglückten Aufstiegs im Augsburger Schauspielhaus aufgeführt werden sollte.

Die letzten Vorbereitungen begannen. In der „Augsburger Postzeitung" ließ Lütgendorf inserieren, daß für den großen Luftballon 24 Zentner reine Eisenfeilspäne angekauft würden, allerdings mit der ausdrücklichen Einschränkung: „Feilspähne mit Zundel vermischt, oder von gelöthetem Eisen, oder die rostig sind, werden nicht angenommen." Zur Freude Lütgendorfs belebte sich mit näherrückendem Bartholomäustag der Kartenverkauf, trotz des mit einer halben Carolin ungewöhnlich hohen Preises.

Am 18. und 20. August trafen die Augsburger Ratsherren in zum Teil geheimen Sitzungen zusammen, um über Maßnahmen zu beraten, die den reibungslosen Ablauf der Veranstaltung garantieren sollten, rechnete man doch mit einigen zehntausend Neugierigen. „In Gegenwart der Herren Rathsconsulenten" beschloß man, die Festigkeit der Brücken zu prüfen; es sollte „über den Lochbach unterhalb der Furth eine neue, zum Fahren hinlänglich breite, mit Geländern versehene Brücke, so als denn zu stehen bleiben hat, angerichtet werden." Unter Punkt 7 a des Protokolls vermerkte der Stadtschreiber, daß auch das Amphitheater draußen vor der Stadt „zu visitieren sey, ob dergestalt sicher gebaut sey, daß keine Gefahr des Einsturzes zu besorgen stehe, und vor aller boßhaften Beschädigung sicher bewacht sey."[19] Besondere Aufmerksamkeit widmeten die besorgten Stadtväter der Verkehrsführung und der öffentlichen Sicherheit. Sie gaben genaue Weisungen, wann das rote Gögginger- und das Klenkertor zu öffnen seien, auf welchen Straßen die Kutschen zum Aufstiegsplatz hinausrollen und wie die Menge der Fußgänger und Reiter nach dem großen Schauspiel wieder in die Stadt gelangen sollten. Für die Aufrechterhaltung von Ruhe und Ordnung erhielt Fähnrich Griesbeck das Kommando über 36 Mann, die zusammen mit berittenen Dragonern „auf Vermeidung aller Unordnung den Bedacht nehmen." Und den Herren Oberpflegern der St. Martinsstiftung „wurde aufgegeben, einige Tage vor der Luftfahrt des Herrn Baron von Lütgendorf bey Nachtzeit in den Wirtshäusern scharfe Visitationen auf liederliches und verdächtiges

Gesindel zu veranstalten."[20] Auch die Torwachen bekamen strenge Order, „auf die Einpaßierenden genaue Achtung" zu halten, und damit die Stadt Augsburg bei dem ganzen Spektakel nicht völlig leer ausging, genehmigten die Bürgermeister am 18. August „ad 6.": „Die Aufstellung von Büchsen unter den Thoren, in welche jeder, so hineinpaßiert, freywillig etwas einlegen soll."[21] Ein bescheidener Versuch, sich vom erwarteten Geldsegen, der sonst nur in die Taschen der Kneipenwirte und Hoteliers fließen würde, auch eine Scheibe abzuschneiden.

Über die Tage vor dem 24. August schreibt der Königlich baierische Platzmajor zu Augsburg, Friedrich Karl Gullmann, in seiner „Geschichte der Stadt": „Es strömten viele tausend Fremde aus der Nähe und Ferne, sogar von Prag, Wien, Straßburg, Frankfurt, vom Rheinstrom, Nürnberg, Würzburg, Bamberg, Erlangen, München und anderen Orten, und aus der ganzen benachbarten Gegend nach Augsburg, um dieses besondere neue, merkwürdige Schauspiel dieser ärostatischen Luftfahrt mit anzusehen, so daß in der ganzen großen Stadt und in den nahe gelegenen Orten und Dörfern alle Gasthöfe und Wirthshäuser mit Fremden angefüllt wurden, und sich über 100 000 Menschen versammelt befanden. Die erzeugte Lebhaftigkeit und das beständige Hin- und Herwogen des Volkes zu Wagen, zu Pferd und zu Fuß war zu dieser Zeit unbeschreiblich."[22]

In den frühen Morgenstunden des ungeduldig erwarteten 24. August 1786 erlebten all die herbeigereisten Fremden noch in den Betten eine unerfreuliche Überraschung: Heftiger Regen rauschte aus dunkelgrau geballten Wolken herab, und auch den weniger Sachkundigen mußte klar sein, daß es bei einem solchen Wetter wohl kaum klappen könne mit der Himmelfahrt des Herrn Baron. Einige Stunden später bestätigten Trompeter die betrübliche Erkenntnis, und Ausrufer verkündeten in den Straßen, die verhinderte Luftfahrt werde ganz sicher am Sonnabend, dem 26. August, stattfinden. Aber weder die hohen Herrschaften noch die „niedrigen" Neugierigen ließen sich durch die Vertagung entmutigen. Bei nachlassendem Regen fuhren oder wanderten die meisten zu den „Sieben Tisch Wiesen" hinaus, besichtigten das Amphitheater und sprachen bei den aufgestellten Marketender-Buden Speisen und Getränken kräftig zu. Das Gleiche wiederholte sich am folgenden Tag, und einer der Augsburger Schreiber vermerkte in etwas eigenwilliger Grammatik: „Musik und Tanzpläze, nebst Specktakel mancher Art zur Erlustigung des Volkes allda welches sich von Morgens früh bis Abends, auch oft Nächte hindurch in Menge aufhielte und wie in Wallfahrten Hin- und Her wandelten, wobey die Freunde Höheren Standes in Göggingen, Oberhausen und in der Stadt Bälle und Spielgesellschaften hielten die immer zahlreich besetzt waren, wie das Theater allhie alle Abend voll Zuschauer war, wodurch eine große Summe Geld in der Stadt circulierte in allen Gewerben."[23]

Über den ungeduldig erwarteten 26. August schreibt Friedrich Nicolai: „Dieser Tag war auch schön und helle und alles eilte schon früh Morgens zum Amphitheater hinauf, und tausende sahen vor Begierde, den ersten Luftschiffer Deutschlands schon unterwegs in Gedanken hoch in den Lüften schweben."[24] In einer feierlichen Prozession wurde der Ballon um neun Uhr aus der Kirche vom unteren Gottesacker durch die Stadt zum „Rothen Tor" hinaus zum Aufstiegsplatz gebracht, begleitet von Rittmeister Straus mit seiner Kompanie. Stolz trugen die städtischen Totengräber den hölzernen Korbring dem Zug wie einen Kranz voran. Um elf Uhr ertönte vom Rothentor-Wall das Signal zur Füllung des Ballons und F. K. Gullmann beobachtete: „... eine unermeßliche Menge Menschen von allen Ständen zu Wagen, zu Pferd und zu Fuß wogten und wallten zum Füllungsplatz aus der Stadt. Alle Kaufläden und Werkstätten in der Stadt wurden geschlossen und verlassen, um dieses neue merkwürdige Schauspiel mit anzusehen."[25] Im Zentrum des Amphitheaters banden Arbeiter inzwischen die noch schlaffe Ballonhülle an den beiden Masten fest und bauten dann ein Gerät auf, das Lütgendorfs Hang zur Tüftelei belegt: eine hochmoderne Stahlfederwaage, die den Fortgang des Füllvorgangs durch laufende Gewichtsmessungen des Balles registrieren sollte. Daneben stand ein großer Holzkasten, der all die Dinge enthielt, die der Baron auf seiner Reise mitnehmen wollte: 2 Pistolen, Kompaß, Anker, Barometer, eine Landkarte nebst „übrige Experimentalinstrumente" und drei Fahnen, von denen eine mit dem Wappen des Fürsten von Thurn und Taxis, dem Regensburger Dienstherrn des künftigen Luftfahrers, geschmückt war, die andere mit den Farben des Pfalzgrafen von Birkenfeld, der erwartungsvoll auf der Ehrentribüne saß, und die dritte trug die Insignien der Reichsstadt Augsburg.

Lütgendorfs Traum –
der endlich fliegende Luftballon

„Jedermann glaubte", so Nicolai, „dass man nun von demjeni-
gen, was man bisshero nur aus Erzählungen wusste, in wenigen
Stunden durch den Augenschein überzeugt würde, dass es
nemlich den Menschen möglich seye, mit Sicherheit hoch in
der Luft zu schweben."[26] Aber was dann im so festgefügten,
überaus aufwendig errichteten Amphitheater vor den Augen
Tausender ablief, geriet zu einer Tragikkomödie. Im Gegensatz
zu Blanchard, von dem bekannt war, daß er selbst mit Einsatz
all seiner Kräfte arbeitete, „sodass er ganz müde sein Luftschiff besteige", überließ Lütgendorf die Aufrüstung einem
Dutzend Männer, die offenbar niemand in ihre Aufgaben ein-
gewiesen hatte. Einige taumelten angetrunken und wichtigtuerisch zwischen den vierzehn Fässern zur Erzeugung der brennbaren Luft herum, gossen unkontrolliert Schwefelsäure und
Wasser zusammen, während Lütgendorf, wie Nicolai feststellt,
„oft gar nicht im Amphitheater (war), und wenn er auch da
war, besprach er sich mit diesem und jenem mit unbefangener

und ruhiger Miene."[27] In diesem totalen Durcheinander passierten zusätzlich zwei Mißgeschicke. Die Arbeitsleute zogen den noch halbleeren Ballon so ungeschickt zwischen den beiden Mastbäumen in die Höhe, daß der große hölzerne Ring, an dem die Gondel hing, zerbrach. Und als sie es nach notdürftiger Reparatur erneut probierten, riß das offenbar brüchige Seil, und der Ballon fiel als faltige, rotweiße Stoffmasse auf die Erde. Zu allem Unglück kam auch noch Wind auf, so daß Lütgendorf keine andere Wahl blieb, als den Versuch abzubrechen.

„Alles Volk begab sich gegen Abend unbefriedigt, unwillig unter Spott und Apostrophen über den Luftschiffer, öfters in starken Äusserungen hörbar, jedoch alles in grösster Ruhe und Ordnung, welches den gutmüthigen Charakter des Volkes bezeichnet, nach der Stadt."[28] Ebenso knapp wie Friedrich Karl Gullmann vermerkt der anonyme Augsburger Stadtschreiber in seiner „geheimen Chronik": „Nachdem noch an dem halsstarrigen Ballon, der sich nicht füllen ließ, ein Seil brach und ein Reif zersprang, endete das große Schauspiel bey vielen mit Verwünschungen, Mißmuth und leerem Beutel."[29]

Nun hatten endlich wieder die Kritiker ihre hohe Zeit. Scharf wurde an den Wirtshaustischen die gesamte Unternehmung gegeißelt und nach Ursachen des Reinfalls geforscht: der fehlende Windschutz für den Ballon, sein überdimensionierter Umfang, das mürbe Seil und die Gaszubereitungsmaschine, die, obwohl aufwendig mit blitzenden Messinghähnen, blechernen Kolben und ledernen Schläuchen bestückt, offenbar überhaupt nichts taugte. Der Hauptangriffspunkt aber war das Verhalten des Herrn Baron selbst. Hatte ihm sein Adelsstolz einen Streich gespielt? Oder warum vernachlässigte er auf geradezu sträfliche Weise die Aufsicht über die völlig kenntnislosen Helfer. Seiner Würde wäre es zweifellos besser bekommen, mit zugepackt und den Aufrüstvorgang energisch dirigiert zu haben, statt jetzt als Scharlatan verunglimpft zu werden. Die Stimmung in Augsburg sank jedenfalls auf den Nullpunkt und „ein Haufen Fremde eilten vor Verdruss und Unwillen gleich aus der Stadt, verschenkten an Friseurs, Barbierern und Lohnbediensteten ihre Entrée Billets."[30] Andere zerrissen sie enttäuscht oder verlangten ihr Geld zurück, obwohl für Montag, den 28. August, die nächste Probe angekündigt wurde.

An diesem Tag wanderte wieder eine allerdings etwas zusammengeschmolzene Volksmenge durch die Spaliere der Bettler und fliegenden Händler zu den „Sieben Tisch Wiesen", am Brunnenbach entlang, zur Linken den „Sieben Tisch Wald" und zur Rechten die Weinberge an der Landstraße nach Haufstetten. Auch Friedrich Nicolai war wieder mit dabei, der bei Erreichen des Amphitheaters sofort bemerkte, daß sich Arbeiter damit beschäftigten, Löcher in der Ballonhülle auszubessern, welche nach Aussagen Umstehender über Nacht von Mäusen hineingebissen worden sein sollten. Nicolai glaubte jedoch eher, daß es die Helfer selbst waren, die mit ihren vitriolbeschmierten Händen das Gewebe zerstört hatten. Das Zuflicken der schadhaften Stellen dauerte quälende Stunden, und die geduldig Wartenden begannen bereits, Wetten untereinander abzuschließen, ob der Ballon überhaupt noch steigen würde. In einem Brief vom 7. September 1786, also wenige Tage nach dem Erlebnis, berichtet Nicolai: „Alles wartete schon lange, wie ganz natürlich, auf eine Ankündigung vom ersten Luftschiffer Deutschlands, dieser blieb aber mit ineinander verschlungenen Händen wie gewöhnlich in seinem gestickten Kleide und rundem weißen Huthe in der Loge stehen und sah in einer traurigen, kümmerlichen Lage auf seinen eigensinnigen Luftballon herunter, bis endlich der liebe Himmel gegen 4 Uhr plötzlich Regen schickte, der die Leute aus dem Amphitheater und den ersten Luftschiffer Deutschlands aus seiner entsetzlichen Verlegenheit brachte."[31] Schweigsam und mit gesenktem Kopf verließ Lütgendorf zusammen mit seiner Frau den Ort der Niederlagen, verfolgt vom Spott einer erbitterten Menge, die nun dreimal vergeblich zum Amphitheater gepilgert war, um Zeuge eines historischen Augenblicks zu werden.

Der Mann, dem die Lobredner und Schreiber noch vor fünf Tagen eine „Krone von Lorbeer und Mirten und Rosen" aufs Haupt setzen wollten, versteckte sich in seiner Unterkunft und war für niemanden zu sprechen. Drei seiner Freunde, an ihrer Spitze der Geheime Rat und Kämmerer Franz Graf Thun, hielten ihm jedoch die Treue, wohl auch um die Ehre der deutschen Nation zu retten, und versuchten gemeinsam, den Ballon doch noch zum Steigen zu bringen. Thun ging dabei tatkräftig und systematisch vor. Unter erheblichen Kosten ließ er aus tausend Ellen Leinwand einen achteckigen Windschutz anfertigen, dann gab er Auftrag, den durch Unerfahrenheit beschädigten Füllapparat zu reparieren, und setzte kurzentschlossen die Eintrittspreise um die Hälfte herab.

Am 4. September, einem Montag, wagte sich Lütgendorf noch einmal zur Stätte seiner Demütigungen. Acht Stunden mühten sich dort unter der strengen Regie des Grafen Thun die diesmal nüchternen Helfer, doch der Ballon wollte weder schwellen noch leichter werden, im Gegenteil, er wurde immer schwerer und sackte schließlich mit beginnender Dunkelheit wieder in sich zusammen. Wütend hasteten die Augsburger in die Stadt zurück, um rechtzeitig vor Schließung der Tore in ihre Häuser zu kommen. Die selbständigen Handwerker und Kaufleute protestierten, daß wieder ein kostbarer Arbeitstag verloren sei, und einige, die den entstandenen Schaden berechneten, kamen bei einem Ansatz von fast 14 Tagen „nichtsnutziger Lustbarkeiten" auf über 30 000 Gulden.

Der unselige, schlaffe Ballon blieb über Nacht im leeren, mondbeschienenen Amphitheater an den Masten hängen, und am nächsten Tag mißlang ein weiterer Anlauf. Dabei mußte Lütgendorf erkennen, daß er sich mit einer Menge von nur 24 Zentnern Feilspänen, zerschnittenem Draht und Nadelspitz verrechnet hatte, und noch schlimmer: die Qualität des Vitriols war unzureichend. Der Lieferant hatte ihn betrogen und statt des ausdrücklich verlangten hochwertigen sächsischen, schweizerisches aus Winterthur geliefert. In der Chronik der Stadt Augsburg heißt es nach einer ausführlichen Darstellung des unrühmlichen Endes: „Ein hiesiger Künstler, der seine Luftfahrt bereits in Kupfer gestochen, machte den Tag hernach auf dem Platz des Amphitheaters eine Grube, und versenkte alle seine noch vorrathigen Kupferstiche der Luftfahrt nebst einigen Lobgedichten und geprägten Ehrenmünzen darein."[32]

Für Lütgendorf müssen die nächsten Wochen ein wahrer Alptraum gewesen sein. Jetzt schlug die von ihm selbst aufgetürmte Welle voreiliger Lobpreisungen erbarmungslos zurück. Aus Enttäuschung und Rache regneten Pamphlete, mehr oder weniger witzige Spottgedichte und Verwünschungen auf ihn herab. Den widerspenstigen Ballon, der den sicheren Erdboden partout nicht verlassen wollte, tauften die Augsburger beziehungsreich „Erdlieb", und das schrien denn auch die Gassenjungen hinter dem Baron her, wenn er es wagte, sich öffentlich zu zeigen. Und die Marktfrauen reimten:

„Augsburger! Zieht die Oden ein
und wickelt schmutz'gen Käs darein."

Schlimmer als alle Verunglimpfungen, die seine Ehre als Edelmann verletzten, war für Lütgendorf das Verhalten der Stadt
Augsburg. Der Rat ordnete kurzerhand den Abbau des Amphitheaters und der Buden an und verweigerte die Genehmigung,
den überholungsbedürftigen Ballon in die Stadt zurückzubrin-
gen. Die Ratsherren gingen sogar noch einen Schritt weiter und
drohten mit Ausweisung, wenn sich Lütgendorf noch nach
dem 3. November, dem Datum seiner befristeten Aufenthalts-
erlaubnis, innerhalb der Augsburger Mauern aufhalte. Geradezu dramatisch spitzte sich die Lage zu, als der Rittmeister
Straus, den seine Mitbürger nun verlachten und in anonym
zirkulierenden Briefen als ausgemachten Narren bezeichneten,
den verzweifelten Versuch unternahm, sein Geld durch Pfän-
dung des Ballons zu retten. Nur durch Hilfe des Grafen Thun,
der die Gläubigerschar beschwichtigte und die dringlichsten
Schulden bezahlte, konnte Lütgendorf – vom Rat tatsächlich
mit Datum vom 2. Dezember schriftlich ausgewiesen – die
Stadt verlassen. Elf Tage später rollte dann, begleitet von den
Hohngesängen des Straßenpöbels, eine leidlich elegante Kutsche zum Rothen Tor hinaus. Hinter den herabgelassenen Vor-
hängen verbargen sich drei Personen: der unglückselige Baron,
seine in all dem Mißgeschick überaus tapfere Frau und der
Bergrat von Riedel, ein neuer Gönner, der finanzielle Unterstützung für einen weiteren Startversuch im nahegelegenen
Gersthofen angeboten hatte. Es spricht für Lütgendorfs Hart-
näckigkeit und sein Stehvermögen, daß er dieses Angebot nicht
entmutigt ablehnte.

Am 27. Dezember 1786, drei Tage nach dem Heiligen Abend –
mit einem Inserat in der „Postzeitung" waren alle Augsburger,
die noch ein gültiges Billet für das Amphitheater besaßen, zur
Teilnahme eingeladen –, begann morgens in Gersthofen die
Füllung des Ballons. Alles ließ sich gut an, „es schien, als wollte
,Erdlieb' endlich parieren", ein ländliches Musikkorps spielte
auf, und die Stimmung wurde zunehmend ausgelassener. Ärgerlicherweise fehlten kurz nach Mittag Feilspäne. Zwei Rei-
terstaffetten jagten nach Augsburg, und obwohl es ihnen gelang, schon nach einer Stunde den begehrten Nachschub her-
beizuschaffen, mußte die Fortsetzung der Füllung wegen der
frühen Winterdunkelheit abgebrochen werden. Aber diesmal

gingen die Menschen zuversichtlich nach Hause, überzeugt, am nächsten Tag endlich den großartigen Anblick des aufsteigenden Barons genießen zu können. Über Nacht patrouillierten zu „Erdliebs" Sicherheit drei Bauern mit scharf geladenen Flinten und reichlich gefüllten Schnapsflaschen um die in der Finsternis gespenstisch aussehende, halbgefüllte Hülle herum. Doch dann passierte etwas, das Max Leber so beschreibt: „Aber o Jammer, o Schrecken! Während der Nacht riß ein Sturmwind 2 aufgerichtete Pfosten mit Blachen nieder, die tobende Windsbraut bemächtigte sich des armen Erdlieb, jagte ihn vom Schafott herunter, riß ihm den Hals und Ventil ab und versetzte ihm große Löcher, so daß alle Gase, die man ihm tags zuvor unter Aufbrauch von mehreren 100 fl eingeblasen hatten, wieder entwichen. Der Herr Bergrat wollte sich, als er dieses Unheil sah, zum Überfluß noch im Lech ertränken und konnte nur mit Mühe zurückgehalten werden."[33]

Das war es nun: das wirkliche, das endgültige Ende. Über dem verzweifelten Lütgendorf brach eine neue, wenn auch letzte Woge der Schmach zusammen. Noch einmal wetzten gerade jene besonders eifrig ihre Federkiele, die ihn noch vier Monate zuvor so hymnisch besungen hatten. Da hielten sie satirische „Abschiedsreden auf Erdlieb Luftballon", verfaßten „Grabinschriften" und „Leichenkondukte", und es erschienen Broschüren mit dem Titel „Anatomierung des in Gersthofen erblaßten Erdlieb Luftballon". Auf vier Druckseiten wurde sogar ein „Schreckbares und wohlverdientes peinliches Urtheil" verkündet, das mit den Sätzen beginnt: „Gegenwärtig peinlich vorgestellter Inquisit, Erdlieb Luftballon, von Augsburg gebürtig, 8 monatlichen Alters, katholischer Religion, unverheuratheten Standes, hat sich verschiedener höchst strafbarer Verbrechen ... auf eine äußerst vermessene Art schuldig gemacht." Und dann wurden dem angeklagten, vermenschlichten „Erdlieb" in komischer Übertreibung seine Untaten vorgehalten: müßiger Lebenswandel, äußerliche Pracht, „allerhand Gauckeleyen und Beutelschneidereyen" und besonders schwerwiegend, daß er „der Weltweisheit beflissene Professoren schändlich hinter das Licht geführt habe" und daß er, unter Punkt 2 der „Klageschrift" benannt, „zu verschiedenen sehr gefährlichen Zusammenkünften in den 7 Tischen Anlaß gegeben, vielen tausend Personen zum Fressen, Saufen und Müßiggang Anlaß gegeben und verleitet! kurz: eine öffentliche Schule der Liederlichkeit gehalten habe ...". Dementsprechend hart

das Urteil des „allhiesigen wohllöblichen Luftgerichte: mehrere Tage hintereinander zur öffentlichen Verspottung an der
Schandbühne zu hängen." In einer Nachbemerkung erteilte
das „Gericht" dem gescheiterten Luftschiffer ausdrücklich
Absolution und sprach ihn vom „Verdachte der Hexerey feyer-
lich"[34] los. Aber derart ironische Entlastungen dürften den
nach Regensburg zurückgekehrten Baron nur zusätzlich ge-
schmerzt haben. Lütgendorf nahm sich die Kränkungen so zu
Herzen, daß er allen Unternehmungsgeist verlor und sich verbittert zurückzog, bedrängt von den erlittenen schweren materiellen Verlusten. In den folgenden Jahren verstärkte sich seine
Neigung zum Geheimnisvollen, er forschte in den Sternen,
wurde Freimaurer, Rosenkreuzer und begleitete den Grafen
Thun – selbst ein „Visionär und Mesmerist" – auf einigen
Reisen.

Achtundzwanzig Jahre nach dem Augsburger und Gersthofe-
ner Mißerfolg ging Lütgendorf, inzwischen 54jährig, nach
England an den Hof des Prinzen von Wales, kam dort zu Ansehen und einigem Vermögen, das bei einer Schiffskatastrophe
vor Boulogne versank. 1809 – sein alter Gönner, Fürst Karl
Alexander, hatte ihn drei Jahre zuvor wieder an den Regensburger Hof geholt, traf ihn ein neuer Schicksalsschlag. Die
einmarschierenden Franzosen plünderten die Stadt und auch
sein Haus. Acht Jahre später waren Lütgendorf und seine Frau
derart verarmt, daß es zu einer Versteigerung aller Erfindungen
kam. Die Auktionsliste ist erhalten, und zwei Gegenstände sind
für den bayerischen Edelmann charakteristisch. Sie zeigen, wie
nah bei ihm das Nützliche neben dem Skurrilen stand. Da gab
es – wohl ein Traum des Alternden, das vor Boulogne unterge-
gangene Vermögen zurückzugewinnen – eine „Tauchermaschine, in diese eingeschlossen wird ein Mann 40–60 Klafter tief
ins Meer hinuntergelassen, um versunkene Güter sicher wieder
emporzuheben. Er kann durch den über der Tauchermaschine
befestigten Schlauch zu dem Schiffsvolk sprechen und viele
Stunden unter Wasser bleiben." Und als Beweis für das Ver-
spielte: „Ein Automat, eine sehr hübsche bayerische Kellnerin
in Lebensgröße, welche aus einer ¾ Bouteille 10 Gattungen
Wein auf Verlangen einschenkt, so viel man von jeder Sorte
verlangt."[35]

Joseph Maximilian Freiherr von Lütgendorf, von seinen Zeitgenossen als geltungssüchtiger Abenteurer und Aufschneider

verunglimpft, starb 79jährig, völlig von der Großmut der verwitweten Fürstin Therese abhängig, in Regensburg. Ohne Zweifel, er war ein hochbegabter, vielseitig interessierter Mann mit vielleicht sogar genialischen Zügen, ein Glücksritter mit viel Pech, der beinah das geworden wäre, was damals so viele erträumten: wenigstens in Deutschland der erste „Luftseegler" zu sein.

Der erste deutsche Luftfahrer – Wilhelm Jungius 1805

Nach dem von Gelächter und Schadenfreude begleiteten Versagen des Barons beherrschten in Deutschland Franzosen das Feld der Aerostatik. Vor allem die Gastspiele Blanchards befriedigten die Sensationslust der Massen, und ab 1792 zwangen die Revolutionskriege die Menschen, sich ihren irdischen Nöten zuzuwenden. Luftfahrt in Deutschland – das war zumindest für mehr als zwei Jahrzehnte nach dem Flug Pilâtre de Roziers und des Marquis d'Arlandes' eine Geschichte der Vergeblichkeit, des Mißlingens. Längst hatten sich die Engländer und Italiener an die Himmel ihrer Länder emporgeschwungen, da fanden Luftreisen in Deutschland allenfalls in der Phantasie statt, wie bei Jean Paul, der 1801 „Des Luftschiffers Gianozzo Seebuch" schrieb. In dieser Erzählung segelt der wunderliche, einsame Kapitän Gianozzo in einem seltsamen Gefährt, das er Siechkobel, Weberschiff oder Kutter nennt, über dem grotesken Welttheater entlang und betrachtet von seinem Logenplatz Ungerechtigkeit, Leid, Krieg und Verbrechen. Der Luftschiffer als Symbolfigur, „recht feind dem schwankenden Halblob aller Parteien und dem schlaffen Bündnisknüpfen ... sich ekelnd vor jeder Mattigkeit – anbetend jede derbe Kraft und die Hände ausstreckend nach dem Äther der Freiheit – dieser Mensch, den die Sättigung an der tiefen Kerker- und Gassenluft aufjagt in die Bergluft ..."[1] Nur der Luftschiffer, meint Jean Paul, erhebt sich über das Dasein, nur er sieht, hellhörig und empfindsam geworden, die Erde im neuen Licht, gewinnt Abstand zum erbärmlichen Treiben der Menschheit. „Aber zwischen Himmel und Erde wurd' ich am einsamsten", sagt Gianozzo, „ganz allein wie das letzte Leben flog ich über die breite Begräbnisstätte der schlafenden Länder, durch das lange Totenhaus der Erde, wo man den Schlaf hinlegt und wartet, ob er keine Scheinleiche sei. Die großen Wolken, die unten aufeinander folgten, waren der kalte Atem eines bösen Geistes, der in der Finsternis versteckt lag. Ein Haß gegen alles Dasein kroch wie Fieberfrost an mir heran; ich sagte wieder: ich bin gewiß ein böser Geist. Da riß mich ein zweiter Sturm dem ersten weg und schleuderte mich über unbekannte Länder fort."[2] Gianozzos vierzehn Luftfahrten, die schließlich nach einer Strandung auf dem Brocken mit dem Tod des Helden in den Alpen enden, waren ein poetisch-tiefsinniger Beitrag zur Luftfahrt, ein Produkt schöpferischer Einbildung, wie auch – wenn auch auf eher lächerliche Art – jener Lenkungsvorschlag des Wieners Jakob Kaiserer, der mit einigem Stolz der Öffentlichkeit eine „Erfindung" präsentierte: Dressierte Adler sollten, vor den Ballon gespannt, durch Zügel und Peitsche kommandiert, die gewünschte Richtung einschlagen. Kaiserer erörterte ernsthaft die unterschiedliche Zugkraft von Steinadlern aus dem Siebengebirge oder schweizerischen Lämmergeiern.

Fünf Jahre später – 1804 – veröffentlichte die „Wiener Zeitung" eine Zeichnung mit der Unterschrift „Die Minerva, ein Luftschiff, bestimmt, fünfzig Personen zu tragen, um Entdeckungen zu machen". Dieser Kupferstich war Auslöser für eine ganze Serie von zum Teil satirisch gemeinten Konstruktionen wie die „schwebende Luftstadt der Zukunft", der die berühmte „große Luftpostkugel" folgte, „welche den 10. Merz des Jahres 2240 nach China und umliegenden Gegenden von Land fliegen wird. Briefe und Gepäck für Japan und den kleinen Rest der Insel Formosa werden frankiert."[3] Derartige Phantasiegebilde sollten den Größenwahn der Aeronautik verspotten, und es gab sie in den verschiedensten Versionen, zumeist als riesige Schiffsrümpfe mit Kanonenluken, Ballsälen, Kaffeehäusern und Wohnungen für Passagiere, Luftoffiziere und Luftmusikanten, mit Segeln, Tochter-Ballonen, die wie Schaluppen ablegen sollten, und kleinen, angehängten Käfigen für „interessierte Damen". Diese Zukunftprojekte auf dem Papier waren eine Mischung aus Verulkung, romantischer Utopie und zugleich ein Eingeständnis des Steckenbleibens der Entwicklung.

In Deutschland hatte es bis 1804 noch nicht einmal ein Deutscher geschafft, sich mit einem herkömmlichen Luftballon zu erheben. Und niemand schien geneigt, als dieser erste in die Geschichte einzugehen. Ein Jahr später – zweiundzwanzig Jahre nach dem Bau der Heißluftkugel durch die Montgolfiers – war es dann doch so weit. Es fand sich ein Deutscher, oder präziser ein Preuße, der diesen beschämenden Rückstand wettmachen wollte: Friedrich Wilhelm Jungius, ein Mathematik-Lehrer am Friedrich-Wilhelm-Gymnasium in Berlin. Wer war dieser Mann, was trieb ihn an, sein sicheres Klassenzimmer zu verlassen und durch die Lüfte zu fahren?

Jungius, von seinem Vater – einem Prediger – in Treue zum ersten König von Preußen „Friedrich Wilhelm" getauft, wurde am 29. Juni 1771 in Alsleben an der Saale, also im Magdeburgischen, geboren. Er war 12 Jahre alt und Schüler des Pädagogiums „Unserer Lieben Frauen" in Magdeburg, als Pilâtre de

Die große Post-Luft-Kugel – satirischer Entwurf, 1804

Rozier und der Marquis d'Arlandes sich mit ihrer Montgolfière zu jenem historischen Flug über die Seine erhoben, und 18 Jahre, als er auf der renommierten Universität in Halle Mathematik, Physik und Chemie zu studieren begann. Sechs Jahre später – 1795 – verließ der examinierte Lehrer der Naturwissenschaften Halle, um nach Berlin zu gehen, in die Hauptstadt des Agrar- und Junkerstaates Preußen mit etwa 10 Millionen Untertanen, davon 250 000 im Soldatenrock. Auf dem Thron saß der Neffe Friedrichs des Großen, der beleibte, mund- und denkfaule und etwas wunderglaubige Friedrich Wilhelm II. Es war eine Zeit des Umbruchs und Verfalls, in der Jungius sein Lehramt an der „Königlichen Realschule" antrat. Am Hofe: Korruption und Günstlingswirtschaft, in der Außenpolitik: riskante Manöver mit weittragenden Folgen. Aber trotz beginnender Verdüsterung des europäischen Horizonts war Preußen noch eine zehnjährige Atempause mit einer kulturellen Blütezeit beschert, deren Nutznießer auch Jungius werden sollte. Der Glanz gymnasialer Bildung nahm zu, das neuhumanistische Ideal der alten Sprachen gewann an Bedeutung, es gab tiefgreifende Unterrichtsreformen, neue Schulen wurden gegründet. So erlebte Jungius, 28jährig, im Mai 1797 in Gegenwart des Königs, der dann im Herbst starb, den Festakt der

Friedrich Wilhelm Jungius –
der erste deutsche Luftfahrer 1805

Zusammenlegung seiner Realschule mit zwei anderen Instituten zum neuen „Königlichen Friedrich-Wilhelm-Gymnasium", an dem er bis zu seinem Tod unterrichten sollte. Offenbar war er ein geschätzter Lehrer. In einer Würdigung heißt es: „Durch seine auch die trockenen Gegenstände belebende Methode, durch die Klarheit seines Unterrichts und durch die Geschicklichkeit, in den fähigen Köpfen den mathematischen Geist zu wecken, hat er viele weitergeführt, als es sonst auf gelehrten Schulen der Fall ist."[4] Wilhelm Jungius bewährte sich am Katheder, er war beliebt, vielseitig interessiert, hatte gebildete Freunde und ohne Umwege eine Laufbahn eingeschlagen, die ihn in unruhiger Zeit sicherte. Zusammen mit seiner Schwester, die den Haushalt führte, lebte er in der Kochstraße in einem Berlin, das nach der Jahrhundertwende Weimar als intellektuelles Zentrum zu verdrängen begann. Es gab eine kleine Schicht preußischen Bildungsbürgertums aus Professoren, Pastoren, Künstlern und Dichtern. Kleist lebte hier, Novalis,

Brentano, Tieck und E.T.A. Hoffmann. In den literarisch-politischen Salons wurde über die Folgen der Aufklärung und der französischen Revolution disputiert, über Napoleons Ägypten-Feldzug, den Sieg bei Marengo oder seine Erhebung zum Konsul auf Lebenszeit.

Als Naturwissenschaftler mußte sich Jungius schon längere Zeit für die Aerostatik interessiert haben, nur so ist sein späteres zielstrebiges Handeln zu erklären. 1803 könnte so etwas wie ein Schlüsseljahr gewesen sein: Ende Juni las er in der Zeitung von dem mißglückten Start des Flamen Etienne Robertson in Hamburg, dessen Ballon bei der Sternschanze, von Wolkenbrüchen aufgeweicht und Windböen halb zerrissen, aus unglücklichem Versehen und zur Empörung der Zuschauer ohne den angeblichen Professor aufstieg. Einen Monat später registrierte Jungius dann den schwärmerischen Jubel der Hamburger, als aus dem Scharlatan Robertson wieder ein „Eroberer der Lüfte" wurde, nachdem es ihm am 18. Juli zusammen mit dem Musiklehrer Lhoest gelang, auf knapp 7000 Meter zu steigen.

Im selben Jahr kam der berühmte André-Jacques Garnerin auch nach Berlin, jener Mann, der sechs Jahre zuvor als erster Mensch mit einem Fallschirm abgesprungen war. Jungius wurde nun Zeuge einer unschönen Auseinandersetzung: Der Geheime Rat Professor Hermbstädt, Lehrer am medizinisch-chirurgischen Kollegium, hatte mit Garnerin, um bei einer Luftreise wissenschaftliche Beobachtungen durchzuführen, verabredet, ihn auf seiner 32. Fahrt zu begleiten. Der verlangte jedoch einen überaus stattlichen Preis und stellte – aus welchen Gründen auch immer – derart zahlreiche Zusatzbedingungen, daß Hermbstädt sich gezwungen sah, auf die Teilnahme zu verzichten. Als Garnerin ihn dann auch noch öffentlich der Feigheit bezichtigte, war der Eklat da. Jungius empörte dieses Verhalten, das vielleicht als Initialzündung für den Wunsch wirkte, das Terrain nicht mehr den geschäftstüchtigen Franzosen zu überlassen, sondern endlich selbst den Luftraum wissenschaftlich zu erforschen. Doch er gab diese Idee sofort auf, als ihm ein befreundeter Chemiker, Professor Bourguet, den Plan einer Luftfahrt im nächsten Frühjahr unterbreitete.

Am 23. Mai 1804 sollte dieser Aufstieg vor den Augen des Hofes im Tiergarten stattfinden. Bourguet beabsichtigte, zusammen mit dem Artillerie-Leutnant von Voss zu starten. Doch die Füllung machte Schwierigkeiten: Rohre erwiesen sich als undicht, das Material war in miserablem Zustand. Es wurde später Nachmittag. Der Ballon entwickelte kaum Tragkraft, und die beiden Luftfahrer begannen nun unter Anrufung Friedrich Wilhelm III., den Streit auszufechten, wer zur Erleichterung des Luftgefährtes am Boden bleiben sollte. Auf Befehl seiner Majestät trat der greise Feldmarschall von Möllendorf

Luftfahrt des Herrn Professors Bourguet
zu Berlin den 23 May a 1804.

Ein gescheiterter Versuch –
Professor Bourguet im Berliner Tiergarten
am 23. Mai 1804

an den Korb. Der folgende, sehr preußische Dialog ist authentisch:

Feldmarschall: „Herr Lieutnant, ich wünsche, daß Sie die Gondel verlassen."

Leutnant: „Ich bin hier auf meinem Posten, und die Ehre verbietet mir, ihn zu verlassen."

Feldmarschall: „Es geschieht Ihrer Ehre unbeschadet, denn ich verteidige sie."[5]

Erst nach dieser strammen Garantieerklärung kletterte der Leutnant aus dem Korb. Der aber rührte sich noch immer nicht. Resigniert stieg auch der Professor aus, und in diesem Moment, bevor jemand zupacken konnte, erhob sich der Ballon und entschwand in den aufziehenden Gewitterwolken. Zum Verdruß der erlauchten Versammlung und Spott der Berliner: „Herr Bourguet wollte seine Kunst im Steigen und seinen Muth im Fallen zeigen. Geschah nicht beides? Glückte nicht dem Ball das Steigen – ihm der Fall?"[6]

Jungius hatte das klägliche Scheitern des Freundes als Augenzeuge miterlebt. Doch die Niederlage war für ihn nur Ansporn, wie er dann in seinem Bericht schreibt: „Mir selbst einen Ballon zu verfertigen und mit ihm eine Reise in die höheren Regionen der Atmosphäre zu unternehmen, um, wenn sie mir gelänge, der Welt eben dadurch zu zeigen, daß auch ein Deutscher zur Ausführung eines solchen Unternehmens Muth und Kraft habe, möchte sie auch bis dahin noch keinem, der sie versuchte, gelungen seyn."[7] Dem patriotischen Vorsatz ließ Jungius die Tat folgen, er bestellte „Taffet" von besonderer Dichtheit, übertrug dem Hoflackierer das Firnissen und prüfte mit Luftpumpe und Wasser die Undurchlässigkeit des Stoffes – er ging mit Umsicht und Sachkunde vor, so daß schon nach wenigen Wochen ein sorgfältig gebauter Ballon von etwas mehr als acht Metern Durchmesser entstand. Mit einer kleinen Notiz in der Haude-Spenerschen Zeitung setzte er den 16. September 1805 als Tag des Aufstiegs fest, ohne vorher – wie sein unglücklicher Freund – Kupferstecher und Maler mit Darstellungen des Aufstiegs oder einem Porträtbildnis beauftragt zu haben.

Um vier Uhr morgens begann im Garten der Tierarzneischule die Füllung. Alle acht Fässer waren in tadellosem Zustand, so daß Bourguet, der hilfreich Hand anlegte, über soviel exakte Planung nur staunen konnte. Gegen fünf eilte Jungius noch einmal in seine Wohnung, um sich zu erfrischen und die besorgte Schwester zu beruhigen. Als er zum Startplatz zurückkehrte, schwebte der Ballon zu seiner Überraschung bereits, nur mit Mühe von den Arbeitern gehalten. Aber in der Hoffnung, daß ihn der König und die Königin vielleicht doch noch mit ihrer Gegenwart beehren könnten, ließ er den Füllvorgang verlangsamen. Erst gegen Mittag gab Jungius schließlich auf und ließ einen kleinen Pilot-Ballon mit einem Taubenpaar aufsteigen. Noch einmal berechnete er die Tragkraft, und wenige Minuten nach 12 Uhr kam das entscheidende Signal. In den „Berlinischen Nachrichten" war drei Tage später auf Seite eins zu lesen: „Das frohe Jauchzen der Zuschauer, welches im Augenblick der Auffahrt erfolgte, war dem Luftschiffer kaum einige Sekunden hörbar. Um ein Zeichen zu geben, daß er es vernehme, winkte er mit seinem Schnupftuch, welches er, als der Ballon losgelassen ward, eben in der Hand hatte. Das Drehen des Ballons, von welchem die Gondel, außer einer kreisenden, auch eine beträchtlich schaukelnde Bewegung erhielt, verursachte Herrn Jungius weder Schwindel noch andere Unannehmlichkeiten, sondern sie nöthigte ihn nur, sich an den Seitenwänden seines Sitzes festzuhalten, und vermutlich hinderte sie ihn, es genau inne zu werden, wie schnell er emporstieg, weshalb er auch sehr früh schon, Ballast auswarf. Da der Wind nicht mit ganz gleichem Zuge, sondern in Stössen bliess, so war die Gondel unablässig in gerüttelter Bewegung."[8]

Jungius, durch das Schwanken, den ungewohnten Anblick der Erde und scheinbar langsames Steigen irritiert, warf eilig insgesamt 21 Pfund Ballast auch in der Hoffnung aus, in höhere und damit stillere Zonen zu kommen. Aber die Beschwerlichkeiten treten in seinem Bericht in den Hintergrund, zu sehr faszinierte die neue Sicht. „Lange behielt ich Berlin im Gesichte, welches mir in dem weiten Gesichtskreise, den mein Auge überblicken konnte, in einer äußerst verächtlichen Gestalt, wie ein Häufchen Steine am Wege, erschien. Den Totalanblick der Erde, von der größten Höhe, wo mir dieselbe noch sichtbar blieb, weiß ich mit nichts Passenderem zu vergleichen als mit dem Anblicke des Vollmondes durch ein gutes Teleskop, den Glanz abgerechnet. Alles hatte sich geebnet und war zu einer Zeichnung geworden. Der Himmel über mir hatte eine reine dunkelschwarzblaue Farbe."[9] Die Hoffnung, in ruhigere Regionen zu gelangen, erfüllte sich nicht, den Ballon beutelten kräftige thermische Turbulenzen, doch unverzagt begrüßte Jungius diese neue Erfahrung, obwohl das Schaukeln die Ausführung von wissenschaftlichen Versuchen behinderte und das Ablesen des Barometers erschwerte. Die Kälte nahm empfindlich zu. Nur mühsam gelang es ihm, sich mit erstarrten Händen den Mantel überzuziehen. Plötzlich ein Geräusch, „vergleichbar mit dem Abspringen des Stöpsels von einer nachlässig zugepfropften Flasche",[10] wie die „Berlinischen Nachrichten" schreiben. Dicht am Schlauch klaffte ein Riß in der Hülle von etwa 70 Zentimeter Länge. Gefaßt notierte der einsame Luftfahrer, daß er jetzt wohl die größte Höhe erreicht habe. Das Barometer zeigte 12½ Zoll, etwa 6500 Meter, aber zu einer genauen Berechnung kam Jungius nicht mehr – ohne Vorwarnung reagierte sein Körper auf den gefährlichen Sauerstoffmangel und sank zusammen. Was er später für Schlaf hielt, gegen den er sich nicht zu wehren vermochte, war tiefe Ohnmacht. Erst eine halbe Stunde später kam er, halb sitzend, zu sich und begriff sofort die Ursache: „Ich erwachte, wahrscheinlich, weil Temperatur und Druck wieder im Zunehmen waren, und ward zu meinem grossen Schrecken inne, dass ich in einer höchst gefährlichen Lage eingeschlafen gewesen war."[11] Noch immer benommen, sah er die Erde in florartigen Nebel gehüllt, erkannte aber – obwohl kurzsichtig – Wälder, Seen und Ackerland. Der an einem 60 Fuß langen Tau hängende Anker berührte bald darauf den Boden, und Jungius beschreibt die nicht ganz einfache Landung recht plastisch: „Nach einigen Minuten etwa schlug die Gondel mit den Instrumenten knarrend und klirrend in der Nähe von Müncheberg auf die Erde – ein schreckhaftes Getöse für den, der es zum ersten Mal in der Gondel selbst hört – und ich ward nun, da mein Anker des heftigen Windes wegen, welcher mich forttrieb, nicht Gelegenheit zum Eingreifen hatte, etwa noch fünf Minuten lang auf der Erde, und einmal sogar über einen Theil eines Sees, wo ich, um die Gondel zu erleichtern, acht Pfund Ballast auswarf, geschleift, doch am Ende noch mit 33 Pfund Ballast von einem herbeieilenden Jäger und einem Landmanne, welche das Ankertau um einen grossen Feldstein schlangen, fest gehalten."[12]

Knapp eineinhalb Stunden Fahrtdauer und eine Strecke von beinah 50 Kilometern, das sind die Meßwerte der ersten Luftreise eines Deutschen am 16. September 1805. Nach der Landung brachte der Bürgermeister den Aeronauten mit der eigenen Kutsche in die kleine, östlich von Berlin gelegene Stadt, die ihn begeistert empfing und die es – wie die „Vossische Zeitung" in einer „Korrespondenz aus Müncheberg" schrieb –

„gewiss unter ihre ersten Denkwürdigkeiten aufzeichnen lassen wird, dass der erste Deutsche, der solch beherztes Unternehmen wagte, dasselbe so glücklich und ehrenvoll vor ihren Toren vollendete und in ihren Mauern den ersten stolzen Dank im Namen aller deutschen Patrioten empfing."[13] Am nächsten Tag fuhr Jungius nach Berlin zurück und wurde in Dahlwitz von glückwünschenden Freunden abgefangen, die ihn nach Friedrichsfelde in das Schloß der für ihre prunkvollen Festlichkeiten berühmten Prinzessin von Holstein-Beck brachten. Abends durfte er im Kreis der Fürstlichkeiten an der Tafel Platz nehmen und wurde dann zum bestaunten Mittelpunkt einer kleinen Theateraufführung, zu der auch Königin Louise mit ihrer Begleitung erschien. Nach der Vorstellung widerfuhr Jungius hohe Ehre: Die Königin unterhielt sich mit ihm und bedauerte, nicht Zeuge des Aufstiegs gewesen zu sein, versprach aber, das bei einer künftigen Luftreise nicht wieder zu versäumen. Um Mitternacht, 36 Stunden nachdem er Berlin im Ballon verlassen hatte, kehrte Jungius in Gesellschaft seiner Freunde in die Kochstraße zurück und wurde trotz später Stunde von einer kleinen Menschenmenge mit lautstarkem Jubel begrüßt. Aus dem unbekannten 34jährigen Mathematiklehrer war über Nacht eine Stadtberühmtheit geworden.

Schon nach wenigen Tagen erschien bei der Verlagsbuchhandlung Friedrich Maurer der Fahrtbericht. Diese schmale 35-Seiten-Broschüre beeindruckt vor allem durch die Ehrlichkeit des Autors, der seinen Ballonaufstieg nicht zu einer außergewöhnlichen oder sogar historischen Tat stilisiert. Ohne Schnörkel drückt Jungius seine Freude über das Gelingen aus: „Wenn auch gleich die Wissenschaft, der ungünstigen Witterung wegen, bei dieser Reise ganz leer ausgegangen ist, so habe ich doch wenigstens die Genugthuung, dem Publikum mein ihm gegebenes Versprechen in aller Art pünktlich als ein Deutscher erfüllt, und ihm selbst vielleicht wieder Zutrauen zu Unternehmungen dieser Art erweckt zu haben."[14] Doch das war nur ein Aspekt, die öffentliche Wirkung der Unternehmung. Wichtiger erschien dem Lehrer der Naturwissenschaften der „rechnerische Nachvollzug" der Reise, soweit das die wenigen Meßwerte zuließen. Zentrales Thema: die erreichte Höhe. Jungius gibt zu, daß sie nicht mit „voller Gewißheit" zu bestimmen sei, einige Instrumente waren beschädigt, andere arbeiteten ungenau. Aber beim Vergleich aller Zahlen kommt er zu dem Schluß, daß sein Ballon nach Trembleys Formel eine senkrechte Höhe über Berlins Horizont von 20 553 Pariser Fuß erreicht haben mußte, ein Ergebnis, das er noch in einer komplizierten logarithmischen Rechnung überprüfte und bestätigt fand. 20 553 Fuß, das sind etwa 6600 Meter, – eine beachtliche Höhe. Fünf Tage später wurden in der „Spenerschen Zeitung" unter „Wissenschaftliche Nachrichten" Messungen vom Erdboden veröffentlicht, die sogar auf eine Höhe von 26 500 Fuß – fast 8000 Meter – kamen. Es scheint durchaus möglich, daß der Ballon nach Entstehen des Risses und der Ohnmacht seines Führers noch einige hundert Meter weitergestiegen ist, aber das läßt sich nicht beweisen. Außerdem: Rekordjagden in luftigen Regionen sind eine Erfindung späterer Zeiten. Damals gab es andere Bezugspunkte, den 6300 Meter hohen Chimborasso in Südamerika beispielsweise, den Alexander von Humboldt drei Jahre zuvor bis fast zum Gipfel erstiegen hatte. Höher als dieser unter Gebildeten so berühmte Berg aufgefahren zu sein, das war die eigentliche Sensation.

Die Luftreise nach Müncheberg konnte die Berliner jedoch nur kurze Zeit von der bedrückenden Wirklichkeit ablenken. Seit 14 Tagen gab es wieder Krieg. Den sogenannten dritten Koalitionskrieg zwischen Frankreich auf der einen und Österreich, Rußland, England und Schweden auf der anderen Seite. Nur fünf Tage nach der geglückten Ballonfahrt verkündete Preußen die Mobilmachung. Ein Signal der Wehrhaftigkeit vorerst, mehr nicht, „bewaffnete Neutralität" nach dem Willen des Königs. Wilhelm Jungius dürfte das alles nur aus der Distanz des unbeteiligten Zivilisten wahrgenommen haben, das Hin- und Herwogen des immer noch fernen Krieges. Nelson siegte im Oktober bei Trafalgar zur See, Napoleon zwölf Tage später bei Austerlitz zu Lande.

In diesem für Europa so schicksalhaften Herbst und Winter plante Jungius eine zweite Luftfahrt, die ganz der wissenschaftlichen Forschung dienen sollte, materiell unterstützt durch ein Geldgeschenk des Königs, der ihm 100 Friedrichsd'or hatte überbringen lassen. Im Frühjahr 1806 – noch immer erschien Preußen als eine Insel des Friedens – war es endlich so weit. Anfang Mai kündigte er die zweite Fahrt für den 17. öffentlich an, mußte den Termin aber um zwei Tage verschieben, als General Graf von Schmettau mitteilte, daß der König dann erst wieder in Berlin sein würde. Jungius inserierte das neue Datum in den Tageszeitungen mit zwei Zeilen, ohne die publikumswirksame Ursache der Verzögerung zu erwähnen. Am 19. Mai, gegen Mittag, versammelte sich die neugierige Menge wieder im Garten der Tierarzneischule. Die Szene war farbenprächtig. Noch einmal entfaltete sich der Prunk höfischen Zeremoniells, Reiter, Equipagen, die blauweißen und roten Uniformen der Dragoneroffiziere, der Husaren und Kürassiere. Noch einmal der Glanz und die Unversehrtheit einer Welt, die schon ein halbes Jahr später in einer katastrophalen Niederlage versinken würde. Ihre Majestäten kamen mit großem Gefolge. Königin Louise hatte Wort gehalten, ebenso Friedrich Wilhelm III. Jungius, auch diesmal vom Freund Bourguet unterstützt, überreichte der Königin einen kleinen Ballon mit einem Taubenpaar im angehängten Körbchen, den Louise unter dem Jubel der Berliner aufsteigen ließ. Um halb zwei kletterte dann der Luftfahrer in die Gondel und zur Überraschung der Versammlung auch ein Begleiter, der 15jährige Sohn des Bäckermeisters Költz, ein – wie es in der „Spenerschen Zeitung" einige Tage später hieß – „hoffnungsvoller Zögling des Friedrich-Wilhelm-Gymnasiums", der die Aufgabe hatte, abgelesene Meßwerte in vorbereitete Tabellen einzutragen. Die wissenschaftliche Ausrüstung war umfangreicher als bei der ersten Fahrt. Am Korbrand ein Tischchen mit angeschraubtem Stativ, an dessen Querriegel die doppelt vorhandenen Instrumente hingen: Barometer und Hygrometer, Gefäßbarometer, ein Bennetsches Elektroskop, Thermometer. Daneben eine Vorrichtung zum Verdunsten reiner Schwefelnaphte und zwei mit abgekochtem Wasser gefüllte Flaschen, um aus größeren Höhen Luft auf die Erde zu bringen. Außerdem an Bord: 68 Pfund Ballast in Säkken, Käfige mit einer ausgewachsenen Gans, einigen Tauben und kleineren Vögeln, die in unterschiedlichen Höhen freigelassen werden sollten.

Unter Beifalls- und Hurra-Rufen begann der Ballon, diesmal ohne Drehen und Schwanken emporzuschweben, und trieb langsam nach Süden. In 2000 Meter warf Jungius die Gans ab. Sie fiel zuerst mit angelegten Flügeln wie ein Stein in die Tiefe, landete dann aber mehr flatternd als fliegend wohlbehalten auf einer sumpfigen Wiese in der Nähe der Porzellan-Manufaktur und wurde von einem Spree-Schiffer sofort der Schwester in der Kochstraße überbracht. Zur selben Zeit genoß Jungius die ungewohnt ruhige Reise und notierte: „Die Luft war in dieser Region mild und stärkend, die Aussicht auf die Erde entzückend schön, und mein Begleiter meinte, noch das Rufen der

Menge unten zu vernehmen. Wir schwammen ruhig dahin, nicht ein Lüftchen schien sich zu bewegen."[15] Und nach sechzehn Minuten Schwebens stellte er fest: „Die Luft war rein und mild und die Sonne schien hell in die Gondel. Berlin verloren wir aus dem Gesicht, aber dafür erhielten wir die unbeschreiblich schöne und überraschende Aussicht auf die Wolken hinab zu beiden Seiten der Gondel. Auf der einen Seite in unförmlichen Massen wie ein Meer, auf der andern hellglänzend wie übereinander gethürmte Eisgebirge – damit verglich sie wenigstens unsere Phantasie – schienen sie dicht auf der Oberfläche der Erde zu ruhen, und wir konnten uns, als wir einander unsere Bemerkungen darüber mittheilten, bei aller Gewalt, welche wir der Vernunft über die Wirkung der sinnlichen Anschauung zu verschaffen suchten, kaum überzeugen, dass die Erdbewohner nicht in diesen Wolkengebirgen umherzuwandeln genöthigt seyen."[16] Als einzige Trübung des gemeinsamen Glücksgefühls begann das Netz zu verrutschen, so daß die Gondel in eine leicht schiefe Lage geriet, eine Behinderung der Verdunstungsversuche, weil die Flüssigkeit aus den aufgestellten flachen Schalen lief. Doch die Barometerbeobachtungen waren gut, da sie nicht das geringste Schwanken spürten, eine Wohltat im Vergleich zur ersten Reise.

Der Ballon überstieg die 3000-Meter-Marke und Jungius schreibt in seinem Fahrtbericht: „Die Luft wird kühl. Keiner von uns empfindet Beängstigung oder Andrang des Bluts nach dem Kopfe. Die Aussicht auf die Wolken unter uns wird immer schöner und ist durchaus nicht zu beschreiben. Die Erde verschwindet, wenigstens meinen Augen, in ihrem Detail. Mein Begleiter erkennt noch Gegenstände."[17] Lehrer und Schüler fühlten sich wohl. Sie redeten nur halblaut miteinander, setzten eine Taube aus, die Sekunden später ihren Blicken entschwand, warfen Sandballast und erhoben sich auf 4000 Meter, 4500, dann 5000. Es war kurz nach 2 Uhr, die Fahrt dauerte eine halbe Stunde. Jetzt begann die Kälte schmerzhaft zu werden. Trotzdem versuchte Jungius, den Arbeitsplan einzuhalten, er ließ Luft in ein mit Quecksilber gefülltes Rohr eindringen, das er mit steifgefrorenen Händen sorgfältig versiegelte. Bei einem anderen Experiment strömte Gas in sichtbaren Dämpfen aus, die dem jungen Költz Übelkeit verursachten. Besorgt griff der Lehrer zur Ventilleine, und der Korb blieb stehen. In diesem Moment schlief Költz völlig überraschend ein, wie Jungius es wieder nennt, aber schon nach einer Minute gelang es, ihn durch lautes Ansprechen zu wecken, so daß er mit klarer Schrift Beobachtung Nr. 7 eintragen konnte: „Der Hauch des Mundes ist sehr sichtbar. Der Ball ist im Sinken." Bald unterschieden sie Ortschaften, Äcker und Wälder, verstauten die Geräte, und Jungius gab Weisung, den Anker auszuhängen, der, am Korbring befestigt, zwischen ihren Füßen lag. Unglücklicherweise verwickelte sich das Tau, und Költz schaffte es mit seinen schwachen Kräften nicht rechtzeitig. „Kurz, die Gondel schlug schon auf der Erde heftig auf, da mein Begleiter sich des Ankers eben so weit ermächtiget hatte, dass er ihn stehend und mit der einen Hand an dem Stricke der Gondel sich haltend über die Lehne derselben hinaus werfen wollte. Dadurch verlor er das Gleichgewicht im Stehen und fiel im selben Augenblick über den Bord der Gondel zur Erde."[18] Pfeilschnell schoß der so plötzlich entlastete Ballon in die Höhe. Jungius sah erleichtert, wie sein Schüler aufstand und offenbar unverletzt davonging. Aber die eigene Lage war äußerst unerfreulich, der harte Landestoß hatte fast alle Instrumente und Chemikalienflaschen zerbrochen oder aus dem Korb geschleudert und die Hoffnung vereitelt, bei dieser Zwischenlandung die schief hängende Gondel aufzurichten, um doch noch die Verdunstungsversuche durchzuführen. Ohne nützliche Beschäftigung stieg Jungius gegen den eigenen Willen weiter zu einer beträchtlichen Höhe auf, die ohne Barometer ärgerlicherweise nicht einmal zu bestimmen war.

Endlich fiel der Ballon, und bei geöffnetem Ventil beschleunigte sich der Abstieg. Jungius erkannte eine Gegend mit Mooren, Wiesen und Wäldern, die Strohdächer von Bauernhäusern. Er schraubte das Tischchen los, hielt alles bereit, was als Ballast zu verwenden war und sah gefaßt nach unten. Der Anker fiel in einen morastigen Teich, und um nicht mit dem Korb einzutauchen warf Jungius den letzten Sand und die Tischplatte ab, so daß sich der Ballon etwas erhob und vom Wind über eine Wiese getrieben wurde. Der Anker verfing sich in einem Baum, ein Eisenarm knickte ab, auch der hölzerne Korbring zerbrach, und die Gondel schleifte weiter. Erst vor einem höheren Fichtenwald faßte der Anker ein zweites Mal und hielt.

Eine halbe Meile von Trebbin, bei Neuendorf, etwa 30 Kilometer südlich von Berlin, kroch der erschöpfte Luftfahrer auf den sumpfigen Boden. Seine Taschenuhr zeigte kurz nach halb vier. Nach zwei Stunden war die ungewöhnliche Reise endgültig beendet. Menschen kamen zu Hilfe: Bauern, Waldarbeiter, der Förster. Sie hatten Mühe, den im Wind hin- und herzerrenden Ballon auszuleeren und zusammenzulegen. In Trebbin wurde Jungius gastfreundlich empfangen und vom Pfarrer bewirtet. Ein Reiter erhielt den Auftrag, das Schicksal des jungen Költz zu erkunden. Noch am Abend kam gute Nachricht: Er war um 7 Uhr in Charlottenburg eingetroffen und hatte das Glück, dem König und der Königin den Verlauf der Reise schildern zu dürfen, und sein stolzer Vater hatte ihn bereits nach Hause gebracht. Am nächsten Tag fuhr Jungius selbst – einem Befehl der Majestäten folgend – ins Charlottenburger Schloß und wurde dort freundlich empfangen und mit Fragen bestürmt. Die zweite Luftreise des ersten deutschen Luftfahrers war ebenfalls ein Erfolg, auch wenn unvorhersehbare Umstände eine ergiebige wissenschaftliche Ausbeute verhindert hatten. Sein Bericht endet daher mit der etwas bitter klingenden Mahnung: „Schade, dass Diejenigen, die so oft diese Reise unternehmen und gewiß nicht selten unter günstigen Umständen, sie nicht, wenn auch nur nebenbei, zur Förderung der Wissenschaften benutzen wollen oder können!"[19]

Drei Monate nach der zweiten Fahrt, im August 1806, wurde Jungius „in Anbetracht seiner Kenntnisse und Geschicklichkeit", wie es in der amtlichen Mitteilung heißt, „zum Professor ordinario der Mathematik, Chemie und Naturwissenschaften"[20] ernannt und erhielt damit den damals üblichen Titel für Gymnasial-Lehrer in Hauptfächern. Diese Ehrung erfolgte in buchstäblich letzter Stunde, denn der Zusammenbruch der alten Ordnung kündigte sich unübersehbar an. Kaiser Franz II. legte zu Beginn des Monats – ein Ultimatum Napoleons befolgend – die Kaiserkrone nieder und erklärte das „Heilige Römische Reich Deutscher Nation" für erloschen. Drei Tage danach befahl der preußische König die Mobilmachung. Und acht Wochen später versanken die Erben Friedrichs des Großen in den Strudeln der napoleonischen Kriege: Bruch mit Frankreich, Kriegserklärung und dann das Desaster von Jena und Auerstädt, das Ende. Der geschlagene König mußte nach Ostpreußen fliehen.

Es existiert kein Zeugnis oder Dokument über das Verhalten Wilhelm Jungius' in jener Zeit der Niederlage und Demütigung. Aber es ist anzunehmen, daß dieser nüchterne und zugleich idealistische Mann nicht zu denen gehörte, die unter-

tion unter dem Fallbeil umgekommen, wie Lavoisier und Philippe Egalité, der Herzog von Chartres.

Der „Schöpfer des Heißluftballons", Joseph Montgolfier, starb erst 1810, siebzigjährig in Balaruc-les-Bains, elf Jahre nach dem Bruder Etienne. Den letzten Abschnitt seines Lebens verbrachte er in Paris, als Präsident einer von ihm gegründeten „Gesellschaft zur Unterstützung der nationalen Industrie". Joseph Montgolfier wurde Ritter der Ehrenlegion und erhielt für die Erfindung des Stoßhebers oder hydraulischen Widders den „Großen Preis der Akademie der Wissenschaften" und 1807 die Mitgliedschaft 1. Klasse. Aber neben den öffentlichen Ehrungen des Lebenswerkes bewunderten viele aufrichtig seine menschlichen Qualitäten, denn sie hatten nicht vergessen, mit welch persönlichem Mut sich Montgolfier in den schweren Zeiten der Revolution für politische Verfolgte eingesetzt und einige Todeskandidaten vor der Guillotine gerettet hatte.

Bis 1823 lebte Professor César Charles als Staatspensionär in Paris. Seine wissenschaftliche Laufbahn konnte er durch die Entdeckung des Volumen-Temperatur-Gesetzes der Gase krönen, auch wenn diese Leistung immer etwas im Schatten des wesentlich jüngeren Chemikers Gay-Lussac stand, der sich aber erst später mit derselben Materie beschäftigte. Gay-Lussac hatte 1804 in Paris zwei wissenschaftliche Ballonfahrten – eine zusammen mit Biot – durchgeführt, bei denen er Puls und Atmung prüfte, Luftproben nahm und eine Höhe von über 7000 Metern erreichte. Diese überfällige Fortsetzung der von Dr. Jeffries über London zwanzig Jahre zuvor begonnenen Forschungen am Himmel beobachtete César Charles mit wissenschaftlichem Interesse – und mit Vergnügen die Aktivitäten Madeleine Blanchards, die ihren Mann als Sensationsdarstellerin der Lüfte an Einfallsreichtum und Kühnheit noch übertraf. 1805, vier Jahre vor dem Tod Jean-Pièrre Blanchards, startete sie zu einer ersten Alleinfahrt. 1810 löste sie den in Ungnade gefallenen „aérostier des fêtes publiques", Jaques Garnerin, ab und durfte anläßlich der Hochzeit Napoleons mit Marie-Louise von Österreich vom Marsfeld aufsteigen. Und vier Jahre später diente sie bereits den neuen Herren und schwebte zu Ehren des zurückkehrenden Bourbonenkönigs Ludwig XVIII. über Paris. Madame Blanchards Vorliebe galt ausgedehnten Nachtfahrten und dem wirkungsvollen Einsatz von Feuerwerkskörpern. Das sollte ihr am 6. Juli 1819 zum Verhängnis werden. Die Zuschauer jenes nächtlichen Aufstiegs hielten den plötzlichen grellen Feuerschein zuerst für eine pyrotechnische Neuheit, bevor sie begriffen, daß der Ballon brennend abstürzte und dann durch das Dach eines Hauses in der Rue de Provence brach. Madeleine Blanchard war sofort tot. Das tragische Ende ihrer 67. Fahrt markiert das vorerst letzte bemerkenswerte Datum der Aeronautik auf dem Kontinent.

In England, das den Ballon spät entdeckte, schaffte 1836 Charles Green eine beachtliche Weitfahrt von London bis nach Weilburg im Herzogtum Nassau. Die „Royal Vauxhall" legte mit drei Mann im Korb die bis dahin weiteste Strecke von über 600 Kilometern zurück. Aber das war eine Ausnahme, eine zufällige Einzelleistung, die nicht verdecken konnte, daß die Aeronautik stagnierte. Nur in der Literatur blieb der Ballon Motiv, inspirierendes Vehikel. Adalbert Stifter schrieb 1840 die Erzählung „Condor", und Edgar Allan Poe erträumte vier Jahre später in einer fiktiven Reportage für die „New York Sun" eine Atlantiküberquerung im Ballon – von Wales nach South Carolina. Den nachhaltigsten Einfluß sollte der Erstlingsroman Jules Vernes ausüben, der 1864 erschien: „Fünf Wochen im Ballon" – die Beschreibung einer abenteuerlichen Reise von Sansibar westwärts über den Victoriasee, Zentralafrika und die Wüste bis fast an die Atlantikküste, löste Stürme der Begeisterung aus und stimulierte die Phantasie breiter Leserkreise. In Paris wurde die „Societé des Aéronauts" begründet, zu deren Mitgliedern so berühmte Zeitgenossen wie Alexandre Dumas, Jaques Offenbach und George Sand gehörten. Das neuerwachte Interesse an der Luftfahrt ließ den Ballon in den 60er Jahren des 19. Jahrhunderts wieder zum Gegenstand technischer und wissenschaftlicher Überlegungen werden. Man entdeckte ihn als Gerät zur Erforschung der Atmosphäre und unternahm mit verbesserten Meßinstrumenten einen neuen Vorstoß ins Unbekannte, gewann Erkenntnisse über die Zusammensetzung von Luftschichten, über Wolkenbildung und Erdmagnetismus. Wissenschaftler drangen dabei bis an die Grenze des menschlichen Lebensraumes vor. In England stiegen am 5. September 1862 der Luftschiffer Henry Coxwell und der Greenwicher Meteorologe James Glaisher – der aus dem Ballon doch noch ein naturwissenschaftliches Werkzeug machen wollte – bis zu 9000 Meter auf. In dieser unvorstellbaren, noch nie zuvor erreichten Höhe wurde Glaisher ohnmächtig, Coxwell erfroren beide Hände, und er konnte die lebensrettende Ventilleine nur noch mit den Zähnen ziehen. Um diesen Höhenrekord zu brechen, starteten dreizehn Jahre später in Paris drei Männer mit dem Ballon „Le Zénith", ausgerüstet mit einem ersten Atemgerät, das die Wissenschaftler Crocé-Spinelli und Sivel in einer Vakuumkammer getestet hatten. Unter Führung des Luftschifferveteranen Gaston Tissandier kamen sie bis an die magische 8000 Meter-Marke. Aus der Fahrt wurde eine vieldiskutierte Tragödie: Beide Wissenschaftler erstickten trotz des mitgeführten Sauerstoffgerätes, nur Tissandier überlebte, zeitlebens taub. Für die Höhenforschung ein Rückschlag, der zu einer fast zwanzigjährigen Pause führte.

Auf ganz andere Art hatte der Ballon 1870/71 noch einmal eine große Stunde: Während der Belagerung von Paris durch die deutschen Truppen wurde er für die eingeschlossene, ausgehungerte Stadt die einzige Verbindung zur Außenwelt. In vierzehn Monaten starteten 65 Ballons, die in den Hallen des Gare du Nord und Gare d'Orléans aus einfachsten Materialien zusammengenäht worden waren, und transportierten 102 Passagiere und 2,5 Millionen Briefe hinter die feindlichen Linien in unbesetzte Gebiete. Nur fünf fielen in die Hände der Deutschen, zwei versanken im Atlantik, einer trieb über die Nordsee und landete, 1200 Kilometer entfernt, nördlich von Oslo in Norwegen. Im Ballonkorb wurden Brieftauben mitgeführt, die dann mikroskopierte Depeschen mit Lageberichten und militärischen Befehlen nach Paris zurückbrachten.

1884, am 9. August, fast genau einhundert Jahre nach Erfindung des Ballons, schien seine Geschichte beendet. Renard und Krebs, zwei Offiziere der französischen Armee und Ingenieure, gelang es, von Chalais-Meudon aus mit der zigarrenförmigen „La France", angetrieben von einem 12 PS-Siemens-Elektromotor, eine Kurve zu fahren und nach einer Gesamtstrecke von 7,5 Kilometern zum Startplatz zurückzukehren. Es war der erste Flug in der Luftfahrtgeschichte, bei dem Menschen ihr Gerät tatsächlich gesteuert hatten. Dem schwachen, unzulänglichen Elektroantrieb folgte bald der Einsatz eines Daimler-Benzin-Motors, und damit war der so lang entbehrte Antrieb gefunden, die Zeit des wirklichen Luftschiffs konnte beginnen. Auch die Deutschen experimentierten jetzt in Berlin, unter der Schirmherrschaft der „Aeronautischen Gesellschaft" und Kaiser Wilhelm II., mit Luftschiffen. Sie waren allerdings vom Pech verfolgt, denn die „Deutschland" explodierte 1897 in

Berlin bei einer Probefahrt, und Dr. Karl Wölfert und der Mechaniker Robert Knabe kamen ums Leben. Erst einige Jahre später, zu Beginn des 20. Jahrhunderts, sollten die Deutschen späte Genugtuung erhalten und sich in einen nationalen Rausch steigern: Graf Zeppelin einte das Reich in stolzem Jubel. Doch dahinter stand schon die neue Ära: die Fliegerei, das System „schwerer als Luft". Nun konnten die Menschen wirklich fliegen. Das lautlose, ausgelieferte Treiben wurde zum gelenkten, zielorientierten Flug. Maschinenzeit – der Ballon schien endgültig ein Anachronismus zu sein, untauglich für Frieden und Krieg. Zur allgemeinen Überraschung überlebte er die Konkurrenz der nützlichen Apparate. Zuerst gefesselter Beobachtungsballon im Krieg, dann wissenschaftliche Himmelssonde – Professor Piccard glückte 1931 über Augsburg der erste Stratosphärenaufstieg in 15 781 Meter – und später unbemannter Wetterballon, der meteorologische Daten zur Erde funkte.

Seine eigentliche Daseinsberechtigung behielt der Ballon jedoch als Sportgerät. Um die Jahrhundertwende etablierten sich in vielen Ländern feudale Clubs, die das Luftfahren zum gesellschaftlichen Ereignis machten. Ihre Mitglieder stellten Strecken- und Dauerrekorde auf und überwanden Gebirge, Meeresarme und Wüstengebiete. Die 1905 erfolgte Gründung der FAI – Fédération Aéronautique International – und das großzügige Mäzenatentum des „Herald Tribune"-Verlegers Bennett gaben dem neuen Sport beträchtlichen Aufschwung. Bis zum Beginn des Zweiten Weltkrieges wurden die sagenumwobenen Gordon-Bennett-Rennen ausgetragen und hielten eine interessierte Weltöffentlichkeit in anteilnehmender Spannung. Nach dem Krieg ließen die steigenden Preise für Gasfüllungen – das gefahrlose Helium konnte niemand bezahlen – den einstigen Herrensport zur Bedeutungslosigkeit herabsinken, aber auch der angewachsene Luftverkehr, die Flut von Vorschriften und die Landschaftszersiedelung mit ihren Hochspannungsleitungen und Autobahnen engten die frühere Freiheit immer mehr ein. Daß die Ballons in den letzten zehn Jahren eine erstaunliche Renaissance erleben, ist der „Wiedergeburt" der Montgolfière zu verdanken und damit der U.S. Navy, die 1956 ein Forschungsprojekt durchführte, mit dem eine preiswerte Technik für den Aufstieg unbemannter Ballons gefunden werden sollte. Das Ergebnis: Heißluftaerostaten aus leichtem, strapazierfähigem, schwerbrennbarem Polyester- oder Nylonmaterial, aufgeheizt mit preiswertem Propangas. Dieses neue und zugleich uralte Verfahren führte in kurzer Zeit zu einer weltweiten Verbreitung der Montgolfièren und zur Einführung spezieller sportlicher Wettbewerbe wie Fuchs-, Ziel- und Weitfahrten im Rahmen der begrenzten Fahrtdauer von zwei bis drei Stunden. Neben dem Heißluftgerät hat sich jedoch auch der Gasballon gehalten, und in den letzten Jahren fanden mit beiden Systemen unzählige, zum Teil aufsehenerregende Fahrten statt: Alpentraversierungen, Afrikasafaris auf den Spuren Jules Vernes, und nach etlichen gescheiterten Versuchen 1978 die mit gewaltigem Aufwand in Szene gesetzte erste Atlantiküberquerung mit dem 4500-Kubikmeter-Heliumballon „Double Eagle II" der Amerikaner Maxie Anderson, Larry Newman und Ben Abruzzo. Zwei Jahre später mißlang eine Erdumrundung, und auch im November 1982 mußte Maxie Anderson nach dem Start in Rapid City nach 17 Stunden wegen eines Lecks in der Hülle aufgeben und mit dem Ballon „Jules Vernes" in der kanadischen Provinz Ontario landen. Das Überfahren des Mittelmeeres mit einer Montgolfière glückte am 2. März 1983 zwei Franzosen von Alès nach Tunesien.

Schlagzeilenträchtige Unternehmungen fördern öffentliche, werbewirksame Aufmerksamkeit, erfreuen sich der zahlenden Gunst von Sponsoren, aber es besteht Gefahr, daß die Sucht nach immer riskanteren Aktionen, nach Superlativen, eine Sportart in Mißkredit bringt. Pazifiküberquerung, Erdumrundung auf südlichen Breitengraden, wie sie der britische Höhenrekordinhaber Julian Nott plant, sind zwar verlockende, aber auch gefährliche Schauspiele. Immer wieder kommt es zu tragischen Unglücksfällen. Die Amerikaner Maxie Anderson und Don Ida, die am 26. Juli 1983 als Teilnehmer eines Gordon-Benett-Rennens anläßlich des 200-Jahr Jubiläums der Luftfahrt von der Place de la Concorde in Paris starteten, stürzten nach einer 15 Stunden Fahrt in der Nähe von Schönderling im Landkreis Bad Kissingen in einen Wald und waren sofort tot. Der Mechanismus, der ihren Korb in der Landephase von der durchsichtigen, normalerweise für Wetter-Höhen-Ballone verwendeten Plastik-Hülle absprengen sollte, hatte offenbar versagt. Mit neuen Konstruktionen wird immer wieder versucht, die Grenzmarken der alten Rekorde zu verschieben, auch wenn derartige Unternehmungen hochgradig riskant sind. Vor allem kündigt sich eine revolutionäre Technik an, der Solarballon, Hüllen, die nicht mehr durch Propangas, sondern durch Sonnen- oder Infrarotstrahlung am Himmel gehalten werden. Ein solcher Ballon – vorerst nur zu wissenschaftlichen Zwecken – hat, unbemannt in Südafrika gestartet, vom 11. Dezember 1982 bis zum 1. Februar 1983 die Erde zwischen dem 15. und 25. Grad südlicher Breite umkreist.

Aber nicht das Spektakuläre ist typisch für die Ballonfahrt, sondern Luftreisen ohne Rekordehrgeiz, das romantische Naturerlebnis trotz aller Versehrtheit der Landschaft, Verbote und Grenzen. Im Korb stehend, zwischen den Wolken, zählt nur der unverbrauchte Reiz des Schwebens, der Genuß der Stille, des Vogelblicks. Die Schönheit der Erde kann vergleichbar in keinem Flugzeug erlebt werden. Leider haben nur wenige Dichter sich des Themas angenommen und jenes Himmelfahrterlebnis, das den Einzelnen in eine neue Erfahrung hebt, beschrieben. Wie sehr die runde Kugel, das fremde Gestirn fasziniert und zum Symbol werden kann, beweisen vor allem die Maler. Im späten 19. Jahrhundert waren es Edouard Manet, Rousseau, Arnold Böcklin und später Lyonel Feininger, Klee, Beckmann, Magritte und Max Ernst.

Ein Aerostat am Himmel läßt die Menschen auch heute noch staunen, und die senkrecht von der Erde Aufsteigenden haben dieselben Empfindungen wie Jean-Pièrre Blanchard vor 200 Jahren: „Was für ein süsser Rausch ergreift Besitz von der Seele eines Sterblichen, der die irdische Wohnstatt verläßt und sich in himmlische Regionen aufschwingt.“

Anhang

Bibliographie

Tiberius Cavallo, „Geschichte und Praxis der Aerostatik" (aus dem Englischen übersetzt). Leipzig, im Schwickertschen Verlage, 1786

Rolf Denker, „Luftfahrt auf montgolfiersche Art in Goethes Dichten und Denken", 26. Band des Jahrbuches der Goethe-Gesellschaft. Hermann Böhlaus Nachf., Weimar 1964

M. Domarus, „Die Luftreise Blanchards von Frankfurt nach Weilburg am 3. Oktober 1785". 36. Band „Nassauische Annalen", 1906

Clément Duval, „Pilâtre de Rozier. Chimiste, et premier Aeronaute". Université de Paris, Palais de la Découverte, 1968

Don Dwiggins, „Riders of the Wind – the Story of Ballooning". Hawthorn Books, N. Y., 1973

Friedrich Ludwig Ehrmann, „Montgolfier'sche Luftkörper oder Aerostatische Maschinen". Straßburg, bey Johann Georg Treuttel, 1784

Barthélémy Faujas de St. Fond, „Beschreibung der Versuche mit den aerostatischen Maschinen der Herren von Montgolfier nebst verschiedenen zu dieser Materie gehörigen Abhandlungen". Leipzig, bey Weidmanns Erben und Reich, 1784

Sir James Fergusson, „Balloon Tytler". Faber and Faber Ltd., London, 1972

Melchior Grimm, „Paris zündet die Lichter an". Literarische Korrespondenz, Dieterich'sche Verlagsbuchhandlung, Leipzig, 1977

Hugo Heyne, „Wilhelm Jungius – Deutschlands erster Luftschiffer, Lehrer des F.-W.-G. 1797–1819". Annalen und Historien, Mitteilungen des Vereins ehemaliger Schüler des Friedrich-Wilhelm-Gymnasiums, Berlin, Bd. II 1901–1929, Seite 30–38

J. E. Hodgson, „The History of Aeronautics in Great Britain", Oxford University Press, London – Humphrey Milford, 1924

Felix Philipp Ingold, „Literatur und Aviatik. Europäische Flugdichtung 1909–1927". Birkhäuser Verlag, Basel, 1978

Helene Jacobius, „Luftschiff und Pegasus. Der Widerhall der Erfindung des Luftballons in der zeitgenössischen Literatur". Verlag Max Niemeyer, Halle, 1909

John Jeffries, „A Narrative of the two aerial Voyages of Doctor Jeffries with Mons. Blanchard". J. Robson, London, 1786

Wilhelm Jungius, „Ausführlicher Bericht über meine Luftreise am 16. September d. J.". Bei Friedrich Maurer, Berlin 1805 (Hess. Staatsarchiv Darmstadt 33/6475)

Wilhelm Jungius, „Bericht an das Publikum über meine zweite Luftreise am 19ten May 1806". In der Buchhandlung des Commerzienraths Matzdorff, Berlin, 1806

Paul Kettel, „Kampf um das Luftmeer". Wilhelm Langewiesche-Brandt, 1937

Franz Linke, „Die Luftschiffahrt von Montgolfier bis Zeppelin". Alfred Schalls Verlagsbuchhandlung, Berlin, 1910

Wolfgang Lochner, „Weltgeschichte der Luftfahrt". Würzburg, Arena-Verlag, 1970

Vincent Lunardi, Esq., „An Account of the First Aerial Voyage in England. In a Series of Letters". J. Bell, London, 1784

Jean Paul, „Des Luftschiffers Gianozzo Seebuch und andere Erzählungen". Deutsche Buchgemeinschaft, Berlin, 1925

Marie-Hélène Reynaud, „Les Moulins à Papier d'Annonay-les Montgolfier et Vidalon" (Dissertation). Edition du Vivarais, 1981

Marie-Hélène Reynaud, „Les Frères Montgolfier et leurs étonnantes machines". Editions de Plein Vent, Vals-Les-Bains, 1982

Werner Riedel, Alfred Eckert, „Geschichte des Freiballons in Augsburg: Lütgendorf". Sammlung von Originaldokumenten, 1969, ohne Seitenangabe

L. T. C. Rolt, „The Aeronauts". A History of Ballooning 1783–1903. Walker And Company, New York, 1966

„Romance of Ballooning, The Story of the Early Aeronauts". Edita Lausanne, The Viking Press, New York, 1971

Abbot Lawrence Rotch, „Benjamin Franklin and the First Balloons". The Davis Press, Worcester, Mass., 1907

Léon Rostaing, „La Famille de Montgolfier. Ses Alliances – Ses Descendants". A. Rey, Lyon, 1910 (Exemplaire 234)

Hansjörg Schmitthenner, „Die Luftfahrer. Geschichte, Lust und Abenteuer des Ballonfluges". Müller + Kiepenheuer-Verlag, Bergen OBB, 1956

Peter Supf, „Die Eroberung des Luftreichs". Büchergilde Gutenberg, Frankfurt, 1957

Peter Thoene, „Die Eroberung des Himmels. Geschichte des Fluggedankens". E. P. Tal-Verlag, Leipzig/Wien, 1937

Tournon de la Chapelle, „La Vie et les Memoires de Pilâtre de Rozier". Paris, 1786

Geneviève Touzain-Lioud, „Le premier vol libre de l'histoire le 21. novembre 1783 à Paris par le major François-Laurent d'Arlandes et son compagnon F. Pilâtre de Rozier sur le ballon des Frères de Montgolfier". Editions Jeanne d'Arc, Le Puy, 1971

W. M. Treichlinger, „Ballons – Aus der Urzeit des Luftschiffs". Ulrike Jauslin-Verlag, Bottmingen/Basel, 1979 (Anm.: Sammlung von Original-Dokumenten)

Julien Turgan, „Die Luftballone und das Reisen durch die Luft. Frei nach dem Französischen und wesentlich bereichert von Ferd. Frhrn. v. Biedenfeld". Weimar, Bernhard Friedrich Voigt, 1862

Christoph Martin Wieland, „Die Aeropetomanie". Im Oktober 1783. „Die Aeronauten". Im Januar 1784. Sämmtliche Werke, Dreyssigster Band, Leipzig, bey Georg Joachim Göschen, 1797

Balthasar Wilhelm S. J. (Professor an der Stella Matutina zu Feldkirch). „Die Anfänge der Luftfahrt. Lana – Gusmão". Breer u. Thiemann, Hamm i. W., 1909

Anmerkungen

Einführung
1 nach Ingold (1978), S. 130
2 nach Turgan/Biedenfeld (1862), S. IX/X

Der Beginn der Luftfahrt in Annonay
1 Durch einen Datierungsfehler des Ständeprotokolls wird meistens der 5. Juni 1783 angegeben.
2 nach Turgan/Biedenfeld (1862), S. 30
3 nach Faujas (1784), S. 4
4 ebenda, S. 4, Fußnote
5 nach Rostaing (1910), S. 263

Die Vorläufer – Erkenntnisse, Theorien und Träume
1 nach Kettel (1937), S. 170
2 ebenda, S. 171
3 ebenda, S. 171/172
4 nach Schmitthenner (1956), S. 22/23
5 nach Wilhelm (1909), S. 18/19
6 ebenda, S. 22/23
7 nach Schmitthenner (1956), S. 21

Das Flugboot von Ferrara – Francesco Graf Lana di Terzi
1 nach Wilhelm (1909), S. 64/65
2 ebenda, S. 66/67
3 ebenda, S. 33/34
4 ebenda, S. 25/26
5 ebenda, S. 26
6 ebenda, S. 47
7 ebenda, S. 78
8 ebenda, S. 49/50

Avignon 1781 – Joseph Montgolfiers Begegnung mit Pater Galien
1 nach Faujas (1784), S. XVI
2 ebenda, S. XX

Die Idee, heimliche Versuche, Gerüchte und der Erfolg
1 nach Cavallo (1786), S. 26
2 ebenda, S. 29
3 nach Rostaing (1910), S. 198
4 1814 überliefert durch den Baron de Géraudo, Sekretär der „Gesellschaft zur Förderung der Industrie" und Mitarbeiter Joseph Montgolfiers
5 nach Reynaud (1982), S. 34
6 ebenda, S. 39/40

Die Akademie, ein Befehl des Königs und das Volk von Paris
1 nach Schmitthenner (1956), S. 40 – ebenso Turgan/Biedenfeld (1862), S. 65/65
2 nach Grimm (1977), S. 438 – Lit. Korrespondenz v. 1783
3 nach Faujas (1784), S. 15
4 nach Wieland (1797), S. 9
5 nach Faujas (1784), S. 17
6 nach Turgan/Biedenfeld (1862), S. 39/40

Brennbare Luft – Montgolfiersches Gas. Der Wettlauf zweier Systeme, Sept. 1783
1 nach „Journal de Paris", Nr. 240, 28. Aug. 1783, S. 998
2 nach Grimm (1977), S. 438/39
3 nach Ehrmann (1784), S. 70/71/77
4 nach Rotch (1907), S. 7
5 nach Faujas (1784), S. 28
6 ebenda, S. 28/29
7 ebenda, S. 29
8 ebenda, S. 30
9 nach Wieland (1797), S. 20/21
10 ebenda, S. 12/13
11 ebenda, S. 15
12 nach Reynaud (1982), S. 76
13 nach Brief vom 19. September 1783, n. d. Original, Musée de l'Air, Paris

Vor den Augen des Königs: Hammel, Hahn und Ente – Versailles 19. Sept. 1783
1 nach Faujas (1784), S. 33
2 Brief Etienne Montgolfier vom 19. Sept. 1783, Org. Musée de l'Air, Paris
3 ebenda
4 nach Faujas (1784), S. 38
5 ebenda, S. 35
6 nach Brief Etienne Montgolfier an Adelaide vom 19. Sept. 1783
7 nach Faujas (1784), S. 36
8 nach Brief Etienne Montgolfier an Adelaide vom 19. Sept. 1783

Am Vorabend des Menschenfluges. Oktober 1783
1 nach Faujas (1784), S. 36
2 nach Wieland (1797), S. 27/28
3 nach Reynaud (1982), S. 84/85, Brief datiert: 20. Sept. 1783
4 nach Wieland (1797), S. 29
5 ebenda, S. 38
6 Brief A. C. Montgolfier aus Annonay 20. Sept. 1783, n. d. Original Musée de l'Air

Pilâtre de Rozier, François-Laurent d'Arlandes – die ersten Luftfahrer
1 nach „Journal de Paris", Nr. 248, S. 1022, Freitag, 5. Sept. 1783
2 ebenda, Nr. 258, S. 1042, Mittwoch, 10. Sept. 1783

3 nach Duval (1968), S. 8
4 ebenda, S. 20 (zitiert nach Chaptal, „Elemente der Chemie", S. 182)

Probeflüge im Reveillonschen Garten – Rozier, Montgolfier und zwei Passagiere
1 nach Reynaud (1982), S. 91
2 nach Rostaing (1910), S. 277
3 ebenda, S. 276
4 nach „Journal de Paris", Nr. 284, S. 1173, Samstag 11. Okt. 1783
5 nach Faujas (1783), S. 198
6 ebenda, S. 198/199
7 ebenda, S. 199
8 ebenda, S. 200
9 ebenda, S. 201
10 ebenda, S. 206
11 Brief v. Etienne an Joseph n.d. Original Musée de l'Air, Paris, irrtümlich auf 8. Okt. 1783 datiert, wahrscheinlich am 18. Okt. geschrieben
12 nach Reynaud (1982), S. 101

Der erste Menschenflug – Rozier und d'Arlandes über Paris. 21. November 1783
1 nach „Journal de Paris", Nr. 344, S. 1412/1413, Leser-Zuschrift Etienne Montgolfier, Mittwoch 10. Dezember 1783
2 nach Faujas (1784), S. 225
3 nach Reynaud (1982), S. 106
4 nach Faujas (1784), S. 225
5 nach Rotch (1907), S. 10
6 nach Grimm (1977), S. 441
7 nach „Berlinische Nachrichten", Nr. 149, S. 1137, Sonnabend 13. 12. 1783
8 nach Faujas (1784), S. 228–232
9 nach „Berlinische Nachrichten", Nr. 149, S. 1137 v. 13. 12. 1783
10 nach Rotch (1910), S. 11
11 ebenda, S. 11/12
12 nach Turgan/Biedenfeld (1862), S. 60
13 ebenda, S. 60/61

Von den Tuilerien nach Norden – Professor Charles' Luftreise am 1. Dezember 1783
1 nach „Berlinische Zeitung", Nr. 150, S. 1145, Dienstag 16. 12. 1783
2 nach Rotch (1910), S. 13/14, Brief an Joseph Banks
3 Privatschreiben aus Paris vom 2. Dez. 1783 (anonym) in: „Berlinische Nachrichten", Nr. 150, S. 1145, Dienstag 16. 12. 1783
4 ebenda, S. 1145
5 nach Turgan/Biedenfeld (1862), S. 69
6 nach Faujas (1784), S. 237–247

Streit um die Ehre – Früchte des Ruhms
1 nach Reynaud (1982), S. 114
2 nach „Journal de Paris", Nr. 344, S. 1412, Mittwoch 10. 12. 1783

3 nach Rostaing (1910), S. 281

4 nach Reynaud (1982), S. 125

Von Lyon nach Paris – Joseph de Montgolfier und sein Ballon
„Le Flesselles". Januar 1784

1 nach Lochner (1970), S. 105

2 nach „Berlinische Nachrichten", Nr. 149, S. 1138, Sonnabend 13. 12. 1783

3 nach Rostaing (1910), S. 297

4 nach Reynaud (1982), S. 138

5 nach Turgan/Biedenfeld (1862), S. 78

6 ebenda, S. 79

7 ebenda, S. 80

8 nach Rostaing (1910), S. 281

9 nach Broschüre „Comité d'Annonay pour le Bicentenaire de la première Montgolfière", S. 19

10 ebenda

Das Echo in Europa – Aufstiege in Frankreich

1 nach Supf (1957), S. 58/59

2 nach Thoene (1937), S. 99

3 nach Carl Brinitzer (1979), S. 204. („Georg Christoph Lichtenberg" Genialität und Witz. Rainer Wunderlich Verlag 1956. Heyne Taschenbuch 1979)

4 ebenda, S. 205

5 ebenda, S. 205

6 nach Jacobius, (1909) S. 4 (zitiert nach „Staats und gelehrte Zeitung des Hamburgischen unpartheyischen Correspondenten Anno 1783", Nr. 143)

7 nach Turgan/Biedenfeld (1862), S. 27

8 nach Jacobius (1909), S. 91 (zitiert nach „Augsburgische Extra-Zeitung", Nr. 259, 1783)

9 nach Treichlinger (1979), S. 52

10 ebenda, S. 52

Aeronauten – der unaufhaltsame Aufstieg des Jean-Pièrre Blanchard

1 nach Rolt (1966), S. 60

2 ebenda, S. 61

3 Broschüre „Wer ist Blanchard?", S. 5 (Stadtbibliothek Frankfurt, Nr. S 9/1334, undatiert ca. 1787)

4 nach Lochner (1970), S. 43

5 nach Turgan/Biedenfeld (1862), S. 93/94

6 ebenda, S. 94

7 ebenda, S. 98

8 ebenda, S. 99–102

9 ebenda, S. 104

10 ebenda, S. 145–148

11 nach Rolt (1966), S. 85

12 nach Jeffries (1786), S. 10

13 ebenda, S. 10/11

14 ebenda, S. 11

15 ebenda, S. 13
16 ebenda, S. 16
17 ebenda, S. 19/20
18 ebenda, S. 25
19 ebenda, S. 28
20 ebenda, S. 28

Das Duell um den Kanal 1785
1 nach Treichlinger (1979), S. 53 (aus „Das graue Ungeheuer", Baldingen 1784/85)
2 nach Lochner (1970), S. 65
3 nach Treichlinger (1979), S. 55
4 nach Lochner (1970), S. 65
5 nach Treichlinger (1979), S. 54
6 nach einer anderen Version soll der Betrug durch die Ungeschicklichkeit des Schneiders aufgedeckt worden sein, der eine bleigefütterte Weste aus Versehen im Hotelzimmer von Dr. Jeffries abgeben ließ.
7 Broschüre „Blanchard – Bürger von Calais. Eine Skizze von dem Leben, Luftreisen und Charakter dieses Mannes", 1787, S. 14/15 (Staatsarchiv Hamburg)
8 nach Lochner (1970), S. 57–59
9 nach Rolt (1966), S. 87
10 nach Treichlinger (1979), S. 57
11 Broschüre „Blanchard – Bürger von Calais", 1787, S. 17
12 nach Jeffries (1786), S. 52
13 nach Treichlinger (1979), S. 55
14 Broschüre „Blanchard – Bürger von Calais", 1787, S. 19
15 nach Turgan/Biedenfeld (1862), S. 177
16 nach Rolt (1966), S. 91
17 nach Turgan/Biedenfeld (1862), S. 178
18 nach Rolt (1966), S. 92
19 nach Duval (1968), S. 26
20 nach Turgan/Biedenfeld (1862), S. 184–186 (zeitgenössische Reaktionen in Frankreich)
21 ebenda, S. 178
22 Broschüre „Blanchard – Bürger von Calais", 1787, S. 22

Die erste Luftreise in Deutschland – Blanchards Aufstieg in Frankfurt.
3. Oktober 1785
1 nach „Mercksche Familien-Zeitschrift 25" (1975), S. 363
2 nach Denker (1964), S. 188
3 nach Domarus (1906), S. 78
4 ebenda, S. 79
5 nach „Mercksche Familien-Zeitschrift" (1975), S. 363/364
6 nach Domarus (1906), S. 81
7 ebenda, S. 81/82
8 nach „Vierzig Jahre aus dem Leben eines Todten. Hinterlassene Papiere eines französisch-preußischen Offiziers". Erster Band, Osiandersche Buchhandlung, Tübingen 1848, S. 29/30

9 nach „Franckfurter Staatsristretto", S. 657/658 vom 30. Sept. 1785

10 nach „Vierzig Jahre aus dem Leben eines Todten", 1848, S. 13/14

11 ebenda, S. 13

12 nach „Franckfurter Staatsristretto", S. 657 vom 30. Sept. 1785

13 nach Domarus (1906), S. 82

14 ebenda, S. 82

15 nach einer Broschüre „Geschichte des Blanchardschen Ballon", 1785, 16 Seiten (Germ. Nationalmuseum Nürnberg und Bibliothek des Heimatmuseums Weilburg)

16 nach Aufsatz von Prof. F. Dreher, „Die Heimat" (1919), S. 51

17 nach „Franckfurter Staatsristretto", S. 668 vom 4. Oct. 1785

18 nach „Vierzig Jahre aus dem Leben eines Todten", (1848), S. 15

19 nach „Franckfurter Staatsristretto", S. 668 vom 4. Oct. 1785

20 nach Blanchard (1785), „Bericht von Herrn Blanchards am 3. October 1785 zu Frankfurt am Mayn unternommenen Luftreise", Eßlingersche Buchhandlung 1785, S. 6–9

21 nach Kirchenbuch-Eintragung des Pfarrers F. C. Duill am 31. Oct. 1785

22 nach „Franckfurter Staatsristretto", S. 674 vom 7. Oct. 1785

23 ebenda, S. 672

24 nach „Officielle Ausstellungs-Zeitung" Nr. 19, Frankfurt a. M., 1881, 7. Juli, S. 1

25 nach „Franckfurter Staatsristretto", S. 672 vom 7. Oct. 1785

26 nach Blanchard (1785), „Bericht von Herrn Blanchards am 3. October 1785 zu Frankfurt am Mayn unternommenen Luftreise", S. 12

27 ebenda

28 ebenda, S. 12/13

29 nach Domarus (1906), S. 90

30 nach „Oberpostamtszeitung", Nr. 162, vom 10. Oct. 1785

31 nach Blanchard „Bericht von Herrn Blanchards ...", S. 17, Brief, datiert: 5. Oct. 1785

32 nach Domarus (1906), S. 92

Der „König der Luftschiffer" – Blanchard auf Europa-Tournee 1785-1792

1 nach einer Broschüre (1789), 4 Seiten (Staatsarchiv Hamburg, A 930)

2 nach Hecht, „Der erste Ballonaufstieg in Nürnberg mit einigem Drum und Dran". S. 239

3 ebenda, S. 240

4 ebenda

5 nach einer Werbeschrift (1788), 5 Seiten, „Blanchard der Luftschiffer", Braunschweig, 1. Stück. Mittwoch, den 30. Julius 1788, S. 1

6 ebenda

7 nach einer Broschüre (1787), 35 Seiten, „Blanchard – Bürger von Calais", S. 34 (Fußnote)

8 ebenda, S. 34/35

9 nach einer Werbeschrift (1788), 4 Seiten, „Blanchard der Luftschiffer", Braunschweig, 2. Stück. Sonnabend den 2. August 1788, S. 4

10 nach einer Broschüre (1786), 23 Seiten, „Prospektus der Zwanzig-

sten Luftreise des Herrn Blanchards", (franz./deutsch), Hamburg den 7. August 1786, S. 23

11 nach Hecht, „Der erste Ballonaufstieg in Nürnberg", S. 240
12 nach einer Werbeschrift, 4 Seiten, „Blanchard der Luftschiffer", Braunschweig, 3. Stück. Mittwoch den 6. August 1788, S. 4
13 ebenda, Braunschweig, 5. Stück. Sonnabend den 9. August 1788, S. 4
14 ebenda, S. 2
15 nach „Decretum in Senatu", den 29. October 1787, Punkt 9 (Nürnberg)
16 nach Blanchard (1786), „Bericht von der 21. Luftreise in Aachen am 9. October 1786"
17 nach „Braunschweiger Zeitung", 12. August 1788
18 nach einer Broschüre (1787), „Blanchard – Bürger von Calais", S. 28
19 nach Blanchard (1786), „Relation über die 20. Luftfahrt in Hamburg am 23. August 1786"
20 ebenda
21 nach Blanchard (1786), „Bericht von der 21. Luftreise in Aachen am 9. October 1786"
22 nach einer Werbeschrift, 3 Seiten, „Blanchard der Luftschiffer", Braunschweig, 4. Stück. Sonnabend den 9. August 1788, S. 3
23 nach Treichlinger (1979), S. 59
24 nach „Berlinische Nachrichten von Staats und gelehrten Sachen" Nr. 117, Sonnabends, den 27. September 1788
25 nach „Romance of Ballooning" (1971), Blanchard's Account, Berlin 27. Sept. 1788, S. 73/74
26 nach Linke, S. 19
27 nach dem Text des Kupferstiches von Löschenkohl
28 nach einer Broschüre, 3 Seiten, „Beschreibung der 44sten Luftfahrt des Herrn Blanchard, den 3ten Juli 1792", Lübeck (1792), S. 2

Die erste Luftreise in Amerika – Blanchards Aufstieg in Philadelphia 1793

1 nach „The first Air Voyage in America" by Caroll Frey, Philadelphia 1943, S. 37
2 nach „Dunlap's American Daily Advertiser", Tuesday, Dec. 25, 1792
3 ebenda, Friday, January 4th, 1793
4 nach „Thomas Jefferson's Letters", S. 11
5 nach Dwiggins (1973), S. 41
6 nach Blanchard (1793), „Journal of My Forty-Fifth Ascension and the first in America" (27 Seiten), S. 13
7 ebenda, S. 14
8 ebenda
9 ebenda, S. 15
10 ebenda, S. 16
11 ebenda, S. 18
12 ebenda, S. 19
13 ebenda

14 ebenda, S. 24/25
15 nach „The first Air Voyage in America" by Carroll Frey (1943), S. 53/54
16 nach „The Diary" Friday, June 24. 1796, New York
17 ebenda, Monday Evening, September 19. 1796
18 ebenda
19 nach Blanchard: Brief an Gardiner Baker vom October 31, in „The Diary", Friday Evening, November 11. 1796
20 nach Lochner (1975), S. 43
21 nach Supf (1957), S. 77
22 ebenda, „Vossische Zeitung" vom 4. Mai 1798
23 nach „Romance of Ballooning" (1971), S. 75
24 nach „Independent Chronicle", Philadelphia, Tuesday, October 23. 1799
25 nach Supf (1957), S. 65
26 nach einer Broschüre „Blanchard, Bürger von Calais"
27 nach einer Werbeschrift „Blanchard der Luftschiffer", Braun-schweig, 2. Stück, Sonnabend den 2. August 1788, S. 2

Luftfahrt in England – die Stunde der Ausländer

 1 nach Cavallo (1786), S. 65
 2 ebenda, S. 64
 3 nach Lunardi (1784), S. 11, Brief vom 2. August 1784
 4 ebenda, S. 14
 5 ebenda, S. 15
 6 ebenda, S. 17, Brief vom 18. August 1784
 7 ebenda, S. 19
 8 nach Fergusson (1972), S. 62
 9 nach Lunardi (1784), S. 30
10 ebenda, S. 31
11 ebenda, S. 32
12 ebenda, S. 40
13 ebenda, S. 50
14 ebenda, S. 26
15 nach Rolt (1966), S. 73
16 nach Hodgson (1924), S. 174
17 ebenda, S. 125
18 ebenda, S. 176
19 ebenda, S. 138

Don Vicente Lunardi – der erste Luftfahrer Spaniens

 1 nach James A. Michener (1979), „Iberia", S. 394, Droemer Knaur
 2 nach „Diario de Madrid", S. 936/937, 11. August 1792
 3 ebenda, Dienstag, 14. August 1792
 4 ebenda, Donnerstag, 16. August 1792
 5 ebenda
 6 ebenda, Mittwoch, 15. August 1792
 7 ebenda
 8 ebenda, Donnerstag, 16. August 1792
 9 ebenda

10 ebenda, Mittwoch, 22. August 1792

11 ebenda, 15. Januar 1793

12 ebenda, Mittwoch, den 6. März 1793, Brief des Bürgermeisters von Vilcalvaro an den Herzog de la Roca vom 3. März 1793

13 Das Todesdatum Lunardis ist nicht eindeutig festzustellen. Einige Quellen geben auch das Jahr 1806 an. Es scheint unwahrscheinlich, daß der Berufsluftschiffer Lunardi dreizehn Jahre in Portugal geblieben sein soll, ohne den Versuch einer Heimreise nach Italien zu unternehmen.

Zambeccaris italienische Luftreisen – 1803-1812

1 nach Turgan/Biedenfeld (1862), S. 210

2 ebenda, S. 210–214

3 ebenda, S. 218

4 ebenda, S. 219

5 ebenda, S. 222, nach einem Bericht der „Augsburger Ordinari"

Die unlenkbare Maschine – Enttäuschung, Stillstand und ein Versuch als Kriegsgerät (1786-1794)

1 nach Schmitthenner (1956), S. 77

2 nach Turgan/Biedenfeld (1862), S. 117

3 nach Cavallo (1786), S. 199/200

4 ebenda, S. 202

5 nach Rostaing (1910), S. 183

6 nach Schmitthenner (1956), S. 105

Luftfahrt in Deutschland – der Beginn 1783-1785

1 nach Jacobius (1909), S. 62

2 nach Wieland (1797), S. 43

3 nach Jacobius (1909), S. 93

4 nach Denker (1964), S. 188

5 ebenda, S. 186

6 ebenda

7 nach Jacobius (1909), S. 94

8 nach Denker (1964), S. 189

9 ebenda, S. 187

10 ebenda, S. 190, Brief an Charlotte von Stein

11 ebenda, S. 184

12 ebenda, S. 189/190

13 ebenda, S. 185, in „Maximen und Reflexionen"

14 nach „Vom Fürstenstaat zur Bürgerfreiheit", S. 15. Ernst Klett Verlag, Stuttgart 1957

15 nach Lochner (1970) S. 66

Ein Deutscher wagt's zum ersten Mal – Johann Hooghe in Altona 1786

1 nach Kurt Loewenfeld, „Die Anfänge der Luftschiffahrt in Hamburg und Altona" (1783 bis Juni 1786), S. 56

2 ebenda

3 nach Anzeige im „Altonaischen Mercurius" vom 13. Juni 1783, von Christoph Rothmeyer aus Hannover

4 nach Loewenfeld, S. 56

5 ebenda, S. 57

6 nach einer Hooghe-Werbe-Broschüre (1786), 3 Seiten (Hamburger Staatsarchiv, A 930/1)

7 nach Loewenfeld, S. 57

8 nach einem Flugblatt (1786), 3 Seiten, „Umständliche Beschreibung des großen Aufruhrs in Altona" (Staatsarchiv Hamburg, A 930/1)

9 nach Loewenfeld, S. 58

10 ebenda

11 ebenda

12 nach Flugblatt (1786), S. 3

Der Luftschiffer von Augsburg – 1786

1 nach Lütgendorf (1786), Gesuch an den Rat der Stadt Augsburg

2 nach „Augsburgische Ordinari Postzeitung von Staats, gelehrten, hist. und öconomis. Neuigkeiten", 26. May 1786

3 nach Joseph von Weber (1786) „Nachricht über die Lütgendorf'sche Luftmaschine", in Riedel/Eckert (1969)

4 nach „Materialien zu einer Geschichte der Freiherrn v. Lütgendorff-Leinburg", St. Petersburg (1890), S. 73/74

5 nach „Augsburger Postzeitung", 26. May 1786

6 ebenda

7 nach Weber (1786), (zitiert bei Riedel/Eckert [1969])

8 nach „Staats- und gelehrte Zeitung des Hamburgischen unpartheyischen Correspondenten", Nr. 129, vom 15. Aug. 1786, wie auch „Augsburger Postzeitung"

9 nach „Akten des fürstl. Zentralarchivs Regensburg" (Versuche am 27. Januar und 12. Februar 1784)

10 nach Riedel/Eckert (1969)

11 nach „Ode auf den feierlichen Tag" von A. St. (1786) Vers 9

12 nach Ingold (1978), S. 107

13 nach „Ode auf die Luftreise des Herrn Baron von Lütgendorf", Augsburg (1786) bey Johan Andreas Brinhauss

14 nach „Auf die Luftreise des ... welche den 24ten May 1786 in der Reichsstadt Augsburg geschehen wird", bey Phil. Joseph Fill, Verse 1, 9–12

15 nach „Moralische Gedanken in Versen, über die bevorstehende Luftreise nach Regensburg ... von einem Freunde der Wahrheit herausgegeben" (1786) Vers 22

16 nach „Materialien zu einer Geschichte der Freiherrn von Lütgendorff-Leinburg" (1890), S. 73

17 nach Jacobius (1909), S. 70

18 nach Riedel/Eckert (1969)

19 nach „Actum den 18. August 1786 in extraordinario", Ratsbuch 1786, geheime Ratsbücher 1784–1786, Stadtarchiv Augsburg, S. 298/301

20 ebenda, S. 308

21 ebenda, S. 300

22 nach Riedel/Eckert (1969)

23 nach „Geheimes Ratsbuch", Augsburg, vom 20. August 1786, S. 110

24 nach Jacobius (1909), S. 70
25 nach F. K. Gullmann „Geschichte der Stadt Augsburg" (zitiert bei Riedel/Eckert [1969])
26 nach Jacobius (1909), S. 70
27 ebenda, S. 71
28 nach F. K. Gullmann „Geschichte der Stadt Augsburg" (zitiert bei Riedel/Eckert (1969)
29 nach „Geheime Ratschronik der Stadt Augsburg", Eintragung v. 25. Aug. 1786, S. 111
30 nach Jacobius (1909), S. 72
31 ebenda, S. 72/73
32 nach „Geheime Ratschronik der Stadt Augsburg", 25. August 1786, S. 111
33 nach Riedel/Eckert (1969)
34 nach „Schreckbares und wohlverdientes peinliches Urtheil, welches in allhiesiger löblichen Reichsstadt Augsburg auf den sieben Tischen am Erdlieb Luftballon den 2. September 1786 vollzogen worden" (Dokumente zitiert bei Riedel/Eckert [1969])
35 nach Riedel/Eckert (1969)

Der erste deutsche Luftfahrer – Wilhelm Jungius 1805

 1 nach Paul (1925), Vorrede von 1801, S. 139
 2 ebenda, S. 190/191
 3 nach Supf (1957), S. 69
 4 nach Heyne (1929), S. 30
 5 nach „Berlinische Nachrichten" („Spenersche Zeitung"), im Verlag der Haude- und Spenerschen Buchhandlung, Nr. 63, Sonnabend, den 26. Mai 1804
 6 nach Ludwig Geiger, „Berlin 1688–1840. Geschichte des geistigen Lebens der preußischen Hauptstadt". Zweiter Band. Verlag Gebrüder Paetel (1895), S. 205
 7 nach Jungius (1805), S. 5/6
 8 nach „Berlinische Nachrichten", Nr. 113, Donnerstag, den 19. Sept. 1805
 9 nach Jungius (1805), S. 15
10 nach „Berlinische Nachrichten", Nr. 113, den 19. Sept. 1805
11 nach Jungius (1805), S. 21
12 ebenda, S. 23/24
13 nach Heyne (1929), S. 32
14 nach Jungius (1805), S. 27
15 nach Jungius (1806), S. 25
16 ebenda, S. 26/27
17 ebenda, S. 28/29
18 ebenda, S. 43
19 ebenda, S. 54
20 nach Heyne (1929), S. 36
21 ebenda, S. 36/37
22 ebenda, S. 38
23 nach „Berlinische Nachrichten" vom 21. Dezember 1819, Vers vermutlich von Dr. Kroll

Danksagung

Das vorliegende Buch konnte nur durch die aufgeschlossene und am Stoff interessierte Mitarbeit mehrerer Personen zustandekommen, denen ich ausdrücklich zu danken habe: Dr. Gerd Giesler vom Physik-Verlag, der das Projekt durch sachkundigen Rat förderte, Frau Elske Neidhardt vom Deutschen Museum in München für ihre nie erlahmende Hilfsbereitschaft und vor allem Frau Ursula Schmid, die das Manuskript kritisch prüfte und schrieb.

Die französischen Texte, Originalbriefe und Zeitungsartikel übertrug mit Engagement Frau Gerlinde Bebber, die Abschnitte aus dem „Diario de Madrid" Holger Rost. Zu Dank verpflichtet bin ich auch Frau Professor Marie-Hélène Reynaud in Lyon, deren grundlegenden Forschungen über die Geschichte der Papierherstellung in Annonay und das Leben der Gebrüder Montgolfier ich zahlreiche Anregungen, Hinweise und Fakten entnehmen konnte. Ebenso Jean-Paul Frachon, einem Montgolfier-Nachfahren, für seine gastfreundliche Hilfe bei meinen Recherchen in Annonay.

Bereitwillige Unterstützung erhielt ich außerdem von folgenden Institutionen:

Bibliothek des Hessischen Rundfunks, Frankfurt – Universitätsbibliothek, Frankfurt – Stadtarchiv, Frankfurt – Hessisches Staatsarchiv, Darmstadt – Heimatmuseum, Weilburg – Landesarchiv, Berlin – Staatsarchiv, Hamburg – Deutsches Museum, München – Stadtarchiv, Augsburg – Musée de l'Air, Paris – Musée Carnavalet, Paris – Library of Congress, Washington – National Air and Space Museum, NASM, Washington – Kulturgesellschaft Freiballon, Königsbrunn b. Augsburg.

Bildnachweis

Deutsches Museum, München. Seiten 10, 44, 51, 71, 72, 85, 98, 100,
102, 116, 121, 138, 141, 150, 151, 160, 167, 185, 192, 201, 206, 208,
238, 242, 246, 248, 254, 275, 277, 282, 283, 284, 291, 293, 314, 321,
326, 329, 330, 338, 352, 366, 367, 369.

Archiv des Autors. Seiten 20, 24, 130, 264, 302, 306. Photos Manfred
Lowack: Seiten 7, 9, 47, 60, 62, 80, 82, 87, 105, 114, 125, 144, 155,
184, 189, 195, 196, 217, 227, 235, 289, 329, 356.

Staats- und Stadtbibliothek, Augsburg. Seite 346.

physik-verlag

Faujas de Saint-Fond

Beschreibung der Versuche mit der Luftkugel

Faksimile-Druck mit einem erläuternden Nachwort von Otto Paul Krätz. 383 Seiten mit 7 Abbildungen und 11 Tafeln. Gebunden. Im Schuber.
ISBN 3-87664-052-0.

Vor fast 200 Jahren wurde der uralte Menschheitstraum vom Fliegen Wirklichkeit. Am 5. Juni 1783 starteten die Brüder Montgolfier in der Nähe von Lyon ihren ersten Heißluftballon. So begann die Eroberung des Luftraumes. Das Ballonfahren übte auf die Zeitgenossen eine ungeheuere Faszination aus, die wir uns heute kaum noch vorstellen können.

Die „Beschreibung der Versuche mit der Luftkugel" von Faujas de Saint-Fond ist der erste Klassiker der Luftfahrt. Faujas schildert die zahlreichen Versuche des Jahres 1783, mit Ballons, die mit Heißluft oder Wasserstoff gefüllt waren, den Erdboden zu verlassen und ein möglichst großes Stück weit durch die Luft zu schweben. Es ist ihm gelungen, in Reportagen, Beschreibungen, Briefen und Akademieberichten etwas von dem Flair des unerhört Neuen festzuhalten, das damals die Welt in Atem hielt. In nur wenigen Wochen geschrieben, übersetzt und gedruckt wurde die „Beschreibung der Versuche mit der Luftkugel" nicht zuletzt auch dank der Unmittelbarkeit ihrer Darstellung zu einem frühen Bestseller.

Das heute nur noch in einigen Bibliotheken aufbewahrte und in wenigen Exemplaren in Privatbesitz befindliche Werk wird mit diesem qualitativ hochwertigen Faksimile-Druck wieder all denen zugänglich, die an zeitgenössischen Schilderungen herausragender Ereignisse der Technik- und Kulturgeschichte ebenso wie an einem seltenen Buch ihre Freude haben.

physik-verlag

Sie erhalten dieses Werk in Ihrer Fachbuchhandlung oder vom Verlag.
Postfach 1260/1280, D-6940 Weinheim.

Paris – 2. März – Jean-Pièrre Blanchard startet vom Marsfeld zu seiner ersten Ballonfahrt.

Dijon – 25. April – Guyton de Morveau und der Abbé Bertrand erproben erfolgreich den Gasballon der „Akademie von Dijon".

Lyon – 4. Juni – Elisabeth Tible, die erste Luftfahrerin und der Maler Fleurant führen dem König von Schweden in der „La Gustave" die französische Kunst des Luftreisens vor.

Versailles – 23. Juni – Pilâtre de Rozier erreicht mit der Montgolfière „Marie-Antoinette" eine Höhe von 3600 Metern.

Saint Cloud – 15. Juli – die Brüder Robert, Collin-Hudin und der Herzog von Chartres kommen in Turbulenzen und zerstechen die Hülle ihres zylindrischen Gasballons, um schnell zu landen.

Edinburgh – 27. August – James Tytler schafft einen ersten, kurzen Flug in Schottland.

London – 15. September – Vincenzo Lunardi steigt als Erster in England auf.

Oxford – 4. Oktober – James Sadler fliegt als erster Engländer mit einer Montgolfière 6 Meilen weit.

1785   Dover – Calais. 7. Januar – die erste Kanalüberquerung durch Jean-Pièrre Blanchard und den amerikanischen Arzt Dr. John Jeffries.

London – 23. März – Graf Zambeccari und Admiral Vernon fliegen von London in einer Stunde nach Horsham in Sussex.

Boulogne-sur-Mer – 15. Juni. Pilâtre de Rozier und Pierre Romain stürzen beim Versuch, den Kanal vom Festland aus zu überqueren, mit ihrer Aeromontgolfière bei Wimereux tödlich ab. Sie sind die ersten Opfer der Luftfahrt.

Frankfurt – 3. Oktober – Jean-Pièrre Blanchard startet zur ersten Luftreise in Deutschland und fliegt über den Taunus bis nach Weilburg an der Lahn.

1786   Hamburg – 14. Juni – Johann Hooghe scheitert bei seinem Aufstiegsversuch in Altona.

Augsburg – 24. August – Maximilian Freiherr von Lütgendorf bemüht sich erfolglos um die Ehre, der „erste deutsche Luftsegler" zu werden.